자금성,
최후의 환관들

Tai Jian Tan Wang Lu 太監談往錄
by Xin Xiu Ming 信修明

Copyright 2010 ⓒ Xin Xiu Ming 信修明
All rights reserved.

Korean copyright ⓒ 2013 by Geulhangari Publishers
Korean language edition arranged with The Forbidden City Publishing House
through Eric Yang Agency Inc.

이 책의 한국어판 저작권은 에릭양 에이전시를 통한 The Forbidden City Publishing House와의
독점계약으로 한국어 판권을 ㈜글항아리에서 소유합니다. 저작권법에 의하여 한국 내에서 보호를 받는
저작권이므로 무단전재와 복제를 금합니다.

자금성,
최후의 환관들

청 황실이 빚어낸 영광과 치욕의 증언자

신슈밍信修明 외 지음
쭤위안보左遠波 엮음
주수련 옮김

글항아리

차례

제1부 궁중의 숨겨진 이야기들

자서: 태감 생활 25년 | 9

제1장 ◆ 황제와 비빈들의 어려움 | 79

제2장 ◆ 행복했다고 할 수 없는 서태후의 삶 | 109

제3장 ◆ 태후의 일상생활 | 143

제4장 ◆ 궁중의 수많은 규범 | 171

제5장 ◆ 대내의 신화들 | 181

제6장 ◆ 세세토록 평안하고 뜻대로 이루어지기를 | 199

제7장 ◆ 중화민국 초기의 황궁 | 227

제8장 ◆ 청대의 궁녀 선출 | 259

제9장 ◆ 엄격한 규제가 결국 복이 되다 | 269

제10장 ◆ 태감들에 얽힌 일화 | 325

제11장 ◆ 승평서 및 그 외 이야기 | 351

제2부 거세에서 풍찬노숙까지, 태감의 굴곡 많은 삶

제1장 ◆ 어린 시절 받은 잊지 못할 벌 | 375

제2장 ◆ 도자장과 신형사 | 381

제3장 ◆ 입궁해 스승을 정하는 일 | 387

제4장 ◆ 입궁 뒤 받는 훈련 | 393

제5장 ◆ 어전태감의 하루 일상 | 401

제6장 ◆ 진비의 죽음을 목격한 왕샹 | 407

제7장 ◆ 궁중 여인들의 일상 | 413

제8장 ◆ 태감들의 일상 | 421

제9장 ◆ 태감과 사원 | 429

제3부 즉문즉답: 청 황실을 말하다

제1장 ◆ 창음각에서의 연극 공연 | 437

제2장 ◆ 낙수당에서의 식사 | 447

제3장 ◆ 태감과 주방 일꾼들의 처소 | 453

제4장 ◆ 영수궁에서의 서태후 | 459

엮은이 후기 | 465

옮긴이의 말 | 471

일러두기

· 태감太監은 중국 명청 시대 환관의 우두머리로, 내시를 달리 이르는 말이다.
· 본문의 날짜는 음력이다.
· 인명: 신해혁명(1911) 이전 사람은 우리 한자음, 그 이후는 중국음으로 표기했다.
· 지명: 중국 건국(1949) 이전에 사용된 지명은 우리 한자음, 그 이후는 중국음으로 표기했다.
· 그 외의 표기와 맞춤법은 표준국어대사전을 따랐다.
· ( )는 엮은이가, [ ]는 옮긴이가 부연설명한 것이다.
· ◆는 엮은이의 각주, ●는 옮긴이의 각주다.

제1부
궁중의 숨겨진 이야기들

신슈밍 信修明

자서: 태감 생활 25년◆

고백하는 사람은 진실을 말해야 하는 법이다. 「궁중의 숨겨진 이야기들宮廷瑣記」은 내가 직접 보고 체험한 것을 바탕으로 쓴 책이다. 궁에 있었던 시간이 그리 길지 않았기에 궁중에서 일어나는 일들을 폭넓게 접해봤다고 하기는 어렵다. 하지만 나는 운 좋게도 영수궁寧壽宮(자희태후慈禧太后[서태후]가 상주하던 궁전) 사방司房에 들어가 첫 공무를 맡았다. 사방이란 태후의 사무 총괄처를 말한다. 이곳은 태후 궁의 모든 태감, 총관태감總管太監, 수령태감首領太監을 비롯해 아래채 부인네媽媽, 궁녀들과 관련된 일을 관리했다. 각 부처를 열거해보면, 상(상전을 가까이 모시는 상차태감上差太監), 하(하옥下屋, 즉 아래채 부인네들, 궁녀), 차(차방茶房), 선(선방膳房), 약(약방藥房), 사(사방), 불(불당佛堂), 전(전상殿上. 태후가 거처하는 궁과 전은 모

◆ 「궁중의 숨겨진 이야기들」은 신슈밍 선생의 유작이다. 엮은이는 책 원본을 받은 뒤 먼저 구두점을 처음부터 다시 찍고, 일부 오기를 바로잡는 작업을 진행했다. 정확한 설명이 필요한 내용에는 주석과 설명을 덧붙였다. 동시에 원문의 내용을 훼손시키지 않는다는 전제 하에, 적절히 항목을 분류하고 내용을 종합하여 재정리했다. '자서: 태감 생활 25년'을 제외한 본문의 다른 소제목은 모두 엮은이가 임의로 추가했다.

두 영수궁, 풍택원豐澤園 두 전의 전상태감들이 담당했다), 산(산차散差. 전달, 보고, 가마를 부르는 일, 궁문을 지키는 일, 대태감大太監의 시중 및 청소와 기타 잡무를 담당했다), 화(화원. 남화원과 북화원 및 전 안팎의 생화를 관리했다) 등이 있었다. 태후 궁의 모든 금은보화와 비단 창고 관리, 장부의 출납 정리, 황족 부인들과 명부命婦[황제에게서 봉호를 받은 부인을 뜻하며, 주로 관리의 부인이나 어머니가 해당된다]들의 태후 궁 출입 파악, 공물 진상과 하사품 보관, 매일 밤 본궁 대태감, 소태감小太監들이 전 안팎에서 교대로 서는 불침번 명단, 전 안에 두는 명단 패, 사방의 원장부 보존과 같은 일을 모조리 사방에서 관리했다.

1

서태후의 명으로 연극을 배우는 소태감 무리를 '보천동경반普天同慶班[보천동경은 '온 천하가 다 같이 경축한다'를, 반은 극단을 의미한다]'이라 했다. 이 일은 반드시 전통극에 통달한 사람에게 관리를 맡겼다. 나는 태후 궁에서 전통극의 개요와 각본을 전담했으며 이 일 덕택에 류더서우劉得壽 태감을 알게 되었다. 그는 어렸을 때 서태후의 소태감이 된 사람으로, 말주변이 좋았으며 자신의 호를 '밍신明心'이라 했다. 함풍제•를 따라 열하熱河로 피신했던 당시 그는 황제의 붕어를 직접 보기도 했다. 그는 젊은 시절 창극으로 총애를 얻어 노년에 융복문隆福門 6품 수령태감 자리에 올라 산차를 주관하는 한편, 보천동경반의 관리를 겸했다. 또다른 태감인 장더푸張得福라는 이는 축丑[중국 전통극의 익살꾼, 어릿광대 배역] 역할을 주로 맡

• 청나라 제9대 황제 문종. 톈진조약 체결 이후 영국과 프랑스 연합군이 베이징에 침입하자 열하의 이궁으로 피난, 그곳에서 병사했다.

상아홀笏 '보천동경반' 의장儀仗 모형

앉다. 별명이 '변발 장小辮張'이었던 그는 류더서우와는 어릴 때부터 함께 일한 사이로, 서태후를 따라 열하에도 함께 간 적이 있었다. 나는 연극 개요를 담당하면서 이 두 나이 든 태감의 조수 역할을 했다.

류밍신은 입담이 좋고, 변발 장은 익살스러웠다. 연극 연습을 마치고 쉴 때면 두 사람은 옛이야기를 꺼내기 좋아했다. 특히 열하에 있던 시절 동태후와 서태후에 관한 소소한 이야기에 열을 올렸는데, 가끔씩 두 태후의 성격과 행동에 관한 이야기도 있었다. 잡다한 일에 관심이 많았던 나는 이러한 이야기를 듣는 재미에 흠뻑 빠졌다. 덕분에 이때 얻은 태후들에 대한 정보가 적지 않다. 이를테면 동태후[자안태후慈安太后]는 성정이 온화하고 양보를 잘해 누구와 잘 다투지 않는 편인데 반해 서태후는 성정이 불같고 영민해서 사람들이 감히 함부로 하지 못했다. 태감, 아래채 부인네, 궁녀들이 잘못하면 무지막지하게 질책하는 것은 물론이고, 가끔 호되게 매질을 하기도 했다. 전하는 말에 따르면, 누구보다 총애를 입은 안덕해安德海*와 리롄잉李蓮英[서태후의 심복이자 대총관태감]도 소싯적에는 서태후에게 총채 자루로 맞아가며 궁 생활을 했다고 한다. 그래서 두 사람 모두 머리에 상처가 남아 있다. 훗날 높은 직위에 오른 리롄잉은 태감들에게 늘 이렇게 말했다. "일을 맡은 자는 항시 본분을 지켜 자중해야 한다. 너희도 보다시피 조상님(서태후를 가리킨다)이 나에게 이토록 큰 천은을 베푸시는 것은 내가 매순간 그분을 호랑이처럼 여기고 두려워하기 때문이다." 서태후가 얼마나 엄격했는지 미루어 짐작할 수 있다. 요 몇 년 사이 서태후의 명으로 신형사慎刑司[태감에 대한 형벌을 주로 이곳에서 집행했다]에서 무참히 맞아죽은 태감만도 100여 명에 달했다. 국법을 어겨 참수당한 태감도 서

• '安得海'로도 쓴다. 서태후의 심복. 일찍이 함풍제와 서태후의 총애를 받아 함풍제 사후에 서태후의 심복이 되지만, 이후 정사에 간여하다가 공친왕 등의 미움을 사, 지방 행정 장관 정보정丁寶楨에게 죽임을 당한다.

너 명이나 되었다. 구연재寇連才, 문활정文闊亭, 안덕해는 산둥山東에서, 왕준여王俊如와 소선小宣은 봉천奉天[선양의 옛 이름]에서 죽임을 당했다. 진비珍妃[광서제의 후궁]는 영수궁에 있는 우물에 빠뜨려 죽였다. 이는 한편으로 영민하고 앞일에 대비하는 서태후에게 동태후를 뛰어넘는 결단력이 있음을 보여준다(류밍신과 장더푸 태감도 확실히 이를 인정했다). 그럼에도 여전히 식견이 얕은 태감들은 하나같이 진비의 억울함을 호소했다. 흑백을 분간 못하는 이들에게는 차라리 모르는 게 약일 수도 있겠다.

때로 장더푸는 이렇게 말했다. "우리 주인(서태후를 가리킨다)은 지나치게 엄하셔서 걸핏하면 고생하는 태감들에게 분풀이를 해대서. 동태후가 살아 계셨을 때를 생각해봐. 그분이야말로 진정 자애로운 주인이었지. 화를 내시는 것도, 누구를 때리시는 것도 본 적이 없잖아. 우리 주인 같이 날마다 대나무 장대로 사람을 때리는 소리, 얻어맞는 통곡 소리(맞을 때마다 '조상님! 조상님!' 하고 애처롭게 질러대는 고함 소리)가 난 적이 어디 한 번이라도 있었는가. 하루도 안 맞은 날이 없었지. 얼마나 고생스러웠냐."

그러면 류밍신이 대꾸했다. "변발 장, 자네 그 말에는 우리 태후마마를 원망하는 마음이 있는데, 태후 궁에서 다년간 일한 종으로서 태후마마가 자넬 좀 때렸기로 자네와 나에게 베푸신 은혜가 작았다고 할 수 있는가?"

장더푸가 대답했다. "아이고, 이보게 밍신, 확실히 태후마마가 우리 나이 든 태감들에게 베푸신 천은이 작았다고 할 순 없지. 그렇지만 자네는 이걸 알아야 돼. 최근 젊은 소태감은 대부분 농촌에서 모집한 이들이네. 게다가 시대도 변해서 이젠 예전 같지가 않아. 예컨대, 궁에 열 살 남짓 되는 태감이 새로 들어오면, 태후마마는 전부터 있던 사람 대신 그에게 전통극을 배우게 하시지. 극을 배워 좀 할 줄 알게 되면 상차上差 소태감이 될 가능성도 높아지는 것이고. 행여 공연을 잘해 눈에 띄면 순식간에 승승장구해서 태후를 모시는 상차가 되는 게지. 그러면 그는 궁중 규범도 제대

태감 극단

로 배우지 못한 채 거만하게 서둘러 출세하는 셈이야. 태후마마의 본래 의도는 나이가 좀 젊은 소태감들을 연습시켜 극에 올리는 편이 보기에도 좋고 단정해서 그런 것인데 말이야. 또 절기마다 황족과 대신들에게 은혜를 내려 함께 연극을 보고 식사를 할 때 젊은 태감들이 공연을 하면 분명 대신들도 온갖 칭송을 해댈 테지. 외부 민간 극단보다 노래도 더 잘하고 무술 동작도 더 뛰어나다는 소리를 들으면 태후마마 역시 기분이 좋아지실 테고 말이야. 한평생 누구에게 지기 싫어하는 그분 성품은 자네도 잘 알지 않나. 그런데 요즘 젊은 녀석들은 우리 때와는 달라. 우리 어렸을 적에야 궁에 처음 들어오면 먼저 스승이 될 태감 밑으로 들어가 궁의 규범을 배우고, 그런 다음 비로소 소태감으로 일하게 되질 않았나. 그리고 이후 차근차근 회사태감回事太監[보고를 올리는 태감], 파선태감擺膳太監[상차림을 담당하는 태감], 장안태감掌案太監(안덕해, 리롄잉도 일찍이 장안태감을 맡았다. 태후의 모든 음식물과 생활이 전부 장안태감의 책임이었다. 음식, 차, 약 같은 것도 장안태감이 먼저 맛보아야 했고, 의복이 따뜻한지 차가운지도 관리해야 했다. 즉, 책임이 대단히 막중한 자리였다), 어전 수령태감, 본궁 총관태감으로 한 단계씩 올라가고 말이야(리롄잉도 소태감 때부터 온갖 고생을 다하고 질책과 매질을 견디며 한 단계 한 단계 승급했다). 그런데 요즘 젊은 태감들은 어디 규범을 제대로 알기나 하나? 농촌에서 소, 양이나 치던 녀석들이 단번에 높은 자리를 꿰차고 앉아 거만을 떠는 게지. 안덕해가 장안태감으로 있을 때 자만해지지만 않았다면 그렇게 목숨을 잃었겠나? 내가 볼 때 태감들(맞으면서 일한 소태감들을 가리킨다)을 그리 혹독히 다루었던 태후마마의 심산도 다 제대로 사람을 만들고자 그랬던 것 같아(높은 관직에 오른 사람은 다 이러한 법도를 겪은 이들이었다). 하지만 태후마마의 이 하해와 같은 뜻도 뒤에서 수군대는 말들을 막을 수는 없지. 내 생각에 우리 주인은 아무래도 동태후를 따르지는 못 하는 것 같아. 동태후는 마음이 넓고 뭐든지 좋은 쪽으로 보시는 호인이시니 궁 안에서 그분을 칭송하지 않는 이 누가 있는가! 궁 밖에서도 그분을 욕하는 이 하나 없네. 누구에게서도 무섭다는 말은 듣지 않으시지. 사실 우리 태후마마가 정말 그리 무서운가? 양심 없는 인간들을 덮어놓고 총애하시니 그들의 본래 소리를 듣지 못하시는 게지. 그러니 화가 날 노릇이야. 내 그래서 우리 태후마마가 동태후보다 못하다는 걸세."

이에 류밍신이 말했다. "변발 장(두 태감은 하루 종일 별명을 불러가며 이야기를 주고받았다), 자네가 무얼 아는가? 열하에 있을 때 보지 못했는가? 그때 동태후마마를 모신 큰 어르신大了(총관태감을 일컫는 사투리)은 자오趙 어르신, 즉 동태후마마가 신임했던 총관 자오라이푸趙來福였고, 서태후마마를 모신 큰 어르신은 류劉 둘째 어르신, 즉 서태후마마가 신임했던 수령태감 류더성劉得升[류더성劉德盛, 류둬성劉多生으로도 표기된다]이었지. 당시는 서태후마마의 지위가 지금만 못했으니 말이야. 함풍제가 붕어하실 때 서양인들이 베이징을 침공해 원명원을 불태우지 않았는가. 공친왕恭親王[청나라 제8대 황제인 도광제의 여섯째 황자 혁흔奕訢]은 베이징에 남아 외교 업무를 처리하고, 황제를 수행한 열하 행궁[왕이 나들이 때 머물던 별궁]의 대신들은 숙순肅順의 횡포가 심해 누구도 그를 거스르지 못했지. 숙순은 이때를 틈타 난을 일으키려 했어. 권력욕이 생긴 거지. 그는 우리 주인이 장래에 유력한 발판이 되리라 판단하고, 특별한 일도 없는데 사복 차림으로 행궁 대전에 들어왔잖은가. 당시 아직 젊었던 우리 태후마마는 동태후마마가 계신 동쪽 궁에 거처하고 계셨지. 숨으려 해도 숨을 수 없고 피하려 해도 피할 수 없는 상황이었어. 그저 어린 황제(당시 숙순 등이 어린 황제의 연호를 '기상祺祥'이라 칭했으며, 후에 '동치同治'로 바뀌었다)를 안고 고개를 숙일 뿐이었다네. 숙순은 전 안을 이리저리 왔다갔다하며 허무맹랑한 말을 늘어놓았지. 장차 베이징으로 돌아가면 두 태후마마를 높이 떠받들겠다는 둥 히죽거리며 있는 말 없는 말 주워섬겼어. 우리 태후마마는 화를 누르고 말씀하셨네. '이런 일은 동태후와 의논할 일이지 내가 어찌 감히 나설 수 있단 말인가?' 그러자 숙순이 대답했지. '황상을 낳으신 분은 태후마마가 아니십니까? 그러니 어떤 자도 태후마마의 일에 나설 수 없습니다. 오직 소신이 모든 것을 알아서 할 터이니 태후마마는 아무 염려 마십시오.' 우리 태후마마는 숙순의 불순한 행동을 보고 짐짓 웃으며 이렇게 말씀하셨어. '천천히 시간을 두고 이야기하세. 너무 조급하게 굴지 않았으면 하네.' 그러고는 어린 황제를 데리고 침궁 안으로 피하셨고 숙순도 이를 보고 행궁에서 물러나왔다. 숙순이 물러가자 두 태후는 안쪽 문을 닫고 누구도 마음대로 드나들지 못하도록 했어. 이에 숙순은 낌새가 이상하다고 느끼고 사람을 보내 궁문을 감시하도록 했네. 자네와 나도 모두 지나가면서 보지 않았나. 동태후마마는 이를 알고 그저 눈물만 흘리셨지. 하지만 우리 주인은 나름대로 생각이 있으셔서 어떤 기색도 내비치지 않으셨어. 이따금 선방(주방)에 명해 몇 가지 요리를 만들라 해서 태감을 통해 보내기도 하고, 따뜻한 말을 전하기도 하면서 먼저 숙순을 안심시켰지. 그리고 암암리에 쑤더蘇德 태감에게 밀서를 주어 공친왕에게 전하도록 하셨네. 듣기로, 태후마마가 친필로 쓴 밀서라고 해. 궁문 감시를 피하기가 쉽지 않을 것 같았던 쑤더는 그 밀서를 돌돌 말아서 물담배의 종이 노끈처럼 만들었지. 그러고는 겉옷도 안 입은 간소한 차림에 물담뱃대[수연통. 중국 사람이 쓰는 담뱃대 대통의 하나. 담배 연기가 물을 거쳐 나오도록 되어 있다]를 들고 휘적휘적 산책하듯이 여유 있게 궁문을 빠져나갔고 말이야. 그렇게 나온 뒤, 조카를 만나 노새를 타고 베이징으로 달려가서 태후의 밀서를 공친왕에게 전달하게 했어. 공친왕은 밀서를 받아보고 거기에 적힌 그대로 행했지. 열하로 달려가서 먼저 숙순을 만나본 다음 황제의 관(재궁)에 머리를 조아려 배알하고나서 태후마마를 알현한 뒤, 베이징으로 돌아와 계책을 세운 거야. 먼저 숙순을 구슬려 베이징으로 불러들여 오는 길에 붙잡아 베이징에서 처형하기로 말이지. 결국 숙순은 처형을 당하면서 "내가 젊은 아녀자들의 계략에 당할 줄은 생각지도 못했구나!" 하고 고래고래 소리를 치며 울부짖었어. 하, 그러니 변발 장, 이제 알겠나? 우리 주인마마가 대단하지 않으시면 열하에 있을 때 대청국은 일찌감치 사라져버렸을걸세. 어디 그뿐인가, 후에는 증국번曾國藩, 좌종당左宗棠, 이홍장李鴻章, 호임익胡林翼 등의 신하를 중용해 천하를 쇄신하지 않으셨나. 자네가 그분을 무섭다고만 하는 것은 틀린 말이야. 두고 보게. 이참에 내 상부에 고해 자네의 목을 치라고 할 테니."

장더푸가 말을 받았다. "아이고, 이보게, 우리는 오래 함께 일한 형제 같은 사이 아닌가. 부디 용서해주시게!"

이에 류밍신도 함께 웃었다.

지난날의 이야기를 꺼내다보면 두 나이 든 태감은 종종 승강이를 벌이다가도 태감이라는 동질감에 금세 마음이 풀어지곤 했다. 이들은 내게 매우 잘해주었다. 둘은 이야기하는 것을 좋아하고 나는 듣는 것을 좋아했다. 몇십 년 동안 이렇게 함께 지내다보니 나는 자연히 두 사람에게서 많은 이야기를 얻어 들었다. 내가 청 궁중 비사祕史를 속속들이 알게 된 것은 결코 우연이 아니다. 본래부터 세상사에 관심이 많고 참견하기 좋아하는데다가 두 태감이 그토록 즐거이 옛이야기를 들려준 덕분이다. 때때로 이런 역사가 담긴 이야기들을 일기에 기록하니 그 분량이 상당했다.

2

내가 영수궁 사방에서 일할 때 사방 수령태감은 마솽루馬雙祿였다. 자字가 빈팅斌亭으로, 5품 수령이었으며 광서 원년에 서태후를 모신 노인이기도 했다. 또 사방의 대사부(태감의 직위)였던 장서우투張壽圖는 7품 관직의 태감이었다. 이 두 사람은 모두 학문에 조예가 깊었다. 배움이 깊지 않았던 서태후는 수렴청정을 하면서 학문에 뜻을 두고 힘을 쏟았고, 어느 정도 배운 것이 있는 태감을 새삼 달리 대우했다. 이런 계기로 마샹루와 장서우투, 두 태감은 궁에서 서태후의 공부를 도왔다. 낮 12시 전후 태후의 낮잠 시간과 밤 11시 전후 태후가 침궁에 드는 시간에 두 사람은 함께 태후에게 책을 읽어드렸다. 때로는 익살스런 이야기를 들려드리기도 하고, 시문을 연구하거나 전통극의 가사를 읊기도 했다. 이따금 남쪽 지방 출신의 어느 귀부인 과부와 무가훼繆嘉惠[청대 여류화가]가 함께하기도 했다. 하루에 두 차례 이루어졌던 이 일은 '불침번을 선다坐更'고 불렸지만 실제로는 태후가 학문을 쌓는 시간이었다. 경자년 이후에는 태후를 모시고 함께 공부하는 사람이 두 명 더 늘어났다. 경친왕[청나라 말기의 황족]의 딸로, 일찍 남편을 잃은 넷째 공주와 태후의 친정 조카며느리이자 더위안德垣의 처로, 역시 일찍 남편을 여읜 위안垣 마님[내무부 대신 칭산慶善의 딸로, 서태후의 남동생 구이샹의 며느리. 위안元이라고도 표기한다]이 그들이었다. 남방 귀부인, 무가훼, 넷째 공주, 위안 마님, 이들 네 사람이 태후를 모시는 시간은 사실 그리 길지는 않았다. 태감들이 서는 불침번과는 비교할 수 없었다. 훗날 태후는 각국 서양인과의 접견을 위해 서양의 문화와 언어에 능통한 사람을 들이고자 했다. 어느 황족이 유경裕庚[청말의 관리이자 외교관]의 아내(독일 여성이었다)와 셋째 딸 더링德齡, 다섯째 딸 룽링容齡을 추천했다. 그밖에 독일 여성 커克도 있었다.◆ 그녀는 유화에 능해 태후의 초상을 그리기도 했다. 하지만 이들은 모두 상하이에 연고지를 두고, 갖가지 재

◆ 유경의 처, 즉 더링, 룽링의 어머니는 프랑스인이었다. '독일 여성 커'는 여류화가 칼卡尔을 지칭하며, 미국인이었다.

주를 발휘해 태후를 기만하여 엄청난 금은보화를 손에 넣고는 궁을 나갔다. 더링은 '공주'라 자칭하면서 『청궁이년기淸宮二年記』를 저술해 '더링 여사의 청 궁중 비사'라는 식으로 이야기를 꾸며냈다. 나 또한 그 책을 본 적이 있는데, 읽고 있자니 역겨움을 느낄 지경이었다. 애석하게도 당시 순간적인 분노로 책을 불살라 지금은 가지고 있지 않다. 그들은 또 동교민항東交民巷에서 서태후의 이름을 내걸고 외국인을 끌어들여 강연을 열어 돈을 벌었다. 이에 나는 또다시 화가 치밀어 그들을 찾아가 하나하나 따져 묻고 헛소리를 지껄이는 그들을 혼내주려 했지만 말리는 사람이 있어 그만두었다. 어쨌든 당시 일흔이나 되었던 서태후가 서양의 문화와 언어를 배우고자 한 모습, 그 넘치는 의욕과 강한 승부욕은 짚고 넘어가지 않을 수 없다. 가장 낮은 지위의 태감으로서 공무를 배우던 그 시절, 책상에 앉아 극본을 쓰고 무대 뒤에서 연습을 돕는 것이 내 주 업무였다. 사방에는 복잡한 일들이 무척 많았다. 마샹루와 장서우투 두 스승이 침궁에서 불침번을 서며 책을 읽어드리는 소리나 태후의 일상적 동향을 듣기도 하고, 때때로 논쟁이 벌어지면 귀담아 듣고 마음속에 새겼다. 덕분에 태후에 대한 진실된 평가를 얻을 수 있었다. 황태후로 산다는 것은 한평생 쉽지 않은 일이다.

　　나는 열흘에 한 번씩 불침번을 섰다. 겨울이든 여름이든 전殿 회랑 아래에서 명단 패를 작성했다. 수령태감은 속칭 '불침번 어르신'이라 했고, 대사부는 '불침번 책임자'라고 불렀다. 책임을 맡은 사람은 누구도 실수를 해서는 안 되었다. 수령태감 한 명, 대사부 한 명, 대반태감帶班太監[조로 편성된 태감들을 지도하는 태감] 한 명 그리고 일반 태감 몇 명이 전을 담당했다. 일반 태감들은 정원이 정해져 있지 않았다. (전을 담당하는 태감들은 두 조로 나뉘어 일했다.) 한 조가 하루 종일 자지 않고 전을 지켰으며, 태후가 침궁에 들 때 다음 조에 일을 인계하고 전을 물러나왔다. 일을 마친 조는 다음 조의 수령태감에게 공무를 설명해야 하는데, 이때 가장 중요한 것은

서태후의 측근에 머물렀던 이들. 왼쪽부터 룽링, 넷째 공주, 서태후, 위안 마님, 더링.

가구와 진열품에 손상이 없는지 점검하는 것이다. 그런 다음, 이튿날 해야 할 업무를 알려준다. 일을 마친 수령태감 등은 전의 안뜰에서 대전을 향해 세 번 머리를 조아리며 전신殿神에게 하루를 무탈하게 지켜주신 것에 대한 감사를 표하고 물러갔다. 다음 조 수령태감 등도 안뜰로 들어와 역시 대전을 향해 세 번 머리를 조아리며 또 하루를 무사히 지켜주시기를 빈다. 태감들 가운데 전신을 믿지 않는 사람은 없었다. 이상은 각처에서 불침번을 서는 모습이다. 상차태감 중에서 대총관은 불침번을 서지 않았으며, 제2총관이 네 명의 어전 수령태감들과 돌아가며 순찰과 불침번을 담당했다. 침구는 대전 안 명간明間[바깥으로 직접 통하는 방]에 두었다. 회사태감 두 명과 소태감 여덟 명이 전 안 명간에 있으면서 두 야간 당직 조를 위해 침구를 나누었다. 침궁 안에서는 아래채 부인네 한 명이 침대 휘장 안쪽에서 태후의 다리와 허리를 주물러드리고, 궁녀 한 명은 침대 발치 아래에서 무릎을 꿇고 시중을 들었다. 이들도 여러 명이 두 조로 나뉘어 야간 당직을 섰다. 태후를 모시고 불침번을 서며 책을 읽어드리는 이들은 휘장에서 60센티미터에서 90센티미터 정도 떨어진 곳 바닥에 작은 탁자를 놓았다. 태후의 말이 들릴 만한 거리여야 하므로 너무 멀리 떨어져서는 안 되었다. 공부를 하다 태후가 잠이 들면 침상에 있던 아래채 부인네가 손을 흔들어 신호를 보냈다. 그러면 책을 읽던 사람은 물러나와 잠시 회랑에서 기다렸다. 지나치게 빨리 물러갔다가 그새 태후가 깨기라도 하면 무슨 말썽이 생길지 모르기 때문이다. 저녁마다 전 안팎에는 태감과 아래채 부인네, 궁녀들 여럿이 빼곡히 모여 있었다. 꼭 한 무리의 꿀벌이 여왕벌 둘레를 에워싸고 있는 것처럼 말이다. 내가 태후 궁에서 보고 들은 것은 이와 같다.

  내전內殿(황상이 거주하는 곳)의 황후와 비빈들, 수시처隨侍處 일 등에 관해서는 팔순을 넘긴 류허차이劉和才 태감이 잘 알고 있었다. 그는 열세 살 때부터 광서제[청나라의 제11대 황제 덕종. 청나라 말기에 서태후의 옹립으로 즉위를 모셔온 터라 내게 상세한 이야기도 들려주었다.

"청조의 제도는 모두 선조 때의 법도를 따라 정한 것이라네. 내가 아는 것은 모두 자네에게 말해주지. 나는 내전에서 수년을 보냈고, 또 늘 내 윗대 태감들이 하는 말을 들어왔다네. 청나라에는 게으른 황상이 없었지. 광서제는 그토록 병환이 위중했음에도 붕어하기 하루 전날까지 침상에서 상소문을 보시지 않았는가? 황상은 평소에 아주 규칙적인 생활을 하셨네. 태후마마보다 한 시간 더 일찍 일어나 입안을 헹구고 세수를 하신 뒤 동편과 서편 불당에 분향을 하셨고, 돌아오시면 아침식사(정찬으로 올리는 식사가 아닌, '잡수실 것要吃的'이라 부르던 간단한 아침식사였다)가 준비되어 있었어. 의복을 갈아입고 자리에 앉으면 이발을 맡은 태감, 즉 조창삼처鳥槍三處[조창처, 궁전처, 안마처를 가리킨다. 세 부처 모두 조창처 수령태감이 관할한다]의 안마처 태감(이발과 함께 머리를 빗고 변발을 땋는 일을 전담하는 태감)이 대기하고 있네. 황상은 식사를 무척 빨리 했는데, 그 동안이면 변발 정리도 끝마쳐져 있지. 그런 다음 '태후마마가 일어나셨습니다!' 하는 태감의 보고를 조용히 들으셨어. 밖에는 이미 가마가 대령하고 있었네(봄여름에는 시원한 가마, 가을과 겨울에는 따뜻한 가마). 구당총관九堂總管 두 명이 앞에서 대열을 세운 뒤, 경사방[궁정 사무 관리 기구인 내무부 소속의 태감 관리 기구] 태감 한 명이 가마 앞에서 사람들을 물리고 길을 열지. 어전 대반 태감, 소태감 등은 황상이 가마에 오르시도록 부축해드리고, 수시처 등의 수령태감과 일반 태감들은 황제의 가마 뒤를 따랐어. 태후 궁에 이르면 전 뜰에 가마를 내려놓는데, 이때쯤이면 태후마마는 이미 대전의 작은 방 침대에서 머리를 빗고 계셨지. 전 안의 소태감이 태후마마께 '황상이 당도했사옵니다!' 하고 알리면 전상태감이 문을 열고, 태후마마는 몸을 돌려 단정히 앉으신다네. 집사방執事房에서 온 태감이 태후 앞에 황색 깔개를 가지런히 깔면 황상께서 태후마마를 향해 무릎을 꿇고 먼저 이렇게 말씀하셨어. '소자, 태후마마께 문후 여쭈옵니다.' 그런 다음 일어나 몸을 옆으로 돌리고 태후께 여쭙지. '아바마마[서태후는 자신을 남성의 호칭인 아버지라 부르게 했다]께서는 밤사이 편히 주무셨는지요? 어제저녁 진지는 입에 맞으셨는지요?' 그러면 태후마마 역시 예를 갖추어 '편히 했습니다'라고 대답하시네. 그리고 황상에게 요즘 건강은 어떤지, 너무 춥거나 덥지 않은지, 피곤하지는 않은지 또 어의가 지어준 약은 효과가 좀 있는지 물으셨어(황상은 평소 몸이 약해 병을 달고 다녔다). 황상께서는 물을 때마다 즉각 대답하셨고 말이야. 태후마마가 '이만 물러가 쉬시지요.' 하면 황상은 '네' 하면서 전을 물러나오셨어(말하는 쪽도 듣는 쪽도 전혀 질리지 않는 듯 같은 말로 날마다 되풀이되는 일상이었다). 동쪽 배전配殿은 바로 황상의 옥좌가 있는 방이야. 전을 물러나온 황상은 이곳으로 가서 상소를 결재하고, 주사처奏事處[상소문을 담당하고 황명을 전달했던 기관] 태감의 보고를 조용히 기다리셨네. 군기대신軍機大臣들이 조정에 들면 태후마마는 전을 나와 가마에 오르시지. 황상도 가마를 타면 두 궁의 시종들이 그뒤를 따랐어. 이것이 광서제와 서태후가 정무를 보던 모습이라네."

독령시督領侍[태감의 최고 직위]는 궁내 48처處를 관리했다. 명대明代의 '내부內府'에 해당하는 셈이었다. 독령시가 속한 기관명은 경사방으로, 그 업무는 다음 세 가지로 분류할 수 있다. 만주안滿洲案은 반드시 만주 문자를 알아야 한다. 수시안隨侍案은 전달, 보고, 심부름 등으로 총관을 모신다. 하사방下司房은 궁 전체의 창고를 관리한다. 관리하는 처소에는 각각 전담 사司를 두어 전체적으로 서로 연락하고 감시했다. 양심전養心殿(황상이 기거하는 전) 불침번을 예로 들어보면, 수시처 대총관과 수령태감, 일반 태감이 고정된 장소에 고정된 인원수로 배치되었다. 인원 명단은 경사방에서 기록하고 관리했다. 황상을 시중드는 어전태감御前太監들은 두 조로 구성되었다. 첫 번째 대반태감이 어전 소태감 한 조를 인솔하여 낮과 밤 근무를 마치면, 두 번째 대반태감이 다음 조 어전 소태감들을 이끌고 와 교대했다. 두 조가 만 하루를 돌아가며 일하는 것이다. 밤에 불침번을 서는 장소는 양심전 명간의 단폐 아래였다. 황상의 침궁 내 제한구역에는 황후나 후궁이 있어, 태감이 불침번을 서지 않았다. 『흠정궁중현행칙례』에 따르면, 신분이 높지 않은 태감은 황후나 후궁, 궁녀와 아무런 이유 없이 대화를 나누어서는 안 되었다. 이는 보안을 위해 엄격히 행해지던 것으로, 어기면 즉시 처벌을 받았다. 나는 가끔 내 스승이었던 마쌍루 태감에게 이렇게 묻곤 했다. "황후마마나 후궁마마들은 어쩌면 이렇게 조심하셔야 할 것이 많은지요? 일반 부잣집 귀부인보다도 못하지 않습니까?" 스승은 핀잔을 주며 이렇게 대답했다. "어리석은 놈, 이제야 알았느냐? 넌 태감이라는 두 글자의 의미심장함을 깨달아야 해. 황상의 궁에서 우리 같은 인간들을 뭣 때문에 쓰겠느냐?" 지금에 이르러서야 이 말의 참 이치를 깨닫는다.

3

나는 광서 경자년부터 중화민국 13년 갑자년까지 궁에서 태감으로 거의 25년을 보냈다.◆ 25년이 조금 못 되는 이 기간 동안 서태후를 8년, 융유태후隆裕太后를 6년, 단강황귀태비端康皇貴太妃를 10년 모셨다. 중화민국 13년 8월 가을, 단강황귀태비가 붕어해 안장하기 전, 관을 수강궁壽康宮에 안치했다. 9월에는 펑위샹馮玉祥이 선통제宣統帝[청나라 마지막 황제 푸이溥

◆ 본문에 따르면, 신슈밍이 정식으로 입궁하여 태감이 된 때는 광서 28년(1902년, 임인년)이고, 궁을 나온 때는 위에서 서술한 바와 같이 중화민국 13년(1924년, 갑자년)이다. 그가 궁에 들어가 태감이 되기로 결심한 광서 26년(1900년, 경자년)부터 계산하면 25년 가까이 된다.

儀]의 퇴위를 강요했다. 이때 나는 선통제를 모시고 단강태비의 관을 따라 궁을 나왔다. 그리고 집으로 돌아와 잠시 한숨을 돌리며 지난날을 돌아보았다. 부끄러운 일도 있었지만 그래도 지난 세월 태감으로 일하면서 나름 영예로운 삶을 살았다고 나 자신을 위로했다. 좀 더 솔직히 말하자면, 나는 세상에서 인仁을 실천하는 군자로 살려 노력했음을 알리고 싶다.

나는 10년 동안 공자를 떠받들고 산, 별 볼 일 없는 책벌레였다. 뜻을 세워 범속함에 들지 않고, 의학과 복점, 점성술과 관상에 능통했지만, 결국 가난을 이기지 못한 것이 한스러울 따름이다. 내 나이 열다섯에 아버지가 돌아가셨다. 가업을 잇고 공명을 세우며 모친을 부양하고 아우들을 가르칠 것을 유언하셨지만 나는 지키지 못했다. 수사학당水師學堂과 태의원太醫院 시험에 응시했지만 난관에 부딪혀 두 번 다 실패했다. 스물셋이 될 무렵, 집에는 먹을 양식이 다 떨어진데다 조상의 분묘를 가로채려는 빚쟁이의 독촉까지 시달려야 했다. 시름에 잠길 때마다 강물에 뛰어들어 생을 마감하고 싶은 마음이 굴뚝같았지만, 두 분 모친이 버젓이 살아계셨고 누이 하나, 아우 셋이 하나같이 어렸다. 때마침 아내가 아들을 낳았다. 이들을 버릴 수도 없었거니와 선친의 유언을 감히 어길 수도 없었다. 그렇게 속수무책으로 있을 때, 태감으로 있던 사촌 형 장하이보張海波가 떠올랐다. 서태후는 형을 '첸허謙和'라고 불렀는데, 이는 궁에서 상전이 하사한 이름이었다. 형은 11세 때부터 태후를 모셨고 장안태감 5품 관직에 있었다. 이는 리롄잉 다음으로 높은 직위였다. 인간 된 도리를 다해야 하는 막중한 책임이 내 두 어깨에 걸려 있었다. 부모를 섬기는 데 힘을 다하고, 임금을 섬기는 데 몸을 바치라고 모든 성인聖人이 말하지 않았던가. 대장부로 나서 이렇게 불우하고 나약하게 살다 궁색하게 죽을 것인가?

광서 26년 춘삼월에 나는 태감이 되고자 결심했다. 『주역周易』에

"혹약재연무구或躍在淵無咎"* 라는 말이 나오지만, 못이 뜻밖에도 고해苦海일 줄은 미처 몰랐다. 연이어 불운이 닥쳐왔다. 의화단이 여기저기서 크게 일어나는 한편, 7월 21일에는 광서제가 서태후의 명을 받들어 외세를 피해 서쪽으로 피신했다. 태감이 되려던 내가 이 소식을 듣고 어찌 대성통곡하지 않을 수 있었겠는가? 불경에서는 고해가 끝이 없다고 하지만, 이 지경이 된 상황에서 나는 마음을 가라앉히고 고해의 끝이 있는지 없는지 한번 따져보아야 했다. 나중에 누군가가 태후와 황상이 시안西安에 피신해 있다고 말해주니 그제야 나는 뛸 듯이 기뻤다. 곧 시안으로 가서 황제의 가마를 따르는 데 지원할 준비를 했다. 광서 27년 3월 초, 집에서 출발해 뤄양洛陽과 퉁관潼關[뤄양에서 시안으로 들어가는 요지]을 거쳐 시안에 도착했다. 장장 20일 동안 2000리 길을 걸었다. 시안 성내에 도착해서는 사촌 형 장하이보를 만나기 위해 급히 행궁으로 갔다. 하지만 천만뜻밖에도 그토록 자애롭던 사촌 형은 나를 반겨주지 않았다! 하늘이 무너지는 기분이었다. 죽으란 법은 없는지 다행히 또다른 사촌 형이 나를 보살펴주었고, 나는 잠시 행궁 밖에서 지내야 했다. 장하이보는 내게 아무런 신경도 쓰지 않았다. 그는 순박하고 고지식한 사람이라 골치 아픈 일에 연루되고 싶어하지 않았다. 하지만 이는 내 운명에 환난이 아직 끝나지 않았음을 의미했다. 또다른 사촌 형 장류張六은 뒤늦게 가마를 따른 가난한 태감이었다. 형이 각별히 보살펴주어서 나는 그의 작은 타탄他坦**에서 지냈다.

덕분에 무탈한 나날을 보낼 수 있었다. 밥을 먹고 나면 시안에서

---

* '혹 뛰어 못에 있으면 허물이 없을 것이다'라는 말로, 개구리가 올챙이 시절이 있었듯 스스로를 돌아본다는 의미.
** 태감들이 식사를 하고 휴식을 취하던 처소. 태감 외에도 황궁 여인들, 즉 태후나 황후, 비빈들 역시 각기 타탄이 있었다. '장소' '작은집'이라는 뜻이다.

장하이보(장첸허)

번화하고 유명한 곳인 대안탑大雁塔, 소안탑小雁塔, 팔선암八仙庵, 성황묘城隍廟, 교외에 있는 왕싼제王三姐의 공규空閨* 등을 거닐며 구경도 했다. 행궁 앞에는 사람들로 북적이는 번화한 시장이 있었다. 패루** 아래는 음식을 파는 노점상들이 몰려 있었다. 내가 이곳에 막 도착했을 때, 인육人肉 완자를 판 사건으로 한창 시끄러웠다. 나는 싼 게 비지떡이라고 무턱대고 싼 것을 찾지는 않았기에, 패루 아래의 노점상 쪽으로는 밥을 먹으러 가지 않았다. 그래서 현지 주민에게 식사를 할 만한 곳을 물으니 사람들이 대답했다. "이곳은 3년 동안 큰 가뭄이 들어 풀 한 포기 자라지 않는 불모지가 돼 버렸답니다. 굶어죽은 사람도 곳곳에 널렸지요. 다행히 태후마마와 광서제께서 이곳에 오셔서 세 번이나 구조금을 주신 덕택에 그나마 백성들의 상황이 조금씩 나아지고 있답니다. 누가 알았겠습니까? 이 지역은 본래 겨울에 눈이 거의 안 오고 내려도 그다지 많이 내리지 않는데, 갑자기 작년 동짓달에 사흘 동안 폭설이 내려 얼어죽고 굶어죽은 사람이 부지기수였지요. 부자들이야 죽지 않고 별 탈 없이 넘겼지만 가난한 사람들은 죽어도 묻어줄 사람조차 없어 시체를 성 밖으로 메고 가 호성하[성벽을 따라 판 하천]에 버렸어요. 그리고 그뿐, 아무도 신경쓰지 않았지요. 그런데 저 인간 같지 않은 무뢰배들이 그 시신들을 가지고 글쎄 인육 완자를 만들어 팔았지 뭡니까. 먹다가 손톱이 나오는 일도 있었답니다. 결국 그 작자들 중 하나가 거짓말을 꾸며대다가 무서워 도망을 치는 바람에 일이 발각되었지요." 나는 미간을 찌푸리며 응수했다. "끔찍하네요." 그 사람의 말은 계속되었다. "이 정도로 끔찍하긴요. 시아버지가

---

* 여인이 독수공방하며 기거하는 곳으로, 벼슬길에 오른 남편을 오랜 세월 홀로 기다리던 왕 씨 가문의 여인 왕싼제의 고사에서 비롯된다.
** 과거 중국에서 큰 거리에 길을 가로질러 세우던 시설물. 또는 무덤, 공원 등의 어귀에 세우던 문.

며느리를 먹는 일도 있었는걸요. 이거야말로 경천동지할 일 아니겠습니까? 아들이 외지로 간 틈을 타 시아버지가 며느리를 팔아버렸지요. 그러자 며느리가 그만 목을 맸어요. 이에 시아버지는 며느리의 살을 잘라내 먹었답니다. 사건이 밝혀진 뒤 관가에서는 죄를 선고하고 그를 사형에 처했지요." 내가 물었다. "그럼 올해(5월을 말한다) 작황은 어떻습니까?" 그 사람이 웃으며 대답했다. "아이고! 아미타불, 올해는 좋습니다. 태후마마와 광서제께서 복을 가져다준 셈이지요. 산시陝西 성의 보리가 평작을 이뤄 벌써 새 보리가 시장에 나왔어요. 어르신, 이곳은 1년 수확하면 3년은 거뜬히 먹을 수 있답니다. 관중關中[지금은 산시성 웨이허渭河 평원 일대를 가리킨다]의 풍요로움은 다른 성과는 비교할 수 없지요. 듣기로, 강화조약이 성립됐다고 하니 조만간 천자께서 회궁하실 겝니다. 이곳 사람들은 다들 그분이 시안 성을 떠나 회궁하시는 것을 원치 않는답니다. 시안은 역대 제왕의 도읍이었어요. 동쪽 산세가 가파르고 험준해서 서양인들이 감히 쳐들어오지 못할 겁니다. 우리 이곳 백성들은 다 같이 뜻을 모아 순무巡撫[명청 시대 지방 최고 행정 장관] 성윈升允을 찾아뵙고 태후마마가 베이징으로 돌아가지 못하도록 어가를 막을 것입니다. 이미 그러한 움직임이 있습니다." 나는 이 말을 듣고 기분이 썩 좋지 않아 그들을 떠났다.

　　7월 말이 되자 정말로 어가가 돌아간다는 소식이 들려왔다. 사촌 형 장류이 내게로 달려와 외쳤다. "한천翰臣[가까운 사람들이 불렀던 신슈밍의 이름], 준비하여라. 태후마마가 회궁하신다는 소식이다. 내가 장안태감(사촌 형 장하이보)에게 말해놓았다. 짐마차를 너에게 맡겨 길을 따르게 하고 내가 너를 보살피겠다고 말이다. 무슨 일이 생기면 서로 수시로 연락하자꾸나." 8월 18일, 과연 어가를 뒤따르던 모든 거마[마차와 말]가 연무장(전前 왕조의 궁전이 있었던 폐허)에 모여들었다. 내가 맡은 장하이보 형의 짐마차는 지붕 덮개가 있는 마차로, 안에 상자 두 개를 실었다(형은 당장 입을 의복과 침구를 자신이 맡은 마차에 실었다). 나는 내 의복과 요를 상자 위에 깔았다. 길가에는 등롱이 있고 지응국支應局*에서 제공한 초도 있어 밤새 밝히며 책을 읽었다. 나는 책 보는 것을 좋아해 길 위에서 적막함도, 피곤함도 느끼지 않았다. 가는 도중 『동주열국東周列國』과 『요재지이聊齋志異』를 모두 읽었다. 또한 낮에는 높고 험준한 산과 풍토 그리고 사람들의 인정을 체험하면서 시간을 보냈다. 8월 23일 밤에 선발대가 출발해 유숙할 곳을 마련하고 어가는 이튿날 움직였는데, 당시 형형색색 길 위의 광경은 기록할 필요가 있을 듯하다.

    수많은 시안 백성이 어가를 떠나보내지 못하고 아쉬워하며 길가에 꿇어 엎드려 분향하거나 불경을 외웠다. 부녀자와 지방 유지들은 너나 할 것 없이 어가가 지나는 길가에 탁자를 놓았다. 탁자 위에는 차와 말린 과일, 청과물, 과자 등이 네 개의 접시에 차려져 있었다. 또 탁자에 작은 사각형 기를 꽂고 그 위에 무슨 현 무슨 촌 생원 누구누구라고 써놓았다. 탁자 옆에는 방석을 깔아 어가가 지나갈 때 무릎을 꿇어 머리를 조아릴 준비를 했다. 떠들썩한 광경을 보기 위해 모여든 백성들은 남녀노소 할 것 없이 검은 얼굴에 새 옷을 입고 있었다. 태후를 보러 몇십 리 길을 달려 행궁으로 온 무리가 넘쳐났다. 서태후와 광서제는 특별히 가마의 발을 젖히고 백성들에게 얼굴을 내보였다. 또 이들 중 노인들에게 하사할 은패를 준비해, 총관태감 추이위구이崔玉貴가 전담하여 나눠주었다. 일흔, 여든 된 노인들은 모두 은패 하나씩을 얻을 수 있었다. 천 년에 한 번 있을까 말까 한 영광이었다. 은패를 손에 넣은 뒤 더 받고 싶어 밤새 다시 줄 끝으로 가서

---

* 청대 말기, 각 성의 총독, 순무 등이 특정한 용도로 지출하는 돈을 현지 조달했던 비공식적 재무 기관.

서태후가 회궁할 때 '황은(은패)'을 얻은 백성들

서는 노인도 아주 많았다. 어가가 도착하기 전, 행궁 좌우에 있던 백성들은 이구동성으로 말했다. "대大청나라는 백성에 대한 사랑과 그 은덕이 실로 두텁다(의화단이 내건 구호는 '보청멸양保淸滅洋['청을 지키고 서양을 멸하자'의 의미]', 즉 적자지심赤子之心[순수하고 거짓 없는 마음]이었으니, 요사스러운 말을 지어냈다고 볼 수는 없다)." 다만 설서說書[창唱과 대사를 사용하여 시대물이나 역사물 등을 이야기하는 것]를 공연하는 민간 예인들은 사람이 많이 모인 곳에 마당을 펼치고 대고서大鼓書[북을 치며 노래나 이야기를 하는 것]를 하며 광서제가 사적으로 방문하여 왕래했으니 놀라운 일이라 떠들어댔다. 이들은 밤마다 장소를 옮겨다니며 이런 공연을 펼쳐 돈벌이로 삼았다. 또 각 숙영지(첨영尖營이나 행궁)에서 일을 거드는 사람들 가운데에는 부府, 도道, 현懸[중국의 옛 행정 구역 단위들]의 예비 관리들이 모두 있었다. 그들은 대놓고 태감들이 자신의 뒷배를 봐주고 있다고 거들먹거리곤 했다. 태감 모 어르신이 나에게 가장 잘해주는데, 그는 태후의 총애를 독차지하는 사람이라 무슨 일이 생기면 뭐든 다 처리해줄 수 있다는 등의 이야기를 거리에서 다 들으라고 떠벌리기도 했다. 관리들 사이에서 본 일들을 꺼내놓자면 수치스럽기 이를 데 없다. 대청국의 모습이 이랬으니 탄식이 절로 나오지 않을 수 없었다.

　　내가 처음 머문 곳은 린퉁臨潼[관중 평원 중부, 시안 동부에 위치한 지역]이었다. 이곳에서는 황은으로 온천지에서 목욕도 했다. 이튿날, 화인華陰[관중 평원 동부에 위치한 도시] 첨영에서 저 멀리 화인의 선장仙掌['신선의 손바닥'이란 뜻으로 산시 지역의 유명한 '관중 팔대 경관' 중 하나]을 바라보니 말할 수 없는 그리움이 밀려왔다. 아! 얼른 퉁관을 떠나 베이징으로 돌아가야 할 텐데! 어머니는 내 소식을 얼마나 기다리실까? (어머니의 고생이 얼마나 클지는 알고도 남음이 있었다. 집을 떠나올 때 나는 친척집에서 은 20냥을 빌렸는데 시안에 도착하니 10냥이 남아 있었다. 마침 고향으로 돌아가는 사람이 있기에 그 돈을 어머니께 전해달라고 부탁했다.) 퉁관을 지나면서 설서의 구절이 절로 흘러나왔다. "이른 새벽에 길을 떠나 늦은 밤에 유숙하는 고된 여정으로 길 위에서 아무 말이 없구나(어찌 말이 없을 수 있겠느냐마는 중요한 말 외에는 거의 침묵으로 지냈다는 의미다)."

며칠이 걸려 뤄양에 도착했다(뤄양에서 며칠을 묵었는지는 기억나지 않는다). 이곳에서는 룽먼龍門을 구경했다. 강을 사이에 끼고 있는 다샹 산大香山은 뤄양의 명승지다. 사촌 형 장류은 오랜 여행길과 추운 날씨에 내 건강이 상할까 염려하며 은화 30위안을 주고 어린 양의 가죽으로 만든 윗옷을 사주려고 했다. 나는 형을 만류하며 말했다. "어머니도 아직 이런 가죽옷을 입어보시지 못했는데 제가 어떻게 입을 수 있겠어요?" 그러자 장류 형은 "앞으로의 여행길에서 네가 너무 힘들까봐 그러지!" 하며 한 번 더 권했다. 결국 형은 10위안을 주고 늙은 양의 가죽으로 만든 옷을 사주었다. 다행히 다른 사람 말을 들으니 늙은 양 가죽이 새끼 양 가죽보다 훨씬 더 따뜻하다고 했다. 길 위에서 야영하며 마차에서 잠을 잘 때 나는 이 가죽옷 덕을 톡톡히 보았다.

뤄양에서 며칠을 머문 어가는 모월 모일에 출발하여 변량汴梁[허난河南 성 동부의 도시 카이펑開封의 옛 지명. 둥징東京으로도 불렸다]에 당도했다. 이곳에는 신룽군信陵君*의 사당이 있었다. 신씨 성을 가진 그의 후손으로서 내가 어찌 사당에 참배하고 참관하지 않을 수 있겠는가?

나는 천가시千家詩**를 떠올려 큰소리로 읊었다. "그간 큰 대우를 받

* 이름은 무기無忌. 중국 전국시대 위魏나라의 정치가로, 어질고 인재를 아껴 이른바 '전국사군戰國四君'의 한 명으로 꼽힌다. 안리왕安釐王 재위기에 주변 나라들과 연합하여 진秦을 공격, 그 세력 확장을 막았다.
** 송대 사방득謝枋得의 칠언율시 「중정천가시重定千家詩」와 명대의 왕상王相이 선정한 「오언

앉는데 어찌 그 은혜를 잊으리오曾爲大梁客, 不負信陵恩." 옆에서 보던 이가 이상하게 여겼지만, 그가 내 마음을 어찌 알겠는가? 나에게 그렇게 잘해준 장류 형을 내가 얼마나 그리워하며 잊지 못하는지를. 장류 형은 어가가 베이징으로 들어가기 전날 밤 갑작스럽게 병에 걸려 죽었다. 오호통재라! 나를 낳은 사람은 부모지만 나를 알아준 사람은 포숙이라!••• 비록 형의 임종을 지키고 비석을 세우는 것으로 빚을 갚기는 했지만 여전히 내 눈에서는 눈물이 글썽였다.

어가는 만수절(생신)을 경축하기 위해 바오딩保定에서 한 달간 머물렀다. 우리 짐마차는 일찌감치 베이징으로 돌아온 상태였고 나는 장하이보 형의 집에서 지냈다. 그런데 이게 웬일인가! 장류 형의 장례를 다 치렀을 때 어떤 사람이 내게 알려주기를, 이후로 황실에서는 강화조약의 조건 때문에 더 이상 태감을 모집하지 않는다는 것이었다. 또다시 하늘이 무너지는 기분이었다! 가슴속이 요동치며 비명이라도 지르고픈 심정이었지만 나는 다시금 마음을 다잡았다. 그래, 종국에 어떻게 끝이 나는지 보리라. 오래지 않아 누군가가 장하이보 형이 나를 부경군왕부孚敬郡王府(아홉째 나으리의 저택)[부경군왕은 도광제의 아홉째 황자 혁혜奕譓다]에서 일할 수 있도록 추천했다고 알려주었다.

광서 27년 11월, 군왕부에서 일하도록 허락받아 6개월 동안 군왕의 손녀 수격岫格에게 『허씨삼종許氏三種』『대학大學』『중용中庸』 등 다섯 권의 책을 가르쳤다. 위아래 사람 할 것 없이 모두 나에게 잘해주었다. 나는 관상술에 능했기에 각 부府의 황족과 황족 부인, 명부, 공주, 황자 및 그밖에

천가시」를 합친 것이다. 계몽성을 띠는 시가의 선집이며, 이 책에 수록된 시가는 대부분 당송 시기 유명한 시인의 작품이다.
••• '관포지교管鮑之交'로 일컬어지는 춘추시대 제나라의 두 인물 관중과 포숙의 이야기에서 포숙에 대한 관중의 말을 인용한 것.

왕부를 드나드는 사람들이 나를 불러 관상을 보게 했다. 그리고 이 일로 점차 사람들의 입에 오르내리며 총애를 얻게 되었다. 책 안에 황금이 있다는 말이 빈말이 아님을 깨닫는 시기였다.

그 무렵, 궁에서 변통으로 태감을 모집한다는 소식이 들려왔다. 태감이 되고자 하나 아직 기당旗檔[기하인 명단]에 들지 못한 이들에게 도주한 태감의 이름을 빌려 신형사에 지원하면 태감으로 일할 수 있도록 허가해준다는 것이었다. 나는 부득이하게 군왕부를 떠나 이 일을 처리해줄 친구를 찾았다. 그리고 은 20냥으로 '장셴시張獻喜'라는 이름을 사서 기旗를 받고 신형사에 이름을 넣었다(청의 제도에 따르면 태감은 반드시 내무부 삼기三旗• 관령管領 소속으로 등록되었다). 또 신형사에 들어가서 진술도 해야 했다. "장셴시, 그대는 무슨 일로 도주했습니까?" "밖에서 이발하다 너무 늦게 돌아오는 바람에 얻어맞을 것이 두려워 도주했습니다." "몇 번이나 도주했습니까?" "한 번입니다." (한 번이면 매와 질책만 받고 궁에 들어갈 수 있었다. 두 번이면 벌로 남원南苑 오전吳甸에서 3개월 동안 말을 먹인 다음 들여보내졌다. 세 번이면 헤이룽 강黑龍江에서 병사들과 함께 노역 3년을 채워야 돌아와 일할 수 있었다.) 황실의 제도는 이러했지만 두세 번이라고 자인하는 사람은 한 명도 없었다. 진술하는 사람은 모두 한 번 도망쳤다고 말하고 관가에서도 은혜를 베풀어 질책하거나 때리지 않았다. 공문에만 형식적으로 다음과 같이 기록되었다. "모 태감의 행장行杖[몽둥이로 때리고 꾸짖는 것]이 이루어졌다. 이발하러 갔다가 돌아오지 않았는데 스스로 뉘우치고 돌아와 신형사에 신고하기에 40대를 치고 궁에 들인다."

• '포의 삼기'라고도 한다. 본래는 팔기군 상삼기(황제 직속 부대인 양황기, 정황기, 정백기)의 노비(포의)들로 구성된 조직이었으나, 청 성립 이후, 팔기 체제와 별도로 황실 직속 기구가 된다. 내무부 삼기도 여러 좌령으로 나뉘며, 태감도 여기에 소속된다. 기하인旗下人이란 팔기에 속한 사람이자 만주족을 일컫는 말이다.

나는 광서 28년 8월 12일에 신형사에서 장셴시의 이름을 사칭해 위와 같은 형식의 벌을 받고 궁에 들어올 수 있었다. 정말이지 마음이 쓰라리는 일이었다! 먹고살기 위해 부모가 주신 이름을 헌신짝처럼 버렸으니 말이다. 선친이 지어준 이름 '신롄자信連甲'에 대한 애착과 자부심은 예나 지금이나 변함이 없다. 또 스승과 벗이 선사한 '한천'이라는 이름은 내가 더 높은 경지로 나아가길 소망하는 이름이었다. 높은 경지는커녕 도리어 이렇게 초라하고 변변치 못한 인간이 될 줄 누가 알았을까. 이름까지 바꿔가며 태감이 되었으니, 그 수치스러움을 이길 수 없어 나는 공연히 허공을 향해 고함을 한 번 지르고 남몰래 눈물을 훔쳤다. 하지만 하늘이 나를 불쌍히 여기셨는지 이때부터는 심연의 바닥이 아니라 용이 승천하듯 승승장구했다. 불운이 물러가고 태운[걱정이 없고 평안한 운수]이 그 자리를 대신하기 시작한 것이다. 입궁하는 날, 윗분에게 좋은 일이 생겨 서태후는 나를 영수궁 수선방壽膳房[태후의 식사를 담당하는 곳]으로 보내 식사 시중 일을 맡겼다. 또 며칠 지나지 않아 본궁 사방으로 자리를 옮겼다. 사방은 은을 관리하는 곳이다. 산 근처에 사는 사람은 장작을 때고, 물 근처에 사는 사람은 생선을 먹듯이, 사방에서 떨어지는 은 부스러기는 선방에서 남은 음식을 먹는 것보다 훨씬 나았다. 내가 알기로 관료 사회에서는 자고로 대부분이 돈을 위해 살고, 법을 피해 재물을 모으는 자를 뛰어난 자로 여긴다. 나는 이미 나 자신과 집까지 버리고 재물을 위해 태감이 되었는데 더 무슨 말이 필요하겠는가? 그래도 나는 재물을 탐하는 데 있어 최소한의 선을 그어, 규범을 지키고 자중해 분수를 지키는 한도 내에서 재물을 모았다. 공자의 다섯 가지 덕인 온화, 선량, 공손, 검소, 겸양에 어찌 비교할까마는, 손해 보고 양보하고 억척스레 일에 몰두하는 것은 나도 해낼 수 있었다.

내가 점성술과 관상, 주역과 복점에 능하다는 것을 아는 여러 황족 부인과 명부들이 태후를 알현하러 입궁해서는 장 태감이 관상을 보고 점을 칠 줄 안다고 입소문을 냈다. 태후는 이를 듣고 얼마 뒤 나를 불러 팔괘로 점을 쳐보게 했다. 먼저 태후가 손수건으로 옥 손난로를 감싸고 사복射覆*을 했다. 나는 바닥에 무릎을 꿇고 벌벌 떨며 『육임금구결六壬金口訣』**로 점을 쳤다. 점괘로 나온 것은 옥기玉器였다. 그러자 태후는 크게 웃더니 손수건을 거두며 말했다. "네가 진짜 신선이구나!" 너무도 황송한 말에 나는 감히 아무 말도 하지 못했다. 태후도 자신의 말이 과한 것을 깨닫고 즉시 전에서 물러가라 했지만 전 안에서는 여전히 웃음소리가 그치지 않았다. 그러나 나는 몹시 두려워졌다. 태후가 무서워서라기보다는 윗사람들의 시기를 받을까 걱정이 되었기 때문이다. 그 일 이후 태후는 내게 별명을 지어주어 궁의 태감은 위아래를 막론하고 다들 나를 '신선' 또는 '신선 장張'이라 불렀다. 세상물정 모르는 책벌레에 불과했던 나는 사람들이 놀리며 신선이라 부를 때마다 얼굴을 붉혔지만, 시간이 지나면서 점차 익숙해졌다. 태후와 상차 총관태감, 수령태감 등은 나에게 볼일이 생기면 심부름을 맡은 태감에게 "가서 신선을 불러오너라!" 하고 말하곤 했다. 신선이라는 두 글자가 마치 나의 관직명이 된 듯했다. 태후가 가끔 나를 불러 글을 쓰게 하거나 그밖에 다른 일을 시킬 때면 나는 하사품을 받지 않은 적이 없었다. 때로는 다른 전의 과일 합 중 한두 합을 하사하기도 했다. 나는 머리를 조아리고 감사 인사를 올리며 생각했다. '나에게 이런 영광이 주어지다니. 물러나 동료들과 함께 나눠먹으면 다들 기뻐하겠지.'

　　상차를 맡은 총관, 수령태감과 연극 배역을 맡은 사람들도 종종 관

---

* 사射는 '짐작한다'는 뜻, 복覆은 '덮어 가린다'는 뜻으로, 한쪽이 어떤 물건을 숨기면 상대방이 점을 치는 등의 방법으로 무슨 물건인지 알아맞히는 놀이.
** 인간의 길흉화복이나 국가의 장래에 관해 도참사상 및 음양오행설에 따라 예언한 내용을 기록한 책 중 하나.

서태후

상을 보고 점을 치려고 나를 찾아왔다. 나는 늘 점 도구를 가지고 다니며 요긴하게 사용했다. 그리고 이 덕분에 궁에서 25년여를 지내는 동안 '신信 선생'이라는 호칭이 나를 떠나지 않았다. 상전을 모실 때 외에는 누구도 더 이상 나를 '장셴시'라고 부르지 않았다.

4

내가 서태후를 처음 만난 때는 광서 28년, 태후가 68세 되던 해다. 이때 태후는 이미 머리카락이 다 빠지고 귀 뒤쪽의 몇 가닥만 남아 있어 거의 대머리나 다름없는 상태였다. 정수리에는 꽃을 붙이고, 머리를 빗을 때면 배우가 분장할 때처럼 가짜 머리카락을 붙였다. 이렇게 하지 않으면 그야말로 머리가 다 벗겨진 한 명의 노부인이었다. 머리카락은 이랬어도 정신은 대단히 정정했다. 두 눈썹은 정기가 흘러넘치고 눈동자는 별처럼 빛났다. 아무도 감히 그 눈빛을 마주 대하지 못할 정도였다. 조정에서 군기대신들을 대할 때면 더없이 온화하고 자상하면서도 그 표정과 자태에는 감히 범접할 수 없는 권위와 위엄이 서려 있었다. 40여 년간 국정의 중심에서 증국번, 좌종당, 이홍장, 호임익의 사대 명신名臣을 중용하여 천하를 중흥시킨 태후가 붕어하자 여러 신하가 서태후는 공적이 크고 과실이 적은 반면, 광서제는 공적이 적고 과실이 많다고 평가한 것은 확실히 정론正論이라 할 수 있다.

서태후는 엄하면서도 나름의 기백이 있었다. 화가 나면 태감, 아래채 부인네, 궁녀들을 때렸고, 기분이 좋으면 고지식하고 멍청한 사람을 때렸다.

사촌 형 장하이보는 태후에게 반평생을 얻어맞으며 살았지만 결코 태후가 그를 싫어했던 것은 아니다. 오히려 나이가 들어서도 변함없이 총애했다. 또 장하이보 역시 태후에게 원망을 품지 않았다. 실로 그러기가 쉽지 않은데 말이다. 태후는 새로 온 태감이나 사방 태감은 때리지 않았다. 태후를 모신 8년 동안 나는 한 번도 질책이나 벌을 받아본 적이 없었다. 그러니 누구보다 큰 은혜를 입었다고 볼 수 있지만, 이는 내가 일을 잘해서가 아니라 글을 배운 사람이었기에 누린 영광이다.

영수궁은 서태후가 거처했던 궁이며, 몇 개의 전으로 이루어져 있다. 그 이전에 태후는 저수궁儲秀宮과 장춘궁長春宮에 거처했다. 동치제同治帝*와 광서제가 어려 보호의 책임과 수렴청정이라는 임무가 있었기 때문이다. 동치제와 광서제가 혼례를 치른 뒤에는 태후도 그때마다 자령궁慈寧宮 내 수강궁으로 옮겨갔다. 물론 동태후도 자령궁 내 처소로 옮겼다(청대의 제도에 따르면, 황상이 혼사를 치르면 태후와 선대 황제의 비빈들은 모두 자령궁 내 '수壽 모모 처'라고 불리던 곳으로 옮겨야 했다). 황상은 매일 아침저녁으로 두 차례 태후 궁에 가서 문안을 올렸다. 먼저 동태후에게 가서 문안을 올리고, 그다음 서태후에게 갔다. 순서가 바뀌면 안 되었다. 서태후가 중난하이中南海[고궁 서쪽에 위치한 연결된 두 개의 호수로, 중하이中海와 난하이南海를 합친 명칭]에 머물 때 거처한 전들과 그 주변은 풍택원이라 칭했다. 태후가 의란전儀鸞殿(지금의 회인당懷仁堂)에 머물 때는 매달 음력 초하루와 보름에 순일재純一齋에서 연극을 관람했다. 순일재는 물 근처에 있어서 태후의 생신을 축하하는 10월에는 임시로 따뜻한 무대를 축조하기도 했다(중난하이에서 지낼 때 일반 전상태감들은 풍택원 전상과 영수궁 전상으로 나뉘어 불렸다. 그러나 태감들이 다 함께 일했기에, 서태후가 거처하는 곳 전상태감들은 이화원頤和園 낙수당樂壽堂 같은 곳에서도 모두 영수궁 전상으로 통칭했다). 태후가 영수궁에서 지낼 때 앞에 있던 전은 양성전養性殿, 가운데 전은 낙수당, 뒤에

---

* 청나라 제10대 황제 목종. 부왕은 함풍제, 생모는 서태후다. 동태후와 서태후의 섭정으로 정치에 크게 간여하지 못하고 이른 나이에 병사했다.

있던 전은 이화헌頤和軒이었다. 연극 관람은 열시루閱是樓 정전正殿에서 했다(무대 이름은 창음각暢音閣이었고, 현판에는 '보천동경'이라 쓰여 있었다). 이화원에 머물 때는 덕화원德和園에서 연극을 관람했는데, 극을 관람한 정전은 이락전頤樂殿이었다. 나는 사방에서 보천동경반을 전담 관리했다. 보천동경반은 서태후가 태감들을 뽑아 연극을 공연하도록 구성한 극단이다. 이 일은 상당히 복잡하고 고달파 감당하기가 쉽지 않았는데, 무엇보다 배우들을 통제하기가 어려웠다. 밖으로 유명세를 타기 때문인지 극을 배운 태감들은 무척이나 속을 썩였다. 큰 배역은 큰 배역대로 까탈을 부렸고, 작은 배역은 작은 배역대로 또 성깔이 있었다. 무대 뒤에서 연극 연습과 개요를 담당했던 전임 태감 세 명은 일이 너무 힘들어 궁을 도망쳐나오고 말았다. 일찍이 장더푸 태감은 연극 덕택에 지위가 오른 소태감들이야말로 뒤에서 태후를 욕하는 사람들이라고 말한 적이 있다. 그러나 꼭 그런 것만도 아니어서, 장하이보 형은 태후가 죽도록 때려도 결코 태후를 원망하는 법이 없었다. 그 외에 다른 태감들 중에도 교만을 부리지 않은 덕분에 복을 얻은 사람이 많았다.

연극 개요를 담당하는 임무는 각본을 쓰는 일이다. 새로운 극이 탄생하면 반드시 대본을 세 부 작성해야 했다. 한 부는 상부에 제출해 태후가 대본을 보면서 극을 관람할 수 있도록 했다. 또 한 부는 극을 관리하는 총관태감에게 제출했고, 마지막 한 부는 사방에 남겨 원본으로 보관했다. 새로운 극을 연습할 때는 반드시 연극 개요를 소개하는 그림이 있어야 했다. 윗부분에 1막 1장에 등장하는 인물의 이름과 이를 공연하는 배우의 이름을 격식에 맞게 써넣었다. 공연 연습이 시작되기 전에 먼저 이것을 무대 뒤쪽에 걸어놓고 연극 개요를 담당하는 사람이 배우들에게 연습을 재촉했다. 또 반드시 무대 뒤에서 극을 총지휘하는 사람(류밍신과 장더푸)과 의논해 새 극이 제대로 연습이 됐는지 검토한 다음 공연 날을 확정지었다.

평상시에는 매달 음력 초하루와 보름에 극을 공연하고, 설, 단오, 추석, 생신 때, 불도의 날[납팔일. 음력 12월 8일. 석가모니가 득도한 날이라고 전해진다], 칠석에는 각기 절기 극을 공연했다. 예컨대, 설 같은 때는 「여원영신如愿迎新['바라는 것이 이루어지는 새해를 맞다'의 의미]」, 섣달그믐에는 「응수다복應受多福['많은 복을 받다'의 의미]」, 정월 초이튿날에는 「재원복주財源輻輳['재물이 모이다'의 의미]」, 석가탄신에는 「불지도마, 마왕답불佛旨度魔, 魔王答佛['부처가 마왕을 제도하려 하니 마왕이 이에 답하다'의 의미]」, 단오에는 「천도제사闡道除邪['도를 밝히며 사악한 것을 제거하다'의 의미]」, 추석에는 「천향경절天香慶節['좋은 향으로 절기를 경축하다'의 의미]」, 칠석에는 「작교밀서鵲橋密誓['오작교의 비밀 서약'의 의미]」, 6월 19일에는 「나한도해羅漢渡海['석가모니가 바다를 건너다'의 의미]」와 같은 작품을 공연했다. 또 6월 20일 광서제의 생신과 10월 10일 서태후의 생신날에는 「만수무강萬壽無疆」을 공연해 절기를 장식했다.

  이상의 공연 극본은 승평서昇平署[궁내 연극과 음악을 관장하는 부서]에서 관리했다.

  승평서의 일은 두 가지로 분류된다. 전前승평서에서는 궁내 음악을 관장했으며, 태감들이 모든 일을 맡았다. 승평서에서 담당하는 내정의 악기, 악곡 관련 업무는 예부禮部[옛날 중국 관제 중 육부六部의 하나]의 태상시太常寺에서 하는 음악 업무와 달랐다(태상시는 내정에서 일을 맡지 않았다. 황상이 내정 밖으로 나갈 시에 승평서 태감들이 아닌, 태상시에서 예악을 담당했다). 후後승평서에서는 내·외학 배우의 전통극 공연을 관장했다. 내학內學은 태감들이 극을 공연하는 것으로, 극은 모두 곤강崑腔과 고강高腔*이었다

---

* 둘 다 중국 전통 희곡 곡조다. 곤강은 원대에 장쑤江蘇 성 쿤산崑山에서 기원하여 명대 이후에는 주요 곡조의 하나가 된다. 고강은 익양강弋陽腔과 각지의 민간 곡조가 결합된 것으로, 음률이 높고 낭랑하며 오직 타악기만으로 반주한다.

(건륭제[청나라 제6대 황제]가 지은 것을 당시 한림翰林 유신儒臣들이 엮은 것으로, 모두 상징성이 있는 문장이라 일반 백성들은 이해하기 어려웠다). 외학外學은 외부 민간 배우들이 공연하는 것을 일컫는다. 광서 20년, 태후의 60세 만수절을 경축할 때 누군가가 다음과 같이 건의했다. '태후마마의 연세가 이미 예순이고 그 공적과 덕망이 크시다. 노년은 복을 누리며 수양하는 시기이니 만수절 경축 때 승평서에 명하여 궁 밖의 유명 피황皮簧[중국 전통 희곡의 곡조로, '서피西皮'와 '이황二簧'을 함께 일컫는 말] 배우를 궁에 들여 공연을 맡기자.' 이렇게 해서 외학들은 연극 교습 명목으로 승평서에 소속되어 태감들과 함께 녹봉과 녹미를 받게 되었다(종래로 이곳 태감들은 나라의 녹미를 받지 않았다. 오응웅吳應熊 부마가 자신의 오래된 저택에 승평서를 세웠기 때문에 그가 남긴 녹미가 이원梨園[극단] 태감들에게 내려졌다. 훗날 외부에서 들어온 배우들이 극을 가르치면서 태감들도 다 같이 녹미를 받았다).

승평서에는 총관태감, 수령태감, 일반 태감이 있고, 전량처錢糧處와 서기가 있었다. 승평서는 속칭 남부南府라고 불렸다. 남부의 체계는 궁내와 조금 달랐다. 남부 태감들은 예술적 측면에서 계보가 있어, 스승과 제자 간에 이를 전수했다. 생生, 단旦, 정淨, 말末, 축丑, 외外, 소생小生, 소단小旦, 첩貼, 노단老旦의 10가지 배역이 있었는데, 배역마다 각기 사부(스승), 도제(제자), 사야師爺[스승의 스승], 도손徒孫[제자의 제자]이 있고 서로 재산을 상속할 권한도 있었다(궁내 태감 조직에서는 단지 스승과 제자의 관계만 있을 뿐, 대를 잇는 관계가 아니었다. 그래서 어느 처소에서 일을 맡게 되면 위아래를 나눌 수밖에 없었다). 남부 태감들은 혹 이곳을 나오고 싶어도 그러지 못했다. 어디를 가든 남부를 벗어날 수 없었다(궁에 속한 태감들은 그렇지 않았다. 일만 할 수 있다면 어느 처소로 옮기든 막지 않았다). 이들은 자신들이 지닌 예술성 때문에 속박을 받았고 죽을 때까지 다른 활동을 할 수 없었다. 죽어서 무덤에 묻힌 뒤에야 이곳에서 풀려날 수 있었다.

남부에서 모시는 신은 '익수성군翼宿星君(동자상童子像으로, 노랑신老郎神[연극의 신]을 일컫는 것)'이었다. 남부 안 사당에는 효성헌황후孝聖憲皇后(건륭제의 생모)의 초상을 모셨다. 해마다 극을 공연하는 날이면 남부 사람들은 먼저 그들이 계획한 극의 안내서를 상부에 제출했다가(공문처럼 격식을 갖출 필요는 없었다), 이를 다시 사방에 제출했다. 그러면 사방에서 연극 개요를 담당하는 사람이 극을 관리하는 총관태감에게 보고하고, 총관태감은 극의 설계를 새롭게 입안했다. 입안을 마치면 사방에서는 극의 안내서를 작성하고 상부의 지시를 기다려야 했다. 공연 전날 밤, 연극 개요를 관리하는 사람은 극본을 넣은 상자를 들고서 극을 관리하는 총관태감을 뒤따르고, 총관은 안내서를 건네받아 태후에게 올렸다. 안내서를 본 태후가 항상 만족하리라는 법은 없었다. 마음에 들지 않을 때는 총관태감에게 불같이 화를 냈다. 총관은 또 그 화를 고스란히 연극 개요 담당자에게 풀어 매를 들거나 질책했다. 대태감이 소태감에게 분풀이를 해대면 소태감은 억울해도 어디 하소연할 데조차 없었다. 연극 개요 담당자는 이렇듯 윗사람에게서 받는 어려움도 컸다.

이뿐만이 아니다. 무대 뒤에서 태감들을 상대하는 일은 더욱 힘들었다. 류밍신과 장더푸는 모두 세상 물정에 밝은 숙련된 태감이었다. 조금이라도 업신여김을 받았다 싶으면 이들은 태감들에게 눈을 부라리며 작게는 욕설을 내뱉고, 크게는 태후와 총관을 차례로 만나 자신의 체면을 찾으려 했다. 결코 이들을 함부로 대해서는 안 되었다. 또한 극을 배운 태감 치고 거만하지 않은 이가 없었다. 예를 들어, 자신이 할 줄 아는 극인데 배역에 뽑아주지 않으면 불평이 이만저만이 아니었다. 공연했는데 좋은 반응을 얻지 못하면 그것대로 또 불평이었다. 정말이지 이들을 다루는 일은 보통 어려운 일이 아니었다. 더하여 여러 단역을 맡은 태감들, 예컨대 병졸, 개선가, 쇠사슬 복장, 호랑이와 표범, 군대에서 쓰는 큰 깃발, 여종이 수놓

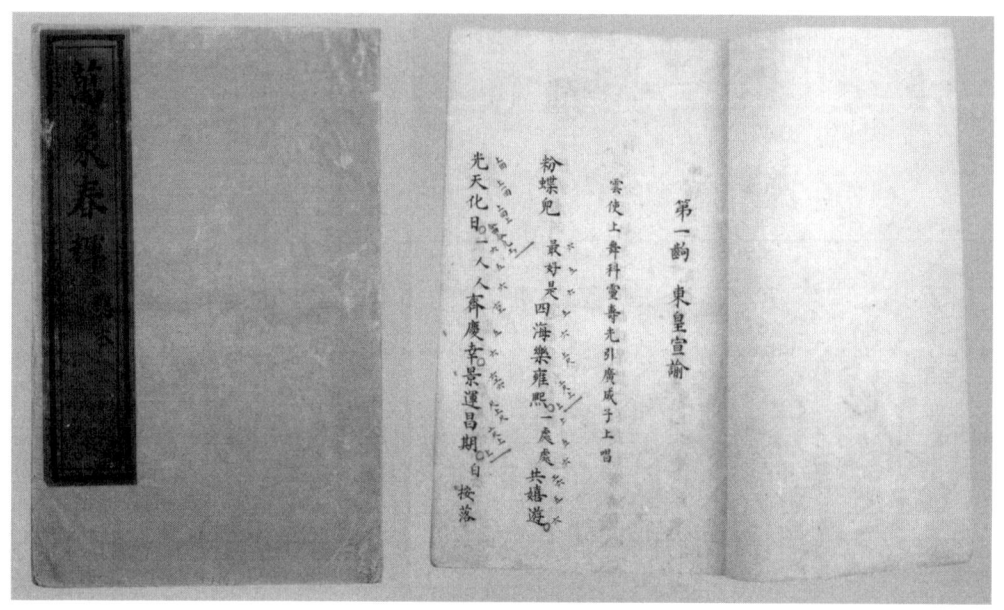

승평서 극본「만상춘휘萬象春輝」

승평서 극본 「반고胖姑」

은 신발 등을 맡은 태감들은 극중에서 중요한 역할이라고 할 수는 없지만 하나라도 빠지면 극이 성립되지 않았다. 이들이 간혹 속을 썩이는 일은 공연이 시작되어 곧 등장해야 될 시점에 나타나지 않는 것이었다. 계속 나타나지 않으면 연극 개요 담당자가 책임을 져야 했다. 얼른 의상 상자에서 의상과 소도구를 챙겨 그 사람 대신 분장하고 등장해야 하는 것이다. 그래야 매와 꾸지람을 피할 수 있었다. 이 같은 여러 가지 어려움 때문에 연극 개요를 맡은 태감에게 이 일이 아주 위태로운 업무가 아닐 수 없었다. 그래서 될 수 있는 대로 온갖 방법을 동원해 다른 업무로 바꾸려고 했고, 그럴 수 없으면 도망쳐버렸다. 이 일 때문에 궁에서 도주한 사람이 얼마나 많은지 모른다. 나에게 이 직책이 떨어졌을 때 나는 순순히 받아들이고 적응해나가는 것밖에 달리 방법을 찾지 못했다. 위에서 언급한 수많은 어려움을 잘 알고 있었기에 우선 전략을 짰다. 사방 상급자들에게 나 자신의 가치를 차츰차츰 높이는 전략이었다.

나는 본래 돈을 밝히고 가난을 끔찍이 두려워하는 사람이었지만, 돈이나 지위에 무관심한 모습을 연출했다. 그러자 상급자인 수령 대사부는 자연스레 나에게 큰 권한을 부여했고 단속도 과하게 하지 않았다. 나는 돈만 충분히 생겨 어머니께 효도하고 동생들에게 배움의 기회를 줄 수 있다면 무슨 일이든 열심히 할 수 있었다. 아미타불, 누가 고해는 끝이 없다고 했던가? 이때부터 나는 고해의 끝을 보게 되었다. 태후 생전에 극을 관리했던 한 총관은 무노생武老生[무관 역할의 노생. 노생은 재상·충신·학자 등 중년 이상의 남자 배역을 일컫는다]이기도 했으며 태후를 다년간 모신 나이 든 태감이었지만 멍청이糊塗蟲라는 별명으로 유명했다. 극이 생기면 안내서 제출하길 두려워했다. 혹여 안내서로 말썽이라도 생기면 연극 개요를 담당한 사람에게 분풀이를 해댔다. 나는 그를 상급자로 상대해야 했기에 극을 공연하는 배우들에게 더욱 시간과 노력을 들였다. 극을 관람할 태후의 기분까지 신경썼다. 공연을 하는 시간, 태후가 극을 관람하는 시간 뿐 아니라 낮잠 시간이나 전 밖에서 산책하는 시간처럼 극을 관람하지 않는 시간까지도 미리 헤아렸다. 예를 들어, 태후는 왕계분王桂芬, 탄신페이譚鑫培, 양샤오러우楊小樓, 왕구이관王桂官, 천더린陳德霖, 왕야오칭王瑤卿, 양샤오둬楊小朶 등의 극을 즐겼는데, 이때 안내서상의 시간은 반드시 태후가 식사할 때나 전 안에서 산책할 때와 맞추어야 했다. 이때 태후가 좋아하는 극을 공연하면 만족스러워하실 것은 거의 틀림없었다. 반대로 시간을 잘못 정하면 태후의 기분이 상하는 것은 물론 극을 관리하고 공연하는 사람들은 위아래 할 것 없이 죄다 그 책임을 져야 했기에 극이 끝날 때까지 안절부절못했다. 그래서 나는 직접 안내서를 만들어 먼저 총관태감에게 확인을 받고 허가를 받으면 정식 입안을 완성했다. 태후 또한 그것을 훑어보고 머리를 끄덕이며 승낙하면 그 안내서를 승평서로 보냈다. 그러면 그날로 안내서에 따라 극이 진행되었다. 공연을 마치면 태후는 명단에 따라 상을 하사했다(이때 하사하는 은은 광서제가 태후에게 올린 것으로, 태후는 은 2000냥을 상으로 내렸다. 극이 끝나는 날에 상을 내렸으며, 내학과 외학의 배역에 따라 은의 양이 결정되었다). 나는 이때 극을 관리하는 총관태감 밑에서 일을 잘 수행했기에 태후도 흡족해하고 총관 역시 매우 기뻐했다. 기분이 좋아진 총관은 위아래 사람들에게 나를 자랑했고 이 일로 태후가 나를 눈여겨보기 시작했다. 태후가 나를 주목하자 태후를 방문하는 황족 부인, 명부, 왕공주 등 이야기하기 좋아하는 이들이 또 저마다 입을 열었다. "이 극을 담당하는 태감은 부경군왕부에서 수격을 가르쳤던 사람으로, 저희도 그를 압니다. 성은 신씨이고, 관상을 볼 줄 알며 점도 칠 줄 아는데 아주 신통하답니다!" 태후가 나를 전으로 불러들여 점을 치게 하고 사복 놀이를 한 것이 바로 이때였다.

5

광서 30년, 내 나이 27세였다. 연극 개요를 담당하는 일로 나를 칭찬하던 총관 어르신은 나를 신 선생이라 불렀다(시안 여정 때 이미 안면이 있었다). 또 팔괘로 점을 칠 때마다 태후는 나를 신선이라 불렀다. 궁의 모든 사람, 그중 지위가 높은 사람은 대부분 나를 신 선생이라 불렀고, 그 외 사람은 다들 나를 '신선 장'이라 불렀다. 덕택에 나는 태후에게서 총애를, 윗사람들에게서는 높은 평가를 얻었고 아랫사람들과의 관계도 자연스레 좋아졌다. 극을 배우는 태감들과 외부에서 극을 가르치러 온 외학 선생들도 분위기를 따라 나를 존중해주었다. 나는 곤강 가락에 맞춰 가사(대사)를 짓는 재능이 좀 있어, 극을 가르치는 이들은 간혹 극중에 곡조만 있고 가사가 없는 경우 극의 흐름에 따라 몇 구절 넣어달라고 부탁하기도 했다. 극으로 인해 내 생활은 전보다 나아졌고 큰 운이 따라주어 만사가 잘 되어갔다. 그러나 내가 형통할 수 있었던 가장 큰 비결은 교만하지 않고, 허황된 꿈을 꾸지 않으며, 욕심 부리지 않고, 자연스러운 흐름에 순응해 본분을 지킬 줄 알았기 때문이다. 승급하고 떼돈을 벌 기회가 여러 번 있었지만 나는 모두 양보하고 내 지위와 주변 사람들과의 인연을 잘 지켰다. 서태후는 나를 어전 소태감으로 뽑았지만 나중에는 내 스승인 마쌍루와 함께 태후 앞에서 책을 읽게 했다. 그러나 시기상조라고 생각해, 구실을 만들어 공손히 거절했다. 또한 연극 개요를 전담할 때 외에는 매일같이 시간이 될 때마다 사방 다른 태감들을 따라 상전의 분부를 받들고, 밤이면 교대로 전 밖 회랑에서 불침번을 섰다. 나는 이를 통해 궁내 조직의 규모와 태후의 일상적 모습이 세상 사람들이 생각하는 것과 일치하는지 가까이에서 지켜볼 수 있었다. 뿐만 아니라 다양한 인생관을 지닌 사람들의 여러 경험을 간접적으로 얻어 견문을 크게 넓힐 수 있었다.

서태후는 한평생 승부욕이 불타는 사람이었다. 정치적 위치상 순전히 환경이 그렇게 만든 것이었다. 일찍이 태후는 목종 즉위년(1861)에 열하에서 숙순을 제거해 청나라가 역사의 뒤안길로 사라지는 것을 막았다. 그 의연한 뜻으로 숙순 등에게 현혹되지 않고 오히려 간사한 무리를 과감하게 척결했다. 역사가들은 청나라의 중흥에 있어 태후의 공적이 가장 컸다는 것을 정론으로 삼고 있다.

　　나는 일찍이 그분을 가장 불행한 여인이라 언급한 적이 있다. 안타깝게도 태후는 중년에 여러 얄궂은 일들을 맞닥뜨려야 했다. 류밍신과 장더푸, 두 사람이 늘 무대 뒤에서 나눴던 이야기와 스승 마쌍루가 들려준 말에 따르면, 동치제는 매우 영민하고 용맹스러웠다고 한다. 나라를 중흥시킨 신하들이 황제를 보좌하고, 또 공친왕이 군기당軍機堂*의 영수로 있는 상황에서 황상은 한순간도 정무에 태만할 수 없었다. 중흥의 대사업은 모두 순조롭게 진행되어갔다. 황상이 혼례를 치른 뒤 서태후와 동태후는 법도에 따라 자령궁으로 옮겨갔다. 황상은 매일 아침과 저녁, 두 차례 수안궁壽安宮과 수강궁으로 가서 문안을 드렸다. 두 태후는 모두 정치 일선에서 물러나 편안한 노년의 삶을 누렸다. 세상에서 아무나 누릴 수 없는 안락한 여생이었다. 그런데 동치제는 조정 일을 마치고 태후 궁에서 저녁 문안을 드리고 난 뒤 매번 태감이 입는 평상복 차림을 하고 붉은 술이 달린 모자를 쓴 채 심복 태감 하나를 데리고 궁을 빠져나가 창기의 집을 드나들며 향락을 즐겼다. 그러고는 이튿날 아침 조회에 맞추어 자금성으로 들어왔다. 군기대신들이 조정에 들 때 마주치지 않으려면 결코 시간을 지체할 수 없었다. 이후에야 동치제가 밤에 몰래 궁을 나간다는 소문이 퍼지면서 온 궁이 발칵 뒤집혔다. 책임을 맡은 암달諳達[만주어로 '스승'을 뜻

* 군기처 내 군기대신들이 정무를 보던 곳. 군기처는 옹정제 때 설립된 청나라 최고 정무기관으로, 군사 기밀뿐 아니라 안팎으로 중요한 일을 군기대신들이 황제에게 보고했다.

하며, 총관급에 해당하는 높은 직위의 태감을 가리킨다] 판範 모 태감이 황상에게 간언을 올렸지만 황상은 듣지 않았다. 이에 암암리에 공친왕부로 가서 알리자 공친왕이 나서서 황상을 타일렀다. 황제가 밤에 궁을 나가 기방을 드나드는 행위의 해악을 지적하며 황제가 하실 만한 일이 아니라고 간언했다. 하지만 공친왕의 권고가 여러 차례 이어지자 동치제는 화를 내며 말했다. "공친왕은 나를 권고하시기보다 왕부로 돌아가 그 댁의 짜이청載澂이나 제대로 관리하시지요. 구태여 나까지 간섭할 필요가 있겠습니까?"(짜이청은 공친왕의 맏아들로, 연극을 좋아하고 방탕하기로 유명했다.) 이 추상같은 기세에 공친왕은 입을 다물고 더 이상 한마디도 하지 못했다. 어쩔 수 없이 수강궁으로 가서 서태후에게 고했지만, 태후가 이따금 설득해도 황상은 듣기는커녕 불쾌한 기색을 드러내곤 했다. 이 일로 모자간 감정의 골만 깊어졌다. 태후 역시 황상을 어찌해볼 도리가 없어, 황상을 말리지 못하는 황후만 탓했다. 이 때문에 또 궁에서는 태후가 황후를 달가워하지 않는다는 소문이 나돌았다. 결국 동치제는 화류병에 걸리고 말았는데, 엎친 데 덮친 격으로 태의원 어의가 그만 일을 그르치고 말았다. 황상이 걸린 병이 화류병이라는 사실을 감히 말하지 못한 어의는 처방전을 논할 때 황상이 천연두에 걸렸다고 고했고, 천연두로 오인해 처방한 결과 황상은 그만 목숨을 잃고 말았다. 영민하고 용맹스러운 기개로 유명했던 동치제가 뜻밖에도 이렇게 빨리 붕어할 줄 누가 생각이나 했을까. 이것이 천명이었던 것일까?

　　동치제가 붕어한 뒤, 조정의 황족과 대신들은 대통을 이을 황제를 세우는 일에 제각기 다른 주장을 펼쳤다. 푸룬溥倫이 황위를 계승해야 한다는 주장이 있었다. 푸룬은 '푸溥' 자 항렬로, 도광제[청나라 제8대 황제 선종]의 장자인 혁위奕緯의 장손이기에 서열에 따라 마땅히 푸룬을 세워야 한다는 것이다. 다른 쪽 의견은 이랬다. 혁위는 성년이 되기 전에 요절했

동치제의 평상복 차림

고, 이 때문에 종실에서는 재치載治를 양자로 들여 대를 잇게 했다. 재치는 패륵[청나라 종실 및 몽골 외번에 수여된 벼슬]의 벼슬을 이어받고 아들 푸룬을 낳았다. 그러니 혈통상으로는 푸룬이 도광제의 자손이라 할 수 없다고 주장했다. 당시 대부분의 나이 든 황족들은 딱히 어떤 의견을 내세우지 않았다. '푸' 자 항렬의 다른 일가 또한 아무도 없었다. 그때 누군가가 제안하기를, 가까운 황족 중 순현친왕醇賢親王•의 아들인 재첨載湉[훗날의 광서제]을 세우고 잠시 태후가 수렴청정을 한 다음, 이후 재첨이 성년이 되어 아들을 낳으면 동치제의 대를 잇게 하자고 했다. 나이 든 황족들이 모두 이 의견에 찬성했기에 동태후도 찬성을 표하고 서태후도 어쩔 수 없이 다수의 의견을 따라 찬성했다. 의견이 모아지자 순현친왕의 아들인 세 살배기 재첨이 품에 안겨 궁으로 들어왔다. 두 태후는 다시금 자령궁에서 내궁[황후와 후궁들이 거처하는 궁]으로 돌아와 수렴청정을 했다. 동태후는 예전처럼 종수궁鍾粹宮에서, 서태후는 저수궁에서 지냈다. 동치제의 황후는 스스로 곡기를 끊어 순절했고, 돈의영경황귀비敦宜榮慶皇貴妃, 유비瑜妃, 순비珣妃, 진비 등 후궁들은 모두 자령궁 비빈들의 처소로 옮겨갔다.

  동치제는 동릉東陵에 안장되었다. 그 와중에 황후 이외 또다른 사람의 생명이 꺼졌다. 오가독吳可讀이 동릉에서 상소문을 남기고 스스로 목숨을 끊은 것이었다. 상소문의 내용은 "한 번 잘못은 다시 반복되어서는 아니 되옵니다"였다. 이는 황제를 향한 오가독의 일편단심으로, 광서제가 이후 태자를 낳으면 수렴청정을 그치고 대통을 이을 것을 일찌감치 문서화하려던 것이었다. 그런데 사실 이 일은 이미 조서에 문서화되어 있어 오

• 도광제의 일곱 번째 황자 혁현奕譞, 광서제의 아버지. '친왕'은 청대 최상의 벼슬로, 황제의 아들이나 형제를 일컫는다. 살아 있을 당시의 호칭은 순친왕이었다가 후에 시호로 '현'이 추가되었다. 우리나라 사전은 선통제의 생부인 짜이펑을 순친왕으로, 혁현은 순현친왕으로 구분하고 있어 그대로 옮겼다.

가독의 우려가 과했던 것이라 볼 수 있다. 어쨌든 서태후의 불행은 이 일을 계기로 시작되었다. 광서제의 수렴청정도 여전히 동태후와 서태후가 맡아 권한을 행사했다. 어떤 권한을 행했을까? 일이 생기면 군기대신들과 함께 회의를 하는 것이었다. 회의는 군기당의 영수가 주도했다. 영수는 공친왕이었다. 군기대신들이 국사에 대해 상의한 뒤 아뢰면 두 태후가 황상의 주권을 대행하여 인장으로 이를 집행했다.

동태후는 매사 상대방에게 양보하고 맞춰주는 호인이었던 반면, 서태후는 양보를 몰랐다. 이 또한 서태후가 처한 환경이 그렇게 만든 것이었다. 주변 모든 사람이 서태후에게 생트집을 잡았다. 푸룬이 황위를 계승하지 못하자 푸룬 측 사람들은 서태후가 편파적이라고 말했다. 그렇지만 황후가 절식으로 목숨을 끊은 것은 서태후의 환심을 얻지 못했기 때문이다. 오가독의 상소는 본래 그가 죽기를 작정하고 쓴 글로, 사실 동치제의 후사와 관련된 일은 이미 정례화되어 있었고 설령 이후 후계 문제가 문서대로 이행되지 않더라도 이 역시 서태후 한 사람만의 책임은 아니었다. 풍문을 맹목적으로 믿는 사람들, 특히 궁 안의 무지한 태감들은 누구 한 사람 깊이 생각하고 따져보는 이가 없었다. 동치제는 서태후가 직접 낳은 아들이다. 세상의 어느 어미가 제 아들의 후사를 끊는단 말인가? 황후가 절식으로 순절한 것은 황후 자신이 선택한 일이지 서태후가 원한 것은 아니었다. 이후 돈의영경황귀비(동치제의 후궁)는 평생 서태후에게 사랑을 받았는데, 이것만 보아도 서태후에게 애옥급오愛屋及烏[어떤 사람을 좋아하면 그와 관계된 사람이나 사물에도 관심을 쏟는다는 성어]의 마음 씀씀이가 있음을 엿볼 수 있다. 뿐만 아니라 무술정변●● 때도 태후는 또다시 수렴청정을 할 마음

───────

●● 서태후의 수구파가 광서제의 변법자강운동에 반발해 변법파를 몰아내고 광서제를 궁에 감금한 사건.

이 전혀 없었다. 당시 태후는 눈물을 흘리며 이렇게 말했다. "자고로 태후의 수렴청정은 세간에서 좋은 소리를 들은 적이 없다. 나는 이제야 가까스로 국정을 돌보는 고뇌에서 벗어났다. 국가 대사는 잘하든 못하든 황상 한 사람이 이끌 일이다. 나는 궁으로 돌아가지 않을 것이다." 이에 영록榮祿[청말 군인이자 정치가. 선통제 푸이의 외조부]이 말했다. "황태후께서는 자신만 돌아보시고 열조 앞에서 종묘사직은 고려치 않으십니까?" 태후는 영록의 이 말을 듣고 그제야 밤새 울면서 궁으로 돌아와 2차 수렴청정을 시작했다. 이후에는 시안 피신까지 겪어야 했으니 연로한 몸으로 하루도 마음 편히 쉬지 못했다. 정말이지 불행한 일생이라 아니할 수 없다! (류밍신과 장더푸, 마솽루 등도 모두 같은 생각이었다. 다른 연배 높은 이들 중에도 이렇게 말하는 이들이 꽤 있었다.)

나는 진리를 추구하는 사람으로서 서태후에 대해 특별히 좋은 감정도, 나쁜 감정도 없다. 궁에서 20여 년을 보내면서 위로는 주인, 아래로는 태감에 이르기까지, 위아래 사람들과 함께 일한 동료들에 대해 사실을 있는 그대로 써내고자 한다. 딱히 특이한 것이 없어도, 치우치고 편벽된 내용은 감히 기록하지 못했다. 수백수천 년이 지나도 금석처럼 변치 않을 정확한 역사를 써내기만 바라기 때문이다. 일흔일곱이나 먹은 노인이 이제 겨우 고해의 심연을 뚫고 나와서는 출렁이는 파도를 따르지 않고 오히려 출렁이는 파도에 역행해 정처 없이 돌아다녔다. 나는 '자비의 배로 중생을 제도濟度[세상에서 생사만을 되풀이하는 중생을 건져내 생사 없는 열반의 언덕에 이르게 하는 것]'하는 항로를 찾고자 했다. 하늘을 우러러 사심 없는 덕으로, 과거 불행했던 사람들이 한숨 돌릴 수 있도록 위로함으로써 천만 년 후에도 사라지지 않을 공덕을 세우려 했다.

경자년 시안 피신 이후, 서태후는 칠순에도 불구하고 여전히 혈기 왕성하게 자기계발에 힘썼다. 날마다 책을 읽고, 글을 쓰고, 그림을 그렸다. 또 「양도부兩都賦」를 암송하여 마쌍루와 경합을 벌이기도 했다. 뿐만 아니라 유경의 아내, 그의 셋째 딸 더링, 다섯째 딸 룽링 세 사람을 궁에 들여 외국어를 배웠다. 태후에게는 통역 인재, 외국 문물에 밝은 인재, 외교적 교류를 위한 인재가 필요했기 때문이다. 처음에는 통역을 위해 서양 말을 할 줄 아는 구이푸貴福라는 이름의 중국 여성을 들였다. 하지만 그녀는 영어는 유창했지만 풍격이 서양인과 동떨어져 서양인을 접대하는 데는 그리 적합하지 못했다. 그래서 태후는 구이푸를 그리 높이 대우하지 않았다. 더링, 룽링 두 아가씨는 외모도 출중했을 뿐 아니라 태도와 풍격에서 서양 냄새를 물씬 풍겼다. 이 때문에 거의 매달 두세 차례 이화원에서 열리는 서양인과의 만찬에 초대되었다. 외교부 소속의 요리사와 차방 일꾼이 음식과 차를 미리 준비했고, 잡역을 맡은 태감은 작은 가마로 이화원이나 삼해三海[황궁 내 중하이中海, 난하이南海 및 베이하이北海를 합쳐 이르는 말] 구경을 돌기도 했다. 다만 궁 안에서 노니는 일은 없었다. 모두 대사관 집안의 여인들이라 특별히 차림새가 정갈한 청년 소태감을 뽑아 시중들게 했다. 또 이때는 태후도 평소보다 화려하고 진귀한 의복과 장신구를 갖추었다. 유경의 아내와 딸 더링, 룽링은 유화에 능한 독일 여성 커를 추천하여 서태후의 초상화를 그리게 하고, 겸하여 외국어 통역이 필요한 손님 접대 일도 맡겼다. 태후를 알현하러 입궁한 황족 부인, 명부, 넷째 공주, 위안 마님 등도 외국인을 접대하는 데 합류했고, 구이푸도 무리를 따라다니며 참여했다(유경의 아내와 딸들이 궁에 들어온 이후로 구이푸를 찾는 일은 점차 줄어들었다. 태후의 총애가 식자 그녀는 스스로 휴가를 내고 궁을 나갔다).

  유경은 외교 사절로 독일◆에 갔다가 돌아왔을 때 실명하는 바람에 상하이에 머물며 요양했다. 이때 고위층 사람이 유경의 아내와 딸을 추천

◆ 유경은 청나라의 주駐프랑스 공사로 근무했다.

해주어 궁에 들이게 되었다. 그때는 마침 외세의 공격을 받은 청나라가 패전국으로 외교상 저자세를 취할 시기였기에 서태후는 여러모로 외세의 비위를 맞춰야 했다. 조정 대신들은 하나같이 와신상담하는 것 외에 아무 대책이 없다고 주장했다. 이들은 머리가 벗겨진 노부인에 불과한 태후에게 기댈 수밖에 없었고, 타고난 총명함과 지혜가 있으나 불행한 말로를 맞은 태후도 군신들이 주장하는 와신상담의 길을 따를 수밖에 없었다. 당시는 태후 또한 달리 대응할 방법이 없었다. 태후의 강한 승부욕은 한평생 사그라질 줄 몰랐는데, 이 때문에 생각지도 못한 화가 때마다 태후를 따라다녔다. 외국의 각서*는 매번 외교부*에 먼저 전달되고 이어서 황실에 보고된 다음, 모월 모일에 어느 나라의 사신 또는 참사관을 접견하기로 정해졌다. 경자년 이후 외교부는 가장 각광받고 실속 있는 국가 부서가 되었다. 외국인을 접대하는 외교부 소속의 주방 일꾼, 차방 일꾼, 통역, 관련 직임을 맡은 이들은 모두 급료가 두둑했다. 차역茶役의 우두머리 자리는 현관懸官 자리보다도 훨씬 경쟁률이 높았다. 외교부의 크고 작은 관원들은 서양인들이 알현을 위해 황실을 방문하면서 자연스레 일이 많아졌다. 태후궁 사방에서 일했던 나 또한 태후를 따라 바빠졌다. 서양인이 알현하러 오기 여러 날 전에 외교부 관원은 서양인과의 접견에 대비한 문답서를 미리 만들어올렸다. 흰색의 접자摺子[명청대에 신하가 황제에게 올리던 글로, 첩장帖裝에 써서 올린 데서 붙여진 명칭]에 '귀貴 사신은 안녕하십니까, 귀국의 대통령**은 안녕하십니까?' 등의 문장을 쓰고 태후가 이를 보고 말할 수 있도록 준비했다. 그런데 태후는 한사코 재능을 펼치고자 늘 자신이 직접 몇

● 조약에 덧붙여 해석하거나 보충할 것을 정하고, 예외 조건을 붙이거나 자기 나라의 의견, 희망 따위를 진술하는 외교 문서.
◆ 당시에는 외무부라고 불렸다.
◆◆ 伯理璽天德, 즉 President(대통령)의 음역.

마디를 고치려 들었다. 그리고 사방 태감에게 명해 다시 쓰게 했다. 사방 태감은 태후가 이른 대로 다시 써서 올려야 했다. 이튿날이면 태후는 전날 자신이 생각한 말이 마음에 들지 않아 또다시 사방에 고쳐 쓸 것을 명했다. 접견하기 전까지 몇 번을 고쳤는지 모를 정도로 수없이 문장을 고친 뒤 접견 시간이 임박해 다시 고칠 시간이 없으면 그제야 좋든 나쁘든 그대로 갔다. 누가 생각이나 했을까. 접견 자리에서 통역관이 일반 대화체로 통역해 애초에 문어체를 쓸 필요가 없었다는 것을. 어쨌든 이러한 면에서 태후의 근성을 엿볼 수 있었다. 뿐만 아니라 태후는 젊은 태감들에게 서양의 문화와 언어를 배우게 했다. 사방 동료였던 야오姚 모 태감은 이 일에 열성을 보여 매일 밤, 일을 마치면 외국어를 배우러나갔다. 그는 이를 기회삼아 지식을 쌓고 스스로를 향상시키고자 했다. 저녁에 마쌍루가 책 읽기 불침번을 서러 갈 때 따라가 태후에게 외국어를 가르치는 사람이 있었는데, '양洋 소태감'이라 불렸다.

  한편 이화원 궁문 밖에는 사진관을 운영하는 광둥廣東 사람이 있었다. 이 자는 간첩이었는데 관가에서 이를 밝혀 궁으로 잡아들였다. 추포된 그는 궁내 태감 중 야오 태감이 자신과 아는 사이라고 자백했다. 태후는 체면을 고려해 야오 태감을 타소처[청소 담당처]로 보내버리고, 궁내 태감 중 그런 사람은 없다고 하여 사건을 무마시켰다. 결국 이 일은 야오 태감의 내막이 그리 중요하지 않아서인지 흐지부지됐다.

  유경 집안의 모녀는 본래 상하이 사교계에서 유명했고, 궁으로 들어온 것은 광서제에게 접근해 훗날 후궁으로 간택되고자 하는 커다란 목적이 있기 때문이었다. 황상이 여색을 밝히지 않는다는 사실을 모른 그들은 늘 황상 가까이에 있는 태감을 꾀어 다리를 놓아달라고 부탁했다. 또 목적을 이루지 못했음에도 이에 그치지 않고 태감들을 통해 궁정의 비밀을 캐내려 했을 뿐만 아니라 독일 여성 커를 소개해 서태후의 초상화를 그

서태후와 더링

리게 했다. 초상화를 그릴 때 이들은 맞은편에서 색을 입혔는데, 그림은 대단히 생생해 실물과 거의 똑같았다. 하지만 옷과 관모에 달린 진주나 보석을 그릴 때는 더 실감 나는 묘사를 위해 태후에게 커다란 진주나 진귀한 보석을 청하곤 했다. 그리고 그것을 손에 넣으면 곧 자신들의 것으로 만들어버렸다. 이후에도 이들은 태후에게 여러 장의 대형 초상화를 그려주었는데, 여기까지는 정말 좋았다. 유경의 집안은 커를 거들어 이에 대한 상을 받아냈고, 태후가 아끼는 것을 달라고 요구하기까지 했다. 태후는 이 일로 유경의 아내, 딸들과 소원해졌다.

더링과 룽링이 외국 여자 손님을 접대할 때면, 간혹 황상이 거처하는 곳에 있는 호수 위 옥란당玉瀾堂을 참관했다. 대전 내에는 풍금이 진열되어 있었는데, 어느 날 셋째 딸 더링이 일부러 모 태감에게 물었다. "황상께서는 풍금을 칠 줄 아십니까?" 그 태감은 예전에 광서제를 모셨기에 무심결에 대답했다. "칠 줄 아십니다. 진비마마께서 노래 부르는 것을 좋아하셨는데 예전에 황상께서 노래에 맞춰 풍금을 치신 적이 있습니다." "잘 됐습니다!" 셋째 딸 더링은 아무런 보고도 없이 황상의 처소로 건너가서 머리를 조아리고 문안을 올리며 말했다. "황상께 청하옵니다. 풍금을 쳐주셔서 노비들의 귀로 호사를 누리게 해주십시오." 광서제는 웃음을 띠며 풍금을 열었다. 과연 황상의 풍금 실력은 능수능란했고 더링과 룽링은 이에 맞춰 나란히 전내에서 춤을 추었다. 그 태감은 태후가 이 일을 알면 죄를 물을지 모른다는 생각에 서둘러 그들을 내보냈다. 이때부터 태후 궁 태감들은 광서제가 풍금을 칠 줄 안다는 사실을 알게 되었고, 얼마간 시간이 지나 태후 역시 이 일을 알게 되었다. 이를 알려준 태감은 태후가 죄를 물을까 두려워 도망치고 말았다. 태후와 유경의 아내, 딸들, 그리고 커의 관계는 이 일로 인해 더욱 멀어졌다. 더는 궁에 머무를 수 없음을 짐작한 그들은 나이 든 태감 리원타이李文太를 꼬드겨 복권을 한 장 사게 했다. 복권은 거짓말처럼 1등에 당첨됐지만 그 돈을 받으려면 상하이까지 가야 했다. 이에 딸들과 커를 거느린 유경의 아내는 리원타이를 꾀어 그의 돈을 빼앗고 상하이에서 부자가 되었다(훗날 태후가 붕어한 뒤 유경의 아내와 딸들은 리원타이의 돈을 전부 써버리고 리원타이는 달래서 베이징으로 돌려보냈다. 나이 든 가난뱅이가 된 리원타이는 결국 실성하여 생을 마감했다). 유경 부부가 죽고 난 뒤 셋째 딸 더링은 외국인에게, 다섯째 딸 룽링은 중국 관료에게 시집을 갔다. 이후 그들은 할 일이 없어 무료했던지 거짓되고 터무니없는 내용의 책을 펴내 서태후를 팔아 돈을 벌었다. 하지만 나는 태후의 불행은 그분 스스로 자초한 것이라는 생각이 든다.

6

나는 『옥갑기玉匣記』와 『추길편람諏吉便覽』 한 권씩을 가지고 황실에서 20여 년간 밥을 먹고 살았다. 리원타이도 점을 칠 줄 알았지만 그는 상하이로 떠나버렸다. 나는 이 두 권의 책으로 서태후, 융유태후, 단강황귀태비, 세 주인을 연이어 모셨다. 정말 이것이 영험한지는 나도 잘 모른다. 그저 주인이 믿고 받아들이면 나로서는 일을 잘 해낸 셈이다. 리원타이 태감이 유경의 아내와 딸들에게 속아 상하이로 간 뒤 서태후는 추길[길일을 택하는 것] 책임을 내게 맡겼다. 추길만큼은 능숙하게 해냈다. 태후가 하사한 '신선'이라는 별명에 부응하기 위해서라도 대충 할 수 없었다. 해마다 섣달 초하루 전날 밤이면 나는 업무를 미리 준비했다. 붉은 종이의 안쪽 황색 부분에 가로로 다음과 같이 써서 올렸다. "모년 모월 모시는 전신殿神에게 제사할 제단을 놓는 길일이고, 이튿날 아침 모시는 제사를 지내는 길일이다." 궁에서는 일반적으로 전 안에 옥좌殿座가 있는 처소는 어디나 전신에게 제사를 드렸다. 윗분이 전신에게 제사 지낸다는 소식이 들리면 각

영수궁의 옛 사진

처에서도 겹치지 않게 날을 택해 사적으로 제사를 지냈다. 태후가 전신에게 제사 지내는 날은 섣달 20일 전후로 일정했다. 사방에서는 황색 종이에 영수궁 각 전신의 이름을 써서 신위를 만들었다. 불당에서는 향, 초, 황색 지전, 금 원보元寶[옛날 중국에서 화폐로 통행했던 말굽 모양의 은괴 및 금괴]를 준비했고, 선방에서는 제물을 준비했다. 호두를 약 76미터 높이로 쌓아올리고, 튀긴 면근[밀가루와 물을 휘저어 전분을 부시고 난 뒤 남은 글루텐] 다섯 사발, 튀긴 두부 다섯 사발을 놓았다. 차방에서는 말린 과일 다섯 사발, 청과일 다섯 사발을 준비했다. 제물은 모두 철사로 만든 뚜껑을 사용해 덮었으며, 제사용 사발은 모두 황색 자기였다. 대大타탄[태후의 타탄]에서는 살아 있는 돼지와 양 한 마리씩을 준비했다. 제삿날이 되면 제단을 놓고, 제사를 드리고, 분향한 뒤 지전을 태워 재를 날려보냈다. 그런 다음, 총관태감이 전에 들어가 무릎을 꿇고 보고를 올렸다. "전신에게 제사한 뒤 분향하고 재를 태워보냈습니다!" 전 뜰에서 직임을 맡은 이들이 이에 맞춰 큰 소리로 예를 올리면 태후는 크게 기뻐했다. 전신의 제사가 끝나면 복육福肉[제사를 지낸 고기]을 하사하는 일이 남았다. 대타탄에서는 제사상에 올린 돼지와 양을 가지고 내려왔다. 또 이것과는 별도로 돼지 열 마리와 양 열 마리를 전날 미리 솥에 넣고 삶았는데, 당일에 고기가 푹 익으면 돼지와 양의 오차五叉(목 뒤, 등과 연결된 두툼한 부위) 중 두 덩이를 골랐다. 한 덩이는 수선방으로 보내 태후에게 올렸고, 다른 한 덩이는 어선방御膳房[황제의 식사를 담당하는 곳]으로 보내 광서제에게 올렸다. 나머지 고기는 왕부[친왕, 군왕 등 황족의 저택]에 내려졌다. 왕부에서는 복육을 받은 뒤 왕부 태감을 보내 감사 인사를 전했다. 왕부 태감이 태후 궁으로 오면 회사태감이 복육을 하사하신 은혜에 감사 인사를 하러 왔다고 보고해올렸다. 황상, 황후, 근귀비瑾貴妃[훗날 단강태비] 또한 복육을 받으면 예복을 단정히 차려입고 태후 궁으로 와서 대희大喜의 말과 함께 복육을 하사받은 은혜에 머리를 조아려 감사를 표했다. 전신에게 제사 지내는 의식은 이렇게 진행됐다.

전신에게 제사 지낼 때, 태후는 연도와 별의 순서에 따라 신위를 쓰는 일을 불당에서 담당하도록 했다. 그리고 총관태감이나 수령태감을 보내, 이들이 태후를 대신해 제사를 드린 뒤 보고하며 길상吉祥의 말을 하도록 했다. 천지탁天地桌[천지 신에게 제사할 때 차리는 제사상] 위에는 하늘에 올리는 도교의 기도문이 준비되어 있었다. 황색 종이에 인쇄된 이 도교 기도문은 오곡이 풍성하기를 하늘에 비는 한 편의 글이었다. 글 끝에는 '모년 정월 초하루, 옥황대제를 받드는 제자 광인자廣仁子'라고 쓰인 글과 인장이 있었다. '광인자'는 서태후가 천선계天仙戒[도교 삼단대계의 마지막 단계]를 받았을 때의 도호道號[도교 신자가 된 뒤의 이름]다. 태후의 생모가 세상을 떠났을 때 백운관白雲觀에 100일 동안 안치한 적이 있었다. 한때 명망 있는 도사였던 백운관의 주지인 쭝쉬안宗璿은 태후의 돌아가신 모친을 위해 100일 동안 혈분경血盆經*을 읽었다. 서태후는 총관 리롄잉을 보내, 태후를 대신해 삼단대계三壇大戒**를 받게 했다. 태후는 공덕주功德主[시주. 불승이나 도승을 공양하는 사람]로서 계단[계戒를 주는 의식이 이루어지는 단壇]에서 천자호天字號 제자, '광인자'라는 이름을 받고, 궁에서 100일 동안 채식을 했다. 태후가 받은 것은 천선계의 방편계方便戒[계단戒壇에서 받지 않은 계를 총칭한다]였다. 사실상 백운관 율당律堂에서 받은 계가 아니었기에 방편계라 했다. 서태후가 노자를 신봉했다는 것을 아는 사람은 세간에 드물다. 궁에서는 한때 도교 수계 열풍이 일어, 어느 정도 지위가 있는 태감은 거의가 도사의 계를 받았다. 소운도인素云道人 류청인劉誠印을 비롯해 수많

---

* 옛날 중국에서 유행했던 경이다. 부녀들은 출산 때 흘리는 피로 지신地神을 오염시켜 지옥의 피로 된 연못에서 고통을 받는데, 승려가 이 경을 낭독하면 이 재앙을 소멸시킨다고 전해진다.
** 도교를 전수하고 계승하는 근본 계율로, 초진계初眞戒, 중급계中級戒, 천선대계天仙大戒의 세 단계로 이루어진다.

은 사람이 이를 따랐다. 궁 전체 태감들이 죄다 도사가 된 듯했다.

해마다 설이면 설 분위기가 한껏 고조되었고, 연극도 연례대로 설 전후 닷새, 총 열흘 동안 공연되었다. 섣달그믐, 태감들이 식탁을 놓으면 음식을 차리는 소태감들은 모두 수를 놓은 자색의 새 망포蟒袍[명청 시대에 대신들이 입던 예복]를 입고 흰 소맷부리를 걷어올린 뒤, 과일 합을 받들고 상을 차렸다. 태후가 자리에 앉으면 황후, 근비瑾妃가 알현하러 온 이들을 이끌고 식탁 주위에 서서 태후와 함께 저녁식사를 했다. 연극의 마지막 공연은「청석산青石山」「왕노도착요王老道捉妖」로, 뤄바이쑤이羅百歲[유명한 축丑 역할의 경극 배우. '뤄서우산羅壽山'이라고도 불린다]가 '왕 노도[도사]' 역을 맡고, 샤오자오톈小叫天[탄신페이의 예명]이 신선 여동빈呂洞賓[전설 속 여덟 신선八仙 중 한 명] 역을 맡았다. 또 보천동경반 태감이 신장神將 역을, 외학의 리우李五가 관우 역을, 양샤오러우가 관평[관우의 큰아들] 역을, 첸진푸錢金福가 주창[관우의 수하 장수] 역을 맡았다. 마지막 장면에서 전투가 벌어지는데, 대단히 실감 났다. 극이 끝나갈 무렵이면 태후도 식사를 거의 끝마쳤다. 극을 마치면 한차례 시끌벅적 북을 두드리고 피리를 불어댄 뒤, 내·외학의 모든 배우가 일제히 '나무아미수여래'를 세 번 외쳤다. 그런 다음 승평서 사람들은 궁문을 나가 각자의 처소로 돌아가고, 정월 초하루인 이튿날 새해 인사를 하러 다시 들어왔다.

태후가 식사를 다 마치면 태후를 알현하러 온 이들도 일제히 머리를 조아리고 인사 올리며 물러갔다. 그런 다음 자신의 집 태감을 불러 신무문神武門으로 나가 그곳에서 마차를 타고 집으로 돌아갔다. 오랫동안 궁에서 지낸 넷째 공주와 위안 마님만 태후 곁에서 새해를 맞았다.

섣달그믐과 정월 초하루, 차방에서는 찻상을 준비했다. 태후가 차를 들 때가 되면, 차방에서는 먼저 올방개의 껍질을 깨끗이 벗겨내 그것을 받침삼아 그 위에 작은 대나무 조각을 꽂았다. 그런 다음 좋은 사과

하나를 골라 칼로 껍질을 깎고, 붉은 껍질 위에 붓으로 글자를 쓴 다음 칼로 그 글자를 새겼다. 섣달그믐과 설 때는 '세세평안歲歲平安'이나 '연년길경連年吉慶'을 새겼고, 입춘 때는 '신춘신희新春新喜'의 네 글자를 새겼다. 빨간 껍질에 흰 글자가 대조되어 매우 보기 좋았다. 사과 껍질 표면이 위로 향하게 해서 찻종 올방개 위에 꽂고 차를 따르면 맑고 싱그러운 차향과 과일 향이 가득 퍼졌다. 소태감이 태후 앞에 무릎을 꿇고 찻종을 두 손으로 받들어올리면 태후가 차를 들었다. 설의 과일 차 '연년길경'과 입춘의 과일 차 '신춘신희'도 모두 위와 같은 방식으로 만들었다. 상원절[음력 정월 보름]에 먹는 원소元宵*는 동지 때부터 먹기 시작하며, 정월 보름이 지나면 먹지 않았다. 차방에서는 섣달과 정월, 두 달 동안 과일 합(안에는 각종 단 간식류와 함께 크림, 치즈 등 차게 먹는 간식들도 담았다)을 비롯해 자잘한 간식류, 합으로 담아내는 돼지고기 장조림과 돼지 방광 순대, 사오빙燒餠** 등을 준비했다. 평상시에는 밤에 미리 만들어두었다. 정월 초하루 새벽, 신을 맞이하는 길시吉時가 되면 불당에서는 두향斗香[여러 개의 향을 한데 묶어 탑처럼 높이 쌓아올린 불향佛香]을 희신喜神[기쁨, 길상의 신] 방향으로 놓았다(두향은 향을 파는 가게에서 여러 개의 향을 3층으로 쌓아 만들었다. 마치 산과 같은 모양에, 아래쪽에는 향으로 만든 정방형의 향두[향을 사르는 그릇]가 있었으며, 외부를 구리선으로 둘러싸서 보호했다). 희신의 위패는 희신의 상床 위에, 복을 주는 복신福神의 위패는 복신의 상 위에, 명예를 주는 귀신貴神의 위패는 귀신의 상 위에, 재물을 주는 재신財神의 위패는 재신의 상 위에 각각 올렸다. 천지탁 위에는 제물, 향로, 초, 기도문 등을 정

---

* 중국에서 정월 대보름에 먹는 음식으로, 찹쌀가루로 새알심 모양을 만들어 안에 소를 넣은 것.
** 밀가루를 반죽하여 둥글납작한 모양으로 만들고 표면에 참깨를 뿌려 구운 빵. 중국 북쪽 지방에서 주식이나 간식으로 먹는다.

서원 순일재의 옛 사진

면 중앙에 배치했다. 또 소나무 가지, 참깨 줄기를 뜰에 뿌리고 그것을 밟아 빠직거리는 소리를 냈는데, 이를 '채세踩歲'라고 했다.

정월 초하루, 태후는 길시에 맞춰 일찍 잠자리에서 일어났다(평소보다 조금 이른 시각이었다). 산차태감이 "태후마마가 일어나셨다!" 하고 알리면, 태후 궁 사람들도 올라와 준비를 했다. 총관 리롄잉과 직임을 맡은 태감들은 모두 망포와 보괘補褂[명청 시대 문무관의 대례복. 가슴과 등에 '보補'자를 붙인 데서 그 이름이 유래했다]를 입고, 구슬 목걸이[조주朝珠, 청대 고관들이 걸었다]를 걸고, 여의如意[길상을 상징하는 장식물의 일종]를 하나씩 들고는 전 안팎에 서서 공손히 기다렸다. 리롄잉이 먼저 침궁으로 들어가 바닥에 무릎을 꿇고 양손으로 여의를 들어올리며 "조상님(태후마마), 새해 복 많이 받으시고, 만세토록 홍복(길상)을 누리소서新春新喜, 萬年吉祥" 하고 인사 올리면 궁 안팎에 공손히 서 있던 사람들이 모두 총관을 따라 외쳤다. 궁 안에 이들의 외침소리가 한차례 크게 울려퍼졌다. 태후는 침궁을 나와 세수와 양치질을 하고, 머리를 빗고 단장한 다음 옷을 입었다. 황색 용포와 여덟 마리 용이 수놓아진 저고리는 모두 남쪽 지방 최고의 자수품이었다. 또 가볍고 따뜻한 천마피天馬皮[사막여우의 복부 가죽]에, 머리에는 봉황과 꽃무늬가 있는 구봉세화관九鳳細花冠을 썼다. 발에는 수놓은 신발을 신었는데, 그 높이가 무려 20센티미터나 되었다(태후는 키가 작아서, 위엄 있는 모습을 위해 바닥이 높은 신을 신었다). 옥좌 옆에는 옥 여의 한 자루가 준비되어 있었다. 태감이 무릎을 꿇고 고했다. "황상이 당도하였혔사옵니다." 태후가 자리에 오르면 황상이 앞으로 와서 두 손으로 금 여의를 높이 들고 말했다. "아바마마(태후마마), 새해 복 많이 받으시고, 만세토록 홍복을 누리시며 모든 일이 뜻대로 되시기를 바라나이다!" 그러면 태후는 금 여의를 받아들고 이어서 옥 여의를 내리며 말했다. "황상, 새해 복 많이 받으십시오." 광서제는 허리를 숙이고 옥 여의를 받은 뒤 전을 물러나왔다.

그리고 이어서 황후와 근비가 옥좌 앞으로 와서 두 손으로 여의를 들고 말했다. "아바마마, 새해 복 많이 받으시고, 만세토록 홍복을 누리시며 모든 일이 뜻대로 되시기를 바라나이다!" 넷째 공주와 위안 마님도 궁 안에 상주했기에 태후를 알현하여 여의를 들고 새해 인사를 올렸다. 이들 두 사람은 인사를 올린 뒤에도 전을 나가지 않고 태후와 함께 설을 보냈다. 황후와 근비는 다시 양심전으로 가서 광서제에게 여의를 들고 인사하는 일이 남았다. 예법은 태후 앞에서와 동일했다. 황후와 근비는 시안 피신 때 황상의 미움을 사, 평상시 아침저녁으로 황상께 문안 인사를 드릴 때는 태후 궁 별전에서 드리고 양심전으로 가지 않았다. 이렇듯 새해 인사를 하고 여의를 올리는 예는 다른 복잡한 절차를 간소화한 것으로, 이로써 새해를 축하하는 예를 마쳤다. 태후는 시간 맞춰 신神을 맞으러 나갔다. 전을 나와 먼저 희신 방향으로 두향을 사르고 머리를 조아렸다. 희신 상 앞, 복신 상 앞, 귀신 상 앞, 재신 상 앞에서 차례차례 분향하고 머리를 조아린 뒤에는 천지탁 앞으로 가서 향을 피우고 기도문을 받들었다. 그러면 태감들은 일제히 "조상님, 홍복을 누리소서!" 하고 외쳤다. 이 일을 마치면 주보보[교자]를 먹었다. 여기까지가 태후가 설을 쇠는 모습이다. 훗날 책을 읽는 사람들은 분명 '너무 고루하다'고 말할 것이다. 그렇지만 고루함을 떠나서는 이 책이 존재할 수 없다. 나는 올해 일흔일곱이라 벌써 기억력이 쇠퇴하고 있다. 아는 바를 제대로 말하지 못할까 오직 그것이 걱정일 따름이다.

　　승평서의 극은 정월 초하루에 영수궁 열시루에서 공연되었고, 조정 하례는 건청궁乾淸宮에서 행해졌다. 광서제는 전 안에서 황족과 대신들 및 산관[직위만 있고 직무가 없는 관리]들을 거느리고, 상서방尙書房[청말 황자와 황손이 수업을 받고 공부를 했던 곳. 도광 연간 이후에는 '上書房'으로 명칭이 바뀐다], 남서방南書房[건청궁 서쪽에 위치하며 황제가 독서와 학문적 담론, 교지 작성 등을 하던 곳]의 고위 관원들은 조별로 줄을 지어 자신의 위치에 섰다. 태후와 황상이 건청궁 후문으로 들어서면 일을 집행하는 태감이 큰 소리로 외쳤다. 그러면 단폐에서는 폭죽을 터뜨리고 장의사[내무부 소속 기구로, 내정 제사 예식의 음악과 춤, 태감의 품계 심사, 과수원 조세 등을 담당했다] 의장儀仗이 좌우에 우뚝 세워졌다. 이어 채찍을 잡은 이가 세 번 내리쳤다(금 채찍金鞭 소리가 세 번 울렸다). 승평서 총관의 신호로 승평서의 대악大樂 연주가 시작되면 태후는 옥좌에 오르고 황후는 단폐의 정중앙에 자리했다. 양쪽에는 칼을 찬 어전 대신들이 조를 나눠 전 밖 좌우에 줄지어 섰다. 가장 가까이에 선 황족들은 만주어로 삼궤구고三跪九叩[무릎 꿇고 머리를 세 번 땅에 닿도록 하는 절을 세 차례 반복하는 것]를 하며 큰 소리로 예를 올렸다. 황상이 구고九叩를 마치면 음악이 울려퍼지는 가운데 양쪽에서 칼을 찬 어전대신들이 위를 향해 줄줄이 예를 올렸다. 승평서 총관 또한 전 안을 향해 무릎을 꿇고 소리 높여 인사를 올렸다. 예를 마치면 태후와 황상은 음악이 연주되는 가운데 후문으로 나가 각자 자신의 전으로 돌아갔다. 본궁으로 돌아오면 본궁 태감들이 예를 갖추고 새해 인사를 올리는 절차가 기다리고 있었다. 황상은 새해 인사를 오는 사람이 없었고, 황후와 근비도 멀리했기에 황상이 맞는 새해는 그리 시끌벅적하지 않았다. 황족 부인이나 명부는 청대의 법도에 따라 황상을 알현하는 것이 허락되지 않았다. 일상이 무료하고 고독했던 그들이 무슨 낙으로 살았겠는가? 제왕이 그 즐거움과 희망을 태후에게 양보했으니, 황족 부인과 명부들, 왕공주들은 너 나 할 것 없이 궁으로 와 태후를 알현하고자 했다. 태후의 환심도 사고, 연극을 관람하는 호사도 누리고, 온갖 설음식도 맛볼 수 있었기 때문이다. 평상시에는 쉽게 모일 수 없어도, 알현을 통해 함께 만나 놀 수 있었기에 이들은 다들 이때를 고대했다. 정월 초닷새*가

• 정초의 5일 동안은 밥을 짓는 것과 부녀자들의 외출을 허가하지 않았고 상점은 주로 초닷새 이후부터 영업을 시작했다.

지나면 휴가를 얻어 궁을 나가도 되었고, 마음껏 먹고 마시며 연극 구경을 해도 되었다. 이러한 기회는 정말 쉽게 오는 것이 아니었다(청대의 법도상 황족 부인, 명부, 귀부인들은 희원[극장]에 들어갈 수 없었다). 다만 나이 든 부인들은 그다지 흥미를 보이지 않았다. 그들로서는 온종일 서서 태후의 시중을 드는 것이 적잖이 힘든 일이었기 때문이다. 그래서 병을 핑계삼아 알현하러 오지 않는 사람도 꽤 많았다.

정월 초, 닷새 동안의 연극 공연이 끝나면 알현하러 온 사람들은 궁을 나갔다. 태후는 이어 길일과 길시에 맞추어 친히 옷을 마름질하고 새해 첫 붓을 들었다.

정월 10일 전후로는 길일을 택해 서원西苑에 머물며 그곳에서 정월 대보름을 보냈다. 불꽃놀이용 폭죽은 일찌감치 준비되어 있었다. 불꽃놀이와 등불 구경은 자광각紫光閣 앞에서 이루어졌고, 사흘 동안 계속되었다. 궁 안은 등롱과 오색 천으로 형형색색을 이루었다. 도록사道籙司(도사들)는 천궁전天窮殿, 흠안전欽安殿에서 궁내로 들어와 경을 읽었고, 각 전의 태감이 이를 관리했다. 라마승과 여러 큰 사원의 승려들도 정월 초하루에는 모두 자금성 내 중정전中正殿으로 와서 경을 읽었다. 중정전에는 태감 라마승이 있어 그들을 인솔해 각 전 뜰에서 경을 읽고 제도했다(묘시[오전 5시에서 7시 사이]에 한 시간 동안 진행되었다). 도사들은 궁에서 법사法事를 마친 다음, 대고전大高殿, 시응궁時應宮에서도 법사를 진행했다. 청 초기에는 궁 안 사당에 태감 승려, 태감 도사, 태감 라마승이 모두 있었는데 도광 연간에 태감 승려와 태감 도사를 없애고 중정전의 태감 라마승만 남겨 두었다. 매달 음력 초하루와 보름 새벽이면 태감 라마승이 큰 사원의 라마승들을 이끌고 궁으로 들어와 전 뜰에서 주문을 외우며 제도했다. 황상 또한 바깥의 다섯 제단과 여덟 사당에서 제사를 드렸다. 나라가 흥성할 때는 당일에 친히 행해야 했다. 정월 보름,

즉 상원절에는 불꽃놀이와 등을 구경하면서 백성들과 함께 절기를 경축했다. 옛말에 '금오불금金吾不禁[원소절, 즉 상원절에 야간 통행금지를 푸는 것을 가리킨다]'이라 했으니, 하물며 20년 동안 태평성대를 이룬 황제와 그 모후 서태후가 어찌 이 절기를 백성들과 함께하지 않겠는가!

그러나 나이 많은 어르신들이 늘 하는 말로 '안불망위安不忘危'•가 있다. 사람이 마땅히 져야 할 책임을 다했음에도 천운을 좌지우지할 수 없는 것은 자연의 이치다. 광서제는 20년 동안 태평성대를 이룬 천자였지만, 일본과의 전쟁은 청나라가 망하는 원인이 되었다. 무술정변이 일어나고 바로 연이어 의화단사건이 터진 것은 천도天道[옛날 자연현상이 나타낸 길흉화복의 징조]가 변하려는 조짐이었다. 서리가 굳어 얼음이 된다고 했던가.『주역』에 "이상견빙, 음시응야, 순치기도, 지견빙야履霜堅冰, 陰始凝也, 馴致其道, 至堅冰也"••라는 말이 있다. 어떻게 그 도를 길들여 이룰 수 있겠는가? 내 생각은 이러하다. 조상의 법도 중 일부는 언제든지 수정할 수 있다. 하지만 조상이 남긴 집에 그토록 대대적인 철거와 급격한 개혁을 꾀하지 않았다면, 비바람에 훼손되어 무너졌다 할지라도 이렇게 빨리 무너지지는 않았을 것이다. 다시 말해, 무술정변에서 신해혁명까지 청나라는 불과 13년 동안 캉유웨이康有爲를 중심으로 변법자강을 주장한 사람들의 속임수에 당하고 위안스카이袁世凱의 기만에 놀아나 조상이 남긴 커다란 집을 잃어버리고 말았다.

광서제가 서원西苑에서 서태후를 모신 것은 천하의 큰 의로움이다.

• 편안한 가운데서도 늘 위험을 잊지 않는다는 뜻으로, 항상 자신을 경계하여 언제 닥쳐올지 모르는 어려움에 대처함을 이르는 말.
•• '서리가 내리면 곧 얼음이 어는 시기가 올 것이다. 이는 음이 응결하기 시작하는 것이니 그 도를 길들여 이루어서 굳은 얼음에 이른다'는 뜻으로, 사건이나 사물의 변화에는 사전에 미세한 징조가 있고 이것이 나중에는 큰 결과를 초래하니 사건이 크게 번지기 전에 대비를 하여 순리대로 풀어나가야 한다는 뜻.

황상은 효로써 천하를 다스렸다. 이 점에 대해 나는 신 앞에서 감히 말할 수 있다. 광서제는 대효大孝를 이룬 황제, 즉 효심이 지극한 황제였다고. 나뿐 아니라 궁중 태감이라면 누구도 광서제를 불효자로 말한 적이 없다. 광서제는 병으로 사경을 헤매고 있을 때조차 태후에게 죄송하다는 말을 쉬지 않았다. "내가 불효를 했구나, 내가 불효를 했어." 당시는 서태후 역시 병이 깊은 상태였다. 어의가 황상의 병이 심각하다는 것을 알리자 내전 총관인 이중尹義忠이 태후에게 보고했다. "어의가 전하는 바로, 황상의 병세가 심상치 않으니 후사를 준비하셔야겠다고 합니다." 태후는 이 말을 듣고 병상에서 눈물을 흘렸다. "어떻게 황상마저 그렇단 말이냐! 황상은 아직 갈 곳(능침陵寢을 말한다)도 준비되지 않았거늘! 경친왕, 순친왕, 스쉬世續[청말 군기대신], 위안스카이를 들라 해라." 태후는 의란전 병상에 앉아 교지를 내리고 황상의 후사를 준비했다. 또 순친왕에게 그의 장자 우거午格(선통제 푸이의 아명)를 동치제와 광서제의 계승자로 세워 황상의 자리에 오르게 할 것을 명했다. 순친왕은 사람을 보내 우거를 왕부에서 데려와 먼저 태후를 알현하게 하고, 잉타이瀛臺[변법자강운동 이후 광서제가 연금된 곳]로 가서 황상을 알현하게 했다. 다행히 황상은 아직 숨이 끊어지지 않은 상태였다. 우거가 무릎을 꿇고 문안을 여쭙자 광서제가 미소 지었다. 광서제는 그렇게 웃음을 머금은 채 붕어했다.

나는 일개 보잘것없는 태감에 불과했지만, 당시 태후와 황상이 보여준 모자지간의 애틋한 정을 듣고, 또 지켜보면서 남몰래 쓰라린 눈물을 얼마나 많이 흘렸는지 모른다. 아, 천하의 간사한 무리들이여. 내가 두 분의 심리를 관찰한 바로, 서태후와 광서제는 결코 모자간의 정을 잃지 않았다. 황상은 자신의 잘못을 후회했고, 태후는 당시의 시대 상황 때문에 어쩔 도리가 없었다. 태후가 어디를 가든 황상은 늘 태후를 따랐다. 태후가 정권을 놓고 쉬던 시기, 산수에 흠뻑 취해 중난하이와 호수에 머물 때면 황상 역시 태후를 모시고 산수에 몰두했다. 황상이 태후를 모시는 일은 흔히 볼 수 있는 모습이었다. 정변에 실패한 이들은 궁 밖에서 군주에 대한 소문을 날조해 자신들의 추악함을 가리려 했다. 또 태후와 황상 사이의 진실과 모자지간의 정에 대해 세상 사람들을 속이려 들었다. 나는 비록 태감에 지나지 않지만 공자의 충서지도忠恕之道[남을 진실하고 너그럽게 대하라는 뜻으로, 유가 윤리사상 중 하나]를 조금은 안다. 그래서 언제, 무슨 일을 대하든 항상 올바른 방향으로 고찰하고자 애썼다. 남이 한 말을 주관 없이 그대로 따라 말하거나 근거도 없이 주워들은 대로 이야기하는 우를 범하지 않았다. 또 세간에 떠도는 속설이나 터무니없는 말들을 글로 옮겨 현세대와 후세대를 속이는 짓도 감히 하지 못했다. 누가 속을 것이며, 또 하늘을 속일 수나 있겠는가? 평소에 배우고 익힌 충서지도를 실천하고자 노력할 뿐이다. 나는 태후 궁 보천동경반에서 극의 안내서를 올리고 연극 개요를 담당하는 태감이었기에 태후가 어디에 머무르든 그곳에서 일했다. 이번에는 서태후와 광서제가 서원에서 정월 대보름을 보내던 모습을 서술해보도록 하겠다. 사건에 따라 서술하여 태후와 황상의 실제 모습과 일어난 일들을 명확히 하고 아울러 글의 지루함을 덜고자 한다.

  순일재에서 공연 무대를 준비한 날이었다. 태후와 황상은 연극 관람과 식사를 모두 이곳에서 했다. 황후와 근비, 넷째 공주와 위안 마님은 함께하지 않았다. 수선방에서 준비한 대보름 음식에 대해서는 따로 언급하지 않겠다. 무슨 음식이 올라오든 가짓수는 108가지였다. 과자와 사탕 같은 간식류는 더욱 언급할 필요가 없을 것 같다. 다만 한 가지, '칸덩지看燈鷄[정월 대보름에 황제의 식탁에 올랐던 궁중요리]'라는 요리는 궁 밖에서 볼 수 없는 음식이었다. '칸덩지' 만드는 법을 세간에 소개해보도록 하겠다. '칸덩지'에 쓰이는 고기는 지난해 섣달에 부화한 병아리를 인위적으로 키운 것으로, 살이 많고 고기가 연했다. 정월 대보름이 되면 주방에서는 이 병아리를 잡아 털을 뽑고 오장을 제거한 다음 양념을 더해 푹 삶았다. 다시 기름에 튀겨 살짝 그슬리면 그 맛과 향이 뛰어남은 말할 것도 없다. 또 여덟 그릇의 제비집[바다제비가 해조류를 침으로 다져서 만든 둥지로, 중국 요리의 고급 재료] 요리가 더해졌으며, 제비집 재료를 이용해 '오곡풍등, 천하태평五穀豐登, 天下太平'의 여덟 글자를 만들었다. 태후가 자리에 앉으면 황상은 그 왼쪽에 앉아 태후를 모셨다. 승평서의 극이 시작되고, 태후는 먼저 젓가락으로 접시 한가득 담긴 병아리 고기를 가리키며 말했다. "황상, 좀 드셔보시지요. 올해 칸덩지는 아주 잘 만들어졌습니다." 그러면 음식을 차리는 태감이 듣고 얼른 은 젓가락을 들어 황상에게 한 마리 올렸다. 황상은 몸을 반쯤 일으키고 허리를 숙여 공경을 표한 뒤 그릇에 받았다. "맛있습니다. 아바마마도 많이 드시지요." 행동거지 하나하나가 공손했으며 용안에 웃음을 머금고 기쁨을 표했다. 옆에서 지켜보는 우리 또한 효성스러운 아들과 자애로운 어머니의 표정 외에 다른 어떤 것도 볼 수 없었다.

저녁 6시에 이르러 극이 마무리되었다. 악기 소리가 요란하게 한 번 울리면서 무대 뒤의 배우들이 관례에 따라 "나무아미수여래!" 하고 큰 소리로 외쳤다. 황상이 잉타이로 돌아갈 때 태후가 말했다. "오늘의 불꽃놀이는 어제보다 좋을 것 같습니다!" 황상이 허리를 숙이며 대답했다. "맞습니다! 맞습니다!" 황상이 돌아간 뒤 태후 역시 의란전으로 돌아가 쉬었다.

저녁 8시에 총관태감이 전에 들어와 아뢰었다. "불꽃놀이가 준비되었습니다. 자광각으로 가셔서 불꽃놀이를 구경하시지요." 태후가 말했다. "오늘 날씨가 아주 좋구나. 황상은 오셨느냐?" 태감이 대답했다. "황상은 오늘 아침 봉선전奉先殿에서 분향하고 돌아오시면서 몸이 좀 안 좋으셨는데, 이곳에서 식사하실 때 칸덩지를 조금 많이 드신 탓인지 더욱 편찮으셔서 어의를 불러 진맥을 보게 했습니다. 그래서 오늘 나오지 못할 것 같다고

마마께 양해를 구하셨습니다(황상은 시끌벅적한 것을 좋아하지 않았다)."

　　황후는 동의헌同義軒에, 근비는 무대재茂對齋에 머물렀다. 두 곳 다 잉타이에서 멀지 않았지만, 광서제는 평소 황후와 근비를 좋아하지 않아서 잘 만나려 하지 않았다.

제1장 황제와 비빈들의 어려움

검소했던 도광제

　　도광제는 지극히 검소한 분이었다. 동치와 광서 연간에 이르기까지 궁내에 그 검소한 유풍이 남아 있을 정도였다. 황제를 가까이 모시는 태감이나 총관, 수령태감을 제외한 태감들은 오직 거친 무명옷만 입어야 했다. 올이 거친 군청색 무명 두루마기, 푸른 무명 저고리, 푸른 면포 장화, 푸른 나사羅紗 모자 등이었다. 저고리에 깃털만 있어도 사치스럽다고 여겼다. 품계가 없던 태감이 관직을 얻어 황제가 내리는 관모를 하사받으면 그때부터 비로소 강주江綢[전장鎭江 지역에서 나는 비단] 두루마기와 저고리를 입을 수 있었지만, 그 역시 관복만 그러할 뿐 사복은 항상 무명옷을 입어야 했다. 만약 사적으로 비단옷을 사 입었다가 황제의 눈에 띄기라도 하면 징계받을 각오를 해야 했다. 도광제는 늘 창고에서 황후와 후궁들의 의복 지출 항목을 점검했다. 황후와 후궁들이 평소에 입었던 옷도 대부분 붉은색이나 녹색 무명옷이었다. 이러한 것들만 보아도 도광, 함풍 연간에 궁중이 얼마나 검소했는지 알 수 있다. 무덤 또한 그러해서, 도광제의 능은 다른

도광제가 친필로 쓴 '공검유덕恭儉惟德'

황제들의 능과 비교해 소박하다. 업무차 동릉東陵*에 가서 여러 능묘를 직접 보고서야 도광제의 능이 유독 소박하다는 것을 실감했다. 또한 일찍이 궁중 유물을 조사한 적이 있는데, 궤짝들을 살펴보던 중 선대왕 때부터 보관되어 있던 황후와 후궁들의 옛 의복이 실제로 대부분 붉은색, 녹색 무명 옷임을 발견했다. 궁내 전殿마다 올리는 부처 공양물은 모두 나무로 만든 만터우饅頭[발효시킨 밀가루를 증기로 쪄서 만드는 식품으로, 소가 없으며 주식으로 많이 먹는다]인데 전해지기로는 이 역시 도광 연간부터 이어져내려온 것이라고 한다. 사서에는 "도광제 재위 시 각 지방에서 바치는 토산물을 반 이상 줄였다. 스스로 검약해 천하의 화평을 이루고, 나라 안의 다툼을 가라앉혔다"라고 기록되어 있다.

유년 시기 벌로 청소를 했던 도광제

궁내 태감들이 일하는 곳 중 가장 지위가 낮은 곳은 타소처다. 이곳은 수령태감도 없고 대태감 한 명이 배정된 태감들을 이끌었다. 전체 태감들 가운데 아무 재능도, 기술도 익히지 못한 자가 바로 이 타소처로 보내져 궁내 바닥 청소 같은 궂은일을 전담했다. 타소처는 서화문西華門 내 서하연西河沿에 위치해 있었다. 도광제는 태자 시기 공부를 그리 열심히 하지 않았다. 이에 가경제[청나라 제7대 황제]는 진노하여 매를 한차례 든 다음, 그를 타소처로 보내 태감들과 함께 일하게 했다. 도광제는 매일 꼭두새벽에 일어나서 빗자루를 들고 내우문內右門에 들어가 막일을 해야 했다. 이후 도광제는 황제의 자리에 오른 뒤에도 틈만 나면 타소처로 가 태감들과

* 순치제, 강희제, 건륭제, 함풍제, 동치제, 자희 즉 서태후, 자안 즉 동태후 등의 능이 있는 능묘군이다. 옹정제, 가경제, 도광제, 광서제 등의 능묘군은 서릉西陵이다.

옛일을 이야기하곤 했다. 타소처에 있는 '황태자잠룡처'라고 부르는 어좌는 이후에도 정갈하게 보존하고 수년간 잠가놓아 다른 용도로 쓰지 않았다. 도광제가 남긴 빗자루와 쓰레받기도 모두 황색으로 기름칠을 하여 기념하고 있다.

도광제가 실수로 태자를 상하게 하다

전하는 바에 따르면 도광 원년에 태자의 스승으로 다소 엄격하게 공부를 가르쳤던 태사가 있었다. 그는 도광제의 장자인 태자 혁위에게 공부를 열심히 해야 장차 황제가 될 수 있다고 아뢰었다. 이에 태자는 "내가 황제가 되면 가장 먼저 너부터 죽일 것이다"라고 응했다. 스승은 이 말을 도광제에게 전해 올렸고 도광제는 대로하여 태자를 불렀다. 태자가 와서 무릎을 꿇고 막 문안을 여쭈려던 찰나, 화가 치밀어오른 도광제가 그를 걷어찼는데, 하필이면 급소를 맞았다. 태자는 며칠 안 가서 그만 세상을 뜨고 말았다. 도광제는 뒤늦게 크게 후회하며 아들을 은군왕隱郡王으로 추봉했다.

단명한 함풍제

함풍제 원년, 베이징에는 「절름발이 용과 병든 봉황」이라는 동요가 유행했다. 이는 함풍제가 절름발이였으며, 황후 또한 많은 병을 앓았던 데서 연유한 것이다. 함풍제는 도광제의 넷째 아들로, 도광 11년 6월 초아흐레에 출생했다. 같은 해 같은 달 19일에는 도광제의 다섯째 아들인 혁종奕誴이 태어났다. 황궁에는 황후 아래로 황귀비, 귀비, 비, 빈, 귀인 등이 열두 개의 궁에 각각 거하고, 황제는 양심전에 거처하면서 매일 밤 야간 당직을

함풍제의 생모 효전황후孝全皇后

서는 태감에게 어느 비를 불러오라고 명한다. 다른 사람은 감히 마음대로 드나들 수 없었다. 경사방敬事房*은 언제든 참고하기 편하도록 무슨 해 무슨 달 무슨 날에 어느 비가 왔는지 기록해두어야 했다. 임신 시기로 따지면 혁종(다섯째 아들)이 함풍제(넷째 아들)보다 일찍 들어섰기 때문에 마땅히 먼저 태어났어야 하지만 뜻밖에도 열흘이나 늦게 태어났다. 궁중에서 전해지는 이야기에 따르면 영리하고 머리 회전이 빨랐던 함풍제의 생모는 매번 어의가 와서 진찰할 때마다 아이를 좀 더 일찍 낳을 수 있는지 물었다고 한다. 어의는 이렇게 대답했다.

"방법은 있습니다. 단, 그렇게 되면 아이가 오래 살지 못할지도 모릅니다."

그러자 함풍제의 생모가 말했다.

"난 좀 더 빨리 낳고 싶어요. 그러니까 한 번 시도해보세요. 만약 이 아이가 황태자가 된다면 반드시 큰 상을 내리리다."

이렇게 해서 어의는 유산하지 않으면서 아이를 빨리 출산할 수 있는 약을 사용했고, 함풍제는 산달이 채 못 되어 태어났다. 그 결과, 병약한 몸으로 평생 수많은 병을 달고 살아야 했으며 수명도 길지 못했다.

동치제의 유감스러운 죽음

세간의 정치에 관심이 있던 사람이라면 동치제의 죽음에 대해 많이들 궁금해했을 것이다. 이 일에 대해 함구할 수 없어 그 시절 양심전에서 일했던 어느 나이 든 태감이 전해준 바대로 당시 상황을 간략히 소개해보

* 내무부 관할 기구로, 황제의 교지 및 내무부 문서를 받드는 일, 궁내 사무 및 예절 관리, 태감의 선발과 승급 등 인사 관리, 궁문 관리 등을 담당했다.

도록 하겠다.

　　동치 11년 9월, 동치제의 혼례식이 거행되었다. 관례에 따라, 후궁들은 하루 일찍 궁에 들어와 정문으로 가지 않고 태화문에서 황후의 가마를 영접할 준비를 했다. 황후보다 먼저 들어온 후궁으로는 혜비慧妃가 있었다. 후에 돈의영경황귀비로 봉해지고 경자년에는 자령궁慈寧宮 뒤편 처소에서 지내다가 광서 28년에 병으로 세상을 떠난 이다. 혜비는 매우 총명하여 동치제가 총애했고, 두 태후도 그녀를 몹시 아꼈다. 하지만 정궁正宮[황후가 거처하는 궁]의 주인은 엄연히 황후였다. 황후는 숭 장원[동치제의 장인 숭기崇綺. 장원은 과거의 최고 시험인 전시에 1위로 합격한 사람을 말한다]의 딸로, 단아하고 위엄이 넘쳤지만 황제와는 뜻을 잘 맞추지 못해 큰 총애를 얻지는 못했다. 동치제는 혜비를 유독 좋아했고 나중에 또 유빈瑜嬪을 들였다.

　　동치제는 체구가 건장하고 비교적 총명해서 성년이 되기 전에도 선대의 제도에 얽매이려 하지 않았고 모후(서태후)의 말도 고분고분 듣지 않았다. 태후는 마음이 상하면 황후에게 화를 풀었다. 앞서 보았듯, 황제는 홀로 궁문을 넘어 바깥에서 향락을 즐기기를 좋아했다고 한다. 여러 황숙들이 권해도 이를 고치지 못했고 태후가 알았을 때는 이미 때가 늦어 있었다. 동치제는 이미 화류병이 심각한 상태였고, 엎친 데 덮친 격으로 어의까지 이를 천연두로 오진해 일찍 사망에 이르게 되었다. 안타깝기 그지없는 일이다.

동치제의 황후

　　동치제의 황후는 장원 숭기의 딸로, 성이 아로특阿魯特이다. 동치제가 붕어한 후 광서제가 황위를 물려받았는데, 동치제의 황후는 황제의 사촌아우가 황위를 계승하는 것을 보면서 자신이 궁에서 아무런 가치도 없는 것처럼 느껴졌다. 그리하여 친정아버지에게 태감을 보내 방도를 구했다. 아비인 숭기는 찬합 하나를 전했는데 열어보니 안이 텅 비어 있었다. 이를 보고 황후는 아비의 뜻을 깨달아 절식을 하여 남편의 뒤를 따랐다. 후에 사람들은 그녀를 두고 과연 장원의 딸답다고 칭송했다. 동치제의 황후는 '효철가순숙현명헌창성의황후孝哲嘉順淑賢明憲彰聖毅皇后'라는 시호를 받고 동치제와 함께 동릉에 합장되었다.

광서제의 즉위

광서제가 황위를 계승한 이유에 대해서는 여러 가지 설이 있다. 어떤 이는 광서제를 낳은 순현친왕의 부인이 서태후와 자매지간이라 서태후의 사심으로 광서제를 세운 것이라고 말한다.◆ 또 어떤 이는 서태후가 수렴청정을 할 요량으로 나이 어린 광서제를 택한 것이라고 한다. 사실 두 이야기 모두 정확한 설은 아니다.

동치제가 일찍 세상을 떠나고 뒤를 이을 후계가 없었으니, 법도대로라면 마땅히 푸룬 형제들 중 한 사람을 택해 황위를 계승해야 한다. 도광제 아래로는 서열로 따지면 푸룬이 종손이었다. 언급했듯이 도광제의 장자 혁위는 도광제의 실수로 처를 얻기도 전에 요절했다. 다만 혁위가 죽을 때 어느 가문의 여식을 택해 죽은 이를 모셔놓고 혼례를 올렸으며, 후에 각각 군왕郡王[청대에 친왕 다음가는 벼슬]과 군왕복진郡王福晉[복진은 친왕과 그 세자, 군왕과 그 장자의 정실부인을 일컫는다]으로 봉해졌다. 이 여인은 성친왕成親王[건륭제의 열한 번째 황자]의 후손 재치를 양자로 들여 대를 이었

◆ 순현친왕의 부인은 광서제의 생모이자 서태후의 여동생이다.

으며, 이 재치의 소생이 바로 푸룬이었다. 서열대로라면 마땅히 종손이 황위에 올라야 했으나 결과적으로는 순현친왕의 장자가 황위를 계승했으니 이가 곧 광서제다.◆◆ 당시 조정과 민간에서는 그 내막을 알 길이 없어 적지 않은 오해가 난무했던 것이다.

광서 20년간의 태평천하

광서제가 등극한 뒤 백성들 사이에서는 "광서제가 용상에 계시니 오곡이 풍성하고, 모든 백성이 안락하며, 복이 긴 강물처럼 흐른다"는 내용의 노래가 퍼졌다. 나이 든 축들이 전하는 바에 따르면, 갑오년 전에는 천하가 태평하고 백성들의 생활도 안락했으며 훌륭한 신하들이 다시 등용됐고 도적이 없었다고 한다. 또한 서태후가 이화원에 머물 때면 황제가 열흘에 한 번씩 이화원을 찾아가 문안을 드렸는데 전날 저녁에는 꼭 비가 내렸다고 한다. 실로 기이한 일이었다. 이로 인해 베이징 20리 내에는 땅이 마르는 일이 없었고 해마다 수확이 풍성했다. 안타깝게도 광서 20년, 일본과의 평양 전투(청일전쟁)가 있고부터 국운이 기울고 청조는 날로 쇠퇴하게 되었다.

천둥소리를 무서워한 광서제

광서제는 몸도 약했고 담도 작았다. 이는 선천적 체질뿐 아니라 양육과도 관련이 있었다.

광서제는 세 살 아기 때 궁에 들어왔다. 날 때부터 몸이 병약해 수

◆◆ 푸룬이 종실에서 관계가 소원하여 황제로 선택되지 못했음을 말한다.

시로 병을 앓았다. 왕부에 있을 때 유모가 있긴 했지만, 서태후는 유모를 궁에 들이는 것을 허락지 않고 젖을 떼자마자 판範 태감에게 아이를 맡겼다. 판 총관은 성품이 온화하고 여성스러운 데가 있어 어린아이들을 잘 다루긴 했지만 여자가 돌보는 것만 할 수는 없었다. 그래서 서태후에게 여러 차례 청하기를 "황상의 춘추가 아직 연소하여 능히 감당치 못하겠나이다" 하니 태후가 대답했다.

"왕부의 유모들은 일반 백성들 가운데서 데려온 이들이라 출신도 천하고 기본 소양도 변변치 않다. 차라리 궁내 황자, 공주들에게 맡기고 말지. 그렇다고 젖이 좋은 것도 아니니 궁 안에 들이면 문제가 한두 가지가 아닐 듯하다. 그러니 아무쪼록 너희가 황상을 잘 모시도록 해라." 이에 판 총관은 어쩔 수 없이 물러나왔다. 이제는 어전태감을 시켜 어린 황제를 돌보는 데 더욱 사력을 다할 수밖에 없었다. 황제는 선천적으로 몸이 병약한 데다 후천적으로도 영양 섭취를 잘 하지 못해 정신적인 기력마저 나약해졌다.

그는 일생동안 천둥을 무서워했다. 뇌우가 쏟아지기만 하면 어전태감들은 모조리 야간 당직을 서야 했다. 큰 번개가 번쩍이면 곧바로 천둥소리가 이어지는 법이다. 그럴 때면 어김없이 새된 비명소리가 천둥소리와 함께 뒤섞였다.

광서제의 일상

광서제의 만년은 서태후의 속박 가운데 있었다. 그 시대를 살았던 이들 중 많은 이가 의분을 느낄 만도 했다. 그러나 호락호락하지 않은 시대 상황이 그렇게 만든 것이다. 예전에 남서방에서 일하던 태감에게서 들은 것인데, 어느 사부가 이렇게 말했다 한다. "서태후는 공적이 크고 과실이

광서제

적었던 반면 광서제는 공적이 적고 과실이 많다."

광서제는 조급한 성격임에도 말수가 적었다. 매번 화가 나면 이마에 핏대가 보이면서도 말은 한마디도 하지 않았다. 다만 청일전쟁 중 평양 전투에서 패했다는 소식을 들었을 때는 분을 참지 못했다.

그런 점에서 볼 때 서태후에 대해서만큼은 이상하리만치 시종일관 거스름이 없었다. 임종에 이를 때까지도 거듭 자신의 불효를 탓했으니, 그 한이 구천에 사무칠 법도 하다. 이 얼마나 비통한 일인가. 광서제의 34년 재위 기간을 조심스레 들여다보면 한순간도 나태했던 때를 찾아볼 수 없다. 매일 새벽 3시에 잠자리에서 일어나, 세수와 간단한 식사, 이발을 한 시간이 채 안 돼 끝마친 뒤 태후에게 문안 인사를 드렸다. 그리고 서태후를 따라 조정 회의를 마치고서야 자신의 궁으로 돌아가 쉬면서 조찬을 들었다. 이때 황후와 비빈들은 일체 들어오지 못했다. 무식한 태감들과 함께 있었으니 아마 답답함과 지루함이 극에 달했을 것이다. 각종 대제전에 황제는 한 번도 불참한 적이 없었다. 자고로 이토록 침식을 잊고 나랏일을 돌본 황제도 없을 것이다. 광서제는 끝까지 덕으로 정치 인생을 마감한 군주였다.

광서제의 효심

광서제의 정치적 업적과 과오는 이미 역사가들의 확정된 평가가 있기에 내가 함부로 이러쿵저러쿵할 수는 없을 것 같다. 광서제가 캉유웨이와 량치차오梁啓超*의 말을 듣고, 위안스카이**의 노림수에 빠져 서태후의

---

* 캉유웨이와 량치차오는 변법자강운동의 핵심인물로, 광서제가 이를 받아들여 청 사회제도 전반의 개혁을 추구했으나 서태후의 수구파 세력에 의해 실패로 끝나고 둘은 망명한다.
** 군인이자 정치가. 변법자강운동에서 개혁파(변법파)를 배반하여 이를 좌절시키고 서태후의 신임을 얻는다. 이후 신해혁명 때 청나라 조정의 실권을 잡고 임시대총통에 오른다.

신임을 잃은 것은 분명 사실이다. 하지만 광서제는 처음부터 끝까지 한 번도 모후를 거스른 적이 없었다. 그의 병이 이미 돌이킬 수 없게 되었을 때에도, 서태후 또한 위중하다는 소식을 듣고는 눈물을 흘리며 무한히 가슴 아파했다. 그 마음부터가 그러했으니 어찌 효심이 크다 하지 않을 수 있겠는가?

광서제와 진비

진비가 황제의 총애를 독차지한 것은 그녀가 남장을 좋아했기 때문이다. 화장기 없는 얼굴에 여자 옷을 즐겨 입지 않고, 머리를 틀어올리지 않고, 수놓은 신을 신지 않고, 남자 복장 하기를 좋아했다. 황제를 모실 때마다 변발을 늘어뜨리고 머리 위에는 가장 높은 품계의 화령[청대의 관모 뒤에 드리워 관직의 높낮이를 표시하는 공작의 깃]을 달았으며, 긴 남자 옷소매에 마고자를 입고 발에는 신하들이 신는 푸른 비단 장화를 신었다. 실로 한 명의 꽃다운 미소년 호위관 차림이었다. 그리고 황제는 이를 무척 좋아했다.

궁에 있는 비빈들도 돈이 궁할 때가 있다. 진비는 돈 씀씀이가 매우 지혜로웠다. 또 여러 태감에게 곧잘 베풀 줄 알았다. 그래서 그 주변에 있는 사람들은 모두 그녀를 호기로운 주인이라 칭송했다. 돈이 부족하면 곧 돈 나올 길을 궁리했다. 당시 외관들은 진비의 친오빠 즈치志錡를 통해 내정에서 비리를 저지르는 태감들과 결탁해 돈을 받고 관직을 파는 일을 알선했다. 이에 어사御史•••가 그 정황을 알고 상소를 올려 죄상을 고했다. 그리하여 그 친오빠를 파면하고 평생 다시 등용하지 않으며 진비에 대해

••• 옛날 벼슬 이름으로, 주대에는 문서와 기록을, 진한 시대에는 비서와 검찰을, 후한 이후로는 주로 탄핵을 담당했다.

'진비의 도장'인 금도장

서도 엄격히 단속하라는 명이 떨어졌다.

광서 20년, 루보양魯伯陽과 위밍玉銘이라는 두 사람을 두고 관리들 사이에서 말이 많아 두 사람을 불러 접견해보니, 과연 관리답지 않게 말씨도 단정치 못하고 글도 많이 알지 못했다. 그 연유를 추적해보니 진비의 주관으로 태감이 중간에서 돈을 받고 알선해 관직을 매매한 사실이 밝혀졌다. 당시 광서제는 진비의 처벌에 대해 몇 번이나 망설였지만 달리 방도가 없었다. 후일 진비의 죽음은 사실 이 일에서 발단한 것이다. 이후 친오빠 즈치는 상하이로 도망쳤고 생업으로 암암리에 신문사를 하면서 진비의 원통함을 널리 알렸다. 궁내의 사정을 알 길 없는 세상 사람들 상당수가 이에 휩쓸려 동조하고 함께 원통해했다.

진비의 죽음

진비의 죽음은 세간의 많은 이가 안타까워하는 일이다. 하지만 진비는 관직을 매매한 사건으로 내침을 당했던 것이고, 이 때문에 자금성 전체에 한바탕 광풍이 몰아쳤다. 이 사건으로 죽은 사람으로 주사처 태감 문활정이 있다. 그는 베이징 시에서 참형을 당했다. 또 태후 궁의 장안태감 왕준여, 소선이 봉천에서 죽었다. 황제의 어전태감인 양 씨 형제는 신형사에서 장형으로 처형되었다. 뿐만 아니라 진비 궁의 수령태감 30여 명은 단 한 명도 불운을 피해가지 못하고 모두 신형사에서 장형으로 생을 마감했다. 서태후는 궁 전체의 체면을 고려해 진비의 죄를 공포하지 않았고, 오래된 궁중 정원(백자문百子門 서쪽의 빈 궁으로, 함복궁咸福宮 뒤에 위치)에 유폐시켰다. 처음에는 굳이 사형에 처할 뜻이 없었다.

그런데 생각지 못하게 의화단 사건[청말 1900년경 중국 화베이 일대에서 일어난 배외적 농민투쟁]이 일어나 도성이 어수선해졌다. 서태후는 명을 내려 황제, 황후 및 진비, 근비 두 후궁과 태자 푸쥔溥俊˙을 영수궁에 함께 머물게 하고는 시안 피신을 준비했다. 하지만 출궁 전날 저녁, 진비를 생각하니 궁에 남겨두기도 그렇고 데려가기도 마땅치 않자 그녀를 낙수당 뒤 서쪽 우물에 빠뜨려 죽이라는 명을 전했다. 나이 든 태감들은 이 말을 듣고 모두 피해버렸고 젊은 추이위구이崔玉貴만은 감히 멀리 피하지 못했다. 서태후는 화를 내며 명했다. "추이위구이가 진비를 밀어넣어라. 그렇지 않으면 너희 모두 참형을 면치 못할 것이다." 추이위구이는 명을 거역하지 못하고 진비를 우물에 밀어넣고 말았다.

광서 27년 봄, 추이위구이는 태후의 조령을 받들어 베이징으로 돌아와 진비의 장사를 지냈다. 시신의 머리는 우물에서 건졌을 때 아직 부패하지 않아 살아 있는 사람의 얼굴 같았다. 후에 부성문阜成門 밖 팔리장八里莊, 즉 태감들의 공동묘지인 은제장恩濟莊 담장 밖 남쪽에 장사지냈고, 선통 원년, 융유태후隆裕太后를 장사지낼 때 구룽욕九龍峪으로 이장했다.

효정경황후

효정경황후는 바로 광서제의 황후인 융유황태후를 가리킨다. 예허나라葉赫那拉 씨로, 서태후의 질녀다. 성품이 유약해 광서제의 총애를 받지 못했을 뿐 아니라 서태후도 딱히 각별한 은혜를 내린 것이 없었다. 궁정 내에서 명실공히 육궁六宮의 권한을 쥔 사람이었지만 실질적으로는 태후와 황제의 간섭을 받는 입장이었고 아래로도 진비, 근비 두 후궁을 어찌할 수

˙ 단왕의 아들로 무술정변 이후 서태후가 광서제의 뒤를 이을 황태자로 옹립한 인물. 의화단 사건 이후 단왕은 신장新疆으로 유배되고 후에 푸쥔도 황태자의 자리를 박탈당한다.

없는 처지였다. 섣불리 여러 말을 할 수도 없었고, 태감들에게도 자신의 위엄을 내세우며 권세를 부리지 못했다. 하루도 빠짐없이 아침저녁으로 태후 궁과 황제 궁에 가서 문안 인사를 올려야 했으며, 문안을 마치면 다시 자신의 궁으로 돌아가 독수공방으로 지냈으니 가슴속에는 번민과 우울만 쌓여갈 뿐이었다.

시안으로 피신했다가 궁으로 돌아온 뒤 황후는 두 비만을 거느리고 태후를 모셨다.◆ 서태후는 그들을 특별히 단속하지는 않았지만 예의범절에 있어서 만큼은 일반 백성들보다 더욱 엄격하게 다스렸다. 매일같이 태후 앞에서 조마조마 마음을 졸이는 것이 태감과 다를 바 없었다.

융유황후는 처음 궁에 들어와서부터 궁 경비 출납 장부를 쓰고 사방을 관리하며 월말과 연말에 태후와 황제 앞에서 반드시 보고를 올려야 했다. 청조의 제도상 궁 경비는 지극히 적게 책정되었고, 매월 적자가 나도 감히 사실대로 보고하지 못해 흑자로 보고했다. 친정집도 원조를 보낼 형편은 아니었다. 또 삼절[설, 단오, 추석의 삼대 명절] 및 태후와 황제의 생신날에 올리는 공물은 반드시 준비해야 했다. 비록 이날 위에서 하사하는 은이 있긴 했지만 적자를 메우기에는 턱없이 부족했다. 황족 부인이나 명부들이 찾아와 예를 올릴 때도 반드시 작은 답례를 해야 했다. 때로는 돈이 달려 옷이나 장신구 등으로 대신할 수밖에 없었고, 심지어는 용포를 전당포에 맡기고 돈을 빌리기까지 했다.

종수궁[황후가 거처하던 궁] 연말 결산을 조사해보면, 광서 15년에서 26년까지 총 은 30여 만 냥이 비축되어 있었다고 기록돼 있지만 실제로는 이렇게 많지 않았다. 황후는 이러한 빈궁한 상황에 시달렸을 뿐 아니라 태후가 혹 장부를 점검하지나 않을까 하는 두려움까지 더해져 고통이 이만

◆ 당시 진비는 이미 죽었으므로 '두 비'는 오기다.

1913년, 태화전太和殿에 세워진 융·유태후의 영당[영구나 영정을 모신 방]

저만이 아니었다. 그러다 경자년의 변고˙가 있고서야 그 손실이 보고되었고 장부의 고역은 비로소 끝이 났다. 궁 밖의 사람들은 누구나 국모의 부귀영화를 부러워했지만 청조 황후와 후궁들의 생활은 그 정반대였다는 것을 아무도 알지 못했다.

시안에서 궁으로 돌아온 뒤, 서태후는 황후와 후궁들에게 각별한 총애와 연민을 보이며 수시로 음식을 하사하곤 했다. 황후와 후궁들, 넷째 공주, 위안 마님과 여러 황족 부인에게 상을 내려 한 식탁에서 식사를 했다. 황후가 먼저 예를 올리고 서서 음식을 들었다. 설령 배가 고프지 않아도 반드시 들어야 했다. 오히려 넷째 공주 등은 원하는 대로 할 수 있었다. 그런 다음 밤이 되면 다시 적막한 궁으로 돌아갔으니 그 쓸쓸하고 처량한 모습은 가늠하고도 남음이 있다. 그날그날 태후의 눈 밖에 날지 모를 무슨 꼬투리가 잡히지 않으면 그것으로 감지덕지해야 하는 삶이었으니, 정말이지 한 많은 며느리로 장장 20년이란 세월을 감내한 셈이었다.

광서 34년 10월 20일 전야에 황후는 리롄잉의 말을 듣고 잉타이로 가 가만히 황제의 병세를 물었다. 당시 광서제는 아직 정신이 맑아 황제와 황후가 서로 마주보고 눈물을 흘렸다. 심중의 말을 그렇게나마 한 셈이었다.

이튿날 날이 밝고, 황후는 황제의 의복과 잠자리, 신발을 거두었다. 그리고 울며 길상교[황제의 시신을 옮기는 가마]를 배웅했다.

그날 10월 21일 미시[오후 1시에서 3시 사이], 서태후 또한 복창전福昌殿 침대식 의자에서 붕어했다. 황후는 황제에 이어 또 한 번 큰 상을 당해야 했다.

태후가 죽음을 맞이할 때는 숨이 끊어질 때까지 수의를 입히지 말

˙ 의화단 운동을 계기로 팔국연합군이 베이징에 입성하면서 서태후와 광서제가 시안으로 피난한 사건을 가리킨다.

아야 한다. 염습과 입관 준비를 마치고 먼저 길상 침대*로 와서 원판院判,** 어의 등을 부른다. 그들은 전 안으로 들어와 침대 좌우에 꿇어앉아 진맥을 보았다. 몸이 이미 온기를 잃고 뻣뻣하게 굳어 있으면 어의가 먼저 울음을 터뜨리고 이어 황손과 태감 등이 함께 통곡했다. 황상이 붕어할 때도 이와 같았다.

　　황제와 태후가 거의 동시에 세상을 떠났으니 융유황후는 어찌할 바를 몰라 리롄잉에게 물었다. "리 총관, 내가 뭘 어떻게 해야 하겠느냐?" 리롄잉이 고했다. "황족과 대신들을 들라 하여 의견을 물어보실 수 있습니다." 그리하여 즉시 섭정왕[순현친왕의 아들이자 선통제의 생부인 순친왕 짜이펑載灃을 가리킨다], 경친왕慶親王*** 등을 불러들였다. 황후가 말했다. "황상과 태후마마가 모두 붕어하셨으니 이제 어떻게 하면 좋겠습니까?" 경친왕 등이 고했다. "이미 모든 준비를 마쳐 놓았습니다." 황후가 물었다. "제 지위는 어찌 되는 것입니까?" "이미 유지를 받들어 태후가 되셨사옵니다." 융유황후는 자신도 모르게 막혔던 것이 쑥 내려가는 듯 마음에 평온이 찾아들었다. 급히 돌아서서 말했다. "아! 태후마마께 감사 인사를 올려야겠습니다." 감사와 감격스러움으로 볼에는 눈물이 그치지 않았다. 이때부터 융유황후는 융유황태후로 칭하게 되었다.

　　나라의 큰 상喪은 내무부에서 법도에 따라 관장했다. 나랏일은 섭정왕과 황족, 대신들이 처리하고 수렴청정 제도를 폐지했다. 융유황태후는 서태후가 남긴 가산을 물려받고 거처를 장춘궁으로 옮겼으며, 선통제

● 임종 시 일반 침대에서 옮기는 잠자리. 여기서 길상吉祥은 '사死' '관棺'을 꺼려 특별히 쓰는 용어다.
●● 태의원에서 의약품 연구, 어의 배정 등 태의원 실무를 담당하던 중국 고대 관직 중 하나.
●●● 이쾅奕劻. 청나라 말기의 황족. 의화단 사건 때 전권 대사에 임명되어 관계 각국과 신축조약을 체결했고, 1911년에 내각 총리대신이 되었으나 신해혁명으로 물러났다.

가 매일 저녁 문안 인사를 올렸다. 융유태후는 리롄잉을 곁에 두고 싶어했으나 리롄잉은 애통해하며 사직을 청했다. 융유태후는 리롄잉에게 은혜를 베풀어 사직한 뒤에도 본래의 품계를 그대로 유지한 채 일반 백성으로 지낼 수 있도록 했고 서원문西苑門 밖 북협도北夾道에 저택을 하사했다. 이곳은 남화원南花園과도 아주 가까웠다.

그렇게 서서히 안정을 찾아가던 융유태후에게 또다시 생각지 못한 일이 닥쳤다. 선통 3년 8월에 무창武昌 봉기 및 신해혁명****이 일어나 선통제가 퇴위당하고 위안스카이가 정권을 장악한 것이다. 그때까지도 융유태후는 공화정이 무엇인지도 몰랐고 위안스카이도 여전히 자신의 충신이라고만 생각했다. 중화민국은 매년 황실에 400만 위안을 주기로 결정했고 융유태후는 매우 만족했다. 그러나 이튿날 아침, 늘 그랬듯이 몸단장을 하고 조정에 당도했으나 10시가 다 되도록 위안스카이 등 신하들의 모습이 보이지 않았다. 주사처에 명을 내려 "오늘은 군기대신들이 어찌 조정에 들지 않느냐?" 하고 연유를 물으니 "위안스카이가 떠나면서 오늘부터 오지 않겠노라 했습니다"는 답이 돌아왔다. 태후는 이 말에 어안이 벙벙해 있다가 한마디 했다. "설마 대청제국을 내가 끝내버리고 만 것인가." 그때부터 음식도 제대로 들지 못하고 몸에는 병마가 찾아왔다.

중화민국 2년 음력 섣달, 위안스카이 정부는 내무부에 통지해 황실을 이화원으로 이전하고 황궁의 진열품이나 노리개 등을 최대한 골라 쓰라고 알렸다. 그리하여 정월 6일에 옮기기 시작해, 세 번째 옮기던 정월 17일 진시[오전 7시에서 9시 사이]에 뜻하지 않게 융유태후가 장춘궁 태극

•••• 1911년 10월 10일, 중국 후베이 성 무창에서 일어난 무창 봉기를 시발점으로 하여 중국의 민주주의 혁명인 신해혁명이 일어나 쑨원을 임시대총통으로 하는 중화민국 임시정부가 수립되었다. 이로써 청조가 무너지고 황제인 선통제가 퇴위했으며 위안스카이는 선통제를 퇴위시키는 조건으로 대총통이 되었다.

전太極殿에서 붕어하고 말았다. 그날 각 회랑은 비 오듯 눈물이 흘렀다. 방에서 우는 것은 길한 일이 아니라고 여겼기 때문이다. 당시 위안스카이 정부는 융유태후의 붕어를 발표하고 영수궁에 관을 안치하도록 했다. 그리고 추모회를 위해 육군부 최고 장관과 총통부 휘하의 무관 인창廕昌을 대표로 파견했다. 제문에는 융유태후를 가리켜 "여인 중 요순[고대 중국의 요임금과 순임금을 아울러 이르는 말로 성군의 대명사]"이라 기록되었다.

선통제 황위 계승의 서막

경자년의 변고 후 시안으로 피신한 광서제와 서태후는 타이위안太原에 이르러서야 행궁을 멈추고 베이징에서 전해올 소식을 기다렸다. 궁에 남겨둔 여러 대신은 열강과 강화를 맺었다. 외세는 선결 조건으로 광서제를 강화의 주체로 하고, 서태후는 외교적 주장을 듣기만 하도록 했다. 한동안 유명무실했던 황제의 권한이 복권되어 강화가 이루어졌고, 외세는 황족 한 명이 독일로 가 사과의 뜻을 표해줄 것을 요구했다. 당시 푸쥔은 단왕을 따라 궁 밖으로 내보내졌기 때문에 순친왕[짜이펑]을 파견하기로 했다. 그때 순친왕은 나이 열아홉이었고 영록의 사위였다. 그는 광서 28년 봄에 귀국하여 군기대신으로 일하도록 명을 받았는데, 거기에는 사실 의도된 바가 있었다. 순친왕은 광서제의 동생으로, 만약 광서제가 계속 후사가 없다면 후일 태자의 자리에 순친왕의 아들을 택할 수 있고, 그렇게 되면 황제와 태후의 감정도 완화될 수 있었기 때문이다. 영록은 장차 태자의 외조부가 되는 것이니 광서제의 마음을 의심하지 않을 것이고, 광서제 또한 크게 만족할 것이다. 이것이 바로 선통제 황위 계승의 시발점이 된다.

두 명의 불행한 태후

청대에는 모두 스물네 명의 황후가 있었다. 효자고황후, 효장문황후, 효강장황후, 효혜장황후, 효단문황후, 효소인황후, 효성인황후, 효공인황후, 효의인황후, 효경헌황후, 효성헌황후, 효의순황후, 효현순황후, 효숙예황후, 효화예황후, 효전성황후, 효신성황후, 효목성황후, 효정성황후, 효덕현황후, 효정현황후, 효철의황후, 효흠현황후(서태후), 효정경황후(융유)가 바로 그들이다.

이 스물네 명의 황후 중 서태후와 융유태후를 제외한 나머지 스물두 명은 모두 무위無爲의 국모라 칭할 수 있다. 그들은 모두 복 있는 이들이었다. 살아생전 부귀영화를 누리고 죽은 뒤에도 아무 일이 없었기 때문이다. 서태후와 융유는 모두 역사에 이름을 남긴 태후지만 행복한 인생을 산 것은 아니었다. 서태후의 불행은 그 지나친 능력에 있었다. 그분은 열조가 남긴 천하를 차마 캉유웨이, 량치차오 등에게 맡길 수 없었다. 이 때문에 어떤 이들은 서태후에 대해 일말의 용서할 여지도 없다고 평한다. 그러나 그들은 공자의 충서지도를 알지 못하는 자들이다. 융유의 불행은 열조가 어렵사리 일으켜세운 천하를 자신의 무능에 의해 기꺼이 위안스카이의 손에 넘겨준 데 있다. 그 덕으로 '여인 중 요순'이라는 아름다운 호칭을 얻은 셈이다. 나의 이러한 평에 대한 옳고 그름은 후세 역사가들의 평가에 맡기는 바다.

재정 관리의 괴로움

내가 본 바에 따르면, 융유태후는 경자년 전까지 궁 경비 부족으로 날이면 날마다 전당포에 물건을 맡기며 근근이 버텨나갔다. 철마다 들어오는 궁 재정은 아무리 아껴써도 부족하다며, 어떤 때는 황후가 직접 괴로

융유황후와 근비

움을 호소하기도 했다. 바느질일을 담당하는 아래채 여인들이 쓸 바늘과 실, 끈, 비단 갑 등에도 모두 돈이 들어갔다. 뿐만 아니라 황후와 비빈들은 벼슬이 높든 낮든 황상 전과 태후 궁의 태감들에게 여러 가지 명목으로 불필요한 상을 내려야 했다. 나라의 국모인 황후가 절기가 왔는데도 직급이 높은 태감들에게 아무것도 내리지 않는다는 것은 스스로도 체면이 서지 않는 일이었다. 이러한 연유로 황후는 경비 부족을 절감했다. 사방의 통계는 반드시 때맞춰 태후와 황상에게 상소로 보고해야 했다. 황상은 상소를 보아도 별 신경을 쓰지 않겠지만 태후는 어디다 이렇게 많이 썼냐며 노할 것이 분명했다. 그래서 매달 결산 상소를 올릴 때면 분명 적자인데도 흑자로 허위 보고를 해야 했다. 있지도 않은 잉여금이 장부상에서는 거액으로 축적되어 있었다. 이 때문에 황후는 태후가 혹 장부를 조사하지 않을까 늘 노심초사했다. 다행히 경자년 변고가 있고 나서 황후의 가짜 장부도 시절을 따라 속 시원히 사라졌다.

황후의 관리 하에 있는 진비, 근비도 매년 매월 종수궁에 상소를 올려 보고해야 했다. 근비는 꾸밈없는 성격이라 감히 돈 낭비를 하지 못했지만, 진비는 황제의 총애를 믿고 말을 잘 듣지 않았다. 황후도 급기야는 진비를 향해 '황제의 가마 부스러기'라고 내뱉을 지경이었다. 경자년, 진비의 죽음으로 그녀의 의혹투성이 장부도 해명할 필요가 없어지게 되었다.

자령궁 뒤편 처소에 기거하던 기황귀태비(함풍제의 비), 돈의영경황귀비, 유귀비瑜貴妃, 순귀비珣貴妃, 진귀비瑨貴妃(모두 동치제의 비다)는 경자년 변고 중에도 사방의 장부와 현물이 맞아떨어졌다. 이곳 자령궁 뒤편 궁들을 관리하고 감시하는 태감들은 모두 경사방이 황명에 따라 파견한 총관, 수령태감들로, 출입을 삼엄하게 관리 감독했다. 태비들의 시중을 드는 사람은 기준이 있었다. 나이 든 태감이 아니면 후궁後宮[황제가 기거하는 전궁前宮과 대비되는 말로 태후, 황후, 후궁 등 여인들이 거처하는 궁]에서 일하지 못했고, 못생기지 않은 궁녀는 태비들을 시중들기에 마땅치 않았다. 그러니 후궁에서의 생활이 얼마나 무료했을지, 태비들의 궁이 얼마나 적막했을지 짐작할 수 있다.

황제와 비빈들의 어려움

내가 자주 하는 말이 있다. 황제의 누림이 거상의 자유로움만 못하고 황후의 생활이 대갓집 첩의 구속받지 않는 생활보다 못하다. 황실의 삶은 선조 때부터 층층이 내려오는 법도에 구속되어 자유를 누리지 못하는 삶인 것이다.

황제의 식사부터 보자. 어선방은 수선방보다 다섯 배는 컸다. 어선방은 내선과 외선으로 나뉘었다. 외선방의 수석 요리사는 4품 관리에 해당하고, 그밖에도 높은 품계의 요리사들이 여러 명 있었다. 주방 일을 하는 사람만 약 300명에 이르렀다. 이들은 주로 대연회를 전담했다. 대연회가 있을 때면 외선방과 내선방이 함께 협력하여 음식을 준비하고, 음식을 담은 찬합은 품계가 있는 태감이 가져와올렸다. 내선방에는 총관 한 명이 있었다. 평상시 주방 일꾼들, 즉 외선방의 주방 일꾼들은 돌아가면서 당직을 맡았다. 그들의 요리 기술은 모두 오래전부터 내려온 것으로, 매양 변하지 않고 그대로였다. 음식 가짓수가 많을 때는 외선방에서 만든 음식을 찬합에 넣어 짐처럼 운반해 내선방으로 보냈다. 내선방은 숯을 넣은 상자를 여러 개 준비하고 상자 위에 철판을 놓는다. 음식들은 모두 두꺼운 자기 그릇에 담아 철판 위에 올려 온기를 더했다. 간식과 밥은 찜통에, 죽은 단지에 두었다. 모두 은제품이었고, 이 역시 숯 상자 위에서 데웠다. 음식이란 때를 잘 맞추지 못하거나 숯 상자 위에 너무 오래 놓아두면 그 맛과 향을 잃는 법이다. 5국局에 속한 주방 일꾼들은 모두 야간 당직을 서지 않았기에, 어선방 태감에게는 불을 지켜야 하는 책임이 지워졌다.

어선방에는 사방이 있어서 황제의 음식물 가짓수가 얼마나 되는지, 짜거나 싱거운 간이 황제의 입맛에 맞았는지 기록하고, 내무부에서 필요한 문건을 준비했다. 예를 들어 작년 모월 모일에 드신 음식이 무엇이었다면, 올해 이 날도 문건에 쓰인 그대로 준비하는 것이다. 음식이 48가지나 되어도 매양 짜지도, 싱겁지도 않으면 음식의 참맛도 느낄 수 없고 먹는 사람도 질리게 된다. 하지만 황상이 늘 맛이 없다고 말해도 변하는 것은 없었다. 황상이 음식을 지나치게 많이 들었다가 탈 날 것을 예방하기 위함이었다.

황상의 유아기는 정말이지 농촌 아이들만도 못했다. 황제가 태어나면 반드시 유모, 즉 젖을 먹이는 사람을 들여야 했다. 모후의 품에서 벗어나 곧바로 유모의 손에 길러졌다. 그러나 황제의 유모는 아이를 끌어안고 함께 자는 것이 허용되지 않았다. 또 유모의 젖이 황제의 체질과 잘 맞지 않는 경우도 있을 수 있었다. 이러한 점들이 성장과 정서에 안 좋은 영향을 끼칠 것은 불 보듯 뻔하다. 뿐만 아니라 소아과 어의들은 늘 '음식을 절제해서 먹여야 한다' '외출을 삼가야 한다'는 등의 말들을 늘어놓았다. 그들의 말이 결코 틀린 것은 아니나 어떤 식으로 절제해야 하는지, 어느 정도로 외출을 삼가야 하는지에 대한 구체적인 설명은 하나도 없었다. 의사의 말이 태감과 유모의 귀에 전달되면 이는 곧 절대 어겨서는 안 될 철칙이 되어버린다. 적절히 융통성 있게 조절하는 법을 그들은 알 길이 없기 때문이다. 또한 어린아이들은 체질이 아직 완전히 발달되지 않아 발육과정 중에 종종 천연두나 홍역에 걸릴 수 있다. 황제 역시 어릴 적에는 더더욱 각별히 보살펴야 한다. 하지만 여기에도 많은 폐단이 있었다. 어린 황제를 마치 사형수를 지키듯 엄격히 관리해 황제가 배가 고파 계속 우는 경우까지 있었다. 태감과 유모도 측은한 마음이 안 들 수 없지만 좀 더 융통성 있게 하자고 주장한다거나 몰래 음식을 갖다드린다거나 하는 일은 감히 하지 못했다. 그랬다가 혹시 그 음식 때문에 어린 주인이 탈이라도 나면 치러야 할 죗값이 두려워서였다. 황제 중 대다수가 그리 오래 살지 못했던 것은 아마도 이런 폐단 때문이 아니었을까 한다.

광서제가 열 살쯤이었을 무렵에는 매번 태감 방에 올 때마다 먼저 먹을 것을 찾아 들고 도망쳤다. 태감이 쫓아와 무릎을 꿇고 애걸했지만 들고 나온 찐빵은 이미 절반이나 황제의 뱃속으로 들어간 뒤였다. 어린 황제가 이토록 허기에 시달렸음에도 선조의 법도라는 구속 때문에 달리 어쩌지 못했으니, 주변사람들은 정말 난감한 노릇이었다. 농촌에서 태어난 아이들을 생각해보라. 자유로운 곳에 태어나 열 살이 되어도 부모 곁을 떠나지 않고, 밤이면 부모의 품에 바싹 안겨 함께 자고, 낮이면 배부르게 먹고 어디든 마음대로 돌아다닌다. 그러다가 배가 고파오면 마음껏 먹고, 다시 나가 뛰어논다. 양육도 융통성 있게 하니 몸이 아프다고 해서 금세 약을 복용하거나 하지 않는다. 시골 아이들 대부분이 건강하게 장수하는 한편 부유한 집 아이들은 오히려 병이 잦고 단명하는 경우가 많은 것은 바로 여기에 기인한다.

태후의 수선방에서도 오래된 주방 일꾼들이 음식을 만드는데, 역시 입맛에 그리 맞는 것은 아니었다. 하지만 태후는 연세가 있으시니 마음대로 하실 수 있었다. 매월 26일이면 왕부에서 진상품으로 요리를 올렸다. 이를 '집에서 만든 음식'이라 불렀는데 맛이 꽤 괜찮았다. 황상은 이런 경우가 없었다. 총관 리롄잉은 태후의 문서 관리까지 겸하고 있어 태후의 생활이나 드시는 음식물 모두가 그의 책임 하에 있었다. 다만 외부에서 진상한 음식이 드시기에 적절치 않을까 염려해 일찍이 바깥 요리를 다루는 또 다른 주방인 야미 주방[야미野味는 바깥 음식, 사냥한 고기를 뜻한다]을 마련했다. 이곳은 베이징의 유명한 요리사를 고용했는데, 대부분은 산둥 사람이었다. 요리 몇 가지는 입맛에 맞아 태후가 먼저 즐기고 황상에게도 하사하여 맛보게 했다. 황상 역시 이를 달게 들었다.

　　황후의 선방은 어선방에 붙어 있었고, 황후의 식사를 담당하는 태감이 따로 있었다. 그 음식 맛이 어땠는지는 잘 안다고 할 수 없다. 황후는 가끔 자신의 궁 태감에게 시중에 나와 있는 고기 요리 양념을 사가지고 오게 해서 아래채 궁녀들을 시켜 한두 가지 음식을 만들었는데, 얼마간 입에 맞았을 뿐이다. 나머지 비빈들은 선방이 따로 없었고 각자의 타탄에서 요리사를 고용했다. 그 음식들이 어땠는지는 더욱 알 수 없다.

제2장 행복했다고 할 수 없는 서태후의 삶

서태후 정권의 시작

함풍 11년 7월 17일, 함풍제가 열하의 피서 산장에서 붕어했다. 효흠황후(서태후)의 정치 인생이 막을 여는 순간이었다. 효흠황후는 동치제를 낳은 덕에 태후의 자리에 올랐다. 효정황후(동태후, 자안황태후)는 거처하던 종수궁이 동쪽 길에 있어 '동태후마마'라 불렸다. 효흠태후는 처음에 저수궁에서 지내다가 장춘궁으로 옮겨갔고, 그뒤에는 자령궁 서쪽 전궁前宮에 거처했다. 그래서 그분을 '서태후마마'라 불렀다. 효정황후는 정궁, 즉 제1황후였지만 지위를 내세우지 않고 종종 허물없이 효흠황후를 여동생이라 불렀다. 물론 효흠황후는 감히 효정황후를 언니라 부르지 못했다. 일찍이 난귀인蘭貴人, 즉 후궁이었으니 황후 제도의 제약을 받기 때문이다.

함풍제는 붕어하기 전, 여덟 명의 고명대신[임금의 유언으로 나라의 뒷일을 부탁받은 대신]을 봉했다. 어전대신 숙순肅順, 재원載垣, 단화端華, 경수景壽와 군기대신 목음穆蔭, 광원匡源, 두한杜翰, 초우영焦祐瀛이 그들이었다. 당시 황제의 유서에는 장자로 황위를 계승토록 하고, 연호를 '기상祺祥'

으로 고친다고 쓰여 있었다. 고명대신들 중 숙순은 이전부터 포악하기로 유명했고 고아와 과부는 사람으로 여기지도 않았다. 또 당시 여러 친왕과 함께 베이징에 남아 궁을 지켰기에 자신이 고명대신임을 내세우며 위협을 일삼았다. 뿐만 아니라 숙순은 서태후와 동태후를 향해 수렴청정이라는 유혹의 손길을 내밀어 황위 찬탈을 꾀했다. 얌전하고 수더분하기만 한 동태후는 이를 알고도 그저 울기만 했다. 반면 서태후는 일찍감치 그 간사함을 꿰뚫어보았다. 그래서 그에게 베이징으로 돌아간 뒤에 천천히 이야기하자고 전했다. 이에 숙순은 이미 일이 발각된 줄로 여기고 더욱 무례한 말로 위협을 가했다. 서태후는 마음속으로 격노했지만 아직 그것을 섣불리 겉으로 드러내지는 못했다. 숙순은 사태가 급박해진 것을 깨닫고 재원, 단화와 공모하여 먼저 궁문에 사람을 배치시켰다. 그리고 누가 궁문을 드나드는지 감시해 다시 황후와 어린 황자를 압박하고자 했다. 당시 안덕해와 리롄잉은 모두 궁에서 지위가 낮은 소태감들이었고, 일이 어떻게 돌아가는지조차 잘 알지 못할 어린 나이였기에 무슨 계책을 내놓을 능력이 없었다. 힘 없는 두 태후는 그저 눈물만 흘릴 뿐이었다.

별명이 '라오야쯔老牙子[왕이빨]'였던 태감 쑤더는 본래 함풍제의 어전 대반태감[몇 개의 조로 편성된 태감들을 지도하는 태감]이었다. 그가 유일하게 두려워한 것은 어린 황제에게 해가 될 숙순이었다. 이에 급히 서태후에게 상소를 올려 대처 방안을 모색하고자 했다. 서태후가 말했다. "내가 밀서를 써줄 터인데 누가 이것을 능히 전달할 수 있겠느냐?" 이에 쑤더가 대답했다. "노비가 하겠나이다." 서태후는 글을 한 장 써주고 옥새를 찍은 다음 그 밀서를 공친왕부에 전하라고 명했다. 쑤더가 밀서를 말아 물담배의 종이 노끈을 만들어 겉옷도 입지 않은 채 손에 물담뱃대를 들고 여유롭게 궁문을 나서니, 의심을 받을 턱이 없었다. 쑤더는 마구간으로 가 조카를 만나서는 손에 든 종이 노끈을 보이며 말했다. "이것은 황명이 적힌 종이다. 너는 이것을 오늘밤 급히 베이징 공친왕부에 전달하여라. 명심해야 한다. 만약 이 일이 발각되면 황제께 누가 될 뿐 아니라 온 집안이 목숨을 보전하지 못할 게야." 명을 받은 쑤더의 조카는 노새를 타고 200킬로미터를 달려서 하룻밤 만에 베이징에 당도했다. 공친왕 혁흔은 종이를 전해 받고는 급히 열하로 달려갔다. 열하에서 황제의 관을 배알하고 두 태후를 알현한 다음, 간악한 무리들을 베이징으로 돌아가 어떻게 처벌할지 의논하기 시작했다.

베이징으로 돌아와 서태후는 숙순을 참수형에 처하고, 재원, 단화는 모두 비단천을 내려 스스로 목을 매게 했다. 거리에서는 "기상[동치제의 처음 연호]이 황좌에 앉은 지 며칠 안 되어 향로 한 개와 촛대 두 개가 나왔다"는 소문이 떠돌았다. 향로는 목이 잘린 숙순을, 촛대는 재원, 단화가 자진한 것을 가리키는 것이었다. 서태후가 회궁한 뒤로 쑤더는 독령시에 올랐다. 하지만 얼마 안 되어 스스로 사직하고 일반 백성으로 돌아가 민간에서 생을 마쳤다. 쑤더의 노새는 그 공이 크다 하여 죽을 때까지 잘 돌보도록 했다. 나 역시 그 노새를 본 적이 있다.

서태후의 수렴청정

수렴청정은 예로부터 있어 왔으며 결코 비상시의 제도가 아니다. 서태후가 수렴청정을 하던 시기 궁중 일상을 내가 본 대로 상세히 기술해보겠다.

청조에는 "하늘을 공경하고 조상을 본받으며, 부지런히 정사를 돌보고 백성을 사랑한다敬天法祖, 勤政愛民"라는 여덟 글자의 법도가 있었다. 황제는 대대로 이것을 어기지 말고 지켜야 했다. 이 때문에 열조의 조상들은 결코 정치를 게을리 하는 법이 없었다. 동치 원년, 동태후와 서태후

양심전 서난각. 태후가 수렴청정을 했던 곳의 옛 사진

는 수렴청정을 시작했다. 본래 계획으로는 동치제가 혼례를 치른 뒤 자령궁으로 물러가 여생을 보내고자 했다. 자령궁으로 옮겨간 뒤에는 매일 아침저녁으로 두 차례 황상이 두 태후에게 문안을 올리기만 하면 되었다. 황상을 맞이하는 중에는 정사에 관한 일을 물을 수 없었다. 동치 11년 9월 14일, 황상의 혼례식이 거행되었다. 황상이 태화전에 올라 황후를 책립하는 날이었다. 황상은 자령궁으로 가 두 태후 앞에서 예를 행했다. 예식은 태화전에 올라 사람을 보내 황후의 가마를 맞이하는 것으로 끝이 나게 된다. 15일 축시[새벽 1시에서 3시 사이]에는 곤녕궁坤寧宮에서 합환주를 주고받는 합근례를 행했다. 궁내에는 확실히 수렴청정이 끝나고 정권이 황제에게 돌아올 움직임이 보였다. 그러나 생각지 못하게 동치 13년 12월, 황상이 세상을 떠나고 말았다. 이 때문에 두 태후의 수렴청정은 처음 계획과 달리 계속해서 이어졌다.

광서제가 대통을 잇고 동치제의 여러 비가 자령궁 뒤편 처소로 거처를 옮겼으나 동태후는 종수궁에, 서태후도 장춘궁에 기거하며 함께 수렴청정을 이어갔다. 광서 7년 3월에는 동태후가 세상을 떠나고 서태후 홀로 남았다.

광서 15년 정월, 광서제가 혼례를 치른 뒤 서태후는 수렴청정을 거두고 수강궁으로 옮겨 갔으나 얼마 지나지 않아 영수궁으로 거처를 바꾸었다. 광서 16년에는 중난하이 풍택원에 머물렀고, 광서 18년에는 이화원에서 지냈다. 무술정변 뒤에는 광서제가 친히 서원으로 가 태후를 모시고 돌아와 훈정[상황이나 황태후가 황제를 놓아둔 채 정무를 보던 제도]을 했다. 이것이 제2차 수렴청정이다.

이때부터 광서제는 바빠지지 않을 수 없었다. 태후가 잠자리에서 일어나는 시각에 맞춰 매일 아침 일찍 일어나야 했다. 서태후는 대신들이 조정에 드는 때에 맞춰 자리에서 일어났는데, 이 시각은 새벽 5시나 5시반이었다. 광서제는 태후보다 두 시간 더 일찍 일어났다. 때로 논의할 일이 많고 적음에 따라 시간이 더 앞당겨지거나 늦춰지기도 했다. 매일 새벽 3시, 황상이 자리에서 일어나면 내전 태감이 "황상께서 일어나셨다!" 하고 전했다. 그러면 각 수사처의 당직 총관, 수령태감이 일제히 전 밖에 집결하여 황상을 모셨다. 황상이 잠자리에서 몸을 일으키면 어전태감, 대반태감, 소태감 등이 좌우에서 시중을 들었다. 먼저 세수를 하고 입 안을 헹군 뒤 물담배를 피우고 차를 마셨다. 그리고 곧이어 간단한 아침을 들었다. 아침식사는 태후가 내린 것으로, 이미 다 보고된 음식이었다. 황상이 자리에 앉으면 머리를 깎는 태감이 변발을 풀고, 아침식사를 하는 동안 새로 땋았다. 황상이 식사하는 속도는 대단히 빨라서 변발을 땋는 사람도 늑장을 부릴 수 없었다. 30분도 되지 않아 일은 모두 끝났다. 그런 다음 태후 궁에서 전갈이 오기를 기다렸다. 전갈이 오면 내전 위아래, 수시처 등은 의관과 띠, 신발, 보도寶刀, 조총, 요강까지 모든 채비를 차리고 서둘러 태후 궁으로 가 문안을 여쭈었다.

경사방은 수시태감 한 명, 구당총관 두 명을 배치하고, 어차방御茶房[황제의 차를 담당하는 곳]의 차 도구, 상승교尙乘轎[황제의 가마를 관리하는 곳]의 팔인교(겨울에는 따뜻한 가마로, 여름에는 시원한 가마로) 그리고 큰 황색 햇빛가리개를 준비했다. 황상이 가마에 오르면 시중드는 이가 뒤를 따르고, 경사방 태감 한 명이 앞에서 휘파람을 불며 통행길에 좌우를 물렸다. 두 총관은 줄지어 가며 앞길을 트고, 두 어전태감은 가마를 들고 태후 궁 뜰 안까지 들어가 가마를 내려놓았다. 매일 태후의 전갈이 오면 각 처 당직 태감들은 창을 내리는 순간까지 마음을 놓지 못했다.

태후의 경우, 침궁에서의 모든 시중은 아래채 부인네와 궁녀들이 들며 태감은 가까이 올 수 없었다. 궁녀들은 전을 나와 태후가 손을 씻을 뜨거운 물이 담긴 주전자를 차방에 요청한다. 전 안팎의 잡무를 도맡는 전상태감들은 태후가 잠자리에서 일어나신 것을 알면 곧 창을 내렸다. 그러면 황상의 궁에서 온 태감이 보고 급히 돌아가 태후가 일어났음을 고했다. 영수궁 각 처 수령태감 등은 전 밖 회랑에서 태후마마를 모실 준비를 했다. 태후는 방 안 앞쪽, 침대 위에 얼굴을 남쪽으로 향하고 앉아 있었다. 침대 위에는 온돌 침대 위에 놓는 앉은뱅이책상이 한 개 있고 은제 대야가 놓여 있었다. 소태감 한 명이 무릎을 꿇고 두 손으로 대야를, 궁녀들은 비눗갑과 수건을 받쳐들고 있었다. 태후는 몸을 돌려 얼굴을 씻은 다음, 자리에 앉은 채 앉은뱅이책상에서 입 안을 헹구고 머리를 빗었다. 황상이 도착하면 회사태감이 태후를 향해 무릎을 꿇고 고했다. 태후가 몸을 돌려 단정한 자세로 고쳐앉으면 황상이 전 안으로 들어왔다. 어전태감이 몸을 구부려 황색 비단을 깔면 황상은 그 위에 무릎을 꿇고 문안 인사를 올렸다. "소자, 태후마마께 문후 여쭈옵니다." 태후는 오른손을 내밀며 말했다. "황상은 일어나시지요." 이렇게 예를 올린 다음 다시 가례家禮를 행한다. 황상이 몸을 일으키고 앞으로 나왔다. "마마께서는 밤사이 편히 주무시고 어제 식사도 잘 하셨는지요?" 행하는 모든 가례는 한 치도 빈틈없이 단정했다. 태후 역시 황상의 생활과 먹고 마시는 일이 어떤지 묻고 "이만 물러가 쉬시지요" 하면 황상은 태후 궁 동쪽 배전[정전正殿의 좌우에 세워진 곁채]으로 나왔다. 이곳에는 황상의 어좌가 있고, 어좌 앞에 놓인 탁자 위에는 무근전懋勤殿[황제가 독서, 서화 감상, 상소문 수정 등을 했던 곳]에서 준비해놓은 붉은 빛깔의 먹과 붓, 벼루가 있었다. 주사처에서 올라온 공적 상소문은 모두 황색 상자 안에 봉해져 있으며, 태감이 이 상자를 열어 놓고 물러나온다. 황상은 붉은 글씨(주필)로 친히 상소문에 결재를 했다. 관례적인 것들은 모두 기존 법도에 의거하고, 비상시의 일은 군기대신들이 작성해놓은 문서를 참고해 처리했다. 결재를 마치면 주사처는 상소문을 군기당으로 보냈다. 때로 황상은 전 뜰에서 리롄잉을 만났는데, 그럴 때면 리렌잉은 꼭 앞으로 몇 발자국 나와서 여쭈었다. "황상께서는 요즘 지내시기 너무 춥거나 덥지 않으신지요?" 황상은 온화하게 답하고 그와 뜰을 이리저리 거닐면서 일상적인 이야기를 몇 마디 나눴다.

태후의 머리는 늘 빗기가 어려웠다. 40세 이후에는 벌써 탈모가 오기 시작해 귀밑가와 뒷머리에만 짧은 머리털이 남아 있었다. 정교하게 장식해놓지 않으면 영락없이 머리가 듬성듬성한 노부인이었다. 위엄 있는 모습을 좋아했던 태후는 정수리에 붉은 점토로 가짜 검은 머리카락을 붙였고, 머리 양쪽으로 머릿단을 붙였다. 윗부분에 크게 양 갈래로 묶는 머리 모양['양파두兩把頭'라 부른다]은 만주식 귀부인의 치장법이었다. 무엇보다 머리카락이 빠질까 극도로 조심해야 했다. 의복은 평상시에는 그리 오래 고르지 않았지만 조정에 들 때는 반드시 단정하면서도 화려하고 품위 있는 복장을 했다. 또한 태후는 키가 작아 약 20센티미터 높이의 신발을 즐겨 신었다.

가마가 준비되었다는 한마디가 전 안에 울리면 팔인교가 이미 당도한 것이었다. 경사방 태감이 앞장서서 좌우를 물리고, 황상과 태후의 총관이 줄지어 길을 인도했다. 태후의 가마는 앞에, 황상의 가마는 뒤에 위치하고, 그 뒤로는 황상과 태후의 수령태감들 및 태후 궁의 궁녀 두 명이 따랐다. 매일의 조회는 태후가 자금성에서 지낼 때는 건청궁에서, 중난하이에서 지냈을 때는 근정전勤政殿에서, 이화원에 있을 때는 인수전仁壽殿에서 이루어졌다. 조회 때는 후전後殿 문으로 들어와 옥좌에 올랐으며, 태후는 정중앙에, 황상은 오른편에 앉았다. 기밀이 있을 때나 평상시 군기대신을 알현할 때는 난각暖閣[과거에 관청 등에서 사건의 심문 또는 하급자와의 접견 등을 할 때 사용한 방]을 이용했다. 전 내부에 난각이 있고 정중앙에 긴 책상이 놓여 있었다. 책상 위에는 여의만 한 자루 놓여 있었다. 여기에서도 태후는 정중앙에, 황상은 오른편에 앉는다. 모두 앉으면 곁에서 시중드는 태감 한 명이 태후와 황상을 대신해 의복을 정리하고, 태후가 눈짓하면 빠른 속도로 물러났다. 난각에 쳐진 목면 휘장은 대단히 두꺼워 소리가 밖으로 새어나가지 않았다. 주사처 태감은 휘장이 한 번 움직이는 것을 보고 안에서 황상과 태후가 모두 자리에 앉았음을 알아차렸다. 전 안에 있던 태감이 신호를 하면 주사처 태감은 서둘러 밖으로 달려나가고, 곧이어 주사처 총관태감이 군기대신들에게 이를 알렸다. 그들은 남서방 태감들의 부축을 받으며 전 안으로 들어와 난각 휘장 밖에 무릎을 꿇었다. 그러면 주사처 태감이 손으로 휘장을 젖히며 "군기대신들이 당도했사옵니다" 하고는 뒤돌아 물러나왔다. 이때 군기대신들 중 어떤 이도 태감 대신 휘장을 건드릴 수 없었다. 대신들이 모두 난각으로 들어오면 긴 책상 앞에서 인원수를 살피고, 대신들이 무릎을 꿇고 상소를 올릴 수 있도록 깔개를 마련했다. 조회가 모두 끝나도 대신들이 직접 휘장을 젖히고 나올 수 없었기 때문에 태감이 다시 들어왔다. 혹 황은을 입어 알현코자 하는 자가 있으면 다시 옥좌에 올라 예를 받았다. 어전대신들은 칼을 차고 전 안 좌우에 서 있었고 황제를 알현하는 자는 전 안과 전 밖에서 각각 예를 행했다. 예를 마치면 태후와 황상은 각자의 궁으로 돌아갔다. 1년 365일, 비가 오나 바람이 부나 매일 같은 풍경이었다. 태후와 황상이 붕어했을 때, 열흘간만 조회가 열리지 않았을 뿐이다.

무술정변

광서 15년에 황제에게 정권을 돌려준 뒤로 서태후는 중난하이와 이화원을 오가며 한가로운 나날을 보냈다. 하루 종일 태감, 궁녀, 아래채 부인네들과 함께 시간을 보내며 세월을 소요한 것이 8년 가까이 이르렀다. 황상이 열흘에 한 번 문안을 드리러 올 때도 서태후는 바깥일에 대해 들지 않아 유유자적한 모습이었다. 1년 12개월 중 대략 영수궁에서 두 달, 중난하이에서 석 달을 보냈고, 나머지 기간은 모두 이화원에서 지냈다. 평소 운동을 좋아했기에 등산을 하거나 배를 타고 유람을 즐기기도 하고, 제기차기, 서예, 그림, 독서, 독경, 주사위 놀이를 하면서 시간을 보내기도 했다. 또 때로는 경극을 꾸며 연습시키기도 했다(태감들의 극단 보천동경반은 승평서昇平署와는 달랐다). 하지만 서태후는 기분이 좋지 않을 때면 곧잘 태감과 궁녀들을 꾸짖고 때렸다. 거의 하루도 누구를 때리지 않은 날이 없을 정도였다. 태후 궁의 태감은 가장 많을 때가 약 400명 정도였는데, 매일같이 이리 뛰고 저리 뛰게 하며 밤낮으로 쉬지 못하게 부리니 정말이지 고달픈 노릇이었다.

광서 24년 8월 3일 밤, 당시 즈리直隸[허베이 성의 옛 이름] 총독 영록이 이화원에 당도해 궁문을 두드리며 알현을 청했다. 궁문을 맡은 문상태감門上太監이 총관 리롄잉에게 이를 알렸고, 리롄잉은 급히 낙수당으로 가 태후에게 보고를 올렸다. 잠자리에서 보고를 접한 태후는 크게 놀랐다. 급히 일어나 대강 옷매무새를 정리하고 낙수당에서 영록을 접견했다. 태감과 궁녀 등은 물러나 있도록 했다. 영록이 아뢰었다. "황상의 밀명이 있었습니다. 위안스카이에게 이 영록을 죽이라 명하셔서 병사들이 이미 이화원을 에워싸고 있나이다." 그러고는 대나무로 만든 종이에 주필이 쓰인 것을 올렸다. 태후가 놀라 말했다. "내가 무슨 관계가 있나. 이렇게까지 할 필요가 있는가?" 영록은 일이 매우 급박하다고 고했다. 서태후는 소리 없이 흐느꼈고, 영록은 거듭 태후에게 환궁하여 주권을 잡으라 청했다. 태후는 곧 마차를 불렀다. 이미 영록이 모든 것을 준비해놓고 있었다. 이렇게 해서 서태후는 태감과 궁녀 등 10여 명을 거느리고 영록이 이끌고 온 관병들의 호위를 받으며 자금성으로 들어갔다.

북양北洋[청말 봉천, 즈리, 산둥의 연해 지역을 일컫던 이름] 병권은 모

양심전 침궁

두 영록이 쥐고 있었다. 영록은 성문을 열게 했고 서태후는 서직문西直門으로 들어가 신무문에 당도했다. 영록은 문지기에게 알렸다. "태후마마가 회궁하셨다." 호위병들이 문을 여는 것을 보고 영록은 곧 자신의 관저로 돌아갔고, 태감과 궁녀 등은 태후를 옹위하며 창진문蒼震門으로 들어섰다. 문 안에 있던 태감은 먼저 독령시에게 가서 어떻게 해야 하는지 물었고, 독령시는 양심전으로 가서 황상에게 이 일을 여쭈었다. 자고 있던 황상은 깜짝 놀라 일어났고, 얼른 문을 열라고 명했다. 황상이 옷을 입기 무섭게 서태후는 양심전에 도착했다. 황상은 문 밖으로 나와 무릎을 꿇고 인사를 올렸다. 태후가 전으로 들어와 울며 말했다. "나는 일찍이 네 일에 관여한 적이 없거늘 너는 어찌 이리 모질게도 나를 해하려 하느냐?" 동시에 영록이 가져왔던 밀명을 꺼내며 다그쳤다. "이것이 정녕 네 의사더냐?" 황상은 바닥에 무릎을 꿇고 태후의 분노한 모습 앞에서 그저 "네, 네" 할 뿐, 일언반구도 감히 변명하지 못했다. 서태후는 울음을 멈추지 않으며 말했다. "제대로 살지 죽을지 모를 너를(황상의 어린 시절 상태를 말한다) 내가 품에 안고 대통을 잇게 했거늘 이제 네가 장성하여 권세를 잡더니 가장 먼저 나를 해하는구나." 황상도 울며 말했다. "마마, 성급히 생각지 마시옵소서. 노를 거두시옵소서." 서태후는 "내가 이렇게 왔으니 이제 네 뜻대로 처리하려무나" 하고는 서원으로 돌아갔다. 얼마 지나지 않아 서태후에게 다시 수렴청정을 맡긴다는 조서가 내려오며 황상이 친히 태후를 모시고 대전으로 돌아왔다.

경자년 시안 피란 시절의 인로후

인로후引路侯라는 칭호['길을 인도한 제후'라는 뜻]는 자고로 존재하지 않았다. 산시山西 지역 방자극*「위수하渭水河」중 '인로후오길引路侯吳吉'이라는 구절을 하나 찾아볼 수 있을 뿐이다. '오길吳吉'이란 말은 터무니없다는 뜻이다. 경자년 때 양더칭楊得靑이라는 사람이 인로후라는 작위를 받을 줄은 누구도 생각지 못한 일이었다. 양더칭은 본래 시관스西貫市의 회족 사람이었다. 호송, 호위를 생업으로 하던 사람으로, 시관스 리李 씨 운송점 소속의 우두머리급이었다.

경자년 변고 때, 서태후, 광서제, 융유황후, 근비, 황태자 및 태감과 궁녀들까지 약 50여 명이 기병 40명의 호위를 받으며 이화원에서부터 시관스까지 달려왔다. 시관스에 당도해서는 리 씨 뤄튀자오騾馱轎** 운송점을 찾았다. 서태후가 궁으로 돌아올 때 시안 성에서부터 리 씨 뤄튀자오를 타고 베이징으로 들어왔기 때문에 아직까지 기억하고 있다. 운송점 주인장인 리진탕李金堂이 서태후와 광서제를 처음 대면했을 때 일행은 모두 남루한 옷을 걸치고 있다. 이 때문에 그저 일반 피란민이 여기까지 온 줄로 알았을 뿐, 그들이 황족임을 쉽사리 믿지 못했다. 태감이 옆에서 따르는 것을 보고서야 비로소 믿기 시작했고, 그제야 서태후와 광서제 등을 회교(이슬람) 사원으로 인도해 좁쌀죽 같은 음식을 준비해주었다. 하지만 뤄튀자오로 서태후와 광서제 등을 타이위안까지 모실 수 있는지 상의했을 때 리진탕은 두려워하며 선뜻 대답하지 못했다. 그러자 운송점의 동료 양더칭이 흔쾌히 나서며 말했다. "태후마마와 폐하가 난을 피해 여기까지 오셨는데 우리 백성들이 가만히 보고만 있을 수는 없지. 자네가 뤄튀자오만 내주면 이 양더칭이 죽음을 무릅쓰고라도 반드시 두 분을 타이위안까지 모셔

---

* 방자梆子를 연주하며 가창하는 전통극. 방자는 길이가 서로 다른 두 개의 나무토막으로 만든 중국 타악기의 일종이다.
** 일종의 여행용 가마로, 앞뒤의 두 마리 노새 등에 장대를 걸치고 그 위에 가마를 얹은 것.

다 드리겠네." 이렇게 해서 리진탕은 두 대의 뤄퉈자오를 준비해주었다. 양더칭이 이끄는 서태후의 뤄퉈자오가 앞장서고, 그뒤로 양더칭의 친동생 양더취안楊得全이 광서제의 뤄퉈자오 노새를 끌었다. 양더칭은 비록 일자무식이었지만 각지를 돌아다녀본 사람이라 머리 회전이 빠르고 언변이 뛰어났다. 그는 매일 서태후 주변을 떠나지 않았고 시중드는 태감의 비위도 잘 맞췄다. 양더취안 역시 황상의 뤄퉈자오를 성심성의껏 보필했으나 뜻밖에도 서행길 도중 물건을 도둑질한 사실이 타이위안에 도착해 불거지자 그만 도망쳐버렸다.

양더칭은 타이위안에 도착한 후 뤄퉈자오를 시관스로 돌려보냈다. 그리고 동생에게도 편지를 보내 도난 사건이 발생해서 지금 너를 추포하러 가고 있다고 얼러댔다. 이에 그 동생 양더취안은 평생 나타나지 못했고 양더칭 홀로 두 사람 몫의 상을 누리게 되었다.

서태후와 광서제는 베이징으로 돌아온 뒤, 리진탕에게 2품 도함道銜을 내리고 내정 태감을 따라 함께 상을 받는 영예를 내렸다. 또한 양 씨 형제에게도 4품 군함軍銜을 내렸다. 다만 관리처럼 임명을 하거나 급료를 주는 것은 아니었고 태감을 따라 상만 하사한 것이었다. 매년 황제의 생신이 오면 양더칭은 시관스에서 베이징으로 와 공물을 올리고 상을 받았다. 마차 위에는 용이 그려진 청 국기를 비스듬히 꽂았으며, 깃발에는 '인로후 시관스 양더칭'이라고 쓰여 있었다. 가는 길마다 백성들이 깃발을 보고 너나 할 것 없이 인로후의 영광을 부러워했다.

차다오에서 가마를 맞이한 산시 순무 천춘쉬안

태후와 황제의 가마는 시관스를 나와 쥐융관居庸關으로 향했다. 거기서 다시 연경주延慶州[1912년 지금 이름인 옌칭延慶으로 바뀌었음]를 거쳐

서태후가 시안으로 피신할 때 이용했던 교통수단인 뤄퉈자오

쉬안화宣化, 바오안保安, 화이라이懷來, 차다오岔道로 들어섰다. 바로 이곳 차다오에서 산시 순무 천춘쉬안岑春煊이 군대를 이끌고 와 가마를 맞았다. 먼저 군사장관이 조사를 명했기에, 부관 하나가 사병 두 명을 데리고 가마 가까이 오더니 말에서 내려 물었다. "당신들 모두 궁중 사람들입니까?" 리롄잉이 말을 탄 채 가마 앞에서 무슨 일이냐고 되물었다. "소개를 좀 해주십시오." 리롄잉이 "우리는 모두 가마를 모시는 태감들이오. 여기 황상의 가마가 있소이다"라고 답하자 부관이 말했다. "순무 천춘쉬안이 군을 이끌고 와 가마를 영접하려 하오. 태후마마와 황상께 고해주시길 청하오." 리롄잉은 말에서 내려 이 일을 서태후에게 아뢰었다. 태후는 황상에게 알리라 하고 천춘쉬안을 불러 접견하겠노라 했다. 이렇게 해서 풀밭에 자리가 마련되었고, 천춘쉬안이 와서 땅에 엎드려 통곡했다. 서태후는 따뜻한 말로 위로하며 성심성의를 다해 가마를 호위하라 명했다. 이에 천춘쉬안은 자신의 군대에 엄명을 내려 앞뒤로 가마를 보호했고, 이때부터 태후와 황제의 가마는 어느 정도 안전을 보장받게 되었다. 어찌나 삼엄하게 호위했는지 길 양쪽에는 군법을 어겼다 하여 천춘쉬안에게 처형당한 병사들이 도처에 깔렸다.

화이라이 현령 우융

　　태후와 황제 일행은 갑작스레 서행길에 올라 여러 가지로 준비가 되어 있지 않았다. 그중에서도 가장 심기가 불편했을 때는 연경주에서였다. 주 관리가 어찌할 바를 몰라 쩔쩔매고만 있을 뿐 아니라 말하는 것도 몹시 거슬렸기 때문이다. 오직 화이라이 현령만 태후와 황상의 가마가 왔음을 알고, 우선 처자식들을 민가로 옮겨놓은 뒤 태후와 황제, 황후와 후궁 및 태자를 관아에서 묵게 했다. 또 온 얼굴을 눈물로 적시는 와중에 서둘러 모든 준비를 마쳤다. 상황이 상황이니만큼 준비한 것이 모두 완벽할 수는 없었지만 그가 눈물을 한 번 보이면 윗사람이고 아랫사람이고 모두 눈감아주고 그저 여건이 안 됨을 안타까이 여길 뿐이었다.

안타까운 처형 명령

서행길에 가마를 호위하던 군대 중 선두에 있던 것은 천춘쉬안의 군대였고, 그다음은 기병들이었다. 이들 가운데 백성의 가축을 약탈하는 사람이 없을 수 없었다. 태자의 태감 장張 아무개가 기병과 함께 민가의 노새를 빼앗아 탔다가 발각되어 심문을 받았는데, 천춘쉬안은 장 태감이 젊고 세상물정을 모르는 것을 보고는 용서하기로 마음먹고 리롄잉에게 알렸다. 그러나 리롄잉은 "대인께서는 모든 것을 법대로 하십시오. 처벌은 공정해야지 태감이라 해서 제멋대로 하게 놔둘 수는 없습니다"라고 답했다. 천춘쉬안은 이 말을 듣고 크게 감복하며 군영으로 돌아왔다. 그리고 형을 집행하는 사람에게 명했다. "젊은 태감이 가마를 따라 천 리를 왔다. 그런 사람을 법대로 다스리자니 가련한 마음을 금할 수 없구나. 너희는 형을 집행할 때 주의해서 죽음만은 면케 해주어라." 그리하여 형을 집행하는 병사는 다섯 명의 기병을 먼저 처형한 뒤 장 태감의 차례가 되었을 때는 칼을 가볍게 한 번 내리쳐 목이 다치지 않도록 했다. 장 태감은 자신이 아직 죽지 않은 것을 깨닫고 일어나 쏜살같이 도망쳤다. 그러나 기병관 장長 씨가 이 상황을 보고 참지 못하여 장 태감을 다시 붙잡아 보고했다. 이에 천춘쉬안도 어쩔 수 없이 처형 명령을 내렸고, 타이위안 교외에 장사를 지내주었다.

천춘쉬안

태후와 황제의 환궁

서태후와 광서제는 타이위안에 도착한 뒤에야 얼마간 숨을 돌리고 안정을 되찾기 시작했다. 정세에도 조금 변화가 생겼다. 경자년 음력 윤팔월 8일, 가마는 다시 타이위안에서 출발해 시안으로 향했다. 9월 4일에는 시안에 도착해 잠시 행궁에 머물렀다.

산시 지역은 이미 큰 가뭄이 3년째라 사람들이 서로 잡아먹을 지경에 이르렀고 성안은 굶어죽은 사람의 시체가 길을 가득 메우고 있었다. 동지 후에는 또 폭설이 내려 매일 수많은 사람이 죽어나가니 백성들의 고통이 극에 달해 있었다. 행궁 앞 패루 아래는 시안의 중심지로, 대부분 먹을 것을 파는 행상인들이 자리하고 있었는데, 교외에 널린 시체들을 매장하는 사람도 없으니 인육 완자를 파는 사람까지 생겨났다. 태후는 이를 보고 급히 구제할 것을 명해 총 9000여 냥의 은을 하사했다. 그 경비는 각 성에서 들어온 돈으로 충당했다. 광서 27년 봄, 그곳 백성들은 갱생의 기미를 보이기 시작했고, 그해 산시 지역은 풍작을 이루었다. 성안 모든 사람이 진심으로 기뻐하며 백성들은 태후와 황제에게 깊이 감사했다.

8월 회궁하던 날, 시안 백성들은 남녀노소 할 것 없이 집집마다 모두 나와 10리 길을 메웠다. 모두들 길옆에 엎드려 목청껏 '태후마마 만세, 황제 폐하 만세'를 외치며 회궁을 아쉬워했다. 가는 길마다 백성들이 엎드려 소리 높여 울며 베이징으로 향하는 두 가마를 전송했다. 사람이 많은 곳에서는 특명으로 발簾을 젖혀 태후의 얼굴을 드러내기도 했다. 태감들은 저마다 은패를 나눠주느라 바빴고 40그램 정도의 '수壽'자가 새겨진 은패를 하사받았다. 길을 따라 형형색색 줄지어 있는 사람들의 모습이 마치 부처를 영접하는 선남선녀 같았다. 어떤 이는 길옆에 향로며 촛대 등이 놓인 탁자를 두고, 가마가 지나갈 때 합장하며 무릎을 꿇고 무언가를 중얼중얼 되뇌었다. 황송해서 감히 머리도 들지 못하고 올려다볼 생각도 하지 못했다. 또 어느 무명적삼 차림의 수재[과거 시험의 하나로, 명청대 일반 생원 生員을 일컫는 호칭] 한 명이 탁자를 옆에 두고 무릎을 꿇고 있었다. 탁자 위에는 향로와 과일이 놓여 있었고, 무슨 현 무슨 촌, 생원 아무개라고 쓰인 천이 꽂혀 있었다. 그렇게 꿇어 엎드려 태후와 황제의 가마를 전송했는데, 가는 길마다 이러한 모습을 계속 볼 수 있었다.

시안을 떠나고도 3년간 큰 풍년이 이어져, 태후와 황제의 방문은 산시 백성들에게 큰 기쁨으로 아로새겨졌다.

회궁 후 능묘에 제사를 올리다

광서 27년, 베이징으로 회궁한 뒤 서태후와 광서제는 이번 변고를 계기로 더욱 힘써 분발했다. 능묘 제전도 황상이 친히 공들여 주도했다. 광서 28년 3월에는 동릉을 참배하고 광서 29년 3월에는 서릉을 참배했다. 참배 때마다 서태후와 광서제는 통곡으로 목이 메었고 듣는 이들도 콧날이 시큰거렸다. 그때 누가 짐작이나 했을까. 결국은 종묘사직이 10년을 넘기지 못하고, 20년이 채 못 되어 능이라는 능은 모두 강탈당할 줄을.

서태후의 위엄

서태후의 위엄은 그 눈빛에 있었다. 평소에도 직사광선 같은 그 눈빛은 누구도 감히 마주 대하지 못했다. 뿐만 아니라 목소리 또한 크고 위엄이 서려 있었다. 그래서 매일 조정 회의 때 온화한 얼굴로 인사말을 나눌 때면 대신들의 마음속에 감격마저 밀려들었다. 처음 접견하는 신하에게는 반드시 집안의 소소한 일까지 물었다. 첩은 누가 현숙하고 자녀는 누가 학문에 열심인지까지 묻는 것이 세심하기 그지없었다. 나이 든 대신들에게는 건강에 유의할 것을 간곡히 당부했다. 어찌나 자상한지 대신들이 조정 일을 잊어버릴 정도였다. 그러다 이야기 도중 돌연 어투가 달라지며 눈에서 빛이 난다. "그대들이 맡은 일들은 어떤가?" 이 한마디에 대신들은 종종 말끝이 흐려지며 자신도 모르게 땀이 옷깃을 적셨다. 그래서 대신마다 태후를 알현하고 퇴청할 때면 온 이마에 땀방울이 맺혔다. 일찍이 위안스카이는 "나는 전장에서도 마음이 평온한데, 유독 태후마마를 알현할 때만은 어디서 그리 땀이 솟는지 모를 만큼 두려움이 밀려든다"고 말한 적이 있다.

서태후의 고초

만약 누군가 내게 서태후는 어떤 사람이냐고 묻는다면 나는 "세상에서 가장 고통스러웠던 사람이었다"고 대답할 것이다. 서태후의 업적을 따지는 이들은 증국번, 좌종당, 호임익, 이홍장과 같은 이들을 등용해 조정을 중흥시킨 것이 바로 서태후의 힘이라 한다. 서태후의 과실을 따지는 이들은 만약 서태후가 제2차 수렴청정을 하지 않았더라면 입헌군주제가 일찌감치 실현되었을 것이라고 말한다.

나는 서태후가 남몰래 눈물을 흘리는 것을 여러 번 보았다. '이전 태후들을 보아도 조정에 간여한 이는 죄다 좋은 소리를 듣지 못했거늘 수렴청정 때문에 모든 감사와 원망이 이 한 몸에 집중되는구나. 온갖 어렵고 험난한 일들이 이 아녀자 한 사람의 손에 맡겨졌으니 나더러 대체 어찌하란 말이냐?' 남몰래 흘리던 그 눈물 속에는 이러한 심중의 무한한 괴로움이 배어 있었으리라.

태감들을 엄격히 관리했던 서태후

청대의 태감은 조정에 간여하는 것이 허용되지 않았다. 정치에 간여하는 태감은 모두 사형이었다.

청나라 초기에는 태감이 학문을 익힐 수 있는 제도가 있었다. 우희처遇禧處, 중하이, 초원蕉園과 같은 곳이 바로 소태감들이 공부를 하던 장소였다. 후에는 이 제도가 폐지되어 글을 아는 태감의 수가 극소수로 줄어들었다. 태감들은 대부분 시골 출신이어서 투박하고 무식했다. 어쩌다 글을 아는 자가 있긴 해도 10명 중 2명을 넘지 못했다. 태감이 처음 궁에 들어오면 우선 문서를 담당하는 회계사가 있어 내무부 삼기 좌령하 소속으로 팔기八旗˙에 들어가고, 태감의 의복을 마련한다. 태감이 궁에 들어가는 날, 어리고 총명하며 용모가 준수한 자, 글을 알고 체력이 좋은 자는 먼저 태후 궁에 발탁되고 황상의 궁은 두 번째였다. 그다음에는 황후와 비빈들의 궁으로 갔다. 황후와 비빈들의 궁에 발탁되는 자들은 주로 성격이 온화하고 용모가 보잘것없는 태감들이었다. 나머지 태감들은 일부 독령시 휘하로 들어가고 48개 부처에 소속되어 일을 전수받았다. 태감들의 총명하고 우둔한 정도는 저마다 달라서, 나이 든 태감과 어린 태감이 스승과 제자의 관계를 맺어 일을 전수받는 것을 제도화했다.

죄를 저지른 자가 받는 처형에는 세 가지가 있었다. 사형, 귀양, 장형이 그것이었다. 사형에는 형부로 넘겨져 목이 베이는 것(범법 행위를 한 경우)과 신형사로 넘겨져 맞아죽는 것(죄상을 공표하지 않고 비밀리에 죽임을 당한다)이 있었다. 귀양도 두 종류가 있었다. 하나는 성경盛京[선양의 청대 때 호칭]으로 보내져 군대의 노역을 하는 것이었고, 다른 하나는 남원 오전

˙ 군대를 기旗의 빛깔에 따라 여덟으로 나눈 청대의 군사제도로, 정황기, 양황기, 정백기, 정홍기, 양백기, 양홍기, 정남기, 양남기를 가리킨다.

으로 보내져 말을 먹이는 일에 종사하는 것이었다. 장형 역시 두 종류였다. 경사방 및 각 궁 각 처의 관리에게서 곤장을 맞는 것과 자신이 속한 곳에서 매를 맞는 것이었다. 서태후는 진비 사건 하나로 40여 명의 태감을 죽였다. 그들은 신형사의 곤장 아래 정말이지 비참하기 짝이 없는 죽음을 맞았다.

태후 궁의 총관, 수령태감 및 아래채 부인네, 궁녀들은 평소 태후가 엄하게 다루었다. 안덕해, 리롄잉 같은 사람들도 예외 없이 매를 맞으며 훈련을 받았으니, 나머지 사람들은 짐작하고도 남음이 있다. 태후 궁에서는 거의 매일같이 누군가를 때리는 소리가 울려퍼졌다. 일반적으로 각 처소에서는 수령들이 일을 잘못 처리해 곤장을 맞는 일은 허다해도 일반 태감이 곤장을 맞는 일은 극히 적었다. 어쩌다 과실이 있어도 그냥 넘어가는 경우가 대부분이었다. 전에서 상전을 모시는 수령태감, 회사태감, 소태감, 아래채 부인네 및 궁녀 등은 엉덩이에 항시 코끼리 가죽을 붙이고 다녔다. 곤장을 대비하기 위해서였는데, 그 가죽을 보배라고 불렀다. 그래도 분수껏 제 본분을 지키는 태감과 새로 온 태감만은 너그러이 봐주었기에 매를 맞아도 불평하는 이가 거의 없었다.

친정집에 재산을 남용하지 않았던 서태후

자오肇 공 저택의 더산德善은 태후의 친정 조카다. 구이 공 저택의 구이샹桂祥은 서태후의 남동생이자 융유황후의 생부다. 여기에 포류佛六라는 서태후의 배다른 남동생도 있었다. 이 세 집은 국척[나라의 외척. 주로 황후나 후궁의 친척을 가리킨다]으로 불렸으나 모두 살림을 꾸려가기 어려울 만큼 가난했다. 그래서 태후에게 기대어 손을 벌리는 일이 많았다. 하지만 서태후는 오직 내탕금[내탕고에 넣어 두고 왕이 개인적으로 쓰던 돈]으로 매월 얼마간의 돈과 곡식만 주었다. 그것도 사람 수를 계산해서 어른은 넉 냥, 아이는 두 냥으로, 간신히 생활만 유지할 수 있는 정도였다. 이는 선대의 제도를 함부로 위반하여 친정에 마구잡이로 재산을 퍼줄 수 없었기 때문이다.

서태후의 남동생 구이샹

갑오년 청일전쟁 때 조정은 구식 기병 즉, 신기영神機營, 화기영火器營 등으로 전쟁에 나섰다. 이때 공친왕이 서태후의 남동생 구이샹을 군 통솔자 자리에 천거했으나 서태후는 허락하지 않았다. 공친왕이 재삼 청하자 서태후는 마지못해 허락하며 이렇게 당부했다. "이는 국가대사이니라. 절대 구이샹이라 해서 인정상 봐주는 일이 있어서는 안 된다. 만약 능력이 안 된다면 처형해도 좋다." 이렇게 해서 구이샹은 일군을 이끌고 산하이관山海關으로 출병했다. 또다른 군대는 싸薩 아무개가, 또 한 군대는 샹祥 아무개가 맡았다. 이렇게 삼군이 병렬하고, 큰 깃발에는 세 통솔자의 성씨, '싸구이샹薩桂祥'이 나란히 새겨졌다. 그런데 구이샹이 이것을 보고는 종일 울음을 멈추지 못했다. 주위 사람들은 그가 왜 이렇게 괴로워하는지 몰라 너도나도 구이샹을 위로하기 시작했다. 그러자 구이샹이 다급히 말했다. "자네들은 깃발 위에 '사구이샹殺桂祥'['구이샹을 죽이라'는 의미]('싸薩'과 '사殺'의 발음이 비슷해 같은 글자로 본 것이다)이라고 쓰인 것을 보지 못했는가!" 이 말을 들은 이들는 속으로 웃음을 금치 못했다. 구이샹은 여기서 멈추지 않고 베이징에 사람을 보내 공친왕에게 자신의 천거를 철회해줄 것을 청했다.

또한 구이샹의 부인(둘째 구이 마님이라 불렸다)도 공친왕부에 가서 구이샹이 다시 돌아오게 해달라고 부탁했다. 결국 구이샹은 베이징으로

구이샹 부부의 만년 모습을 그린 그림

돌아왔고, 감사 인사를 올리러 궁을 찾았다. 당시는 서태후가 이미 정치에 손을 떼고 이화원에 머물던 시기라 구이샹을 직접 대면해서는 대로하여 욕을 퍼부어댔다. 이 웃지 못할 이야기는 내가 공친왕의 근위에게서 직접 들은 것이다.

영수고륜공주

영수고륜공주는 공충친왕(공친왕)의 장녀다. 서태후가 그를 아껴 궁에서 자신이 낳은 딸처럼 길렀다. 공주는 성품이 어질고 정숙했다. 부가 넘치고 고귀한 신분임에도 오만하거나 사치스럽지 않아 사람들의 존경을 받았다.

청대 공주의 혼인은 이전 왕조와 매우 달랐다. 사람들은 이를 매우 인간미 없는 제도라 여겼다. 나는 영수공주가 신랑을 간택할 때 먼저 세 사람을 후보로 정했다고 들었다. 이중 두 사람은 절차상의 후보이고 한 사람만 선택된다. 세 사람은 관복을 입고 황족 부인과 명부의 인도를 받으며 후궁으로 들어왔다. 먼저 태후를 알현한 뒤 공주가 발簾 안에서 직접 한 사람을 선택했다. 그런 다음 태후에게 이를 고하고 교지를 받아 태후가 확정지은 혼인임을 명시했다. 길일을 택해 지안문地安門 밖 대로에 공주의 저택(공주부)을 짓고, 다 지어지면 날을 택해 혼례식을 올렸다. 공주의 저택 남쪽에는 부마의 저택을 따로 하나 지었으며, 혼인날 화촉을 밝히는 밤은 없었다. 혼례 이후 부마는 매일 아침저녁으로 공주의 저택으로 가 문안 인사를 나누었다. 하지만 공주의 저택에서 잘 수는 없었고, 따로 마련된 자신의 저택에서 생활해야 했다. 부마는 공주에게 있어 신하와 다름없었으므로 남녀관계에 있어서도 평생 엄격히 통제되었다. 청대 공주의 혼인은 거의 이런 식이었다. 만약 이를 어기면 부마는 불경죄를 지은 것이 되었다.

'고륜固倫'은 제도에 따라 봉해지는 존호[황후가 낳은 딸의 호칭이다]이고, '영수榮壽'는 영수공주 한 사람에게 부여된 칭호다. 영수고륜공주의 부마는 혼인한 지 얼마 되지 않아 먼저 세상을 떠났다. 이후 자신의 저택에서 늘 남장과 기마로 소일하며 남은 생을 보냈다. 항상 정숙함과 단아함을 잃지 않아 일평생 태후의 총애를 받았으며, 어느 때는 간언도 서슴지 않았으니 태후 또한 이를 많이 수용했다.

행복했다고 할 수 없는 서태후의 삶

서태후는 고귀함과 풍족함이 넘치는 삶을 추구하며 매사에 건륭제[청나라 제6대 황제. 조부 강희제 때와 함께 정치, 경제, 문화적으로 청나라 최전성기를 이룩했다]의 모후 효성헌황후를 모방했다. 하지만 효성헌황후는 덕이 높고 태평성세를 살다간 분이다. 덕이 있는 자에게 복이 있는 것은 하늘의 이치다. 서태후는 총명하긴 했지만 변란을 맞닥뜨리면서 민생은 어려운 상황에 놓여 있었다. 그런데 이때 황상은 태후에게 효를 다하는 의미에서 오래된 이화원을 보수했다. 비록 태후의 내탕금으로 했다고는 하지만(『동화록東華錄』참조) 이는 천하의 원망과 분노를 샀다. 이화원은 본래 건륭제가 효성헌태후를 위해 지은 것이다. 남쪽에는 호수를 파고 북쪽에는 산을 두었으며 후방에는 또 허우후後湖 호와 함께 쑤저우 가蘇州街•를 만들었다. 이는 효성헌태후가 강남 사람이었기 때문이다. 완서우산萬壽山[이화원 안에 있는 산] 쿤밍 호昆明湖의 풍광은 모두 옛날에 지어진

• 이화원에 위치한 거리. 건륭제가 강남江南 지역을 방문한 뒤 모친을 위해 강남 수향水鄉 구조를 모방하여 조성했다.

그대로였고 광서제가 새로이 축조한 것은 없었다. 효성헌태후는 이화원에 머물면서 여생을 즐겼고 살아생전에도, 또 죽어서도 더없이 존귀한 영예를 누렸다. 그러나 서태후는 살아 있을 때도 좋은 세상을 보지 못하고 변고가 빈번히 일어났으며 이화원에 머물긴 했어도 역시 복 있는 삶을 누렸다 할 수는 없다.

서태후의 자애로움

내가 서태후에게 자애로운 마음이 있었다고 말한다면 사람들은 분명 이를 미심쩍어할 것이다. 무술정변 이후 서태후와 광서제는 모자간의 정을 잃었다. 경자년 변고 후 감정이 회복된 듯했지만, 그 속마음은 우리 같은 사람들이 알 리 만무하다. 그래도 황상의 하루 세 끼 식사 때를 보면, 태후는 밖에서 들어온 음식을 내리면서 선방에 반드시 황상의 입에 맞는 것으로 골라 올릴 것을 당부했다.

광서 34년 봄, 황상이 병을 얻자 어의가 돌아가면서 진료를 했다. 모두들 병이 심상치 않다고 고했다. 이 때문에 각 성省에 명의를 천거하라는 명이 떨어졌다. 전역에서 올라온 명의들이 돌아가면서 진료했으나 하나같이 애를 먹었고 황상의 상태는 호전될 기미가 보이지 않았다.

10월, 서태후의 만수절이 되었다. 당시 티베트의 달라이 라마가 조정을 방문해 태후와 황상이 모두 기운을 차려 함께 경극도 보고 식사도 하면서 만수절 예식을 치렀다. 그러나 10월 11일, 서태후까지 병을 얻어 모자가 모두 궁 밖을 나오지 못하게 되었다. 바빠진 사람은 어의였다. 태후의 병은 이미 더 이상 손쓸 수 없는 지경에 이르렀다. 태후가 직접 돈을 꺼내 영양 고기를 사오도록 일렀지만 어의는 이를 받들 수가 없었다. 그러자 태후가 노하여 말했다. "이 나라가 너희를 어떻게 키웠는데, 그저 쓴 물이

나 들이키게 할 뿐 병 고치는 데는 나 몰라라 하는구나." 그러고는 사람을 시켜 장중위안張仲元[광서, 선통 연간 때의 태의원 어의. 서태후와 광서제를 여러 차례 진료했다]에게 40대의 곤장을 치게 했다. 결국 영양 달인 물을 마셨으나 여전히 태후의 열은 내리지 않았다. 10월 19일 새벽, 내전 총관 인이중尹義忠이 약방 수령태감과 어의와 함께 진맥을 보러 전에 들어와서 말했다. "황상의 병 또한 위중하십니다." 태후는 복창전 안 침대식 의자에 누워 있었는데 정신은 아직도 맑아 이 말을 듣고는 눈물을 보이며 말했다. "어떻게 황상마저 그렇단 말이냐! 황상의 후사는 아직 준비되려면 멀었건만. 황상은 아직 능침도 준비되지 않았거늘……." 그리하여 스쉬世續[청말 군기대신], 순친왕, 경친왕 등이 올라왔고 기타 황족과 대신들도 들어왔다. 그들에게 선통을 광서제의 아들로 삼아 동치제와 광서제의 뒤를 이어 황위를 계승한다고 알렸다.◆ 더하여 서릉 구룡욕을 광서제의 능지로 하고, 황후를 태후로 승격시켜 후사와 관련된 모든 일을 전례대로 상의하여 처리하도록 당부했다. 순친왕은 섭정왕이 되었다. 이미 서태후는 광서제의 후사를 이토록 조목조목 빠짐없이 생각해왔던 것이다. 내가 서태후를 자애롭다 한 것은 바로 이를 두고 한 말이다.

미천했던 때를 잊지 않았던 서태후

서태후는 본래 청의 세족[대대로 벼슬을 한 집안]이었다. 세족은 땅을 사지 못했기 때문에 가난한 자가 많았다. 태후는 지난날을 떠올릴 때면 종종 사람들에게 그 시절 이야기를 해주곤 했다. 아버지가 일이 없어 식구들이 몹시 궁핍할 때 자신이 남의 집 버선 바닥을 지어 살림에 보탤 푼돈을

◆ 선통제는 광서제의 뒤를 이음과 동시에 동치제를 계승했다.

벌었다는 내용이었다. "나는 지금 존귀한 국모의 자리에 있지만 옛날 어려웠던 때를 늘 잊지 않는단다. 태감의 신분이 된 너희도 미천한 출신으로 나라의 은혜를 입었으니 궁핍했던 때를 잊어버리고 오만한 마음을 가져서는 결코 안 된다."

『양도부』를 애독했던 서태후

서태후는 제2차 수렴청정을 하면서 늘 자신의 학문이 부족함을 느꼈다. 본래 태후 궁의 사방 수령태감인 마쌍루, 산청타이單成泰는 둘 다 수재 출신이었다. 그래서 태후는 이들을 택해 종종 침궁에 들어와 불침번을 서며 경서나 역사서 내용을 이야기하도록 했다. 태후의 정오 낮잠 시간인 약 두 시간 동안 두 사람은 침궁 휘장 밖 바닥에 앉아(방석과 작은 책상이 있었다) 태후께 고사를 들려드렸다.

넷째 공주라고 불리던 경친왕의 넷째 딸과 태후의 조카며느리인 위안 마님은 일찌감치 과부가 되어 늘 궁내에 머물렀기에 불침번을 서는 일에도 함께했다. 말이 불침번이지 실은 이 역시 책을 읽는 것이었다. 태후의 침상 바깥에 걸려 있는 휘장은 반쯤 젖혀 있었고 그 안에서 아래채 부인네 한 명과 궁녀 한 명이 당직으로 시중을 들면서 태후의 허리와 다리를 가볍게 두드렸다. 휘장 밖, 불침번을 서는 이들은 태후의 분부에 따라 이야기를 하거나 책을 읽었다. 그러다 휘장 안에서 부인이 손짓하면 태후가 잠이 든 것을 깨닫고 얼른 말을 멈춘 뒤 천천히 물러나왔다. 야간에는 밤 11시에 태후가 침궁에 들면 각 처의 수령태감이 모두 돌아가면서 불침번을 섰다. 넷째 공주와 위안 마님만 밤에는 처소로 돌아갔다.

태후가 침궁에 든 뒤에는 온 궁이 고요하고 적막한 분위기 속에 잠겼다. 오직 마쌍루와 산청타이가 과거와 현재를 오가며 들려드리는 이야기 소리만 울렸다. 때로 태후가 지루하다고 싫증을 내면 두 사람은 갖은 방법을 다 짜내 재미있고 웃긴 이야기를 해 짜증을 풀게 했다. 태후가 입맛이 없을 때면 두 사람은 번갈아 음식 이야기를 해댔다. 태후의 입에 침이 고이도록 해서 이튿날 식사를 맛있게 할 수 있도록 궁녀들까지 나서서 거들었다. 이야기를 마치고 궁에서 물러나온 뒤 태후가 다시 부르지 않으면 마쌍루와 산청타이는 곧 각자의 처소로 돌아가 쉬었다. 이 두 차례, 낮잠 시간과 밤 취침 시간이 이들을 부르는 때였다. 태감들로서는 명칭은 달랐지만 실질적으로는 매일 공부를 할 수 있는 기회였다. 읽는 것은 대부분 사서와 『서경』 『시경』이었고, 『역경』에는 그다지 흥미가 없었다. 태후가 책을 읽는 방식은 휘장 안에서 손으로 책을 받쳐든 채 불침번을 서는 사람에게 이야기를 하거나 읽으라고 명하는 것이었다. 그렇게 하루하루가 지나면 책 속의 큰 의미와 장과 절은 물론 구두법까지 꿰뚫었다.

　무술정변 이후 제2차 수렴청정 때에는 마쌍루, 산청타이의 학식이 빈약하다 하여, 매일 정오 낮잠 시간에 쭝위안천, 양스펀, 양스바오, 야오바오성, 리충광, 다이자위, 량스언 등과 같은 어의들을 돌아가며 당직을 세웠다. 진찰을 보면서 책을 읽고 가르치게 했다. 그중 야오바오성姚寶昇이 학문도 비교적 높고 의술도 뛰어났다. 그는 매번 『동도부東都賦』 『서도부西都賦』, 이 두 편을 훌륭한 글이라 평했다. 태후는 이 말을 듣고 특별히 『사문정췌斯文精萃』•를 여러 부 사서 책을 읽어주는 모든 이에게 한 부씩 내렸다. 또한 사방 태감들에게 이 책을 필사하여 읽기 쉽도록 접본을 만들라고 명

• 청나라 대신 윤계선尹繼善이 한漢, 위魏에서 당唐대에 이르기까지 시, 문장, 부, 사륙체 등 뛰어난 작품들을 골라 편집한 책. 그중 『양도부』는 후한 초기의 문학가이자 사학가인 반고班固가 창작한 작품으로, 『서도부』와 『동도부』 두 편으로 나뉜다.

했다. 태후는 이『동도부』『서도부』를 대단히 빨리 숙지했고, 이 때문에 다른 이들은 그만큼 열심히 하지 않는다는 책망을 들었다. 야오바오성은 이 일로 여러 사람의 미움을 샀다. 마침 경자년 의화단의 난이 일어나 민심이 흉흉할 때였다. 태후는 조정 회의를 마치고 나올 때마다 늘 이렇게 말하곤 했다. "궁 안에 첩자가 있어. 궁중에서 일어나는 일들을 외부에서 금방 알아챈단 말이야. 그런데 누가 첩자인지 도무지 알 수가 없구나. 너희 태감들은 절대 감히 그런 일을 할 수 있을 것 같지 않은데 말이다." 이때 누군가가 야오바오성이 바로 첩자이며 늘 영록의 집을 드나든다고 고했다. 태후는 이 말을 듣고 야오바오성을 형부로 넘겨 죄를 물었다. 그리고 이후로 다시는 『양도부兩都賦』를 읽지 않았다.

제3장 태후의 일상생활

서태후의 일상

    태후 궁에는 안팎으로 600여 명이 드나들었다(어의, 소라蘇拉[태감 밑에서 잡무를 담당하는 사람], 주방 일꾼, 차방 일꾼, 여의관如意館* 까지 포함). 이 사람들은 매일같이 태후 앞에서 가슴을 졸이며 명을 받들어 이리저리 뛰어다녔다. 사실 태후 자신부터 무척 분주한 분이었다. 하루 동안 잠시도 쉬지 않고 낮잠을 잘 때나 밤에 침소에 들 때 책을 읽었다.

    피란에서 돌아온 후, 매월 각국 사신들의 알현이 있었다. 알현 시에는 외교부가 미리 작성한 문답서가 있었는데, 태후는 이를 두고 글자가 너무 작아 눈이 상할 것 같고 내용도 마음에 들지 않는다며 항상 자신이 직접 붓을 들어 수정했다. 그런 다음 사방에 일러 큰 글씨로 필사해오도록

• 황실 화가를 가리킨다. 여의관은 각지의 화가, 서예가, 도예가 등을 모집해 황실에 예술품을 올리던 곳으로, 청대에는 주로 황실의 그림을 담당했다.

서태후가 친필로 쓴 '용' '호' '복' '수'

했다. 또한 외국어를 몰랐기에 유경의 처와 셋째 딸 더링, 다섯째 딸 룽링, 독일 여성 커克[앞서 보았듯 미국 여류화가 칼을 말한다], 어느 관리의 여식 구이푸貴福를 택해 낮잠 시간에 다 같이 모여 외국어를 공부했다. 태후의 자기계발 정신은 실로 놀라울 따름이었다.

태후는 '용龍' '호虎' '복福' '수壽' 자를 큰 글씨로 쓰기 좋아했다. 1.8미터, 2.4미터 크기의 글자들은 그야말로 웅장한 기백을 발산했다. 태후의 키는 1.2미터 남짓이었는데 2.4미터의 글자를 썼다는 것은 누군가 글씨를 쓸 때 종이를 당겨주지 않고는 안 될 일이다. 그중에서도 인수전의 '수壽' 자는 유난히 커서 무척 놀라웠다. 태후는 작은 글씨는 쓰지 않았다. 그림도 좋아했지만 세밀하게 그림을 그리는 일은 없었다. 간혹 몇 번 붓질을 할 때에도 대강 윤곽만 잡히면 곧 태감을 시켜 여의관에 가지고 가 가지와 잎을 추가하고 색을 정하라고 명하곤 했다. 그림이 완성되면 남서방에 일러 알맞은 문구를 써넣고 가까운 신하에게 상으로 내렸다. 태후는 일찍이 주필로 『반야바라밀다심경般若波羅蜜多心經』 한 권을 쓴 뒤 여의관에 책 앞뒤로 관음상을 그려넣으라고 일렀다. 한번은 여의관이 태후의 용모대로 관음상을 그렸더니 태후가 그것을 보고 크게 기뻐했다. 이 경서는 당시 이화원에 보관했다.

평상시 태후는 아침식사를 마치면 곧 전을 나왔다. 이곳저곳을 30분가량 거닐다가 전으로 돌아오면서 도중에 제기차기를 즐기기도 하고, 소용히 앉아 있거나 염주를 굴리며 염불을 하기도 했다. 책을 읽거나 그림을 그리기도 하고, 물담배를 피우거나 차를 마시는 등 전 안에서도 얼마간 활동을 했다. 낮 12시가 되면 침궁으로 들어가 낮잠을 잤다. 낮잠에서 깨어나면 차를 마시고 물담배를 피운 뒤 전을 나와 크게 원을 돌았다. 오후 5~6시쯤에는 저녁식사를 하고 나서 다시 작은 원을 그리며 한 바퀴 돈 다음 전으로 돌아와 주사위 놀이를 했다. 주사위 판은 생신 축하 그림이었는데, 그 양식은 승경도˚를 변형시킨 것이었다. 판 폭은 팔선상만했다. 판 윗부분에는 이름난 산과 동부洞府[신선이 사는 곳], 봉래선도蓬萊仙島[동쪽 바다 가운데 있으며 신선이 살고 불로초와 불사약이 있다는 봉래산], 궁정의 요지瑤池[신선이 있는 곳. 전설에서 서왕모가 살았다고 하는 곳]가 그려져 있었다. 만약 용궁 바다 곳간 지점에서 물에 빠지면 뒤로 세 칸 물러나야 했다. 그리고 요지에 먼저 도착하면 이겼다. 여덟 사람이 각각 신선 한 명씩을 맡았으며, 태후를 알현하러 온 황족의 비와 공주들이 모두 함께했다. 손님이 없을 때는 넷째 공주, 위안 마님, 추이위구이 및 당직 어전 수령태감들이 끼었다. 사람 수가 부족하면 한 사람이 두 명의 신선을 겸하기도 했다. 사방 태감이 붓을 잡고 각자의 지점을 기록했다. 놀이 중간에 '여선사포자呂仙四暴子'라고 크게 외치는 소리가 들리면 바로 태후가 이긴 것이었다. 이렇게 해서 놀이가 끝나면 침궁에 들 준비를 했다.

　　태후는 가끔 침궁으로 돌아와서는 불침번을 서는 이들과 함께 극을 만들었다. 승평서의 곤강, 고강 극본을 바탕으로 이황二簧[호금胡琴으로 반주하는 중국 전통극 곡조 중 하나]을 꾸며냈다. 「소대소소昭代簫韶」 「절의렴명節義廉明」˚˚과 같은 것들은 모두 이렇게 궁중에서 만들어진 작품이다. 때로는 남쪽 지방 사람이었던 어느 이름난 관리의 부인과 여류화가인 무가혜가 함께했다. 이들은 모두 젊은 나이에 남편을 잃은 과부였으며, 특별히 궁에 들어올 수 있도록 선별된 이들이었다. 관리의 부인은 시문에 능해서 극을 만드는 일을 도맡았고, 무가혜는 그림에 능해서 주로 그림을 가르쳤다.

˚ 넓은 종이에 옛 벼슬의 이름을 품계와 종별에 따라 써놓고, 주사위를 굴려서 나온 끗수에 따라 벼슬이 오르고 내림을 겨루는 놀이.
˚˚ 전자의 원작은 「양가장楊家將」으로, 연의, 화본, 희극 등의 형식으로 민간에 널리 전해져온 영웅전기 계통 이야기다. 후자의 원작은 중국 전통 경극 중 하나인 「사진사四進士」다.

또 강남 여인을 여러 명 뽑아 중난하이에서 누에를 기르도록 했다. 실이 있으면 천을 짜기 마련이다. 남쪽 지방에서 장인을 뽑아 기화관綺華館을 세우고 비단도 직조했다. 사방 태감 리李 씨는 천을 잘 짜서 '천 리布李'라고 불렸는데, 태후가 이를 알고는 '천 리'를 대표로 태감들 중 천을 짤 줄 아는 이들을 이끌어 중난하이 내 집령유集靈囿 가운데에 직포창(직조 공장)을 세우도록 했다. 태후는 중난하이에서 지낼 때 매일 집령유에 와서 천을 짜는 모습을 보곤 했다. 태후 궁에 저장된 실과 천은 함복궁 동도당同道堂[만청 시기 가죽옷 저장고로 사용되었다]에 있는 것보다 방 한 채만큼은 더 많았다. 태후가 붕어했을 때 궁 안 모든 사람에게 손으로 지은 상복을 내렸으니 실로 이를 볼 때마다 그 은혜를 생각하게 된다.

태후의 명으로 결성된 보천동경의 공연은 특별히 만수절과 명절 때만 황족과 대신들에게 선보였는데, 모두 궁 밖에서는 볼 수 없는 것들이었다. 태후는 황족과 대신들의 감탄과 칭찬을 들으며 크게 기뻐했다. 스스로 힘을 기울여 누구보다 앞서가고자 했던 태후의 적극적이고 열정적인 성품은 여기에서도 드러난다.

태후의 일과는 크게 두 시기로 나눠볼 수 있다. 수렴청정을 거두고 황제에게 정권을 돌려준 8년간은 거의 중난하이와 이화원에서 지냈다. 매일 아침 8시 이후에 일어나 자시[밤 11시에서 1시 사이]가 넘어 잠자리에 들었다. 그러다가 제2차 수렴청정 시기에는 새벽 5~6시에 일어났고 간혹 새벽 4시에 일어나기도 했다. 대신들이 밖에서 허튼소리라도 할까 늘 불안했기 때문이다. 시간을 엄수하기 위해 매번 이를 악물고 잠자리에서 몸을 일으켰으니, 외부 사람들은 이를 알 리 만무했다.

중난하이와 이화원

자령궁은 두 개의 궁으로 이루어져 있다. 하나는 수안궁으로, 동태후가 이곳에서 지냈다. 다른 하나는 수강궁으로, 서태후는 이곳에 머물렀다. 동치제의 혼례식 이후 한동안 이곳에서 지냈다. 동치제가 세상을 떠난 뒤 두 태후는 모두 내궁으로 돌아와 동태후는 종수궁에, 서태후는 장춘궁에 머물렀지만 수안궁과 수강궁에도 각자의 본궁 수령태감을 배치하여 궁을 돌보게 했다. 이는 오래된 관습이었다. 동태후는 광서 7년에 세상을 떠나 매장 전 영구를 수안궁에 모셨다. 광서 15년, 황제의 혼례 이후 서태후는 자령궁이 아닌 영수궁을 택해 그곳에서 지냈다. 이곳은 건륭제가 만년에 지내던 궁이었다.

가장 처음 중난하이에서 지낼 때 서태후는 풍택원 안 춘우재春藕齋와 순일재(속칭 남목전楠木殿)에서 기거했다. 광서제는 여름이면 잉타이로 가서 더위를 피하곤 했다. 황후는 동의헌에서, 근비, 진비는 각각 무대재, 화방재畫舫齋에서 지냈다. 후에 서태후는 의란전儀鑾殿, 즉 지금의 거인당居仁堂으로 거처를 옮겼다. 의란전은 경자년 변고 때 독일 군사령관 발더제의 군대가 주둔한 곳으로, 불이 붙어 하룻밤 사이에 온 궁이 타버렸다. 서태후는 회궁한 후 의란전이 있던 자리에 서양식 궁을 축조해 외국인들을 접견할 때 사용했다. 앞은 해연당海宴堂, 뒤는 방아관仿俄館으로 이루어져 있으며 위안스카이가 후에 이 전의 이름을 거인당이라고 고쳤다. 서태후는 거인당을 짓는 한편, 중난하이 담장 밖 또다른 곳에 새 의란전을 지었다. 의란전의 전전前殿은 '의란', 후전後殿은 '복창', 뒤의 누각은 연경루延慶樓라고 불렸다. 서태후는 바로 이 복창전에서 세상을 떠났다. 위안스카이는 후에 새 의란전을 회인당懷仁堂으로 개명했다. 서태후가 중난하이에서 지낼 때는 근정전에서 조정 회의를 했고, 순일재에서 연극을 감상했다. 이화원에서 지낼 때는 인수전에서 조정 회의를, 덕화루德和樓에서 극을 보았

중난하이 연경루의 옛 사진

다. 황상은 옥란당에서 지냈으며 이곳 문은 남향이었다. 황후와 후궁들은 옥란당 후전에서 지냈고, 가운데 벽 하나를 두고 나뉘어 있었으니 이곳 문은 북향이었다.

서태후가 내궁에 있을 때는 영수궁 낙수당에서 지냈다. 황상은 양심전에서 황후는 종수궁, 진비는 경인궁景仁宮, 근비는 영화궁永和宮에서 지냈다. 조정 회의는 건청궁에서 했고, 연극은 영수궁 열시루에서 보았다. 황후와 후궁들의 궁 안에 공연을 관람하도록 만들어진 누대(희루)가 있었는데, 수방재漱芳齋라고 불렀다. 광서제 집권 시기에 일찍이 이곳에서 극을 관람한 적이 있다. 건복궁建福宮 내에도 덕일신德日新이라고 부르는 작은 무대가 있었지만 수년간 사용하지 않았다.

서태후의 만수절 경축 잔치는 처음에 자령궁에서, 만년에는 영수궁의 전전前殿인 황극전皇極殿에서 치렀고, 칠순 생신 잔치 때는 이화원 인수전에서 축하를 받았다.

태후 궁의 연혁

서태후는 함풍제 재위 시절 저수궁에 거처했고 '난귀인'이라고 불렸다. 저수궁 내에는 수령태감 한 명, 대사부 한 명이 있어 사방과 함께 장부를 관리했다. 태감은 모두 합쳐 20명이 채 되지 않았고 궁녀는 여섯 명이었다. 작은 과실을 범했지만 황제의 관대한 처벌 덕에 함복궁 후전後殿 동도당으로 이전했다. 그러나 오래지 않아 동치제를 낳고 귀인의 신분에서 귀비(황후와 한 등급 차이)로 봉해짐으로써 다시 저수궁으로 돌아왔다. 황자가 있었기에 저수궁만으로는 충분치 않아 익곤궁翊坤宮과 하나의 궁으로 합쳤고, 이때부터 궁내에 부리는 사람도 점차 많아졌다. 당시 본궁 태감은 촌스럽고 투박한 나이 든 태감이 대부분이었는데, 함풍제가 황자를 보러 자주 오면서 차츰 기존 태감들을 다른 궁으로 내보내고 젊고 용모가 단정한 태감들로 바꾸었다. 아래채 부인네들도 세 명을 더 들여 큰 모아嬤兒[황실의 보모나 나이 든 여자 하인을 '모모嬤嬤' 또는 '마마嬤嬤'라고 불렀다], 둘째와 셋째 모아라고 불렀다. 큰 모아는 유모였고, 둘째, 셋째 모아는 보모였다. 또 특별히 황자의 시중만을 드는 태감은 큰 반아伴兒라고 불렀다. 이때부터 저수궁의 위세는 황후의 종수궁을 훌쩍 넘어섰다. 열하에서 회궁한 이후로 서태후는 장춘궁에 거하면서 태극전과 장춘궁을 하나로 합쳤다. 그리고 시중드는 모든 태감을 저수궁에 편성해 상上, 하下, 차茶, 선膳, 약藥, 사司, 불佛, 전殿, 산散, 화花, 집集, 어魚, 타탄他坦, 총 13개 부처에 배치했다.

상차

　　　　상차上差는 상전을 가까이서 모시는 어전 일을 말한다. 총관태감 한 명, 부총관 한 명, 수령태감 네 명, 장안태감 한 명, 회사태감 네 명이 이에 해당되었으며 모두 품계가 있었다. 그밖에 소태감들이 10~14명 있고, 소태감들 중 특별히 상차림을 담당할 네 명을 선발해 품계를 주었다. 명절이면 상차를 담당하는 태감들은 지위가 높든 낮든 모두 망포[명청 시대에 대신들이 입던 예복으로, 금색의 이무기가 수놓아져 있다]를 입었다. 태후가 움직일 때마다 앞에서 두 명의 태감이 휴대용 화로를 드는데, 이들은 전상태감으로 역시 금이 박힌 모자에 망포를 갖추었다. 상전을 가까이 모시는 자로서 정중하고 엄숙한 태도를 갖추어야 했기 때문이다.

하옥

　　　　하옥下屋이란 태후의 아래채를 말한다. 태감은 여주인 신변의 일들은 시중들 수 없었다. 이는 아래채 궁녀와 부인네들의 몫이었다. 관방 들이는 일은 대소변을 해결할 요강을 대령하는 것이었다. 궁중에서 대변은 대관방大關防, 소변은 소관방小關防이라고 불렀다. 이같이 생리적인 일 외에도 아래채 사람들은 빨래, 불침번, 바느질, 염낭에 자수 놓기, 버선과 신발 관리 같은 일을 도맡았다. 아래채 사람들 중 부인네들의 수는 4~8명 정도였다. 태후는 40~50대에 자주 병을 앓았는데, 한번은 병이 무척 깊어 외부에서 어느 명의를 불러 진료를 받았다. 의사는 진맥을 한 다음 태후마마께서 이러이러한 약을 드시면 효과를 보실 것이라고 처방전을 받아 적게 했다. 또한 처방전대로 약을 한 제 더 복용하고 병이 완쾌된 다음에는 사람의 젖을 자주 섭취해야 한다고 말했다. 이 의사는 고향에 돌아간 뒤 얼마 지나지 않아 곧 세상을 떠났다. 태후는 정말 이 처방전대로 약을 복용하면서 큰 효험을 보았고 이후 사람의 젖을 자주 찾았다. 이 때문에 좋은 젖을 내는 여인 네 명이 뽑혀 들어왔고, 그중 가장 총애를 받았던 이는 쑨孫 부인이었다. 사람들은 그를 '작은 발[전족을 한 발] 쑨 씨'라고 불렀다. 이때부터 궁중에는 부인네들이 급격히 늘어났다.

후에 궁에서 누에를 치지 않게 되면서, 양잠을 하던 여자들도 아래채 부인네들의 대열에 합류했다. 다만 가까이서 시중드는 일만은 할 수 없었고 기존의 부인네와 궁녀들의 일을 함께 거드는 정도였다. 태후는 한 번 화가 나면 벼락같이 노했고, 평소에도 태감과 아래채 부인네, 궁녀들을 대단히 엄하게 관리했다. 오직 남쪽 지역 사람이었던 한 귀부인에게만 예절을 차렸다. 궁녀들 10명은 모두 내무부 소속이었다. 그중 연수가 오래된 궁녀는 '큰 아가씨大姑娘'라 불렸고 새로 들어온 궁녀들은 이들을 마마님姑姑['구구'. 아가씨. 미혼 여성에 대한 존칭]이라 불렀다. 태후는 특별히 어전 수령태감을 시켜 의복, 경비, 지출을 대신 관리하도록 했다. 부인네들은 궁녀들을 관리할 권한이 없었고, 오직 연수가 오래된 상급 궁녀들만이 그들을 지도하고 단속할 의무가 있었다. 궁녀들은 태감과 부인네들보다 더 고생스러웠다. 출궁하기까지 10년간 일을 하는데 녹봉도 없이 달마다 받는 얼마간의 급여와 설에 받는 하사금이 전부였다. 출궁할 때 받는 돈은 불과 200~300냥 정도였다. 그러니 궁녀라면 누구나 「곡황궁哭皇宮」을 모르는 이가 없었고, 이 노래를 부를 때면 매번 소리 내어 흐느껴 울었다. 그들의 마음에 쌓인 한을 짐작할 수 있는 대목이다.

수차방

수차방壽茶房[태후의 차를 담당하는 곳]은 수령태감 한 명이 담당했고, 서행 때는 두 명이 더 추가되었다.

이곳 태감들은 국局과 안案, 두 가지 직무를 담당했다. 국이란 차방 곳간을 관리하며 다과를 비축하는 등의 업무를 일컫는다. 안이란 매일 소비되는 다과, 과일, 부인들의 젖, 우유, 남당[남방풍의 재래식 엿], 간식거리 조리 등의 일을 관장하는 것이었다. 두 명의 대반태감과 총 20여 명의 수령태감이 있었고, 그밖에 차방 일을 하는 사람이 10여 명 정도 있었다. 차방 업무의 기술을 이어받는 사람은 어차방에서 차출된 영민한 젊은 태감이었다. 차방에서 소태감을 많이 뽑았던 것은 그만큼 시중드는 데 익숙하고 깔끔했기 때문이다.

수선방

수선방은 총관 한 명이 담당했다. 처음에는 이곳에 총관이라는 직위가 없었다. 그러다 태후가 시안 피신을 떠난 동안 어느 수령태감이 영수궁 선방을 손실 없이 잘 돌본 공로로 회궁 후에 총관으로 승격됐다. 태감들은 시안 피신을 뒤따르며 보필한 공으로 5국局에 다섯 명의 수령태감이 새로 추가되었다. 5국이란 훈국葷局[육류 부서], 소국素局[채소류 부서], 점심국點心局[간식류 부서], 반국飯局[밥 부서] 그리고 백합국百合局[요리 부서]을 가리킨다. 백합국은 요리와 반찬류를 관장할 뿐 아니라 부차적으로 각종 육류를 굽거나 삶는 일도 담당했기에 '괘랍국掛拉局'이라고도 불렀다. 5국은 각기 고유의 전문적인 직무를 담당했으며, 각각 수령태감 한 명, 장국掌局[국을 관장하는 사람] 한 명, 장안掌案[안을 관장하는 사람] 한 명, 제2사부 두 명, 태감 10명 안팎으로 구성되었다. 모두 합쳐 총관과 수령을 비롯한 태감들이 50여 명, 주방 일을 하는 사람들이 100명 정도 되었다.

이외에도 야미 주방이라 불렸던 작은 주방이 딸려 있었다. 이곳은 외부에서 고용한 이름난 요리사가 요리를 하고 리롄잉이 관리했던 곳으로, 특별히 태후의 입에 맞는 요리를 올리는 곳이었다. 매일 하루 세 끼, 태후는 황상에게 몇 가지 요리를 하사했는데 모두 야미 주방에서 만든 것들이었다.

태후의 식사는 아침저녁으로 두 번이었으며 요리는 48가지였다. 닭, 오리, 생선, 육류가 빠지지 않았으나 딱히 특별한 산해진미는 없었다. 삼절과 만수절에는 108가지 요리가 차려졌고 제비집과 상어지느러미를 식재료로 넣었다. 중간 크기 사발 여덟 개에 단 설기를 놓고 그 위에 제비집을 가늘게 쌓아올려 '연년여의年年如意['해마다 뜻하는 대로 이루어진다'는 의미]' '사계평안四季平安['사철 내내 평안하다'는 의미]'이라는 여덟 글자를 만들어 식탁 가운데에 놓으면 설음식이다. 이를 토대로 만수절에는 큰 사발에 '만수무강萬壽無疆' 네 글자를 덧붙이고, 추석에는 '천향경절天香慶節'이라는 네 글자로 바꾼다. 단오절에는 글자를 넣지 않고 오독* 형상만을 쌓았

---

* 전갈, 뱀, 지네, 두꺼비, 도마뱀과 같이 독이 있는 다섯 가지 동물. 과거 민간에서 단오절에 침대 밑이나 담 모퉁이 등에 술을 뿌려 이런 독충을 몰아냈다.

황제와 황후가 식사 때 사용했던 그릇과 숟가락.
그릇은 금도금한 구리 그릇으로, 가는 줄 세공과 함께 법랑으로 바른 겉면에
'만수萬壽' 무늬가 있다. 숟가락은 옥 자루가 달린 금 숟가락이다.

다. 두꺼비를 가운데에 놓았다. 이 요리는 태후가 들지 않고, 하사할 때만 쓰였다.

식탁은 푸른 바탕에 금색 꽃무늬가 들어간 팔선상이었다. 식탁 아래에는 녹나무로 만든 키 작은 탁자가 하나 있었으며, 이 탁자를 '토자근土子根'이라고 불렀다. 전 안 가운데에는 기름종이를 깔아놓아 바닥이 음식 기름으로 지저분해지는 것을 방지했다. 식탁 좌우로는 팔선상 두 개를 각각 벽에 붙여 배치해놓았다. 이 두 팔선상은 식탁에 올릴 각종 요리와 간식, 죽 단지를 놓을 때 이용했다. 전 밖 뜰에도 붉은 칠을 한 식탁 네 개를 놓았는데, 태후의 식탁에 올리고 남은 음식을 놓기 위한 것이었다. 접시와 그릇은 장시江西 황룡 자기였으며, 음식이 식지 않도록 그릇마다 은뚜껑을 갖추고 있었다. 겨울에는 화완火碗*과 신선로 및 따뜻하게 데운 접시와 그릇을 사용했다. 모두 은제품이었다. 또한 이름난 요리 위에는 모두 길이 약 10센티미터, 폭 약 1.5센티미터 크기의 은패가 끼워져 있었다. 만약 음식에 독이 들어 있으면 은패의 색깔이 곧 변한다. 젓가락은 상아에 금을 박은 것이었고, 숟가락은 금제와 은제 모두 구비되어 있었다. 식사를 올리라는 한마디가 떨어지면 모두들 흰 천으로 만든 덧소매를 걷어올리고 정갈하게 음식상을 차렸다.

5국

5국은 일이 나누어져 있기는 해도 실질적으로는 서로 협력해서 일했다. 한 주방을 공용으로 사용했고 부뚜막도 하나였다. 또 주방용품과 주

---

* 겨울철에 음식이 식지 않도록 사발 밑에 술이 담긴 접시를 놓고 불을 달아 음식을 덥힐 때 쓰는 그릇.

방 일꾼도 그다지 구분하지 않았다.

서태후는 한 달에 며칠만 채소를 먹었기 때문에 채소 담당 구역이 따로 있지 않았고 채소용 도구만 별도로 있을 뿐이었다. 훈국과 소국의 경제적인 측면을 고려한 것이었다. 육류를 드시는 날에 소국도 함께 일했다. 훈국이 식재료를 준비하고 소국은 탕 재료를 준비하는 식이었다. 요리가 담긴 찬합을 위에 올릴 때도 두 국 태감이 소속을 가리지 않고 맡았다.

큰 주방 일은 세 조로 나뉘었다. 식재료 준비 조, 요리 조, 점검 조였다. 식재료 준비 조는 모든 요리의 재료를 완벽히 구비해 도기 그릇에 잘 담아놓는다. 그런 다음 어린 일꾼을 시켜 부뚜막이나 찜통으로 재료들을 보낸다. 부뚜막 요리사들은 식재료를 익히고 조리한 뒤 다시 그릇에 담아 점검 조로 넘긴다. 점검 조는 요리를 살펴보고 마무리하는 일을 주관한다. 만약 음식 빛깔이 좋지 않거나 탕이 입에 맞지 않으면 되돌려보내 다시 만들도록 했다. 차오장더우炒豇豆[강두豇豆를 돼지고기와 함께 볶은 요리] 같은 경우 반드시 강두[콩과의 한해살이 덩굴 풀. 씨와 어린 깍지를 먹는다]를 겉으로 골라내고 고기를 아래에 두었다. 아마도 요리를 젓가락으로 뒤적여 가며 검사했던 것 같다. 이렇게 점검을 마친 음식은 황색 자기 그릇과 접시에 옮겨담고 은패를 끼운 뒤 사발 덮개로 덮었다. 그런 다음 붉은색 찬합에 넣고 솜 보자기로 감쌌다. 그러면 태감은 이것을 들고 음식이 식지 않도록 달려야 했다. 가는 길에 다른 조가 배치되어 있어 사람이 바뀔 때 요리의 이름을 전달해주어야 했다. 음식을 넘겨받은 태감은 다시 바람처럼 달려 전 밖에서 대기하고 있는 상차태감에게 음식을 전달했다. 요리 가짓수에 상관없이 항상 이런 방식으로 전달했다. 또 만약 음식에 문제가 생기면 어전 장안태감에게서 질책을 들어야 했다.

점심국은 밀가루로 만드는 모든 음식을 담당했다. 찌고, 익히고, 굽고, 끓이는 모든 간식이 대상이었다. 떡이나 과자류뿐 아니라 주로 백성들 사이에서 먹는 워터우*도 반드시 구비해야 했다. 반국은 밥을 짓는 곳으로, 죽 끓이는 일도 겸했다. 밥 짓는 쌀은 백미와 자미紫米로 나뉘었다. 백미는 경서도京西稻[베이징 서쪽 교외에 있는 위취안 산玉泉山의 샘물로 농사를 지은 쌀]였고, 자미는 창고에서 묵은 쌀로 '야의미野意米'라고 불렸다. 이 쌀은 강남에서 퉁저우通州[베이징 시 동부에 위치하며 톈진, 허베이 성과 접하는 지역] 대곳간으로 운송되었다가 둥청東城[베이징 도심의 동쪽] 녹미창[녹봉으로 주는 쌀을 보관하는 곳간]을 거쳐 자금성 안 곳간으로 들어온 것이었다. 자미는 내무부 관할의 관미官米로, 쌀알이 길고 크며 색은 자색을 띠었고 맛이 좋았다. 곳간을 관리하는 사람은 어전에 올리는 쌀을 따로 보관해두었는데, 이를 '천록天祿'이라 불렀다. 반국은 이곳에서 쌀을 가져와 혹여 밥에서 좋지 못한 것이 나와 말썽이 생기지 않도록 한 알 한 알 골라냈다. 죽으로는 강두백미죽, 율무쌀죽, 백합연자죽 및 민간의 옥수수죽, 수수죽이 있었다. 백합국은 각종 요리와 찬을 담당하는 곳으로, 구운 닭고기, 오리고기, 돼지고기, 양고기 등을 함께 구비했다. 고기를 구울 때는 숯 상자 하나를 사용해 숯을 땠다. 철로 된 상자 양 끝에 쇠로 만든 대가 있고 이 위에 쇠꼬챙이가 걸쳐져 있어 여기에 고기를 걸고 불을 쬐어 구웠다. 이 모든 경비는 내무부에서 지출했다.

수약방

　　수약방壽藥房[태후의 약을 담당하는 곳]에는 수령태감 두 명, 대사부 한 명, 대반태감 한 명, 일반 태감 10명, 그리고 여러 명의 약제사가 있었다.

---

* 옥수수 가루, 수수 가루 등의 잡곡 가루를 원추형으로 빚어 찐 음식으로, 가난한 집의 일반적인 주식이었다.

수약방의 약장

이들은 의술을 전수하고, 약을 달이고, 고약, 산약(가루약), 환약, 단약을 조제하는 일을 담당했다.

태의원

　　태의원은 내무부 소속이다. 가장 높은 자리는 원판이고, 두 번째는 어의이며 그다음은 일반 의원이다. 아문[관청, 관공서]은 작아도 그 위상은 대단히 높았다. 황제를 가까이에서 모시는 자리였기 때문이다. 그래서 통칭 '대부大夫[의사의 또다른 명칭]'라고 했다.

　　태의원은 두 곳에서 당직을 섰다. 황상(광서제)의 어의는 어약방御藥房[황제의 약을 담당하는 곳]에서 당직을 섰다. 황상과 황후, 후궁들은 몸이 아프면 모두 황상의 낮 당직, 야간 당직 어의를 불러 진료를 받았다. 그들이 당직을 서는 곳은 건청궁 동쪽 회랑에 있었다. 태후의 어의는 수약방에서 당직을 섰다. 수약방은 영수궁 서쪽 회랑에 있었다. 두 곳 모두 주인이 있는 전에서 조금 거리가 있었다.

　　태후는 몸이 좀 불편하다고 느끼면 먼저 리롄잉에게 말했고, 리롄잉은 상차 수령태감에게 전해 어의를 불러 진맥을 보게 했다. 만약 가벼운 병이면 당직 어의에게 진료를 맡기고, 심각하면 반드시 태후의 명을 거쳐 다시 어의들을 불러들였다. 밤에 어의들을 부르는 일은 거의 본 적이 없다.

　　어의를 부를 때는 약방 수령태감이 어의 두 명을 인솔하여 전 밖까지 온 다음, 먼저 어전 수령태감에게 알렸다. 그러면 어전 수령태감이 전 안으로 들어가 고했다. "어의가 당도했사옵니다." 회사태감과 소태감은 진맥을 볼 때 필요한 책상과 손목을 받치는 작은 베개, 손수건을 미리 준비했다. 태후가 침궁 안에 있든지 침궁 밖에서 좌정하고 있든지, 소태감이 어전 수령태감에게 "어의를 들라 하라"는 명을 전해야 어전 수령태감은 어의를 전 안으로 데리고 들어갈 수 있었다. 전 안으로 들어간 어의는 먼저 무릎을 꿇고 인사를 올렸다. 태후가 손을 뻗어 맥을 보는 작은 베개에 올리면 시중드는 아래채 부인네와 궁녀들이 비단천을 덮어드렸다. 두 어의는 양옆에서 무릎을 꿇고 한 번씩 진맥을 보았다. 만약 둘의 진맥 결과가 같으면 태후도 결과에 이상이 없다는 걸 인정했고, 곧 수령태감이 두 어의를 데리고 가 처방할 약을 상의토록 했다. 어전태감은 처방전을 들고 와서 다시 태후의 지시를 여쭈었고, 태후의 허락을 받으면 또 총관태감에게 보고해야 했다. 그리고 나면 리롄잉이 가거나, 누군가 다른 사람을 보내거나 아니면 어전태감이 직접 가서 추이위구이 부총관, 장안태감, 회사태감, 그리고 소태감까지 한 명, 한 명을 거쳐 수약방에서 약을 달여 오는 일을 책임졌다.

약을 달이는 일

궁에서 약을 달이는 일은 민간에서 하는 방식과 조금 달랐다. 일반 백성들은 약을 달일 때 물 세 잔을 넣어 8분을 달인다. 어약방에서는 이보다 빠르게 약을 달였다. 먼저 약재를 은 약탕관에 넣고 물 세 잔을 타고 풀무로 숯불을 일으켜 신속히 달였다. 다 달인 약은 은 접시에 깐 새 천 위에 비스듬히 기울여 붓고, 약방의 대사부가 양손으로 천을 들어올려 한 번에 비틀어 짜낸다. 그러면 대략 한 잔 분량이 나왔다. 약을 달인 이들은 반드시 각자 한 입씩 맛을 본 뒤 약즙을 은 접시 중앙에 따라 올리기 전에 한 번 더 데웠다. 때때로 다 나으면 태후는 그 보상으로 상을 내릴 때도 있었다.

은 약탕관

사방

사방司房은 서태후의 총괄 사무처로, 금은보석과 비단 창고 관리를 담당했다. 또한 본궁 태감과 아래채 부인네, 궁녀들의 인사 관리, 즉 승급이나 인원 보충 등의 인명 기록부 관리를 겸했다. 뿐만 아니라 각 전의 가구 장부, 태후 궁 전체의 출납과 연극 공연 및 문필 관련 사항들을 담당했다. 사방은 제1수령태감(대수령태감) 한 명, 제2수령태감 두 명, 대사부 두 명, 제2사부 두 명, 태감 30여 명으로 구성되었다. 주로 문장, 경제, 예술에 통달한 이들을 많이 뽑아 일을 맡겼다. 이들은 거의 유일하게 태후가 높이 대우해주는 사람들이었고 태후에게서 가장 두터운 총애를 받았다. 그랬기에 총관태감 이하 궁의 모든 사람이 사방만은 다른 시선으로 보았다.

불당

불당은 태후의 불공을 담당했다. 모든 궁과 전에서는 불상과 열조의 용안을 공양했다. 태후는 음력 초하루와 보름, 기일, 탄신이 되면 반드시 선대 천자의 용안에 친히 향을 피우고 예를 올렸다. 삼원三元[도교의 상원(정월 15일), 중원(7월 15일), 하원(10월 15일)을 이르는 말]과 오랍五臘[도교의 천랍(정월 1일), 지랍(5월 5일), 도덕랍(7월 7일), 민세랍(10월 1일), 후왕랍(12월 명절)을 이르는 말], 불도의 날[납팔일] 그리고 매월 제성祭星[별에 제사하는 것]일에는 반드시 향을 피우고 공양을 올렸다. 향촉은 불당에서 미리 준비했고, 공양제물은 차방, 선방에서 준비했다. 일을 치르고 나면 내무부에서는 큰돈이 지출되었다. 불당에는 수령태감 한 명, 대사부 한 명, 일반 태감 여덟 명이 있었다.

전상

전상殿上은 영수궁 전상과 풍택원 전상으로 나뉘었는데, 두 진을 합쳐서 전상이라고 통칭했다. 이는 옛 제도가 아직 바뀌지 않은 까닭이다. 전상은 청소와 물건 배치, 가구 정리 등 서태후가 지내는 전을 전문 관리하는 일로, 이 역시 태후를 가까이서 모시는 업무다. 업무 특성상 매우 번거로운 일이라 자연히 실수도 잦았다. 예를 들어, 겨울이면 불을 피우고 여름이면 얼음을 놓는데, 이와 동시에 가구와 진열품들이 깨지거나 상하지 않도록 주의해서 관리해야 했다. 주인이 계실 때는 전에 들어갈 수 없었고, 주인이 나와 계실 때 모든 곳을 구석구석 살피고 점검했다. 화초나 수목을 화분에 심어 가꾸었는데, 혹 작은 풀 이파리 하나라도 없어지면 '화초 도둑', 즉 절도 혐의를 받았다. 가볍게는 곤장, 심하면 귀양까지 갈 수도 있었다. 일은 두 조로 나뉘어서 했고 저녁나절에 교대했다. 이를 과반過班이라 불렀다. 교대한 조는 다시 가구와 진열품을 살폈다. 업무 교대를 마치면 두 조 모두 전 뜰에 집결해서 머리를 조아렸다. 일을 시작하는 조는 전을 다스리는 신의 보살핌이 있기를 기원하고, 일을 마치고 돌아가는 조는 무탈하게 지켜주신 것에 대해 신에게 감사하는 것이었다. 일 년 내내 이렇게 두 조가 번갈아가며 일을 담당했으니, 한시도 경계가 늦추어지는 때가 없었다. 모든 가구와 진열품에는 할인割印[서로 관련된 사실을 증명하기 위해 도장 하나를 두 장의 서류에 걸쳐 찍음. 또는 그런 도장 흔적]한 장부가 있고, 이 장부는 악용을 막기 위해 사방에서 보관했다.

전상에는 수령태감 두 명(후에는 네 명으로 늘어났다)과 대사부 두 명, 대반태감 네 명, 일반 태감 40명이 배치되었다.

확실히 서태후는 살아생전 부귀영화의 극치를 누렸다. 하지만 그런 서태후도 서양식 난로와 보일러의 온기를 누려보지는 못했다. 기계로 얼린 얼음과 아이스크림을 맛본 적도 없고, 영화를 구경해본 적도 없다. 겉모습이나 신하들에게 내리는 상은 체면을 고려해 사치와 호화로움을 추구했지만, 그 자신의 생활은 대단히 검소했다. 평생 은을 저축해 이화원 수리비로 사용한 300만 냥 외에도 경자년까지 600만 냥이 영수궁 대전에 비축되어 있었다. 이 돈은 시안 피신 전에 대내 저수궁 대전으로 옮겨 다행히 경자년 변고 때도 손실이 없었다.

회궁 후에는 삼해의 의란전, 해연당을 보수하는 데 200만 냥을 사용해, 태후가 붕어할 당시에는 400만 냥이 남아 있었다. 또 서태후가 수렴청정을 하고부터 매년 설이 되면 황상은 태후에게 얼마간의 황금을 올렸다. 태후 궁에 들어온 이 황금은 태후가 붕어한 뒤 세운 금탑 비용 1만 냥을 제외하고 36만 냥 남짓이 고스란히 융유황후에게 남겨졌다. 후에 융유황후는 간언을 듣고 연희궁延禧宮의 수좌철루를 재건하는 데 서태후가 남긴 400만 냥의 은 중 절반가량을 사용했다.

이후 오래지 않아 무창 봉기가 일어나고 위안스카이가 권력을 장악하자 그는 내탕고에 저장되어 있던 황금 일부를 군 위문 비용으로 써버렸다. 위안스카이가 이 금을 쓰려고 상소를 올렸을 때 융유태후는 황금을 둘로 나누도록 했다. 한쪽은 22만 냥 남짓, 다른 한 쪽은 14만 냥으로 나누어 22만 냥의 황금을 전부 그들에게 내주었다. 장부에 따르면, 나머지 14만 냥도 이후 강압에 의해 어쩔 수 없이 넘겨줘버렸다. 후에 들은 바로, 이 황금은 위안스카이가 주안회籌安会*의 경비로 사용했다고 한다.

어쨌든 서태후는 40년간 정치를 하면서 이토록 큰 재물을 축적했다. 만약 변란만 아니었다면 원명원도 재건해 '대아재大雅齋'라 이름 붙일 뜻이 있었던 듯하다.

• 1915년 위안스카이가 만든 단체로, 군주제 복귀를 지지하며 그의 황제 즉위를 도모했다.

산차

산차散差는, 다른 명칭으로 사상事上이라고도 불렸으며, 주로 잡역을 맡았다. 보고와 전달, 상차를 보조하는 일이 주 업무였으며, 가마꾼도 있었다. 수령 10여 명은 모두 태후 궁 태감으로 저녁에 와서 문을 지켰다. 영수궁과 수강궁에 각각 책임자가 있었고, 대사부 한 명, 대반태감 두 명, 가마 책임자 한 명, 일반 태감 60명이 그 밑에서 일을 담당했다.

화원

화원은 북화원과 남화원으로 나뉜다. 북화원은 신무문 안 동쪽, 속칭 '소小화원'이라 불리던 곳이다. 실제로 규모가 그리 크지 않았지만 바깥에 세를 받는 장전*이 있었다. 처음에는 규모가 매우 컸지만 사람을 파견해 농지를 경영할 수 없었고, 태후는 징수한 소작료를 황제에게 보냈기 때문에 점차 농지의 범위가 축소되었다. 이곳에는 수령태감 한 명, 대사부 한 명, 일반 태감 서너 명, 정원사 20명이 있었다.

남화원은 태후가 중난하이에서 지낼 때 처음 세워진 곳이다. 경비는 봉신원奉宸苑[내무부 소속으로, 식물원과 동물원, 수로를 관리하던 기구]에서 지출했고 각종 꽃과 나무 분재를 전문적으로 길렀다. 이곳에는 수령태감 한 명, 대사부 한 명, 일반 태감 10여 명, 정원사 50~60명이 있었다. 남화원은 시원문 밖 북협도에 위치했다.

* 황실·관료·사원 등의 사유지, 즉 장원에 딸린 농지로, 고용한 농군이 경작하거나 소작농에게 임대한 토지.

집령유

집령유는 본래 프랑스 교회당이었는데, 삼해와 거리가 매우 가까웠던 까닭에 이곳을 회수하여 집령유로 개명했다. 이곳에서는 애완용 두루미와 순록, 각종 날짐승과 작은 새를 길렀다. 건물 위층에는 조류와 짐승들 표본을 종류별로 진열해놓았다. 수령태감 한 명, 대사부 한 명, 일반 태감 10여 명이 이곳에 배치되었으며, 모두 조류와 짐승들을 사육하는 데 일가견이 있는 이들이었다.

어옥자

어옥자魚屋子에는 대사부 한 명, 일반 태감 5~6명이 있었으며, 모두 툭눈금붕어를 잘 길렀다. 앵무새나 구관조 등과 같이 영리한 남쪽 지역 조류도 몇 종 있었다. 그중 한 구관조는 "대학지도, 재명명덕大學之道, 在明明德[사서四書의 하나인 『대학』의 서두 구절. '대학의 도는 밝은 덕을 밝히는 데 있다'는 의미]"을 흉내 낼 줄 알아, 매일 새장을 들고 거닐 때마다 사람들이 신기하게 여겼다.

타탄

타탄은 태후 궁의 외부 회사처回事處[상부에 보고를 올리는 곳] 기능을 했으며, 타탄달他坦達[타탄 책임자] 한 명이 배치되었다. 태후의 타탄이라 하여 다들 대타탄이라 불렀다. 매월 2일과 26일에는 가까운 일가 황족과 친정집, 몽골 왕[몽골은 1688년 만주족에 정복되어 중국 청나라에 복속되었다]의 친지들이 타탄으로 인사를 올리러 왔다. 이들은 평소에는 예법상 태후를 사사로이 알현하여 인사를 올리지 못했지만 이 두 날에는 타탄의 중앙 대청으로 가서 태후가 친필로 쓴 '大壽(대수)' 자를 향해 무릎을 꿇고 예를 올릴 수 있었다. 그런 다음, 타탄달에게 대신 아뢰어달라고 청했다.

한가한 때는 인사를 올리러 오는 자가 쉬지 않고 있어, 주청드릴 사안을 목록으로 만들어 태후가 침궁에서 나올 때 무릎을 꿇고 상소를 올리기도 했다.

제4장 궁중의 수많은 규범

엄격히 단속했던 대내 궁문

건청궁은 대내[황제가 거처하는 궁 안]의 중심이라 '대전상大殿上'이라 불렸다. 건청궁의 동쪽 전은 소인전昭仁殿, 서쪽 전은 홍덕전弘德殿, 뒤에 위치한 전은 교태전交泰殿이라 칭했다. 또한 곤녕궁 좌우에는 동쪽으로 동난전東暖殿, 서쪽으로 서난전西暖殿이 있었다. 건청궁과 곤녕궁에 딸린 다섯 전 외에도 건청문乾淸門, 내좌문內左門, 내우문內右門, 일정문日精門, 월화문月華門, 용광문龍光門, 봉채문鳳彩門, 경화문景和門, 융복문隆福門, 증서문增瑞門, 영상문永祥門, 길화문吉化門, 단칙문端則門이 있었다. 구당총관이 이를 맡아 관리했으며, 통칭 5전 13문이라 불렸다. 오후에 문을 닫는 시간은 계절에 따라 달랐다. 겨울에는 3시에서 5시 사이에 문을 닫았다. 문을 닫을 때면 경사방 태감은 먼저 건청문으로 가 외쳤다. "대인들은 자물쇠를 채우시오!" 그러면 안팎으로 문을 걸어잠갔다. 경사방 태감은 걸으면서 다시 소리쳤다. "등불을 조심하시오!" 그러면 곧이어 문마다 외치는 소리가 들렸다. 각 문 태감이 의관을 정제하고 공손히 문 앞에 서서 큰 소리로 아뢰는 소리였다. "분부대로 문을 모두 잠갔습니다." 이렇게 해서 모든 전의 문이 닫히고 대전상 및 단폐[붉은 칠을 한 대궐의 섬돌]에 사람의 통행을 엄금했다. 만약 이를 어기는 자가 있을 때는 엄중한 처벌이 가해졌다.

빈틈없이 차단되었던 대내

신무문 안쪽까지가 자금성 내로, 속칭 '자색 둘레'라고 불렸다. 순정문은 일이 있을 때가 아니면 열어두지 않았다. 동협도東夾道에서 남쪽으로 걸으면 동쪽을 향해 난 문이 있는데 이 문을 창진문이라 했다. 영수궁 도화문蹈和門과 비스듬히 마주한 곳에 있는 이 문은 궁중 출입의 요지로, 수령태감이 문을 지켰다. 문 안팎으로 자물쇠가 있어 안쪽 자물쇠를 담당하는 태감이 문을 여닫았다. 열쇠는 경사방 전량처에 보관했기에 문을 열 때마다 받으러 갔다. 이를 '전량을 청한다'고 말했다(전량은 자물쇠와 열쇠를 뜻한다). 바깥쪽 자물쇠는 호위군에서 관리했다. 매번 문을 열고 닫을 때마다 문 안의 태감이 알리는 소리를 듣고 움직였다. 이렇게 안팎으로 문을 관리하니 착오가 있을 리 없었다. 남문南門은 건청문을 중심으로 양쪽에 문이 나 있었는데, 이를 각각 내좌문, 내우문이라 불렀다. 건청문은 열려 있어도 출입은 할 수 없었고, 대문 시위병들이 당직을 서며 문을 지켰다. 안쪽 자물쇠는 건청문 수령태감이 관리했고, 바깥쪽 자물쇠는 시위처에서 관리했다. 시위 당직자는 월화문 문간방에 머무르며 월화문을 잠가 대내 다른 곳과의 통행을 막았다. 내좌문은 특별한 일이 있을 때가 아니면 열지 않았다. 대내 출입은 동쪽으로는 창진문, 남쪽으로는 내우문을 통해서 했고, 서쪽에는 문이 없었다. 내우문은 수령태감이 문을 지켰는데, 이는 중책이었다. 황상이 계신 양심전이 내우문 통로와 그리 멀지 않았기 때문이다. 길 서쪽은 어선방이었고, 다시 북쪽으로 가면 왼편에 바로 양심전의 동쪽 궁문이었다. 황제의 거처와 매우 가까운 거리였다. 어선방의 주방 일꾼, 소라, 서기寫字人, 장인匠人들이 대부분 이 문으로 출입했기에 매우 복잡하기도 했다. 이 문은 수령태감이 자리를 비우면 다른 총관이 대신하여 관리했다. 이곳 태감들에게는 고유한 체계가 있었다. 이곳에는 대사부 한 명, 제2사부 한 명, 태감 여섯 명이 배치되었는데, 이 등급에 따라서만 직위가 올라갔기에 가장 높이 올라갈 수 있는 직위는 대사부였다.

대내 태감들은 식사나 이발을 하려면 모두 내우문에서 나와 서하연에 있는 타탄으로 가야 했다. 이곳은 옷 가게, 이발소, 옷에 풀을 먹이는 곳, 작은 식당들로 이루어져 있었다. 또 후궁들의 타탄, 처소의 타탄이 서하연에서 신무문 안에 이르기까지 여기저기 즐비했다. 타탄은 '좌락坐落'이라고도 불렸으며, 매일 밥과 요리를 준비하는 것이 주 업무였다. 몸이 아픈 태감은 자신이 속한 처소의 타탄에서 쉬었다. 비빈들은 선방이 따로 없었기 때문에 타탄이 필요했고, 이들의 타탄에서는 식사[찬합]를 준비하는 것 외에 친정집과의 다리 역할을 하기도 했다. 비빈들의 친정집에서는 일이 있으면 이곳으로 와서 태감을 시켜 소식이나 물건을 전할 수 있었다(남자 친척은 결코 접촉하는 일이 없었다). 때로 장인이나 공인工人 등이 안으로 들어와 일을 해야 하는 경우에는 내무부에서 파견한 관리가 데리고 들어갔으며 반드시 태감의 안내를 받아 출입해야 했다. 무근전, 주사처, 남서방, 경사방 등의 처소에는 모두 서기, 소라 등이 있는데, 누구든 아침에 일을 하러 들어갔다가 저녁이 되면 반드시 궁 밖으로 나가야 했다. 어쩔 수 없이 통행이 금지되는 곳을 지나야 할 때도, 감히 황궁 주인들의 궁과 전이 있는 어가로는 아무도 다니지 못했다. 이곳은 가장 금기시되는 곳이자 남자는 누구도 머물 수 없는 곳이었기 때문이다. 만일 이를 어겼다가는 목숨을 보장할 수 없었다. 태감들은 대내 금지 구역의 삼엄함에 대한 말만 꺼내도 얼굴색이 변했다. 황궁의 주인, 그중 황상을 예로 들어보면, 황상이 혼례를 올리기 전에는 오직 태후 한 사람만이 대내에 거하며 황제의 안위에 책임을 다했다. 나머지 태비들은 모두 서내西內, 즉 자령궁 뒤편 처소로 거처를 옮겨야 했다. 황상이 혼례를 올린 뒤에는 태후도 자령궁으로 옮겨 갔다.

엄중한 보안 1-대내의 여덟 남자

대내는 날마다 해가 지고 나면 5전 13문이 모두 닫히고 누구의 통행도 엄격히 금했다. 이곳에는 황상을 포함하여 여덟 명의 남자만 남는다. 황상은 이곳의 주인이니 더 말할 것 없고, 건청문 시위 네 명이 건청문 대문에 머물렀다. 또 주사처 관리 한 명이 월화문에 머물렀는데, 그는 밤이 되면 동쪽 아래 층계로는 한 발짝도 갈 수 없었다. 태감이 이를 감시했다. 또 태의원 어의 두 명이 일정문 어약방에 머물렀다. 이들 역시 밤에는 서쪽 아래 층계로 한 발짝도 가지 못했다. 이들도 태감의 감시를 받았다.

엄중한 보안 2-감시받는 여주인들

황궁의 여주인들은 태후에서 황후와 비빈에 이르기까지 각자 하나씩 타탄이 있었다. 태감 한 명이 타탄달이 되었는데, 이 자리는 보통 본궁의 노련하고 경험이 많은 인물이 맡았다. 타탄달은 자신이 섬기는 궁의 주인 그리고 그 궁 태감과 궁녀들의 식사를 전담했다(아래채 부인네들은 태후궁에만 있었고 다른 궁에는 없었다). 황후와 비빈들의 친정집에서는 오며가며 보낼 물건이 있거나 안부를 묻고자 할 때면 타탄으로 와서 타탄달을 통해 이를 전했다. 친정집이라 해서 마음대로 황후나 비빈들을 만날 수는 없었고, 본궁 태감에게 그런 관리 권한이 있는 것도 아니었다. 궁의 모든 여

주인은 독령시가 황상의 명을 받들어 구당총관 한 명을 파견해 관리했고, 경사방 수령 한 명이 그 궁에 머무르며 감시했다. 본궁 태감들은 그저 청소, 찬합 나르기, 바깥심부름, 가마를 부르는 일 등을 담당할 뿐이었다. 그중 여러 해 일해온 사람이 본궁 타탄달 직위를 맡을 수 있었다. 그러니 이 직위는 그야말로 관모 없는 관직이었다(태후 궁은 예외였다). 각 궁 주인은 오직 자신의 궁 태감과 궁녀들에게만 권한을 행사할 수 있을 뿐이었고, 오히려 그들의 모든 행동거지를 일거수일투족 감시, 관리하는 이가 있었던 것이다. 황후와 비빈들은 실로 자유롭지 못한 몸이었다.

엄중한 보안 3-황자의 처소

황후와 비빈들이 낳은 아들은 10세가 되면 관례대로 황자의 처소[동화문東華門 내 문화전文華殿 후전]로 거처를 옮겼고 경험이 많고 노련한 암달 한 명, 큰 반아 한 명, 수시태감 몇 명이 시중을 들었다. 이때 황자는 내정을 벗어나면서까지 부모와 떨어져 지내지는 않았고, 유모나 보모 등도 마음대로 이동할 수 없었다. 그로 인해 발생할 수 있는 여러 폐단을 방지하기 위해서였다. 반면 공주는 나이가 되어도 얼마 동안 궁을 옮기지 않았다. 얼마간 기간을 두면서 큰 반아로 둘 경험 많은 태감을 선별하고 모모도 공주와 함께 보낼지 말지를 심사숙고했다.

엄중한 보안 4-철저한 태감과 궁녀 관리

태감과 궁녀가 같은 처지에 놓인 것은 당연한 사실이다. 그러나 청조의 법도는 남녀유별, 수수불친[남녀 간에 직접 손으로 물건을 주고받지 않는다는, 남녀를 속박하는 유가사상의 예교를 이르는 말], 즉 예교에 있어서 대

궁녀

단히 보수적이었으며 규범에 벗어나는 행동은 엄격히 금지했다. 태감과 궁녀는 함부로 담소를 하거나 이유 없이 서로 이야기를 주고받아서도 안 되었고, 함께 서 있거나 귓속말을 하는 것도 용납되지 않았다. 태감은 처음 궁에 들어오면 반드시 스승이 될 태감을 뵙고 인사를 올린 뒤 스승의 지도하에 궁중 규범을 익혀야 했다.

가령 규범을 제대로 지키지 않을 경우, 스승은 제자를 잘 가르치지 못한 책임으로 처벌을 받았다. 이 때문에 스승은 새 제자가 들어오면 매우 엄하게 다스렸다. 새로 들어온 태감은 따귀, 매질에다 가슴팍을 발로 차이며 훈육받는 것이 예사였다. 한편, 궁녀는 처음 궁에 들어오면 먼저 아래채 '큰 아가씨(연수가 오래된 상급 궁녀)'에게 수예, 바느질, 서서 시중드는 규범 등을 배웠다. 궁녀들은 큰 아가씨를 마마님이라 불렀는데, 혹여 잘 배우지 못하면 마마님은 매질을 할 권한이 있었다. 궁녀들 중 먼저 들어온 궁녀가 새로 들어온 궁녀들을 관리했는데, 마마님보다도 더 모질게 다스렸다. 궁내『흠정궁중현행칙례』는 태감과 궁녀들에 대해 누차 경고하고 제지하는 규율들이었다. 또한 후궁이 황상과 황후에게 잘 보이려 하면 할수록 태감과 궁녀들에 대한 규율은 더 엄해지기 마련이었다. 태감들은 숨을 구석이라도 있었지만 궁녀들은 피할 곳도 없이 그 고통을 그대로 다 감수해야 했다. 그러니 아래채 궁녀들이라면 누구나「곡황궁」을 부를 줄 알았고, 이 노래를 부를 때의 애끓는 감정은 듣는 이의 눈에 절로 눈물이 샘솟게 했다.

엄중한 보안 5-외부인 출입 단속

대내 궁과 전에는 해마다 수리, 창을 바르는 등의 내부 장식, 차양 치는 일, 발을 치는 일, 융단을 까는 일, 등롱을 거는 일, 문신[문에 붙이는 신상神像. 귀신을 몰아내고 액막이를 하여 집안을 보위하는 데 사용한다]을 붙이는 일들이 빠짐없이 있었다. 이 일들은 모두 내무부 관원이 책임지고 해당 장인을 데려와 수행했다. 또 공인이나 장인 등이 궁을 출입할 때는 반드시 담당 태감이 이들을 인솔했고, 경사방은 공인이 다녀간 기록을 보관해두었다.

엄중한 보안 6-어의를 부르는 절차

서태후를 비롯해 황후나 비빈들이 몸이 아플 때면 먼저 본궁에서 가장 높은 품계의 총관태감에게 알렸다. 총관은 이를 다시 수령태감에게 전달하고 장안, 회사를 거쳐 어약방이나 수약방에 소식을 전해 태의원 당직 어의를 불렀다. 그러면 약방 수령태감이 두 어의를 모시고 앞장서서 길을 안내했으며 어의들은 그뒤를 따라 들어왔다. 병이 깊으면 자연히 어의가 침대 휘장 가까이로 왔고, 가벼울 때는 소태감이 미리 진맥을 볼 때 쓸 책상을 준비해놓고 있었다. 책상 위에는 깔개를 깔고 그 위에 손목을 받치는 작은 베개를 놓았다. 태후가 옥좌에 들어 책상 앞에 앉으면 소태감이 태후의 옷깃을 가지런히 한 다음 외쳤다. "어의를 데려오시오!" 이 말이 떨어지면 총관, 수령태감은 의관을 정제하고 어의를 전 안으로 모시고 들어왔다. 총관태감과 수령태감이 좌우에 선 가운데, 두 어의는 진맥을 보는 책상 좌우에 무릎을 꿇고 앉았다. 태후가 손을 뻗으면 소태감이 태후의 두 손목 위에 손수건을 덮어드렸다. 맥박 짚는 부분을 가리고 손목을 드러내지 말아야 했기 때문이다. 두 어의는 머리를 숙이고 숨을 죽인 채 침착하게 진맥을 했다. 잠시 동안 태후에게 몸이 아프게 된 연유, 평소 먹고 마시는 정도, 몸 상태, 병으로 인해 추운지 열이 나는지 등을 여쭈었다. 질문을 마치면 두 어의는 일어나 서로 자리를 바꾸고 다시 진맥을 보았다. 진료를 모두 마치면 궁을 나와서 총관, 수령, 장안태감 등과 함께 약방으로 돌아가 처방전을 논의했다. 때로는 아래채 궁녀들에게 태후의 대소변 상태를 알아오게 하기도 했다. 이렇게 심사숙고한 뒤 비로소 처방전이 세워졌다. 어의에게 병을 알리는 일만 해도 황궁의 보안이 얼마나 엄중한지 절반 이상 묘사한 셈이다. 태후보다 낮은 지위의 황후와 비빈들이 몸이 아파 어의에게 알릴 때에도 절차는 좀 더 간소할지언정 결코 보안을 소홀히 하지는 않았다.

제5장 대내의 신화들

까마귀와 관련된 청대의 흥망성쇠

청조는 창바이長白*에서 처음 일어났다. 신령한 까마귀가 물어온 붉은 열매를 선녀가 삼키고 수태하여 낳은 아들이 바로 아이신줴뤄愛新覺羅[애신각라. 청 왕조의 성姓]의 시조다. 이 신화는 아주 오래전부터 대대로 전해져왔다. 중흥조[쇠퇴한 가문을 다시 일으킨 조상]로 유명한 범찰範察은 어린 시절 나라에 내란이 일어나 궁을 벗어나서 들 밖 나무 아래로 몸을 피했다. 병사들이 쫓아와 나무숲 위에 까마귀가 있는 것을 보고, 그 아래에는 분명 사람이 없을 것이라 판단했다. 덕분에 범찰은 목숨을 구할 수 있었다. 청나라는 봉천을 수도로 정하고 까마귀의 공을 기리기 위해 성경 궁내에 대대로 까마귀가 먹을 곡식을 두었다. 폭설이 내릴 때면 까마귀들이 이것을 먹고 굶어죽는 것을 면했다. 경자년 시안 피신 때, 시안 행궁에서도

---

* 후금의 초대 황제 누르하치의 출신 부족인 건주여진建州女眞은 명 초기, 무단장, 쑤이펀허, 창바이 산 일대에 분포했다.

매일 저녁 까마귀떼가 행궁 전 꼭대기에 모여들었다. 헤아릴 수 없을 만큼 많은 수의 까마귀가 아침저녁으로 쉬지 않고 울어댔다. 태후와 황상이 그곳에 피신 오기 전까지는 없던 일이었다. 뿐만 아니라 신해혁명 전, 순친왕이 명을 받들어 태묘太廟[황실 종묘]에 제사를 올릴 때에도 까마귀들이 놀라 사방으로 흩어졌다. 비록 신화라고는 하나 이런 것을 보면 참 공교로운 일이 아닐 수 없다. 베이징에 오래 산 사람에게 물어보니 오늘날 지역마다 까마귀가 극도로 보기 드물어진 것은 광서 연간 때와 비교해보면 실로 엄청난 변화라고 한다.

곤녕궁의 제사

자금성 내에는 세 개의 대전이 있다. 앞은 건청궁, 뒤는 곤녕궁, 가운데는 교태전이다. 건청궁은 황제가 군신들을 접견하는 궁이었다. 교태전은 비빈, 황족 부인, 명부들이 황후를 알현하여 하례를 올리는 전이었다(청 말기에는 이러한 예를 오랫동안 폐지했다. 내부에 보관되어 있는 옥새며 인장 때문이었다. 매번 재계˙ 때면 문 밖에 세운, 두건을 두른 동상의 손에 재계 패가 들려 있었다). 곤녕궁은 황후가 거처하는 궁으로, 중궁中宮이라 불렸다.

사실 황후들이 거처했던 궁은 대대로 종수궁이었다. 곤녕궁은 성경궁내 제도를 따라 남겨둔 곳으로, 법도상으로는 모든 궁의 중심이었다. 궁 안 동쪽에 동난각이 있는데, 이곳은 황제와 황후가 혼례를 올린 뒤 들어가는 신방이었다. 가구며 진열품, 휘장이 전부 신방 형식을 갖추고 있었다. 휘장의 천은 모두 남방 자수품으로, 붉은 비단에 오색찬란한 무늬와 함께 백자도百子圖[아이를 많이 그리거나 수놓은 그림. 자손의 번영을 축복하는 길상

˙ 불교에서 종교적 의식 등을 치르기 위해 몸과 마음을 깨끗이 하고 부정한 일을 멀리하는 것.

도吉祥圖]가 수놓아져 있었다. 그밖에도 황후의 혼수품 상자 등 여러 물건이 있었으며, 집기의 배치는 여전히 건국 초기의 고풍스러운 형식을 띠었다. 창은 백지를 발랐는데, 창살 안이 아닌 바깥 부분에 발랐다(만주족의 옛 풍습이었다). 황제는 혼례를 치르면 황후와 한 달간을 함께 지냈다. 그러고는 황제는 양심전, 황후는 종수궁으로 거처를 옮겼다. 황제가 종수궁에서 주무시는 일은 극히 드물었다. 황후와 비빈들 그리고 그 아래로는 일이 있을 때 모두 황제가 있는 양심전으로 와야 했다. 곤녕궁은 황제의 혼례로 한 달간 사용할 때 외에는 아무도 머무르지 않았으며, 청소를 해도 지저분하기 이를 데 없었다.

대전 서쪽 벽 위에는 민간의 것과 유사한 부뚜막 신[조왕신] 닫집이 걸려 있었다. 노인 상 하나, 노부인 상 하나를 놓고 공양했는데, 그 머리와 얼굴은 모두 솜을 천으로 싸서 만든 것이었다. 눈썹과 눈, 코, 입은 먹으로 그려넣고 노란 옷을 입혔다. 모르는 사람이 보면 아이들이나 가지고 노는 인형인 줄 알지, 두 조왕신이 얼마나 고귀한지 전혀 모를 것이다. 전하는 바에 따르면, 아이신줴뤄 씨 부족은 초기에는 강성했으나 후대에 반역자의 내란으로 멸망했다고 한다. 그중 한 자손이 도망쳐 나왔는데 그가 바로 범찰이다. 이후 두부를 파는 부부가 그를 데려다 길렀는데, 장성한 범찰은 원수를 갚고자 동방에 새로이 나라를 세웠다. 그리고 자신을 길러준 노부부의 은혜를 기리기 위해 대대로 제사 지내며 왕다王爹, 왕마王媽라 칭했다고 한다. 한편 서쪽 방 정중앙에는 북쪽 벽에 한 축의 족자가 있는데, 세 선녀가 그려져 있었다. 가운데 선녀는 은고륜恩古倫, 오른쪽은 유고륜紐古倫, 왼쪽은 불고륜佛庫倫이었다. 전설에 따르면 세 선녀는 포이布爾 호수에서 목욕을 하고 있었는데 하늘에서 붉은 열매가 떨어지자 불고륜이 그것을 삼키고 수태했다고 한다. 이에 아들을 낳으니 그가 바로 아이신줴뤄의 시조로, 이름은 포고리옹순布庫里雍順이다. 시조를 잉태하여 낳은 선녀는

곤녕궁 동난각 황제와 황후의 혼례 신방

곤녕궁의 제신처[신에게 제사를 드리던 곳]

제사 전적에 기재하지는 않고 이곳에서 제사지냈으며, 왕다와 왕마를 대신 기재했다. 족자 앞에는 불공을 드리는 탁자를 두고 제물과 등촉을 진열해놓았으며 큰 휘장이 드리워져 있었다.

전의 가운데 방에는 엄청나게 큰 솥이 있었다. 지름이 2.4미터였고 땅과 수평을 이루었다. 부뚜막은 땅 밑으로 여러 척尺 들어갈 만큼 깊어 불을 피울 때면 여러 개의 층계를 타고 내려가야 했다. 굴뚝은 대전 뒤편에 있었으며, 그 높이 또한 여러 장丈[길이의 단위. 척尺의 10배로 약 3.3미터]이었다. 이곳 사람 말에 따르면, 이 솥으로 매일 두 차례 고기를 삶는 데 장작 120킬로그램을 써도 재를 퍼낼 일이 없고 재가 굴뚝으로 모두 날아간다고 한다. 전 내부에는 청소와 제기 정리를 전담하는 전상태감이 있었다. 또 제신방祭神房 태감들이 있어 한 조는 돼지 잡는 일을 담당했고, 한 조는 현악기와 단판檀板* 연주를 담당했다. 또 싸만薩滿[무당]을 모시는 일도 맡았다. 곤녕궁에는 싸만달薩滿達[싸만 책임자] 한 명과 싸만 네 명 및 여자 무당이 배치되어 있었고(이 직책들은 모두 만주 기하인 남자의 명의로 여인들이 담당했다), 일을 거드는 20명의 부인네들(모두 내무부 삼기의 빈곤층 부녀들이었다)이 있었다. 부인네들은 향, 솥, 맷돌, 연자매 등 분야별로 일했다. 큰 제사가 있을 때면 떡을 찌거나 술을 빚고 밀가루로 제사 음식을 만들기도 해 시장에 가서 사올 필요가 없었다. 싸만은 매일 자시와 오시[오전 11시에서 오후 1시 사이]에 나귀가 끄는 수레를 타고 곤녕궁에 들어왔다. 나머지 부인네들은 조별로 곤녕궁 안에서 유숙했다.

싸만은 관복을 입고 전자鈿子[기하인 부인들이 관복 차림을 할 때 머리에 다는 장식물]를 달았다. 이는 황후의 직분을 상징한다고 한다. 싸만이 수레를 타고 신무문으로 들어오면 문을 지키는 호위병들은 조별로 서서 예

* 60센티미터 길이의 판을 양손으로 두드리며 연주하는 악기. 현악기는 두 개의 현만 있었다.

를 올렸다. 창진문으로 들어설 때면 문상태감이 자세를 바로 하고 외쳤다. "싸만이 오셨다!" 길에서 태감과 마주치면 태감은 반드시 몸을 옆으로 돌리고 그 자리에 서서 예를 올렸다. 상전을 맞이할 때와 같이 공손한 모습이 아니면 안 되었다(몸을 옆으로 돌리고 선 사람은 길가 좌우에 바른 자세로 서 있어야 했다). 때로 밤에 창진문으로 들어올 때는 제신방 태감이 등롱을 들고 맞이했다.

광록시光祿寺[어선 식재료, 제사 공물, 연회 음식, 궁중 진미를 담당했던 관서]에서는 매일 돼지 두 마리를 보내오는데 돼지를 모는 사람을 투디土地라고 불렀다. 싸만이 곤녕궁으로 들어오면 담당 태감이나 부인네 등은 각자의 위치에서 조금도 흐트러짐 없이 맡은 바 소임을 다했고 돼지는 빈틈없이 신속하게 잘 묶어놓았다. 싸만은 휘장 안으로 들어와 먼저 선녀를 향해 향을 피우고 머리를 조아렸으며 밖에서는 돼지를 잡는 소리가 "꽥!" 하고 들려왔다. 이윽고 싸만은 손에 태평고를 쥐었다(큰 부채 형태의 북으로 가장자리와 손잡이는 철로 만들어졌고, 손잡이 끝에는 무수히 많은 철 고리가 달려 있었다. 북 면적은 지름이 60센티미터 남짓이었다). 왼손에는 북, 오른손에는 북채를 쥐고, 허리 뒤에는 여러 개의 구리종을 매달았다. 입으로는 웅얼웅얼 알아들을 수 없는 만주 경을 되뇌고, 손에 쥔 북은 둥둥, 허리 뒤의 종은 뗑그렁 뗑그렁, 거기에 현악기와 단판이 한데 뒤섞여 온통 뚱땅뚱땅, 시끌벅적했다. 다 외우고 나면 고기는 이미 솥으로 들어간 뒤였다. 솥에서 익힌 고기는 몸통을 뒤집어 갈퀴로 쟁반에 건져올렸다. 이 제물은 먼저 마마(선녀)께 올리고 그다음 왕나와 왕마께 올렸다. 쇄골은 '선조들의 기둥[곤녕궁 사합원 중앙에 세워진 기둥으로, 신성시 여겨 절기가 되면 이곳에서 제사를 올렸다]' 철창 앞머리에 꿰어 궁 밖 동남쪽에 세워두었다. 교태전에서 불과 60~90센티미터 떨어진 곳이었다. 이 기둥은 대단히 신성한 것으로, 지나가는 사람은 누구든 공손한 태도로 대하지 않으면 안 되었다.

돼지를 잡을 때는 도살하든 솥에 넣든 제물로 올리든 고기를 여섯 조각 이상으로 나누지 않았다. 싸만은 자기 고기를 창진문까지 가지고 갔기에 나귀가 끄는 수레에 실었고, 황태후, 황상, 황후의 고기는 선방으로 들어갔다. 구당총관이나 수령태감처럼 일을 담당한 이들에게는 모두 고기가 내려졌다. 자잘한 창자나 내장은 외선방으로 보내졌고, 돼지머리 중 두 귀를 포함한 윗부분, 즉 '사모紗帽'라 부르는 부위는 신무문으로 보내졌다. 제신방, 곤녕궁 태감들은 모두 일정한 몫을 받게 돼 있었다. 부인네들은 받는 고기가 없었지만 손으로 돼지 몸통에서 작은 뼈를 골라내는 것은 허용되었다. 칼을 쓰면 안 되었고 손으로 골라낸 것만이 그네들의 것이었다. 또한 근방에서 일하는 식탐 많은 태감들도 고기 뼈를 바라고 곤녕궁 전 밖으로 와서 무릎을 꿇고 머리를 조아렸다. 제신방 태감들은 이들을 위해 뼈다귀 몇 개를 땅에 놓아두었다. 그러면 땅에 엎드려 그것을 입에 무는데, 이를 '막대기를 문다叨棒'고 했다. 뼈에 붙은 고기가 술 한 주전자 안줏감은 된다고 한다. 그리고 난 뒤, 제신방 태감들은 등롱을 들고 건청문 시위처로 가서(시위 당직자가 월화문 문간방에 묵었다) 소리높이 외쳤다. "대인들은 고기를 드시러 오시지요!" 시위들은 이 소리를 듣고 태감들과 함께 곤녕궁으로 가서 고개 숙여 감사를 표했다. 마당에는 잘 썰어놓은 편육이 놓인 작은 상이 마련되었다. 모두 한 쟁반의 고기와 흰 가는소금 한 종지를 받아 반쯤 배를 불릴 수 있었다. 술이나 밥을 따로 가져오는 것은 허용되지 않았기에 각자 자기 몫을 챙겨 먹지 못하면 그대로 돌아가야 했다. 곤녕궁의 제사는 이렇게 올려졌다. 사실상 정갈하게 하기가 쉽지 않았고 실질적인 일을 하는 사람은 부녀자들이었다.

당자의 신비

당자堂子란 청 황제가 선조께 제사를 드리던 또다른 곳으로, 동교민항東交民巷[베이징 최초의 공사관 구역으로 여러 강대국의 대사관이 설치되었다] 어하교御河橋에 위치하며, 경자년 변고 때 서양인들이 이곳을 점거했다. 한족들만 당자의 의미를 잘 모르는 것이 아니라 만주족 사람들도 분명히 아는 이가 드물다.

제사의식은 웅장했고 태묘만큼 중요시되었다. 태묘에서는 한족식 예법으로 정해진 반면, 당자에서는 순수하게 만주식 예를 따랐다. 제사 때는 밤이라 해도 등불을 사용할 수 없었고 제문은 만주어로 쓰였다. 전해 듣기로는, 전 안에 머리가 없는 한 장군을 모셔놓고 매년 설마다 황상이 친히 참배해 예를 올리고 장군의 붉은 명주 두건을 바꾸어준다고 한다. 장군은 등鄧 씨이고 확실한 이름은 알 수 없으며 명나라 때 의관을 갖추고 있다고 한다. 청나라 초기 전쟁 때 청조에 의해 죽임을 당했는데 죽은 뒤에도 그 시신이 쓰러지지 않았으니, 한 왕이 이를 기이하게 여겨 장래에 복수를 해도 된다고 허했으나 여전히 시신은 꼿꼿이 서 있었다. 이에 왕이 "설마 그대가 나의 조상과 함께 배향[공신의 신주를 종묘에 모시는 것]되기를 원하는 것인가?" 하고 묻자 그제야 시신이 허물어졌다. 이후 청조는 이 약속을 지켰고, 이때부터 당자에는 등 장군의 배향과 관련된 만주의 신비로운 이야기가 전해지고 있다.

봉선전

봉선전奉先殿은 건청문 동쪽에 위치한다. 청 황제가 선조께 제물을 올리던 또다른 곳이었으며, 그 규모는 태묘에 다음갔다. 이곳에서는 모든 종실과 황족이 반드시 함께 제사를 드려야 했다. 또한 이곳 태감들은 황상에게 녹봉을 받지 않았고 지위고하에 따라 각 왕부에서 분담해 녹봉을 내렸다. 공양하는 선조가 한 사람의 조상이 아닌 모두의 조상임을 뜻하는 것이었다. 그래서 이곳 태감들은 다른 곳보다 비교적 후한 대우를 받았다.

어화원의 신토

어화원御花園은 순정문으로 들어가면 나오는 곤녕궁 뒤편에 위치한다. 서남쪽 모서리에는 가래나무 한 그루가 서 있고 그 뿌리 위에는 황토 한 무더기가 덮여 있다. 이 황토는 해마다 봉천에서 운반해와 보냈으며 물을 뿌리거나 더럽히지 못하게 했다. 이 흙을 신토神土라 불렀다.

대내 안의 사원

대내에는 사원이 매우 많았다. 모두 명대에서부터 이어져왔던 것으로, 도교 사원, 불교 사원, 라마교 사원이 있었다. 도교 사원은 흠안전欽安殿, 천궁전天穹殿, 두로전斗老殿, 영화전英華殿처럼 궁내에 있었다. 성황묘(성황신 사원)는 신무문 안 서쪽 모퉁이에 있었고, 삼해 안의 시응궁時應宮과 함께 태감 도사들이 있었다. 예전에 태극전(장춘궁 전전)은 음력 초하루와 보름날 불교, 도교, 라마교에서 망령을 제도하는 경을 읽던 곳이었다(내게는 태극전에서 받은 책 한 권이 남아 있다). 또한 삼해 및 원명원, 이화원 각 처 행궁의 불교 사원에는 태감 승려들이 있었다. 그리고 대내 중정전中正殿에는 태감 라마승이 있었다. 도광제 때 이르러 태감 승려와 도사들 중 젊은 이들은 환속하라는 어명이 내려져, 다른 직분을 맡아 각 처소로 보내졌다. 연로한 이들만 생을 마칠 때까지 전에서 향불을 지켰으며, 이때부터 태감 불승과 도사들은 더 이상 제자를 두어 대를 잇지 못했다. 각 사원은 수령태감이 담당하는 것으로 바뀌었고 오직 중전전의 태감 라마승들만 기존대로 존재했다가 퇴임하고 출궁한 뒤로는 이들도 흔적 없이 흩어져버렸다.

태후 궁 태감이 도교 경전을 읽다

서태후는 도호로 자신을 '광인자廣仁子'라 칭했다. 매 삼원과 오랍이 되면 태후는 태감들에게 경을 읽게 했다. 이때 모두가 도사 복장을 할 필요는 없었고, 그저 신의 축복을 기원하고 재의齋意[도교의 가르침]를 읽었다.

영화전의 보리수

영화전은 서내西內에 위치하며, 삼신할머니를 공양하던 곳이다. 명나라 제9대 황제 홍치제가 즉위하기 전 거처하던 궁이기도 하다. 명나라 제8대 황제 성화제 6년에 기비紀妃가 황자 우당을 낳았는데, 당시 기비는 궁녀의 신분이었고 모든 비가 이를 질투하여 누차 음해를 꾀했다. 기비는 두려움을 느껴 태감 장민포張敏抱를 통해 서내에 있는 폐후廢后 오吳 씨에게 아이를 길러줄 것을 부탁했다. 폐후는 정성을 다해 아이를 보살폈고 매일같이 염불과 묵도를 멈추지 않았다. 또한 보리수 염주를 땅속에 묻으며 기원했다. "이 아이에게 천운이 있다면 이 보리수가 다시 살아날 것이다." 과연 보리수는 싹이 돋아 나무가 되었다. 이 보리수는 금선보리金綫菩提*로, 푸퉈산普陀山**에서 생산되는 것과는 달랐다. 궁중에서 대단히 귀하게

• 진귀하고 독특한 특색을 지니는 종류로, 염주 알을 만드는 데 사용된다. 질감이 단단하고 대부분 백색을 띤다. 또한 속은 붉은색 줄무늬가 있어 금선보리라는 명칭으로 불린다.
•• 중국 저장 성浙江省의 저우산 군도舟山群島에 있는 산. 중국 4대 불교 명산의 하나로, 당나라 때 시작된 관음 신앙의 성지다.

여기던 것인데 운 좋게도 나는 두 개의 금선보리 염주를 얻을 수 있었다. 내가 대내를 떠난 지도 30여 년이 되었는데 이 나무가 아무 탈 없이 잘 있는지 모르겠다.

십팔괴 어하교

어하교는 서화문 안 북쪽에 있다. 이곳의 지명은 십팔괴十八槐이고, 북쪽으로 다리가 있었다. 다리 난간 윗부분에는 정교하게 조각한 여러 형상의 돌사자 상이 있었는데, 그중 하나는 한 발로 머리를 감싸고 다른 한 발로 넓적다리를 움켜쥔 모습이 마치 고통스러워하는 듯한 형상이었다. 도광제가 일이 있어 이 다리를 건널 때면 태자의 죽음을 떠오르게 하는 그 형상을 보고 몹시 가슴 아파했다. 전하는 말에 따르면, 이러한 이유 때문에 이후 붉은 융단으로 그것을 덮어 다리를 건널 때마다 길이길이 교훈으로 삼도록 했다고 한다. 신화가들은 여기에 덧붙여 태자가 이를 위해 돌사자로 다시 태어났다고 전한다.

동아사문의 쇠사슬

태화전 동쪽과 서쪽으로 문이 있는데 이 문을 아사문阿斯門이라 불렀다. 동아사문에는 가로로 쇠사슬이 걸려 있었는데, 이 사슬은 바람이 불 때는 흔들리지 않고 바람이 없을 때 흔들렸다. 아무리 생각해봐도 왜 그런지 나는 도무지 알 수가 없었다. 문 동쪽 층계의 백옥 난간 위에는 여러 개의 둥근 구멍이 나 있었다. 좁고도 깊어 채찍 손잡이를 넣어도 들어갈 정도였다. 강희제[청나라 제4대 황제]는 잠행을 나가 민정을 살피는 일이 잦았으며, 그 수행하는 이들이 이곳에 작은 당나귀를 준비해놓았다고 한다. 황제는 잠행을 나갈 때면 머리에 밀짚모자를 쓰고 평상복을 입었으며 수행하는 이들도 따로 시중들 필요 없이 당나귀를 타고 그대로 출발했다. 이 둥근 구멍은 이때 말채찍을 꽂아두던 곳이라고 한다. 이 역시 잘못 전해진 풍설일 수 있지만, 정말 그 용도가 무엇이었는지는 달리 추측할 길이 없다.

명대부터 화재가 많았던 연희궁

요즘에는 대부분 음양오행설을 믿지 않는다. 하지만 여기에도 불가사의한 면이 없지 않다. 창진문 안으로 들어가 서쪽으로 가다보면 남향으로 지어진 첫 번째 궁이 나오는데 이곳이 연희궁이다. 명대에서 청말에 이르기까지 500여 년간 이곳에 얼마나 많은 화재가 있었는지 모른다고 한다. 음양가들이 말하는 바로는, 이곳 땅이 청룡의 머리 부분인데 남쪽으로 재궁齋宮의 큰 담장이 답답하게 가로막고 있어 바람의 경로가 원활하지 못하고 용머리가 속박을 받기 때문에 이 궁에 화재가 많이 난다고 했다. 선통 원년, 융유태후가 서태후의 내탕금인 은 400만 냥을 물려받아 3분의 1을 연희궁을 재건하는 데 사용해 서구 양식으로 고쳐 지었다. 그중 철루수좌鐵樓水座는 다섯 개의 지붕을 갖춘 탑 형상의 건축물로, 불이 여기에는 그 위력을 떨치지 않았다. 그러나 탈 많은 세상사로 인해 완공되지 못했으니 음양설 역시 증명할 길이 없어졌다.

경인궁

경인궁은 연희궁의 서쪽에 있다. 궁문은 남향이고 동북쪽에 측문이 있다. 이 궁은 매우 불길하게 여겨져, 대대로 상서롭지 못한 곳이라고 일컬어졌다. 후에 진비珍妃가 이곳에 거처했다. 이곳 동남쪽 문 안

단강태비(가운데)가 연희궁에서 물고기를 감상하고 있다.
뒤에 보이는 것이 완공되지 못한 '철루수좌'식 서양 건축물이다.

에는 불길한 것을 쫓아내는 물건이 설치되어 있었다. 또한 지붕보다 높은 북쪽 담장에는 철패가 하나 있었는데 이미 심하게 녹이 슬어 있었다. 남협도南夾道 바로 아래쪽에는 지하 수로가 있고 수로 위에 돌이 있었는데, 그 돌에는 문 모양을 하나 새겨놓았다. 이 돌문을 조각해놓은 이후부터 사악한 귀신들이 종적을 감추었다고 한다.

두모단

어화원 서쪽 측면에는 '양학지養鶴池'라 불리는 연못이 있었다. 어화원 내에는 동쪽과 서쪽으로 두 개의 연못이 있었으며, 동쪽 연못은 이조당摛藻堂 앞에 위치했다. 연못 위에는 정자가 있었고 정자 위에는 융유태후의 친필 현판이 있었다. 서쪽 연못에는 두모단이 있었다. 옥좌는 원형이었고, 전 아래에는 출입 통로가 있었다. 이 통로에는 우물이 하나 있었으며 그 위로 돌 덮개가 있었다. 연못은 매년 봄이면 유회[기름, 재, 솜을 섞어서 만든 물건. 창살에 유리를 끼울 때나 목재의 구멍을 메울 때 쓴다]로 공기가 통하는 곳이 없도록 한차례 보수 작업을 했다. 연못에 물을 채울 때 물이 새어나갈 수 있기 때문이다. 전하는 이야기에 따르면, 명대 숭정제[명나라 제16대 황제]의 황후가 이곳에서 순국했다고 한다. 여름이 오면 두 연못에 물을 가득 채웠다. 동쪽 연못에는 우물이 없었다. 중화민국 초기에 장쉰張勛•이 선통제의 복벽을 선언할 당시 돤치루이段棋瑞••가 비행기로 폭탄을 투하했고, 이것이 동쪽 연못에 떨

• 청말과 중화민국 초기의 군벌로, 1917년 캉유웨이 등과 함께 청의 부활을 추진한 복고적 정변을 일으키고 푸이의 복벽을 선언했다. 하지만 돤치루이의 반격으로 곧 무산되고 말았다.
•• 중화민국 시기의 정치가, 군사가. 위안스카이를 도와 북양군을 훈련했으며 위안스카이 사후에 북양군 정부의 내정 외교를 지휘했다.

어졌지만 다행히 크게 훼손되지는 않았다. 두모단은 두모원군[북두칠성 할머니. '원군'은 옛날 도가에서 여자 신선을 부르는 존칭]을 공양하는 곳이었다. 두모원군은 일곱 마리 돼지들이 끄는 수레를 탔는데, 여기에는 역대 제왕의 사주팔자가 놓여 있다고 한다. 제왕들의 다복 장수를 위한 것이다.

흥륭사

자금성 서쪽 베이창 가北長街*는 과거 내內서화문 베이츠쯔北池子다. 길 서쪽의 사원은 만수흥륭사로, 강희 연간에 세워졌으며 현판은 강희제의 친필이다. 과거 명대에는 병장기 저장고였다. 청대 초기 강희제의 생모가 이곳에 있는 만수흥륭사에서 태어났다. 집을 기부해 절을 세운 것이라 처음에는 불교 사원이었고 태감 승려들이 있었다. 나중에는 태감들의 양로의회養老義會가 되었다. 나는 이곳에서 '은제자선보골회'를 창립하여 생업을 잃은 태감들을 구제했다. 또한 이곳 맞은편, 길 동쪽에는 복우사가 있다. 복우사는 우신묘雨神廟로, 태감 라마승들이 머물렀으며 강희제는 늘 이곳에서 라마의 고승과 참선에 대해 이야기를 나누었다고 한다. 절 안에 지금도 황제의 어좌가 남아 있다.

낙봉정

낙봉정은 자령궁 동쪽 담 밖, 남북으로 이어진 긴 거리에서 서쪽으로 치우친 곳에 있는 우물이다. 우물 위에는 돌 덮개가 있었다. 명대 때 한

• 자금성 서화문 밖 북쪽에 위치한 거리. 남쪽으로는 시화먼 다 가西華門大街, 북쪽으로는 징산쳰 가景山前街에 이른다. 베이창 가에는 복우사, 만수흥륭사, 소현묘(속칭 뇌신묘) 등이 있으며, 과거에는 명대 병장국, 청대 회계사, 경봉사가 이곳에 있었다.

공주가 이 우물에 떨어져 죽었다고 전해지면서 우물의 이름이 낙봉落鳳이 되었다고 한다.

태감정

신무문을 나와 서쪽으로 가면 호성하[성벽을 따라 인공으로 판 하천] 북쪽 기슭 길 가운데에 우물이 있다. 우물 위에는 돌 덮개가 있는데, 전하는 바에 따르면 이 우물 덮개를 여는 권한은 태감에게 있다고 한다. 청대 초기, 누군가가 우물을 막아 없애자고 주장했는데 풍수가가 다음과 같이 말했다고 한다. "이 우물을 훼손해서는 안 됩니다. 베이징은 세 개의 머리와 여섯 개의 팔을 지닌 나타哪咤[중국 신화에 나오는 인물로, 사천왕 중 북방 비사문천왕의 아들로 일컬어진다]의 성이며, 이곳이 바로 나타의 배꼽 부분입니다." 사람도 배꼽이 없으면 생리적 결함을 안고 사는 것 아닌가. 이러한 이유로 이 우물은 큰 돌로 입구를 봉하여 관리했던 것이다.

제6장 세세토록 평안하고 뜻대로 이루어지기를

등을 거는 돈

청조가 번영했던 시기, 음력 섣달이 오면 설맞이 단장을 했다. 가장 먼저, 대신을 파견해 납팔일에 옹화궁 라마 사원으로 가서 죽을 끓이도록 했다. 예친왕禮親王 스둬世鐸가 항상 이 일을 맡았다. 주천창鑄泉廠에서는 새 동전을 상납했고, 문신고門神庫에서는 문신과 대련을 걸었다. 무비원武備院 전고氈庫에서는 종려털[종려나무 잎자루나 껍질에 붙어 있는 갈색 섬유질로 된 털] 융단을 땅 위에 깔고 전 안 바닥에는 붉은 융단을 깔았다. 등고燈庫에서는 등을 걸었다. 등갓은 소뿔로 만든 것으로, 원형에 붉은 술이 달려 있었다. 궁과 전의 회랑에는 한 기둥에 네 개의 등이 걸렸다. 한 개의 등도 모자라서는 안 되었다. 음력 12월 20일이 되면 모든 등이 완벽히 걸렸다. 이때 대내 모든 태감은 황은으로 주천창에서 상납하는 새 동전을 받았다. 태후 궁 태감들은 두 꿰미의 돈을 받을 수 있었다. 전궁前宮 수시처는 사람이 많아 태감 한 명당 받는 돈이 한 꿰미가 못 되었다. 어쨌든 태감들로서는 뛸 듯이 기쁜 일이 아닐 수 없었다. 이 돈을 '등을 거는 돈'이라 불렀다.

납팔죽

　　매해 음력 12월 8일은 불교의 오래된 절기로, 이날에는 전국 모든 사원과 민가에서 어디나 빠짐없이 죽을 끓였다. 청 황실도 불교를 중시하여 매년 이날이 되면 대신을 옹화궁으로 보내 죽을 끓이도록 했고, 태후는 선방에 죽을 끓이라는 명을 내렸다. 황족의 저택에서도 죽을 끓여 먼저 선조에게 제물로 올리고 황궁에 공물로 바쳤다. 죽을 끓이는 과정은 다음과 같다. 우선 끈기가 어떤지를 기준으로 여러 가지 쌀과 콩을 고른다. 그다음에는 좋은 대추를 고른다. 대추는 끓여 익힌 후 껍질과 씨를 제거하고 갈아 으깬다. 각종 말린 과일은 그 속 알맹이와 과육을 쌀, 대추 등과 함께 큰 솥에 넣고 불을 세게 돋우어 걸쭉하게 될 때까지 끓인다. 황상의 죽은 왕부와 대신들에게 내려졌고 태후의 죽은 황상, 황후와 비빈들, 왕부에 내려졌다. 황상과 비빈들 및 황족의 저택에서도 역시 정성껏 죽을 끓여 태후에게 진상했다.

훈툰

　　황상이 톈탄天壇에서 하늘에 제사를 드리는 동짓날을 가리켜 교천지일郊天之日['천자가 천지에 제사지내는 날'이라는 의미]이라 칭했다. 황상은 먼저 재궁에서 3일을 재계하며 머물렀다. 황상은 물론 함께 제사를 드리는 황족과 대신들은 은호[흰색과 검은색이 섞여 털이 은빛으로 보이는 여우. 또는 그 털가죽]로 만든 관모와 의복을 착용했다. 톈탄 위에는 무릎을 꿇을 때 까는 방석 아홉 개를 놓아 삼궤구고의 예를 행했다. 회궁해서는 군신들의 하례를 받았다. 선방에서는 이날 훈툰 탕을 준비했다.

복육을 하사받다

태후 궁에서는 음력 12월 20일이 지나면 매번 길일을 택하여 전신殿神에게 제사를 지냈다(황상은 전신에게 제사지내지 않았다. 수시처마다 각기 사적인 제사가 있었다). 제사에 쓸 온전한 돼지와 양은 모두 대타탄에서 미리 준비해놓고 때가 되면 제사상에 올렸다. 또 이때는 총관태감을 보내 분향토록 했다. 황색 종이 위패는 본궁의 전신이 쓰인 신위였다. 제사가 끝나면 상차 총관, 수령태감이 태후 앞에 무릎을 꿇고 '길상[홍복을 누리소서]'이라는 말로 예를 올렸다. 그런 다음 삶은 돼지, 양의 목 뒤와 어깨살, 즉 '오차五叉'라고 부르는 고기에서 태후의 몫을 제외한 나머지를 나누어 황상과 황후 및 비빈들에게 하사했다. 또한 왕부와 공부, 본궁 태감과 궁녀, 구당총관 등에게도 모두 돼지고기와 양고기 한 덩이씩을 내렸다. 이것을 가리켜 복육福肉을 하사한다고 칭했다.

조왕신 제사

곤녕궁에서는 매해 음력 12월 23일 저녁에 조왕신을 제사하는 의식을 치렀다. 태후는 참석하지 않았고 황상과 황후가 제사를 주관해 황양[중앙아시아, 몽골, 만주 등지에 분포하는 소과의 포유동물], 사불상[중국이 원산지인 사슴과의 포유류], 엿, 곡주, 기장떡, 산나물 등과 같은 것을 제물로 올렸다. 제사를 마친 뒤 따로 돼지를 잡지 않았다. 반드시 상원절[음력 정월 대보름. 원소절이라고도 한다]이 지나고 나서야 돼지를 잡아 제사를 올릴 수 있었기 때문이다. 각 선방 및 타탄에서 지내는 조왕신 제사는 모두 주관하는 사람의 사적인 제사였으며 제사 의식은 대단히 장중했다.

염낭을 하사받다

설달그믐이 되면 서태후는 관례적으로 염낭을 하사했다. 밖으로는 군기처 황족과 대신들 및 각 왕부의 아들, 손자에서부터, 안으로는 황상, 황후와 비빈들 및 총관태감, 수령태감, 아래채 부인네, 궁녀들에 이르기까지 모두 설달그믐 예를 올릴 때 염낭을 한 개씩 하사받았다. 다만 태감들 중 관직이 없는 자는 이 은혜를 누리지 못했다. 보통 염낭 안에는 닷 돈[18.75그램]짜리 은괴 한 개가 들어 있었다. 또한 황상에게 내리는 염낭은 황색 비단에 다채로운 빛깔의 실과 금실로 만들었으며 '세세평안'이라는 네 글자가 수놓아져 있었다. 이 안에는 금은전, 금은괴, 금은보석이 하나씩(각각 두 돈 반[1.875그램] 무게였다) 들어갔고, 염낭 입구에는 작은 금 여의를 꽂아넣었다. 이 여의는 길이가 6센티미터가량으로, 그 위에는 '연년여의'라는 네 글자가 새겨져 있었다. 그믐 조회 때 황상은 군신들을 거느리고 송년 인사를 받았다. 사람마다 모두 염낭을 달고 건청궁에서 상전에게 행하는 예를 올렸다. 태후가 회궁하면 태후 궁 총관, 수령태감 등 염낭을 받은 이들도 본궁에서 이러한 예를 올렸다. 또한 황족 부인과 명부들도 태후를 알현해 염낭을 달고 예를 올렸다. 황후는 "아바마마, 세세토록 평안하소서!"라고 인사했다. 근비를 비롯해 황족 부인과 명부들은 "부처님老佛爺[청대 황태후와 태상황제에 대한 존칭]께서는 세세토록 평안하소서!"라는 말로 인사했다.

여의를 올리다

설날이 되면 태후는 날이 밝기도 전에 잠자리에서 일어났다. 태후궁 상차태감들은 총관 리롄잉의 인솔 하에(아래채 사람들은 포함되지 않았다) 각자 여의 한 자루씩을 들고 바깥에 있었다. 침궁 안에서 리롄잉이 먼저 바닥에 무릎을 꿇고 여의를 들어올리며 아뢰었다. "태후마마는 만세토록 홍복을 누리시고 모든 일이 뜻대로 되시기를 바라나이다!" 그러면 침궁 밖에서도 무릎을 꿇고 한 목소리로 따라 외쳤다. 태후가 이에 답했다. "너희도 모두 복을 누리도록 해라." 총관이 물러나오면 나머지 사람들도 각자 맡은 자리로 돌아갔다. 태후는 세수와 양치질을 하고 옷을 입은 뒤 희신[경사를 주관하는 신]을 맞기 위해 침전을 나왔다. 그뒤 다시 전에 들어와 조정에 나갈 예복으로 갈아입었다. 황색 용포, 푸른 바탕에 여덟 마리 용이 둥글게 몸을 서리고 있는 저고리, 고관들이 거는 구슬 목걸이, 전자鈿子, 진주 신발을 모두 갖춘 뒤 옥좌에 올랐다. 황상 역시 예복을 입고 보관寶冠˚을 갖춘 뒤 전으로 들어가 태후를 향해 먼저 문안 인사를 드리고, 여의를 올렸다. 태감이 황상에게 금 여의 한 자루를 가져오면 황상이 두 손으로 여의를 받아 눈썹까지 받들어올렸다. 그리고 태후를 향해 무릎을 꿇고 아뢰었다. "황태후마마, 만세토록 홍복을 누리시고 모든 일이 뜻대로 되시기를 바라나이다!" 태감이 그 여의를 받들어 태후에게 전해올리면 이어서 태후가 황상에게 옥 여의 한 자루를 내렸다. "황상께서도 해마다 홍복을 누리시고 모든 일이 뜻대로 되시기를 바랍니다." 다시 태감이 이를 받아 황상께 전해올리면 황상은 옥 여의를 받들고 물러나왔다. 황후와 비빈들은 이같이 여의를 주고받는 예가 없었고 그저 여의를 한 번 들어올리면서 인사를 올리기만 했다.

˚ 평소에는 꼭대기에 붉은 융털이 달린 관모를 썼지만 큰 예식이 있을 때는 꼭대기에 한 알의 귀한 진주가 달린 관을 썼다.

옥 여의

세세평안여의

섣달그믐 밤, 양심전과 태후 궁에서는 새해맞이 단장을 했다. 전 안은 각종 과일과 꽃으로 향기로운 냄새가 가득했다. 또 전 안팎으로 화로에서 피어오르는 향이 가득 퍼졌다. 전 안 한가운데 있는 탁자에는 도자기 병이 하나 있었는데, 이를 '갑자병甲子瓶'이라 불렀다. 배가 불룩하고 탑과 같은 형태에 입구가 사각형이었다. 배 위에는 글자가 있었는데, 이 글자는 '갑자'나 '을축'같이 그해의 간지干支에 따라 정해졌다. 병 입구에는 '세세평안여의'가 새겨진 금 여의를 꽂아넣었다. 이 도자기는 강희제 때의 오채 자기였다.•

희신을 맞이하다

희신을 맞는 것은 베이징의 오랜 풍습이다. 매해 설날 새벽이면 황후와 비빈들은 희신을 맞이했다. 황상은 희신을 맞지 않았다. 황상은 자리에서 일어나면 전을 나와 뜰 가운데에 향로며 촛대, 제물 등을 올린 긴 탁자를 놓고 태세신太歲神••을 향해 향을 피우며 예를 올렸다. 태후가 희신을 맞기 하루 전, 섣달그믐에 불당에서는 이미 천지의 모든 신을 전전前殿 우측에 모셔놓았다. 향로며 다섯 가지 제기祭器는 민간의 것과 같았다. 전 뜰 가운데에 향두[두향을 놓고 사르는 곳]와 덮개가 놓여 있었다. 구리 망으로 만들어진 덮개는 1.5미터 높이로, 두향斗香[여러 개의 향을 한데 묶어 탑처럼

• 오채란 유약을 바른 자기 표면에 노랑, 파랑, 하양, 빨강, 검정 등 다양한 색채를 넣어 다시 구운 자기로, 명청대에 크게 발전했다. 그중 강희오채는 흰 자기뿐 아니라 다양한 자기 위에 색을 더함으로써 독특한 풍격으로 오채 자기의 새로운 국면을 열었다.

•• 음양가가 모시는 팔장신八將神의 하나. 목성에 붙인 이름으로, 해마다 간지의 방향으로 운행하는데, 그 방향으로 길사吉事를 하면 복을 받으나 나무를 베면 액운을 맞는다고 한다.

높이 쌓아올린 불향[佛香]에 불을 붙이고 덮개로 잘 덮어놓으면 족히 한나절은 불이 꺼지지 않고 지속되었다. 네 신, 즉 희신喜神, 귀신貴神, 복신福神, 재신財神의 위패를 놓을 때는 방향에 따라 배치해야 하며, 각기 제사상이 따로 있었다. 태후는 전을 나와 먼저 남쪽 하늘을 향해 두향을 사르고 세 번 머리를 숙이는 예를 행했다. 그리고 희신과 각 신의 위패가 있는 곳으로 가서 차례차례 향을 사르고 머리를 조아렸다. 이것이 끝나면 전전으로 들어가 천지의 모든 신 앞에서 향을 피우고 머리를 조아렸다. 각 궁 황후와 비빈들 또한 희신을 맞고 천지에 제사지냈다. 태후, 황상, 황후는 섣달그믐 전에 친히 열조의 초상을 모신 곳으로 행차하여 선대 황제의 용안 앞에서 향을 피우고 예를 행했다.

과일상

과일상이란 건과 및 청과물, 남당[남쪽 지역 풍의 엿, 사탕], 유제품 간식, 사탕류, 과일 잼 등 48가지를 작은 쟁반과 그릇에 담아 옻칠한 상자 안에 모아놓은 것을 말한다. 이것은 차방에서 만들었다. 황상이 태후에게 섣달그믐의 야식으로 올렸고, 태후의 차방에서도 이것을 만들어 황상과 황후, 비빈들에게 설맞이 간식으로 한 상씩 내렸다.

설날 새벽의 주보보

주보보煮餑餑는 백성들 사이에서는 '교자'라고 불린다. 궁에서는 설날에 반드시 채식을 해야 했다. 서태후는 불교를 숭상했기에 더욱 재계를 중요시했다. 주보보의 속은 말린 야채, 두부, 원추리[백합과의 여러해살이풀로, 등황색 꽃이 피며 어린잎과 꽃은 식용하고 뿌리는 약용한다], 목이버섯이 들어갔고 그 안에 자잘한 금은보석들이 섞여 있었다. 먹는 도중 그것을 꺼내는 사람은 행운과 복을 누린다고들 했다. 이튿날 고신庫神에게 제사를 지낸 뒤부터 육류를 들기 시작했다. 태후가 평소에 드는 식사는 지극히 평범했으나 매 절기를 맞을 때면 관례에 따른 음식 가짓수가 여럿 추가되었다. 이 때문에 곳간에는 제비집을 수두룩이 보관해두고 있었다. 중화민국 이후에는 이것들을 꺼내서 싸게 팔아버렸고 이로 인해 시중에는 한때 제비집이 넘쳐났다. 동흥루東興樓*에서 제비집 요리가 주요리로 나오는 연석이 일반 연석보다 은화 4위안만 더 주면 되었으니 얼마나 헐값이었는지 짐작할 수 있다.

상원절에 원소를 올리다

상원절에 원소를 먹는 것은 중국인의 풍습이다. 베이징부터 각 성省에 이르기까지 어느 곳이나 소를 넣은 새알심을 빚어 이 절기를 맞이했다. 모든 왕부와 공부에서도 원소를 만들어 태후에게 진상했다. 단, 황상에게는 올리지 않았다. 황상은 존엄한 신분이라 왕공부에서 음식을 진상하는 것까지도 모두 경계한다고 한다. 예로부터 입에 들어가는 모든 것은 황상께 진상하는 예가 없었다. 더구나 음식을 진상하는 이들은 대부분 황족의 부인이나 명부였다. 청의 법도로 황제는 군신의 가솔들과 왕래하지 않았다. 영수고륜공주[서태후의 양녀이자 공친왕의 장녀]도 광서제의 손윗누이였지만 황상과 왕래하는 일이 없었다. 청대의 법도는 이토록 엄했다.

평상시에도 영수고륜공주를 비롯해 황족 부인이나 명부 등은 초이

---

* 동안문 둥안다 가 북쪽에 위치한 식당으로, 청 광서 28년에 개업했다. 회랑과 방을 갖춘 대사합 원으로, 베이징 8대 루八大樓에 속하는 이름난 식당이다.

튿날과 16일에 태후에게 팔합(다보보大餑餑[만주인들이 먹는 막과자. 베이징의 여덟 가지 간식 중 하나]와 청과일)이나 집에서 만든 음식을 진상하는 것이 월례행사였다. 삼절과 생신에도 팔합을 진상했고, 오직 상원절에만 다들 원소를 올렸다. 황상 역시 이날이면 태후에게 원소를 올렸다. 원소는 여러 가지 설탕 소에 버터를 더하고 각종 과일과 산사나무 열매를 섞어 만들었으며, 선방 소국에서 이 일을 담당했다. 버터 제조는 어차방에 소속된 외양간에서 담당했다. 소를 먹이는 사람은 회족이었으며 매일 태후 궁과 황제의 궁 차방, 선방에 우유를 조금씩 공급했다. 원소를 만드는 이들은 버터를 잘 녹인 뒤 단지에 넣어 단단히 봉하고, 땅속에 묻어 여름 한 철을 넘긴 다음에야 사용했다. 그밖에 소를 만드는 재료는 고르고, 찧고, 체로 치고, 거르는 과정을 거친 다음, 쳐서 떡처럼 만든다. 그리고 칼을 사용해 네모진 덩어리로 잘라서 찬 곳에 두었다. 소 재료들을 사용하기 편하도록 흩어지지 않게 얼리는 것이었다. 찹쌀가루는 모두 가는체로 쳤다. 새알심 모양을 빚는 고수에게는 막대한 책임이 부여됐다. 조금이라도 깨끗하지 못하다고 여겨지면 누구도 실내로 들이지 못했다. 본래 원소는 밤새 보관하기가 어려운 음식이다. 날씨가 추우면 변색되어 불그스름해지고, 더우면 상해버린다. 태후는 진상받은 원소를 다시 데워 하사품으로 돌려보냈다. 진상한 팔합 역시 태후는 한 번도 맛본 적이 없었다. 보내는 쪽 입장에서는 그렇다고 태후에게 예의를 차리지 않을 수도 없었으니 가난한 집안에서는 난감한 노릇이었다.

　　옛 베이징 백성들 사이에서는 정월 초하루가 지나면 여기저기 대로마다 원소를 파는 노점이 생기고 과자점들도 때를 맞춰 원소를 준비했다. 또 밤마다 골목골목 원소를 짊어지고 다니며 파는 이들도 있었다. "팔팔 끓는 원소가 있습니다!" 하고 외치는 목소리가 아득히 기분 좋게 울렸다. 그러다가 위안스카이 시대에는 거리에서 상인들이 이렇게 외치는 것을 지방경찰이 금지시켰다. 이는 '원소元宵'의 발음이 '원소袁消['위안스카이는 사라져라'의 의미]'와 동일하여 금기시한 것이었다.

칸덩지

어선방과 수선방, 이 두 선방은 원소절이 다가올 때마다 특별히 칸덩지를 준비했다. 어느 해부터 이렇게 했는지는 잘 모르겠다. 우선 음력 12월 말에 부화한 병아리를 상원절 날 털을 뽑고 깨끗이 씻는다. 그런 다음 뱃속에 돼지고기소를 가득 넣고 단단히 봉한 뒤, 먼저 끓이고 그다음 굽는다. 완성되면 전체 요리 가운데에 이를 놓아 드시도록 했다.

불꽃놀이를 구경하다

상원절 밤에는 야간 경비를 풀고 백성들과 더불어 밤을 즐기는 것이 오랜 관습이었다. 베이징 시장 상점 안에는 사등롱[여러 빛깔의 깁으로 거죽을 씌운 등롱. 사초롱], 빙등, 생화 꽃등, 주마등이 걸리며 저마다의 현란한 자태를 뽐냈다. 대로에는 아름답게 장식한 경축행사용 천막을 치고 상자 모양의 폭죽을 준비했다. 점포들은 이날 점원들이 노름을 하는 것을 금하고, 다 같이 악기를 놓고 두드리며 놀았다. 징소리, 북소리가 하늘에 진동했다. 태평성대를 보여주는 한 풍경이었다.

내정은 늘 예로부터 내려오는 방식대로 밤을 보냈다. 궁 등燈도 모두 옛날식이었다. 겉면에 전통 이야기를 소재로 채색화가 그려진 다양한 사등롱 같은 것은 더더욱 없었다. 벽에 거는 초롱 몇 개가 전 밖에 추가되고 여의관에서 그린 화초 그림이 더해질 뿐이었다. 매해 상원절 전후 14일, 15일, 16일에는 태후와 황상, 황후와 비빈이 관례대로 삼해 내 자광각紫光

閣 앞에서 불꽃놀이를 구경했다. 내무부에 불꽃놀이 폭죽을 만드는 곳이 있었다. 하지만 이러한 불꽃놀이 역시 옛 법도를 준수해야 했기에 그리 진기하지는 않아 내정의 불꽃은 민간의 것에 미치지 못했다. 서태후와 광서제는 더없이 존귀한 자리에 있었지만 한 번도 서양식 불꽃놀이를 구경해보지 못했고 영화를 감상해본 적도 없었다.

대내의 봄 — 봄으로 나아가는, 봄을 맞이하는, 봄을 보내는 예식

매년 입춘은 과거 황상이 계시던 시절에는 대단히 중요한 절기였다. 농촌에서는 '타춘打春'이라고 불렀다. 부府[청대의 행정구역. 현보다 한 단계 높다]와 현 장관들은 모두 정중하게 이날 행사를 거행해야 했다. 입춘 전에 미리 종이로 춘우春牛[흙이나 갈대, 종이로 만든 소. 옛날, 입춘 전날에 두드리며 봄을 맞이했다]와 망신芒神[구망句芒이라고도 하며 봄을 주관하는 신]을 하나씩 만들어붙였다. 춘우와 망신의 색깔과 장식은 『옥갑기』에 자세히 기록되어 있다. 입춘 당일에는 아문 중앙 대청에서 춘우와 망신을 제사지냈다. 일부 백성은 사농공상 모든 계층의 다양한 인물로 형형색색 분장을 했다. 사람들의 이목을 끌고 흥을 돋우려는 이들이었다. 대중이 모여 함께 거리를 행보하다가 대청에 도착하면 춘우와 망신을 영접하고 불꽃을 터뜨린 뒤 춘우와 망신을 들쳐메고 잇이어 거리를 행진했다. 이 행신은 춘우와 망신을 다시 아문 대청 본래의 자리로 보낼 때까지 계속되었다. 관원은 길복을 입고 향을 피우는 일을 마치면 춘우와 망신을 불에 태워보냈다. 태울 때는 막대기로 두드려 화재를 방지했다. 이를 '타춘'이라 불렀다. 이때 사람들은 다 같이 '춘희春喜'라는 말로 봄을 경축했다. 베이징 성에서는 순천부順天府[명대에 베이징 일대를 통치하기 위해 설치했던 관부]가 주관해서 이 예식을 행했다. 궁내에서는 봄으로 나아가고, 맞이하고, 보내는 이 예식을 더욱 중요시했다. 이를 다음과 같이 나눠서 설명해보도록 하겠다.

　　황태후가 봄으로 나아가는 법도는 다음과 같다. 매년 입춘이 되면 장의사掌儀司[내무부 소속 기구로, 내정 제사 예식의 음악과 춤, 태감의 품계 심사, 과수원 조세 등을 담당했다]에서 미리 궁전감에게 통지하고, 궁전감은 다시 태후 궁 총관태감에게 통지했다. 태후 궁 총관태감은 본궁 수령태감을 이끌어 망포와 보괘[명청 시대 문무관의 대례복. 가슴과 등에 '보補'자를 붙인 데서 그 이름이 유래했다]를 갖추었고, 난의위鑾儀衛[청대 관서로, 수레와 가마, 의장 등을 담당했다] 태감은 가의[예식 때 일하는 사람이 입는 푸른 빛깔의 옷]를 입고 태후 궁문 안에 집합했다. 장의사, 순천부의 관리가 관원들을 인솔해 춘좌春座, 망신, 춘우를 태후 궁문에 보내면 태후 궁 총관 두 명이 앞장서고 태감들이 그뒤를 따라 들어와 옥좌 옆에 이것을 안치했다. 태후가 둘러보기를 마치면 다시 태후 궁 전전 난각 안으로 옮겨 모셨다. 그리고 이전 해의 춘좌, 망신, 춘우를 꺼내 장의사, 순천부 관리가 인솔하는 관원들에게 건네주고 이를 수레에 올렸다.

　　황제가 봄으로 나아가는 법도는 다음과 같다. 매년 입춘에 장의사에서 미리 궁전감에게 통지하면 궁전감은 각 처 수령태감을 인솔하여 망포와 보괘를 갖추도록 하고, 난의위 태감은 가의를 입고 건청문 안에 집합했다. 장의사, 순천부의 관리가 관원들을 인솔해 춘좌, 망신, 춘우를 건청문에 보내면, 궁전감령시 두 사람이 앞장서고 수령태감들이 뒤를 따랐다. 그런 다음 건청문 중문으로 들어가 건청궁 서난각에 이것을 안치했다. 황상께 공손히 청하여 황상이 둘러보기를 마치면 곧 장의사, 순천부 관리가 인솔하는 관원들에게 이를 건네주고 태화전 동난각에 안치해두도록 했다. 그리고 이전 해의 춘좌, 망신, 춘우를 수레에 올렸다.

　　황후가 봄으로 나아가는 법도는 절차상 황제의 법도와 같았다. 다만 춘좌, 망신, 춘우를 모신 곳이 순서대로 교태전, 보화전 동난각이었으며 교태전에 이르기까지는 궁전감부시 두 사람이 이끌었다는 점에서 차이가 있었다.

교춘(봄을 먹다)

입춘 아침 태후는 잠에서 깨면 가장 먼저 사과를 한 입 먹었다. 총관태감과 수령태감은 무릎을 꿇고 '신춘대희新春大喜'라는 말을 올렸다. 요리 가짓수는 여느 때와 다름 없더라도 이날 식사에는 반드시 봄맛이 음식이 들어가야 했고, 얇은 밀전병과 병차餠茶[찻잎을 쪄서 둥근 전병 형태로 압축한 것]는 빠지지 않고 구비했다. 이 밀전병을 '춘병'이라 불렀다. 차방에서는 과일차를 올렸다. '삼양개태三陽開泰'• '신춘대희'를 새긴 사과껍질을 올방개(껍질을 벗기고 평면으로 깎은 큰 올방개 덩이줄기로, 찻종 안에 은 받침대가 있었다) 위에 붙여 차를 따랐다. 또한 저녁마다 차방에서 껍질이 붉고 속이 흰 무를 은쟁반에 받쳐올렸다. 무에는 '복福' '록祿' '수壽' 또는 '연년익수延年益壽' 등의 글자가 새겨져 있었으며, 붉은 껍질에 흰 글자가 대조된 것이 미관상으로도 매우 아름다워 보였다. 소태감이 칼로 그 껍질을 벗기고 잘게 썰어 태후 앞에 올려드리면 태후는 직접 손으로 집어먹었다. 황상의 교춘 또한 대략 이와 같았다. 여기에 드는 황실 지출 품목들은 모두 농지에서 상납했다. 오이와 채소, 긴과와 칭과물 같은 것은 모두 장전이 있어 대부분의 경비가 절감되었다. 하지만 이렇게 소작료로 들어오는 현물은 소작농의 손에서 떠나면 중간에서 지연되기 일쑤였다. 중간 관리자들

• 길하고 흥성하기를 바랄 때 이르는 말.『주역』의 괘에서 세 개의 양효陽爻가 있는 것이 '삼양三陽'으로, 1년 중 정월에 해당한다.

이 물건을 얼마간 착복하기 때문에 황상 앞에 바쳐지는 양은 본래의 10분의 1에 지나지 않았다. 이러니 황실 장전의 우두머리들만 죄다 '매품팔이'를 하나씩 두어야 했다. 소작료가 충분치 않으면 신형사에서 소작농과 우두머리 등을 불러 연말까지 두었다가 재판을 했기 때문이다. 이때 사람마다 한차례씩 매를 맞으면 딱히 다른 형벌을 가하지 않고 재판이 끝났다.

인연을 맺는 콩

석가탄신이면 큰 절은 염불을 외며 불사를 행했다. 불교를 믿는 집에서는 가지각색의 콩을 삶아 오향[산초, 회향, 계피, 팔각, 정향의 다섯 가지 향료] 소금 및 참죽나무, 당근을 섞어 불공을 드리는 한편, 가까운 골목으로 나가 만나는 사람과 이것을 나누었다. 이를 '인연을 맺는다'고 일컬었다. 태후 역시 불교를 신봉했기에 차방에 명하여 오향두를 삶게 했고 이것을 태감들에게 나누어주었다.

단원병

태후는 추석에 진상품으로 들어온 월병을 잘 저장해두었다가 섣달 그믐이 되면 태감에게 그것을 자르라 명했다. 그리고 자른 것을 은쟁반에 담아 황상과 황후, 비빈들에게 고루 하사했다. 이것을 가리켜 단원병團圓餅이라 칭했다.

백성들이 황제보다 제철 수산물을 먼저 맛본다

주방에서 요리하는 수산물 중에는 생선이 으뜸이다. 대개 해산물들이 계절에 따라 시장에 나오면 부유한 상인들이 먼저 먹고 일반 백성들이 그다음으로 접한다. 길 한가득 생선을 팔 때쯤이면 선방에서는 그제야 생선 요리가 준비되기 시작한다. 조기, 대구, 은어, 새우, 게 같은 것들은 준비되는 데 종류별로 열흘씩 걸리기도 했다. 이 때문에 궁중에서는 이를 매우 진귀한 것으로 여겼다. 이러한 폐단은 내무부가 아닌 숭문문崇文門에 원인이 있었다. 대부분의 외부 수산물은 반드시 숭문문을 거쳐 납세를 해야 했기 때문이다. 어류 공급이 풍성하지 않을 때면 숭문문 감독은 진상할 엄두를 내지 못했고, 진상품이 들어가지 않으면 대내에서는 얻지 못했다.

황회

황회皇會는 본래 민간 향촌의 모임이다. 회 앞에 '황皇' 자가 하나 더 들어간 것은 사람들이 이를 매우 영광스럽게 여기기 때문이다. 황실이 번창할 때는 무엇보다 먼저 백성들과 함께 누리는 즐거움을 중시했다. 농촌은 한 해 수확이 좋으면 안정되고 즐거운 삶을 누렸다. 봄과 겨울 두 농한기에, 일거리가 없는 젊은이들은 모임을 만들어 몸을 단련하면서 여유로운 시간을 보냈다. 도박은 나라에서 금지시켰고 매우 엄하게 관리해서 도박을 하다 잡히면 곤장을 맞고 벌금까지 내야 했다. 이 때문에 시골 가장들은 자녀들이 건전한 오락을 즐길 수 있는 여러 방법을 고안했다. 높은 나무다리 타기 놀이高蹺*라든가 앙가秧歌** 부르기, 사자춤 추기, 용등龍燈 춤 추기 등이 그것이었다. 이러한 오락들은 모두 무술과도 연관성이 있

---

* 죽마의 일종으로, 배우가 두 다리를 각각 긴 막대기에 묶고 걸어가면서 공연하는 민속놀이.
** 중국 북방 농촌에 유행하는 민간 가무의 하나로, 노래하고 춤을 추며 징과 북으로 반주한다.

었다.

또 오호곤五虎棍,*** 개로開路,**** 중번中幡,***** 석두石頭[돌을 사용한 역기]와 같은 것들도 모두 힘을 쓰는 놀이이자 무술 실력이 관건이 되는 기예들이었다. 소차회小車會, 학령회鶴翎會 같은 모임들도 모두 민간 풍속의 가장 순수하고 순박한 노랫가락을 보유하고 있다. 그 시대에도 음란하고 저속한 노래들이 있었지만 시골에서는 이러한 것들이 널리 퍼질 수 없었다. '왕도王道는 시골에서 찾아볼 수 있다'는 옛말이 과연 틀린 말이 아니다. 이상의 모임들은 농촌에서 겨울철 농한기 3개월 동안 연습해 실력이 능숙해지면 시끌벅적한 정월 대보름날 밤 베이징 경축 행사로 많은 사람 앞에 선보였다.

옹정제에서 건륭제에 이르기까지 이루어진 서역 정벌[중국 서부와 서북부의 광활한 지역을 정복하고 국토를 2만여 리 정도 확장한 업적을 가리킨다] 시기, 장수들은 팔기의 병사들을 이끌고 국경 요새 밖에 주둔해 있었다. 매년 설 명절이 다가오면 고향을 등지고 떠난 이들은 만감이 교차했다. 이러한 팔기 젊은이들을 위로하기 위해 생각해낸 방법은 베이징에서 노래 교습을 해줄 사람을 초빙해 병사들에게 춤과 노래를 가르치는 것이었다. 예를 들면 십불한什不閑,***** 팔각고八角鼓,****** 단현單弦,******* 오음대고

*** 알록달록한 옷을 입은 남자 다섯이 막대를 갖고 춤을 추는 곡예의 일종.
**** 신불에 참배하는 행렬의 선두에 시시 '비차飛叉(막대 끝에 U자 모양의 쇠를 꽂은 무기)'를 휘두르며 춤을 추는 곡예의 일종.
***** 깃발이 달린 깃대를 자유자재로 놀리는 곡예의 일종.
****** 징, 북, 심벌즈 등을 한 사람이 반주하면서 노래하는 설창說唱의 하나.
******* 만주의 타악기 팔각고(모서리가 여덟 개인 북)와 삼현금三弦琴(현이 세 줄인 전통 현악기. 크게 대大삼현과 소小삼현으로 분류된다)을 반주하면서 설창하는 민간 예술.
******** 한 사람은 서서 팔각고를 치며 노래를 하고, 다른 한 사람은 삼현금으로 반주하는 설창 문예의 일종.

五音大鼓˙와 같은 것들이었다. 이를 통칭하여 '태평가사太平歌詞'라 불렀다. 통속적인 가사로 이루어진 이 노래들을 선보인 뒤, 서로 배우고 유행하게 되니 팔기 기하 젊은이들 거의 모두 그것을 익혔다. 조정에서는 이것이 악습이 될 것을 우려했으나 공훈을 세운 어느 장수가 그 전말을 상세히 설명하니 금지시키지는 않았다. 이때부터 젊은이들 사이에서는 태평가사를 배우는 것이 더욱 유행했고, 명문가의 자제들도 여기에 빠져들어 황회에 동참하기에 이르렀다. 하지만 동치, 광서 연간에 이르러 좋지 못한 기풍이 돌고 점점 심해지자 유행은 차츰 조용히 사그라졌다.

베이징은 전통적으로 신회神會가 가장 많았다. 가깝게는 동악묘,˙˙ 백운관, 오정五頂 및 반도궁蟠桃宮, 멀게는 베이징 서북쪽의 먀오펑 산, 베이징 동북쪽의 야지 산이 신회가 가장 성행했던 곳이다. 각지의 신도들은 남쪽으로 톈진, 북쪽으로 싸이베이塞北[만리장성 이북 지역]에 이르기까지 4월 초하루부터 시작해 보름 동안 향불을 피웠는데, 날마다 수만 명이 모여들었다. 베이징 교외에 사는 젊은이들은 산 위에 올라 기예를 하며 소원을 빌었다. 또 헌다회獻茶會, 헌공회獻供會, 헌죽회獻粥會, 백지헌화회白紙獻花會, 배석회拜席會, 봉탄회縫綻會에 가입해서 모든 참배객에게 편의를 제공했다. 모두 합쳐 120개의 모임이 있었고, 각 모임에는 회칙이 있었으며 그 예법도 상당히 복잡했다. 회장은 '노도관老都官', 제사용 공물을 메고 가는 이는 황색 마고자를 입었기에 '전량파錢糧把'라 불렸다. 사년대라四面大鑼[큰 싱의 일종]는 '신이神耳', 징을 치는 사람은 '타파打把', 나발을 부는 사람은 '중군파中軍把'라고 불렸다. 북두 깃

˙ 한 사람은 북을 잡고 서서 박자를 맞추며 설창하고, 나머지 네 사람은 각기 삼현금, 사호, 타금(양금), 와금을 연주하는 설창 예술.

˙˙ 중국 태산의 신을 모신 사원. 본존은 동악대제이며 그 외에도 낭랑, 문창 등 많은 도교의 신을 모시고 있다.

베이징의 민간 사자춤 공연

발北斗旗의 명칭은 대도大纛였다. 이렇게 길 안내를 담당하는 직책들이 없으면 모임은 산에 올라 향을 사르고 환원還愿[신불에게 소원을 빈 일이 이루어져 감사 예참을 하는 것]할 수 없었다. 먀오펑 산 선녀를 참배하러 가는 길은 세 갈래였다. 동쪽 길은 사람도 많고 모임도 많았다. 그리고 가는 길에는 이화원 산 뒤편을 꼭 거치게 되었다. 서태후는 광서제에게 정권을 넘겨준 뒤로 자주 이화원에 머물렀는데, 한번은 누군가가 태후께 상소를 올려 이화원 내 하촉루遐矚樓에서 모임들이 향을 사르는 광경을 보시도록 아뢰었다. 모임들은 담장 밖에 이르러 기예를 한차례 펼쳤고, 태후는 이를 보고 상을 내렸다. 모임들은 이것을 가장 큰 영광으로 여겨 이때부터 스스로 '황회'라 불렀다.

고기를 하사받다

태감들은 대부분 농촌 출신이었다. 투박한 데다 공부를 해본 경험이 없어 지식도 짧았다. 이 때문에 서태후는 태감들을 매우 엄하게 다스렸다. 입을 삐죽이는 것이 보이면 즉시 매질을 했고 눈을 치켜뜨면 사형에 처했다. 하지만 가끔은 이 불쌍한 종들에게 즐거움을 선사하여, 고달픔을 잊고 한마음으로 성실히 맡은 바 임무를 다하게 했다. 예를 들어 날씨가 청명한 봄과 가을, 두 계절이면 태감들에게 널리 술과 음식을 하사했다. 어느 때는 쑤싸오러우蘇造肉, 어느 때는 삶은 양고기나 구운 양고기를 내렸다. 그리고 대부분의 요리는 이화원 산 뒤편에 있는 태평장太平莊에서 담당했다. 산비탈에 농가에서 쓰는 양푼과 사발, 솥과 부뚜막을 놓고 전병을 굽고 죽을 끓였다. 여기에는 경자년 때의 고생을 잊지 않겠다는 의미가 담겨 있었다. 고기는 선방에서 미리 준비해놓았고, 사오빙이며 훠사오火燒[참깨를 묻히지 않은 사오빙]도 모두 갖추었다. 그런 다음 수령태감들에게 태평장으로 오라고 큰 소리로 전달했다. 그러면 태감들은 사양하지 않고 앞다투어 와서 함께 먹었다.

궁중의 추길

추길, 즉 길일을 택하는 것은 오래된 전통이요, 고대 소위 음양가라고 불리던 사람들의 도다. 옛사람들은 집을 건축하거나 군대를 움직일 때, 혼사와 장례 등 일체의 행사에 앞서 먼저 점을 쳤다.『주례周禮』「춘관春官」의 "문귀왈복問龜曰卜",『시경詩經』「대아大雅」의 "고복유왕, 택시호경考卜維王, 宅是鎬京",『시경』「소아小雅」의 "군왈복이, 만수무강君曰卜尒, 萬壽無疆"을 보면 서두가 하나같이 거북점[거북의 등딱지를 불에 태워서 그 갈라지는 틈을 보고 길흉을 판단하는 점]으로 시작된다는 것을 알 수 있다. 후에 책서策筮[점의 일종]는 점차 전수되지 않았다. 후세 사람들의 점은 음양오행, 천간지지, 생극제화生克制化,• 충합희기沖合喜忌를 철학이론으로 삼고 있다. 초기에는 전문가는 있어도 전문적인 서적이 없었지만, 근세에 이르러서는 전문가뿐 아니라 전문 서적도 나오게 되었다.『옥갑기』는 민간 추길을 요지로 하는 책이다.『수리정온數理精蘊』『협기편방協紀便方』『추길편람』과 같은 책들은 황제의 명으로 편찬되어 음양 술수에 밝은 자가 사용하도록 한 책들이었다.

봉건 왕조 시기에는 나라의 큰 일을 위해 역서를 펴내기까지 했으며, 이는 모두 흠천감欽天監[명청 시대의 천문대]에서 주관했다. 하지만 선택한 길일이 정말 길한 것인지, 황릉의 풍수가 정말 좋은지 어떤지 여부 등

• 생극은 오행五行의 상생相生과 상극相克, 제는 자신을 해하는 자를 제압, 화는 흉을 마주치나 길로 화한다는 의미.

은 일찌감치 문제시되었다. 흠천감의 선택이 가장 맞지 않았던 길일은 바로 근래에 있었던 세 가지 착오, 즉 동치제, 광서제, 선통제의 혼례 날이었다. 합근례 날 밤, 황후들에게 모두 월경이 온 것이다. 결국 세 분 모두 원만한 부부관계를 이루지 못했고 평생 부부 사이가 가깝지 못했다. 운명이었을까?

서태후는 길일을 택하는 것을 매우 중요시했다. 나는 처음 추길을 공부할 때부터 신중하고 꼼꼼하게 임했다. 예를 들어 누군가를 대신해 혼인날을 택해야 할 때면 먼저 신부 쪽의 월경 일을 알아보고 합근 날을 정했다. 그러나 길흉도 감히 끊지 못하는 것은 남녀의 사랑하는 마음이다. 남녀의 감정은 결코 영향을 받지 않을 것이다. 나는 영수궁 사방에서 추길을 담당하며 서태후, 융유태후, 단강황귀태비를 모셨다. 궁중 내 차양을 치는 일, 창을 바르고 방을 도배하는 일, 궁을 나와 이화원에 머무르는 일, 신에게 제사지내는 일, 별을 제사하는 행사, 새해 첫 붓을 드는 일과 봉필[붓을 놓고 글자를 쓰지 않는 것], 옷 재단, 정월에 신神을 태워 보내는 일 등 1년 동안 택해야 할 길일을 모두 새해 전 음력 섣달 초에 정해놓아야 했다. 정해지면 이것을 필사하여 접은 다음, 별을 제사하는 그림을 그리고 황색 비단 상자에 넣어 올려드렸다. 다행히 30년이라는 긴 세월 동안 한 번도 착오가 있었던 적이 없다. 이는 내가 항시 모든 일을 꼼꼼하고 신중하게 처리했기 때문일 것이다. 이러한 일들은 반드시 먼저 학문을 통해 지식을 쌓아야 하고 더불어 주인의 동향을 연구해 그 의중을 잘 파악하고 있어야 한다. 이렇게 하면 들어맞지 않을 수 없다.

별을 제사하는 일

황태후들은 아녀자라 그런지 여러 면에서 백성들과 공통된 습관을 지녔다. 제비를 뽑거나 점을 치는 것, 별을 제사지내는 것과 같은 여러 미신적인 일이 그랬다. 황상은 일찍이 한 번도 그런 일을 하신 적이 없다. 반면 서태후, 동태후, 융유태후 및 기타 비빈들은 모두 이러한 일을 행했다. 제사를 올리는 별은 『옥갑기』에 나오는 태양, 달, 금성, 목성, 수성, 화성, 토성, 나후羅侯, 계도計都*의 총 아홉 개 별로, 9년을 한 주기로 하는데 절반은 길을, 절반은 흉을 관장한다. 만약 어느 별이 올해 운명을 관장한다면 매월 하강하는 날에 맞추어, 별자리가 뜰 때 태후와 비빈들 모두가 그 별을 제사했다. 신주의 황색 종이 위에 '어느 별의 위位'라 쓰고 신주 앞에 구리 쟁반을 놓았다. 쟁반 중앙에는 만터우만큼 큰 등화[불똥]가 있고** 그 주위에는 사람 나이 수대로 대추만 한 등화가 둥그렇게 놓여 있었다. 또 천체도를 하나 놓았는데, 이는 『옥갑기』에 나오는 어느 천체도 형상을 그대로 따른 것이었다. 그런 다음 등화에 불을 붙이고 향을 태우며 제사를 지냈다. 매월 한 차례씩 이루어졌던 이 행사를 별을 제사한다고 일컬었다.

봉필대길

서태후는 매년 음력 섣달이 끝나갈 무렵이면 길일, 길시를 택해 춘첩[봄이나 정월에 문이나 기둥에 써붙이는 글귀]을 썼다. 주로 '복福'이나 '수壽'와 같은 글자였다. 다 쓰고 나면 붓과 벼루를 씻고, 벼루 위에 사과 한 개를 올려놓았다. 붓을 정리할 때는 붉은 종이에 '봉필대길封筆大吉'이라 쓰고, 새해가 오기 전까지 다시 붓을 들어 글자를 쓰지 않았다.

---

* 나후와 계도는 범력의 아홉 개 별 중 두 별인데 가상의 성좌다. 옛날 별점을 치는 이들은 이 별들이 재난과 연관되어 있다고 여겼다.

** 참기름으로 향료면(밀가루를 볶아 만든 가축 사료)을 버무려 붉은 목면 종이로 올방개처럼 둥글게 감싼 뒤 불을 붙인 것이었다. 이를 '등왕燈王'이라 불렀다.

개필대길

궁중에서는 정월에 글을 쓸 때면 반드시 신정월 며칠 몇 시에 쓸 것인지를 정하고 썼다. 새해 전 음력 섣달 초하루에는 새해 정월 며칠 몇 시에 개필대길開筆大吉을 할 것인지 결정했다. 정월 19일은 황상이 몽골 왕에게 연회를 베푸는 마지막 날로, 보통 서원 자광각에서 접대하는 것이 관례였다. 자광각 앞에는 '상박相撲(씨름)' '금두金斗(조선인 재주넘기)', 원숭이 곡예, 마술과 같은 각종 공연이 준비되었다. 연회가 파하면 몽골 왕들은 자신의 땅으로 돌아갔는데, 이를 가리켜 '원구圓九'라 불렀다. 모든 대연회 날에 태후는 참석하지 않았지만, 19일에는 태후도 공연을 관람했다. 신년 정월같이 좋은 날에는 만사가 원만해야 하므로 궁중에서는 '원구'라는 말을 많이 썼다. 자금성 밖에서는 '연구燕九'라고들 했으며 줄곧 명확히 구별되지 않았다.

서태후는 원구가 지나면 신년 정월의 흥취를 일단락 짓고 곧바로 연이어 붓을 들고 글자를 썼다. 먹물은 항상 무근전에서 준비해두었으며, 그 먹은 모두 후이저우徽州[안후이 성 황산에 있는 지역으로, 먹이 유명하다]에서 올린 진상품이었다. 먼저 하늘에 세 번 절한 다음, 큰 벼루를 놓고 먹물이 걸쭉해지도록 간다. 이것을 다시 명주로 걸러 자기 항아리에 모아두고 얼음조각을 넣어 부패를 방지하면 1년은 사용할 수 있었다. 물을 조금씩 더하여 쓰기에 알맞게 반드시 곱게 갈았다. 글씨를 쓸 비단과 종이는 모두 남쪽에서 올린 신상품들로, 선륭제 때 제조된 것들이 곳간에 다량 저장되어 있었다. 태후는 처음 글씨 연습을 할 때는 무근전 장인이 만든 격자틀을 사용했지만 연습을 마친 후에는 더 이상 사용하지 않았다. '수壽' 자와 '복福' 자는 틀 없이 균형 있게 쓰기가 어려운데, 그 글씨가 매끄럽고 힘이 있어 남서방 사부가 경탄을 금치 못했다. 그 크기도 '용龍' 자, '호虎' 자, '수' 자 한 필이 각각 1.8미터, 2.4미터, 3.6미터에 이르렀다. 이것을 키가 1.2미

서태후가 친필로 쓴 '희흠'

터 남짓 되며 칠순을 바라보는 노부인이 일필휘지로 써냈으니 실로 놀라울 따름이었다. 매 글자를 한 장씩 써낸 다음에는 또 한두 장의 그림까지 그렸으니, 그야말로 개필대길의 본보기라 할 수 있었다.

재의대길

새해 정월 모일 모시, 사방에서 막바지 준비(주단을 만드는 일)를 마치면 전상태감은 책상을 놓고, 아래채 사람들은 가위와 자, 분줄[황색이나 백색 분말을 묻힌 굵은 실로, 옷감에 퉁겨 재단 선을 긋는 데 사용한다]을 챙겨놓았다. 재의대길裁衣大吉, 즉 옷을 짓는 길일을 맞아 서태후가 직접 옷을 재단하는 것이다. 이는 한편으로 태후라는 고귀한 자리에 있으면서도 노동의 의미를 잊지 않는다는 것을 보여주기도 했다.

장인을 들이다

궁의 수리와 장식 및 차양 치는 일을 가리켜 모두 '장인을 들인다'고 했다. 전궁前宮은 황상의 주관 하에 경사방에서 길일을 택해 장인을 들였다. 태후 궁은 사방에서 길일을 택해 내무부 당사관堂司官이 돌아가면서 장인을 데려왔다. 황은으로 황실을 위해 일하는 이곳 위아래 관원들은 항상 다가올 일을 미리미리 준비해야 했다. 초여름이면 차양을 치는 일과 더불어 도배를 하고, 종이를 바른 창을 망사창으로 바꾸었다. 가을이 되면 차양을 거두고 창을 바르기 위해 또 한 번 장인이 들어왔다.

불상을 옮기다

영수궁은 과거 건륭제가 퇴위하고 요양하던 곳이다. 예전에는 황극전이라 불렸고 후에는 영수궁이 되었다. 평상시 황극문은 닫혀 있었고, 출입은 궁의 서문인 도화문으로 했다. 도화문으로 들어가 북쪽으로 가면 낙수당 궁과 전들이 나왔다. 궁문은 영수궁 뒷담의 맞은편으로 나 있었다. 서태후가 지냈던 낙수당 전전과 후전 외에 대부분의 전에서 불공을 드렸다. 태후는 매년 11월에서 이듬해 정월이 될 때까지 두 달간을 이곳에 머물렀고, 정월 10일 전후에 서원으로 옮겼다. 다년간 이와 같이 해왔다. 광서 30년 정월 초순, 태후는 뒤편에 있는 전 사이를 한가롭게 거닐다가 갑자기 심기가 불편해져서 즉시 태감들에게 전 안의 불상들을 밖으로 옮기라고 명했다. 그리고 불상들의 위치를 바꾸어 배치하라고 명했다. 또한 서협도西夾道에는 정결한 흙 한 무더기가 있었는데 새나 늑대, 쥐들이 그 위에 똥을 싸거나 밟고 다니지 않아서 신토라 전해졌다. 태후는 이 흙 역시도 말끔히 치우라고 태감들에게 명했다. 이에 리롄잉이 간언하기를 "수년간 있어왔던 신토인데, 명을 거두어주시면 안 될는지요?" 그러나 태후는 대로하며 말했다. "신토는 무슨 신토, 속히 치워버려라." 그러고는 고개를 돌리며 혼잣말로 읊조렸다. "만리강산은 어찌하나." 다른 사람은 들을 수 없었지만 되뇌고 또 되뇌었다.

제7장 중화민국 초기의 황궁

임자년 정월 12일 경사병변京師兵變

　　나는 비록 태감이었지만 기본적인 품격을 잃지 않을 수 있었다. 대내 사람들은 지위고하에 상관없이 모두 나를 아껴주었다. 그렇다고 거기서 더 나아가 출세와 영달을 꾀하려 들지도 않았다. 오직 외진 곳에서 자질구레한 일을 도맡았고 늘 몸과 마음을 삼가 내 분수를 지켰다. 사사로운 소망은 이미 이루었으니 모든 일에 마음을 비우고 살았다. 처음 영수궁의 보잘것없는 소태감으로 들어와 10년을 일하면서 몇 번의 기회도 찾아왔지만 매번 피하고 사양했다. 인연 또한 중한 것이니 마음에 미련이나 맺힌 것도 없었다. 선통제는 일찍이 단강태비와 사이가 좋지 못했고, 당시 나는 영화궁 수령태감이었기에 황제가 나에 대해 호감을 갖고 계신다는 것은 상상도 못한 일이었다. 서태후가 붕어한 뒤로 융유황후가 그뒤를 이어 태후가 되었는데, 신해년 겨울 황송하게도 내게 영수궁 타탄달 직책이 내려졌다. 나로서는 꿈도 못 꾼 일이었다. 그런데 음력 섣달이 멀지 않은 때 경왕부 태감이었던 수령 류더순劉得順이 타탄으로 오더니 이렇게 말했다. "이번 섣달그믐밤에 중화민국 정부가 궁을 칠 것입니다. 내가 태감과 좀 각별하니 특별히 와서 알려드리는 겁니다. 만약 황상을 살해하면 우리 나으리[경친왕 이쾅의 큰아들 짜이전載振을 가리킨다]가 황위에 오를 가능성이 있지 않겠습니까?" 그로부터 얼마 지나지 않아 여러 사람이 내게 와서 도망칠 것인지 여부를 물었다. 나는 이렇게 답했다. "우리는 나라의 은혜를 입은 사람들이네. 죽으면 죽었지 홀어미와 고아 된 분들을 버릴 참인가? 그러고 나면 마음이 편하겠는가? 자네들은 가시게. 나는 가지 않을 테니." 그러자 다들 말했다. "타탄달이 안 가시면 우리도 가지 않겠습니다." 하지만 자금성 내에는 마음 약한 이들이 매우 많았다. 수십 명이 궁을 떠나 도망을 쳤다. 정월 12일 밤이 되자 과연 둥청에서 전란이 일어났다. 동안문 및 둥안다 가가 불타올랐고 이어서 동안 시장도 화염에 휩싸였다. 뿐만 아니라 베이징 성내 곳곳에서 폭동이 일어났다. 하지만 다행히도 장구이티姜桂題[청말 중화민국 초기의 북양 고위 군관] 대령이 나가 변란을 일으킨 자들을 소탕한 덕택에 시가는 평정을 되찾았고 황궁도 별 탈이 없었다.

펑궈장

중화민국 초기, 금위군을 통솔하던 펑궈장馮國璋[북양 군벌의 일파인 직세直系 군벌의 우두머리. 이후 중화민국의 부총통이 된다]이 시시때때로 나를 찾아왔다. 그는 가장 먼저 이렇게 서두를 뗐다. "군주가 잘 되면 공화제가 잘 되지 못합니다." 나는 대답했다. "한낱 태감 된 자라 통 아는 게 없습니다. 군주가 잘 되고 안 되고, 공화제가 어떻고는 도무지 못 알아들을 이야기네요. 이 사람은 내정에서 그저 청소와 잡일만 하는 사람입니다." 펑궈장이 가고 나서는 또 융유태후의 사촌인 어느 기하인 문관이 펑궈장의 명

펑궈장

으로 전하는 것이라며 편지함 하나를 내밀었다. 또 신문 한 장도 같이 주었는데, 내용은 종사당宗社黨*의 기관보였다. 수고스럽지만 내게 그것들을 어느 총관에게 전해달라고 했다. 내가 말했다. "총관에게 하달하시는 것이라면 어떤 서신이나 물건도 다른 사람의 손으로 전달할 수 없습니다." 그러고 나서 며칠 안 되어 루젠장陸建章[청말 중화민국 초기에 위안스카이 휘하에서 참모, 통령 등을 역임했다]이 어느 총관에게 폭발물 두 개를 보낸 사건이 발생했다. 그 총관은 소식을 접한 뒤 먼저 폭발물을 건넨 사람을 잡아들여 관내로 넘겼다. 그런 다음 위안스카이에게 서신을 보내 이 일을 알렸다. 위안스카이는 루젠장을 불러 그 일을 질책했고 그제야 황실은 다소 안정을 되찾았다.

황실우대비 삭감

구이 공은 융유태후의 생부이지만 어리숙하고 무능하여 국척임에도 일생을 궁색하게 보냈다. 내가 융유태후의 타탄달로 일하던 시기에도 늘 태후에게 도움을 청하고자 나에게 사정하곤 했다. 태후는 허락하지 않았다. 그런데 돌연 위안스카이가 구이샹을 숭문문 감독으로 임명했다. 1년간 감독하며 관사를 보수하는 일로, 평생 궁핍함에서 벗어날 수 있는 자리였다. 아무 노력 없이는 만나기 힘든 행운이었다. 하지만 생각지 못하게 1년 남짓 되었을 때 불조심을 하지 않아 온 관사가 불타버리고 말았다. 그 바람에 구이 공은 또다시 가난을 면치 못하게 되었다. 위안스카이 정부의 재무 담당자는 죄다 간사한 이들이었다. 불난 집에서

* 선통제 말기에 일부 황족과 대신이 중화민국의 공화제에 반대하여 청나라로의 복귀를 꾀하고자 결성한 단체.

도둑질하듯 이 일을 빌미로 이득을 챙기려 했다. 내무부에 수십 년간 쌓였던 묵은 빚은 이미 오래 전에 청산했음에도 그것을 다시 청구하는가 하면, 공론을 모아 우대비 항목 내에서 받아내야 한다고 주장하기도 했다. 재무부는 우선 우대비에서 60퍼센트를 떼는 조건을 제시하며 만일 황실에서 허락지 않으면 재무부 또한 우대비를 지불하지 않겠다는 입장을 밝혔다. 그러고는 400만 위안의 황실우대비를 절반가량 삭감해 버렸다.

복벽

장쉰과 캉유웨이가 복벽을 선언하자 돤치루이는 비행기를 동원해 궁 안을 폭파시키라는 지시를 내렸다. 폭탄 하나가 어화원 연못을 허물어뜨렸고, 또다른 폭탄이 시창 가西長街[남원 거리南苑街道 서측 길] 융복문 밖 저수궁 동쪽 담장 기와 위에 떨어졌다. 다행히 한 번 구르며 땅에 떨어져 두 동강만 나고 터지지 않았다. 문 안에 있던 30명의 사람은 천행으로 화를 면한 셈이었다. 또 하나의 폭탄은 건청문 밖에 떨어져 터졌고 그 자리 땅은 움푹 패였다.

두 선방의 오랜 폐단

황가의 재정 사용은 본래 '여유 있게 계획하고 실제로는 그보다 줄여서' 사용하는 것이 법도였다. 항목마다 세부적으로 주판알을 튕겨가며 사용하는 일이 결코 없었다. 만약 그렇게 하나하나 시시콜콜 계산한다면 얼마나 백성들의 원성을 사겠는가. 그래서 황명이나 지시는 금문 밖으로 새어나가지 않게 했다. 옛 성현의 말씀에 "벌빙지가 불휵우양 백승지가 불휵취렴지신伐氷之家, 不畜牛羊, 百乘之家, 不畜聚斂之臣"•이란 것이 있다. 실로 위대한 선견지명이 아닐 수 없다. 나는 수선방의 잡역을 맡으면서 이것을 더욱 절실히 깨달았다.

선방과 크고 작은 타탄에서 사용되는 모든 물품은 내무부 관방 10처官坊十處에서 조달했다. 창고와 곳간을 맡은 사관司官 들은 모두 어린 잡역부에서 출발해 한 단계 한 단계 각고의 노력과 시련을 견뎌낸 이들이었다. 곳간을 책임지는 관리가 된다는 것은 내무부에서는 대단한 일이었다. 내무부 대신은 그 아래 관리에게, 또 대관은 소관을 시켜 층층이 지출의 잔여금을 갈취했다. 여기에 따르지 않으면 누구든 자신의 직책을 보장받을 수 없었다. 관방 10처에 이르면 다시 내정 사람들이 이를 나누어 갈취한다. 어느 단계에서 이것을 제대로 바치지 않으면 일이 진행되지 않았다. 태감은 어린 제자에서 출발해 갖은 훈련과 고생을 거치며 대사부가 된다. 재물을 모으는 위치에 이르는 것이다. 창고와 곳간에서 나오는 잔여금에 대해서도 빠삭히 알고 있으니 가만히 두고 볼 리 없었다. 이런 식으로 쌓아온 폐단이 수백 년 동안 깊이 뿌리박혀 있었다.

황상이 드시는 야의미도 절대 하루 한 근 이상이 들지 않았다. 그러나 매일같이 곳곳에서 어선방 반국 장국에게 올리는 야의미가 얼마나 되는지 국 바깥 사람들은 몰랐다. 장국은 장안에게 매일 25근의 쌀을 넘겨주었다. 그러면 장안, 주방 우두머리, 대화촉大火燭[태감의 직위를 가리킨다], 세2화촉, 네 사람이서 낮새마다 한통속이 되어 두 화촉이 10근의 쌀을 빼내어 나누고, 장안과 주방 우두머리는 매일 황상에게 그 남은 것을 올려 드시게 했다. 쌀 하나만 보아도 이러했으니 그 나머지는 어땠을지 짐작하

• '얼음을 베어 들이는 집안(귀족 집안)에서는 소나 양을 기르지 아니하고, 수레 100대를 거느리는 집안에서는 세리를 두지 아니한다'는 『대학』의 한 구절로, 이어지는 구절에서 '나라는 이익으로 이로움을 삼지 말고 의로움으로 이로움을 삼아야 한다'는 말로 이를 풀이하고 있다.

어화원 천일문 앞에 서 있는 복벽 당시의 푸이

고도 남는다.

태후의 예를 들어보면, 태후 궁은 매일같이 고기 50근(돼지 허벅지 고기), 돼지 한 마리, 양 한 마리, 닭과 오리 각 두 마리, 정제한 백미 두 되, 황로미(즉, 자미) 다섯 홉슴[1홉은 되의 10분의 1], 찹쌀 석 되, 멥쌀가루 세 근, 밀가루 열다섯 근, 메밀가루 한 근, 보릿가루 한 근, 완두 서 홉, 참깨 한 홉 5작勺[1작은 홉의 10분의 1], 백설탕 두 근 한 냥 닷 돈, 정제한 설탕 여덟 냥, 벌꿀 여덟 냥, 호두 알 넉 냥, 잣 두 돈, 구기자 넉 냥, 말린 대추 열 냥, 참기름 세 근 열 냥, 달걀 스무 개, 면근[밀가루와 물을 휘저어 전분을 부시고 난 뒤 남은 글루텐] 한 근 여덟 냥, 두부 두 근, 녹두부침가루 한 근, 단 된장[밀가루와 소금으로 발효시켜 만든 단맛이 강한 중국 된장] 두 근 열두 냥, 청장[자장이나 마장(깨장)과 달리 아무것도 첨가하지 않은 된장] 두 냥, 식초 닷 냥, 신선한 채소 열다섯 근, 가을에는 가지 스무 개, 오이 스무 개까지 해서 이 양을 정량으로 사용했다. 황상과 비교해보면 상당히 많은 양이었다.

외부 사람이 이 이야기를 들으면 놀라움을 금치 못한다. 태후 한 사람이 어떻게 이렇게 많은 양의 음식을 먹는지 놀랍기 때문이다. 그러나 여기에 빌붙어 착복하는 이들의 것까지 계산하면, 그 양은 이보다 몇 배를 초과했다. 달걀 하나만 놓고 보더라도 본래의 수량은 스무 개지만 매판처買辦處[구매 담당 부처]에서는 매일 500개의 달걀을 들여보내야 했다. 그러니 다른 품목들은 안 봐도 알만한 노릇이었다. 황상, 태후, 황후와 비빈들의 선방 및 크고 작은 타탄들 모두가 내무부 대신博衣昻邦◆ 휘하의 당사관 십수 처의 소관이라 절반은 반드시 가져갔다. 태후 궁에 이르면 총관, 수령, 장안태감들이 다시 이것을 나누었다. 장안은 남은 절반에서 무조건 10분의 1을 떼어갔고, 총관과 수령 및 상차림을 하는 태감(파선태감)이 함

◆ 博衣昻邦이 아니라 包衣昻邦이 맞는 표기이다. 내무부 대신을 가리키는 말이다.

께 10분의 1을 떼어가서 나누어먹었다. 그다음에는 선방 전체가 여기서 또 10분의 1을 가져갔다. 남은 35퍼센트가량이 음식을 만드는 데 사용되었다. 한 곳 한 곳 거칠 때마다 착복하고 떼어간 뒤에야 비로소 주인의 입에 들어간 것이다. 그런데 주인이 과연 이를 몰랐을까? 그저 황제의 덕이 바다와 같이 넓고 깊을 뿐이다.

태후의 요리 가짓수는 고정된 기준치가 있었지만 비축해놓는 양에는 기준치가 없었다. 태후도 젓가락 한 벌, 그릇 하나만 가지고 음식을 들었으니, 1만 명 분량의 음식이 놓이지만 한입씩 찍어보는 정도인 것이다. 식사를 마치면 상賞을 담당하는 이가 "음식을 하사하신다" 하고 알렸다. 어느 황족에게 얼마, 어느 신하에게 얼마, 황상의 것, 황후와 비빈들 것, 접견하는 이들, 총관과 수령태감의 것 그리고 보잘것없는 회사태감, 소태감까지 음식 한 가지씩을 받들고 나면 남은 것은 선방으로 돌아갔다. 선방 수령은 남은 한 끼 식사를 다시 나눈다. 여기에는 주방 일꾼들의 몫도 있었다. 닭 머리나 생선 꼬리, 머릿골 부스러기, 칼질을 하면서 묻어나오는 고기 조각들을 작은 음식점이나 식당, 혹은 이를 탐내는 이들에게 팔면 시가와 비교해 절반의 이익을 얻을 수 있었다. 이렇게 여러 사람이 먹고 남은 음식, 남은 탕과 밥은 한데 모아져 또다른 곳, 신무문, 동화문, 서화문에서 자잘한 음식들을 파는 일반 행상인들에게로 갔다. 이들은 이 남은 탕과 밥을 싸서 집으로 가져간 다음 다시 정리하고 끓여서 거리에 내놓았다. 동전 열 개면 가난한 사람도 배불리 먹을 수 있었다.

광서제와 서태후가 연이어 붕어하고 어선방과 수선방이 잠시 운영을 멈추자 대략 1만 명 그리고 그들의 식솔들까지 합치면 약 5만 명 정도 되는 사람들의 먹을 것이 함께 사라졌다. 오래지 않아 선통제가 즉위하면서 두 선방은 다시 일을 시작했고, 중화민국 13년에 이르러서야 선통제가 청조 270여 년간 쌓인 선방의 폐단을 혁파했다.

선통제의 선방 개혁 단행

중화민국이 들어선 이후, 황실우대비는 해마다 급격히 삭감되었다. 내무부 대신들은 온 힘을 다해 황상과 황후, 후궁 및 네 명의 태비가 쓰는 경비를 조달했으나 점점 힘이 부치는 것을 느꼈다. 황상의 선방은 기존 일꾼들이 계속 일을 맡고 있었다. 이때는 이미 관방 10처가 업무에서 손을 뗀 시점이었고, 재료를 사고 조리하는 데 필요한 모든 지출은 현금을 받아서 해결하고 있었다. 또한 양심전 태감들은 이미 축출되었으며 외수시外隨侍에서 일을 처리하고 있었다. 황제는 선방 지출이 지나치게 큰 것을 보고 심기가 불편해졌고, 여러 차례 경비를 삭감하고 허비되는 돈이 있는지 조사하도록 했다. 내무부 대신들 역시 경비 삭감에 열을 올렸다. 젊고 혈기 있는 외수시 한 조가 그럭저럭 하기에도 갈수록 어려움이 큰지라 처음으로 외수시 쪽에서 건의가 나왔다. 황상께서 직접 독립된 주방을 세우는 것이 어떻겠냐는 의견이었다. 외선방을 없애고 주방 일꾼들을 해산시키면 해마다 경비를 크게 절감할 수 있다는 것이었다. 황제는 이를 받아들였고 외수시가 이 일을 담당했다. 주방 일꾼들은 모두 일평생 나라의 은혜를 입어온 몸들이니 이에 따르지 않을 수 없었다. 이렇게 해서 외선방이 없어지고 대내에 새 주방을 짓게 되었다. 함복궁 전전에 있던 옥좌를 철거하고, 금벽돌[0.6미터 길이의 벽돌. 도토(도자기의 원료로 쓰는 진흙)를 구워 만든 것으로 강남에서 가져왔다]을 제거하고, 부뚜막을 짓고, 식재료를 구매하고, 일꾼을 고용하는 등 모든 일을 외수시에서 담당했다. 그런데 이 궁은 사실 다른 궁보다 좀 특별한 곳이었다. 전전에는 널찍한 월대月臺[정전 앞쪽에 튀어나와 있는 대]가 있었고, 후전은 동도당이었다. 도광제와 동치제가 바로 이 동도당에서 태어난 것이다. 이 때문에 이곳저곳을 허물고 보니 아쉬운 면이 없지 않았다.◆ 전전을 허물 당시, 장 안에서 작은 상자가 하나 나왔는데, 수년간 열어보지 못하도록 봉인되어 있는 것이었다. 열어보니 안에서

피 묻은 옷과 신발 한 켤레 그리고 문서 한 장이 나왔다. 황상은 문서의 기록을 보시고는 그것을 불태우라 명하여 다른 사람이 보지 못하도록 했다. 이렇게 해서 일을 진행했지만 얼마 못 가 여전히 적지 않은 액수가 지출되었다. 이에 황상은 매일 두 끼를 외부에서 사온 서양식 식사로 준비하라는 명을 내렸다. 양식 10일분의 지출이 궁중의 한 끼 식비보다도 적었기 때문이다. 이 때문에 날마다 양식이나 동흥루의 음식을 드시곤 했는데, 이것도 오래 가지 않았다. 황제가 외부의 압력으로 강제 출궁하게 된 것이다.

내탕고의 묵보

대내 서장가에서 다시 서쪽으로 향하는 길로 들어가면 나오는 북문을 백자문이라고 한다. 문밖 동쪽은 중화궁重華宮이고, 서쪽으로 오래된 정원을 지나면 앞쪽에 건복궁, 뒤쪽에 정이헌靜怡軒이 있었다. 정이헌은 건륭제가 즉위하기 전 지내던 곳이다(건륭제는 옹친왕부[청나라 제5대 황제 옹정제의 사저이자 건륭제가 태어난 곳. 옹화궁이라고도 한다]에서 세자로 책봉되었고, 6세에 『애련설愛蓮說』을 능히 읽을 줄 알았다. 강희제가 그를 어여삐 여겨 황궁 내 정이헌에서 길렀다).

정이헌, 건복궁에는 대단히 많은 골동품이 소장되어 있었다. 후전에는 무수히 많은 라마 양식의 불상이 있었고 반 이상이 금에 보석을 박은 것이었다. 또한 탁본한 라마장경 전집 및 라마 법기가 있었다. 법기를 몇 가지 살펴보면, 사람의 정강이뼈로 만든 피리는 '가바라嘎吧啦 피리'라

◆ 이 부분은 저자의 기억에 착오가 있었던 것으로 보인다. 이 부분에 대해 궁정사 전문가인 위안훙치苑洪琪 여사에게 자문을 구한 적이 있었다. 함복궁이 위치한 곳은 1995년 전시를 위해 내부 개조 작업을 진행했는데, 당시 전전의 실내는 기본적으로 본래의 모습을 유지하고 있었고, 그 서쪽 배전만이 주방으로 사용되었던 것 같다고 설명했다.

1923년 화재 이후 건복궁 화원의 모습

고 했고, 사람의 두개골에 황금을 입힌 그릇은 '가바라 그릇'이라고 불렀다. 사람의 머리뼈와 가죽으로 만든 북은 '가바라 북'이라고 했고, 그밖에도 '가바라 염주'와 불교의 사리가 있었다. 이뿐 아니라 한나라 때의 기와, 송나라 시기 옛 벽돌로 만든 벼루, 또 황제가 지은 문장, 서한문 등이 소장되어 있었다. 전전에는 '도서집성圖書集成' 전집, 유명 인물들의 서화가 담긴 족자와 두루마리가 소장되어 있었다. 상당수가 진晉나라, 당나라 이래 명가들이 직접 쓰고 그린 작품들이었으며, 모두 '고희천자지보[건륭제의 황실 옥새 명문(금석金石이나 기명器皿 따위에 새겨 놓은 글)]'가 찍혀 있었다.

한편 경승재 서쪽으로 작은 전이 하나 있는데, 이곳이 바로 덕일신이다. 전 중앙에 작은 무대가 설치되어 있고 네 벽과 지붕에는 포도 시렁을 그린 채색화가 걸려져 있다. 구슬 같은 포도 열매가 주렁주렁 늘어지고 푸른 잎이 무성한 모습이, 이곳에 오면 정말 여기가 전 안인지 헷갈릴 정도다. 이곳은 함풍제가 태감과 궁녀에게 명하여 소규모의 연극이나 채창彩唱[여러 사람이 분장을 하고 노래를 부르며 공연하는 설창 공연 형식]을 펼치게 했던 곳이라고 한다. 선통 원년에 융유황태후가 상하이로 사람을 보내 영화 한 편을 사오게 한 적이 있었다. 이 영화가 바로 이 덕일신의 소극 무대에서 상영되었다. 대내 최초의 영화 상영이었다(그 이전에도 대내에 전등이 있긴 했지만 사용할 수 없었다. 이 때문에 처음으로 외부에서 전기를 끌어와 사용했고, 이는 건복궁 화재라는 재앙의 씨앗이 되고 말았다).

중화민국 2년, 정권을 장악한 위안스카이가 황실을 이화원으로 이전하라고 통지했다. 그러나 융유태후가 붕어한 지 얼마 안 된 때라 대중의 비난을 고려해 황실 이전을 잠시 늦추었다. 황실우대비는 이미 오래전부터 해마다 삭감되고 있었다. 중화민국 6년인 정사년, 장쉰이 정변을 일으키고 복벽을 선언했는데, 중화민국 정부는 이를 구실 삼아 이때부터 황실

우대비 지급을 아예 중단해버렸다. 내무부 대신 스쉬는 이 일로 우환을 얻어 그만 세상을 떠나고 말았다. 사오잉紹英[선통 연간에는 지부시랑을, 신해혁명 이후에는 푸이 궁의 내무부 대신을 지냈다]이 그 자리를 이었지만, 아무리 살림 잘하는 여자도 쌀 없이는 밥을 짓지 못한다는 말이 있듯이 여기저기서 돈을 융통해보아도 산더미 같은 빚을 어찌할 수가 없었다. 사오잉은 내무부 각 직급의 녹봉을 감해서라도 주인이 곤란에 처하게 하지는 말아야 한다고 주장했다. 내정은 필히 경비가 들어가야 했고 달마다 올리는 상납도 여전히 이루어지고 있었다. 결국에는 어쩔 수 없이 창고에 보관되어 있던 주단과 국영 도요지[도기를 굽던 가마의 터]에서 만든 도기 및 갖가지 집기들을 팔아 돈으로 바꾸어야 했다. 바깥 창고는 이미 말끔히 팔아 없애 실상 무일푼이나 다름없었으니 내탕고에 손을 대는 수밖에 없는 노릇이었다.

중화민국 12년, 선통제는 건복궁 덕일신에서 영화를 감상을 마치자 전등을 끄고 궁으로 돌아왔다. 그런데 그만 낡은 전선 때문에 화재가 일어나고 말았다. 이 궁은 겨우 3~5명의 태감이 지키고 있을 뿐, 빈 궁이나 다름없었다. 전에 불이 붙었을 때 전을 지키는 이들은 잠자리에 있었고, 황상이 알았을 때는 이미 불이 걷잡을 수 없이 전을 삼켜버린 뒤였다. 안타깝기 그지없던 것은 건륭제가 남긴 수많은 묵보[보배가 될 만한 훌륭한 글씨, 그림]며 진귀한 물품들이 죄다 타버린 것이었다. 불은 건복궁에서 남쪽을 향해 번져나갔고 중정전까지 미쳤다. 중정전 안에는 효성헌황후의 금빌답[발탑은 부처의 머리털을 공양하기 위해 세운 탑이다]을 비롯해 수많은 금불상이 있었다. 이 때문에 금과 은이 불에 녹아 그 녹은 물이 사방에 흘러넘쳤다. 화재 후에야 재와 먼지를 긁어모아 그 속에 묻혀 있던 금은 조각들을 말끔히 건져냈지만 보석들은 이미 사용할 수 없을 만큼 훼손되어 있었다. 내무부는 금붙이들을 은행에 팔아 황실 경비는 1년간의 여유를 갖게 되었다. 또한 선통제는 밥만 축내고 하는 일 없는 상당수의 노쇠한 태감들을 짐스럽게 여겨, 한밤중에 각 궁의 나이 든 주인을 모시고 있는 태감만 20명씩 남겨두고 나머지 약 200명에 가까운 태감들을 모조리 내쫓았다. 이들은 돌아갈 곳도 없어 징산景山 산 뒤에 있는 안시루雁翅樓 회랑에서 노숙해야 했다. 이튿날이 되어서야 3개월간의 녹봉(은화 십수 위안)을 해산비로 받고 각기 살길을 모색하게 되었다. 청대의 환관은 이렇게 해서 세상에 종말을 고했다. 15개월 후에는 선통제 또한 강제 출궁을 당하게 되었고, 대내는 중화민국의 소유가 되고 말았다.

선통제와 외수시

태감이란 봉건제의 병폐이자 기형적인 인간 형태라 할 수 있다. 과거 사리에 밝고 정사에 능한 왕들도 이를 깨닫고는 있었지만 환관 제도를 버리지 못했으며, 4000년 동안 이어져왔다. 선통제 퇴위 후 궁 안에 남아 있던 태감들 중 일할 만한 자들은 200~300명 정도였다. 여인들이 있는 궁에서는 성급한 태감 수 삭감을 견디지 못했는데, 사실 정황을 따져보면 불편한 감이 없지 않았다. 네 명의 태비는 궁마다 20명씩 태감을 둘 수 있도록 허용해달라고 거듭 요구했다. 그래서 황궁은 이때부터 외수시를 이용하게 되었다.

네 분의 황아냥

황자가 모후를 부르는 호칭은 '황아냥皇阿娘'이다. 여기에 선대의 후궁들은 해당되지 않았다. 이 때문에 선통제는 융유태후를 '황아냥'이라 불렀으며 이로써 모자母子의 예를 나타냈다. 그런데 융유태후가 붕어하면서

유, 순, 진, 근, 네 명의 태비*가 '황아냥'으로 불리게 되었으니, 사실상 이는 예법에 합당한 것이 아니었다. 황상이 장성하여 이에 불만을 품은 것도 당연한 일이었다.

융유태후가 붕어한 이후 궁내에는 주축이 될 만한 사람이 없었다. 내무부 대신 및 황족들은 이를 마음에 두고 호시탐탐 때를 기다리고 있었다. 하지만 어찌됐든 중화민국과의 관계 때문에 이 일을 두고 위안스카이 정부와 상의해야 했다. 위안스카이 정부는 융유태후의 상을 접하고는 태후의 영예를 한껏 드높여 장례를 후히 치르는 한편, 광서제의 후궁 근비를 황실의 대표로 삼겠다고 통지해왔다. 황실로서는 뜻밖의 일이었다. 궁 안에서 네 태비의 위치는 동등했기에 유독 근비 한 사람만을 대표로 추대한다는 것은 이치에 맞지 않는 일이기 때문이다. 이 때문에 서로 간에 양보 없는 대치가 일어났다. 어쨌든 근비는 이미 위안스카이 정부에 의해 황실 대표로 추대된 이상 지위나 권력 면에서 다른 세 태비보다 우위에 있었다. 그러나 태비들 간의 대치가 일어나자 내무부와 황족들은 이러지도 저러지도 못하는 난처한 입장에 놓이게 되었다. 결국 한 가지 유지 방안을 논의한바, 네 분의 '황아냥'을 각기 따로 모시고, 황상은 매일 아침 네 태비 궁에 모두 들러 아침 문안을 여쭙는 것으로 했다. 근비에게는 단강황귀태비, 유비에게는 경의황귀태비, 순비에게는 장화황귀태비, 진비瑨妃에게는 영혜황귀태비란 존호를 올렸다. 또한 유비는 장춘궁에, 순비는 저수궁에, 진비는 중화궁에서 시내로 하여, 모두 사렁궁 뒤편 처소에서 내내로 거처를 옮겼다. 근비는 종전대로 영화궁에서 지냈다. 매년 섣달그믐과 설 그리고 황제의 만수절에 있는 축하 예식 때는 네 태비가 모두 장춘궁 전전(태극전)에 모였

• 유비, 순비, 진비는 동치제의 후궁이며, 근비는 광서제의 후궁이다. 여기서의 진비는 광서제의 후궁 진비珍妃가 아닌, 동치제의 후궁 진비瑨妃를 가리킨다.

다. 그곳에 네 개의 자리를 마련하고 황상은 한꺼번에 예를 올렸다.

순비와 근비는 궁에서 먼저 작고했다. 사후에도 이전과 비교해 모자람이 없는 예로 모셨다. 중화민국 13년, 유비와 진비는 황제를 따라 궁을 나왔고, 둥청 치린베이麒麟碑 후퉁胡同[베이징의 구 성내를 중심으로 산재한 좁은 골목길]에 거처했다. 이후 수년이 흐른 뒤 두 분 다 천수를 다하고 70여 세에 동릉 비빈 능원에 안장되었다.

불교를 신봉한 근황귀태비

단강황귀태비는 광서제의 후궁 근비로, 단명한 진비珍妃의 언니다. 진비가 그 과실로 인해 죄를 받은 것을 거울삼아, 근비는 일생 절조를 지켰다. 충직하고 온후한 성품에 복스럽게 생겨 궁중에서는 '통통한 마마'라고 불렸다. 서태후와 융유황후 모두 근비를 각별히 아꼈다. 융유황후와 함께 서태후를 모시고 전을 나와 잠시 휴식을 취할 때면 황후는 회랑에 앉고 근비는 황후의 무릎 아래에 기대어 반쯤 무릎을 꿇고 있는 광경을 매번 볼 수 있었다. 마치 어린아이가 어미의 젖을 찾는 모습 같았다. 아닌 게 아니라 피차 동병상련을 느끼는 처지였으니 융유황후가 그처럼 각별한 은혜를 베푼 것도 이상한 일이 아니었다.

나는 태후 궁에 소태감으로 들어와 10여 년간 이곳에서 일했고, 융유태후의 두터운 은혜를 입어 장춘궁 타탄달로 보내졌다. 융유태후가 붕어하고 절로 내 신세를 돌아보니, 태감 노릇도 그만두고 농촌으로나 들어가고 싶은 심정이었다. 그런데 어느 날, 단강태비(근비)가 거듭 나를 부르시기에 어쩔 수 없이 영화궁으로 가 알현했다. 태비는 진심어린 말투로 "너는 가서는 안 된다. 가지 말고 나를 도와다오. 너를 본궁 사방 수령태감으로 임명하마" 하고 여러 차례 격려해주셨다. 나는 그만 감격하여 눈물을 흘리고 말았다. 이렇게 해서 농촌으로 들어갈 계획을 취소하고 영화궁에서 10년간 태비를 모셨다. 그리고 중화민국 13년 가을, 9월 9일에 태비마마의 관과 함께 궁을 나왔다. 태비마마가 앞날을 비관하고 절망을 느낄 때면 나는 매번 불경을 읽어보시라 권했다. 『바라밀다심경波羅蜜多心經』이나 불교 격언들을 읽어드리고 백화문[고문古文과 상대되는 구어체로 쓴 중국의 글]으로 쉽게 풀이해드리니, 태비는 이때부터 매일 예불을 하고 경을 암송했다. 황상 역시 태비에 대한 일전의 오해를 풀고 예전처럼 효를 다했다. 갑자년 가을, 태비가 붕어하고 불과 한 달 만에 황제가 강제 출궁을 당하게 되니, 그 참담한 모습을 보지 않고 떠나신 것도 어쩌면 부처를 잘 섬긴 보응인지 모르겠다.

유황귀태비의 자리다툼

동치제의 비로는 혜비가 있다. 당시 유빈은 빈이었고 순, 진은 귀인이었다. 동치제의 황후가 세상을 떠난 뒤 혜비는 돈의영경황귀비로 봉해졌고 유빈은 비로, 순과 진도 차례대로 비로 승격됐다. 순비는 숭기의 친여동생으로, 황후의 고모가 되었다. 그래서 유비와 진비도 다들 순비를 '고모'라고 불렀다. 동치제가 붕어한 뒤 혜비는 유비와 순비, 진비를 이끌고 서내로 들어갔다. 경자년 이후, 혜비도 세상을 떠나자 유비가 연장자가 되었다. 함풍제의 비인 기황귀태비가 아직 궁에 생존해 있었지만 연로하여 아무 일에도 관여하지 않았다.

그런데 서태후와 광서제가 세상을 떠날 때 융유황후를 태후로 봉한다는 유지만 남기고 나머지 후궁들에 대해서는 아무 언급이 없었다. 유비는 선통제가 광서제와 동치제를 동시에 계승하고, 예법으로는 응당 동치제가 먼저라는 점을 들어 황족과 대신들을 불러 자문을 구했다. 황족과

단강태비와 태감들

대신들이 서태후의 유지를 설명해도 시종 의견이 맞지 않았다. 융유는 우직하고 무능한 데다 이러한 상황에 부딪히니, 육궁이 권력 다툼을 벌이려는 것을 견디지 못했다. 유비는 시시때때로 내궁에 들어와서는 시종 날카로운 어투와 비꼬는 듯한 말을 일삼았다. 그러나 융유는 그것을 잘 참아내고 거기에 휘말려 그와 우열을 가리거나 하지 않았다. 선통 2년 봄, 서태후의 관을 궁에서 옮겨 동릉에 장사지내는데, 이때 유비, 순비, 진비가 자신들도 동릉에 함께 가서 영구를 전송하게 해달라고 요구했다. 황족과 대신들도 이를 막지 못했다. 모든 사전준비는 태후의 명에 따랐다. 동릉에 이르자 유비는 한 황친을 불러 직접 따져 물었다. "너희는 어미도 없느냐? 너희에게도 어미란 존재가 있을 터인데 하물며 나는 동치제의 미망인이다. 어찌 융유 한 사람만이 태후라 불릴 수 있느냐? 모두들 입이 있다면 당장 이 일을 논의하여 내게 말해보아라!" 이 난처한 상황 속에서 어느 황숙이 대신들과 거듭 토의해보았지만 모두들 유비의 신분으로는 그렇게 할 만한 전례가 없다고 결론지었다. 더구나 서태후도 이에 대해 별다른 유언이 없었기에, 이러한 이유들을 들어 유비의 말을 거절하니 유비는 이대로 능을 지키고 돌아가지 않겠노라고 위협했다. 하지만 이튿날 융유태후가 가마를 돌려 회궁하자, 유비도 별 도리 없이 뒤따를 수밖에 없었다. 후에 유비는 융유태후가 붕어한 뒤 또 한 번 파란을 일으켰다.

유황귀태비가 푸룬을 비꼬다

위안스카이가 훙헌洪憲˙ 제정을 선언하자 청 황실은 푸룬을 대표로

˙ 위안스카이가 황제의 자리를 꾀했던 시기 정했던 연호. 1916년 1월 1일에 제정되었으나 위안스카이가 황제를 단념하면서 그해 3월 23일에 폐지되었다.

보내, 주안회에 가서 그 뜻을 찬성하고 황제 등극을 권면하도록 했다. 푸룬이 이 일을 네 태비에게 고하자 모두의 얼굴에는 비애가 가득 찼다. 다만 유태비만이 냉소하며 푸룬을 향해 이렇게 말했다. "그러면 너도 이참에 위안스카이 정부로 가서 어디 한 번 충성을 다해 일해 보거라." 푸룬은 이 말을 듣고 얼굴이 붉어져 대답을 우물거리며 물러나왔다.

선통제의 황후와 숙비

선통제의 황후는 룽위안榮源의 딸이며, 후궁인 숙비淑妃는 좡궁莊恭의 딸이었다. 황제의 혼사를 논의할 때 쉰 패륵부[광서제의 동생인 패륵 짜이쉰載洵의 저택]에서는 좡궁의 딸을 강력히 추천하며 사진을 올려 황제가 친히 택하도록 했다. 그러나 이때, 순친왕(짜이펑)의 부인(황제의 생모)이 단강황귀태비에게 좡궁의 딸은 집안이 몹시 가난하여 혹 궁에 들어와서도 없는 집 자식들같이 옹색하게 굴까 염려된다며 혼사를 잠시 미루는 것이 어떻겠냐고 건의했다. 태비도 이같이 황상에게 설명했으나 황상은 그때 마침 단강태비에게 불만을 품고 있던 데다 유태비 등은 또 좡궁의 딸이 아니면 안 된다고 진언하고 있었다. 이후 타오 패륵부[순현친왕의 일곱째 황자인 패륵 짜이타오載濤의 저택]가 다시 룽위안의 딸을 황후로 추천했다. 룽위안의 딸은 랑 패륵[청말 군기대신 위랑毓朗]의 외손녀라 후원 세력이 그만큼 더 커질 수 있었기 때문이다. 이렇게 해서 룽위안의 딸이 황후로 정해졌고 좡궁의 딸은 자연히 숙비가 되었다. 혼례 전날 밤, 법도에 따라 숙비가 먼저 궁에 들어와 황후의 가마를 맞이할 준비를 했다. 입궁하여 황상을 뵙고 감사 인사를 올리는데, 황상은 처음 숙비를 대면하면서도 담담했고 이때부터 계속 숙비와는 소원한 관계가 지속되었다. 숙비는 지나치게 몸을 사려, 장춘궁에서 지낼 때도 매일 아침저녁으로 양심전, 종수궁에 문안을

황후 완룽婉容(오른쪽)과 숙비 원슈文綉

드리러 갈 때 외에는 궁문을 닫고 두문불출했다. 궁 안에 틀어박혀 지내면서 궁녀들에게 책을 읽는 법이나 바느질을 가르쳤고, 태감은 있어도 그저 구색만 갖출 뿐이었다. 그래서 궁에서는 그를 현숙한 여인이라 불렀다.

　　황후는 혼례 때 신무문으로 들어가 순정문을 지났다. 이곳에서 숙비는 무릎을 꿇고 황후를 영접했으며, 곤녕궁에 이르러 예식을 치렀다. 그런데 화촉을 밝히는 밤, 공교롭게도 황후의 월경이 닥쳤고, 황상은 이때부터 중궁에 발걸음을 하지 않았다. 황후는 총명하고 영리한 사람이라 갖은 방법을 다해 황제의 환심을 사려해보았지만, 황제는 끝내 중궁에 머물지 않았다. 사실 혼례 이후부터 황제는 여색을 가까이 하지 않았기에 황후와 후궁은 독수공방 신세가 아닐 수 없었다. 결국 황후는 말년에 정신이상이 왔고 아편에 중독되고 말았다. 숙비는 비록 현숙한 사람이었지만 점차 열악해지는 정세와 주변 요인들을 견디다 못해 일찍이 톈진에서 황상과 이혼하고 말았다. 그후에도 다른 사람과 혼인하지 않고 어느 사저의 보살핌을 받았다. 이후 베이징에 은거하며 오랫동안 채식을 하고 불공을 드리는 삶을 살았다.

루 문단공

　　문단공文端公 루룬샹陸潤庠* 사부는 서방書房에서 홀로 천바오천陳寶琛[청대 대신이자 학자] 사부를 모셨다. 다른 사부들도 정중하고 공손한 태도로 대하며 잘 지냈다. 오직 이커탄伊克坦에게만은 그리 인정을 두지 않았는데, 이는 그가 말이 많고 조심성이 없었기 때문이다. 황상은 공부를 할

● 청대 정부관원으로, 동치제 때 장원이 되었고 광서제 때는 공부상서, 사부상서, 대학사 등을 역임했으며 신해혁명 이후 청 황궁에서 선통제의 스승으로 일했다.

때면 늘 안색을 바로 하고 단정한 모습으로 문단을 대했으며 공손하고 두려워하는 마음마저 품었다. 공화정 성립이 전해지면서 사부들이 앞으로 자신들의 지위가 어떻게 될지 의논하자 문단공은 정색을 하며 말했다. "지위는 무슨 지위, 다른 무슨 지위가 있나! 망국의 신하인 게지." 그 어투는 침통하기 이를 데 없었다. 중화민국 5년, 위안스카이가 홍헌제 등극 준비를 성공적으로 마치자 문단은 위안스카이에게 서한을 보내 분명히 말했다. "함께 지낸 지도 벌써 여러 해이오니, 나에게 어떤 직위도 주지 않으신다면 고맙겠소이다." 어느 날, 문단이 궁으로 들어와 황상을 알현하고는 떠날 무렵 이렇게 말했다. "신, 병고로 인해 내일은 입궁하지 못하겠나이다." 문단은 의술에도 정통한 사람이었는데, 이전부터 천식이 있어 약을 잘 복용하지 못했다. 집에 돌아온 뒤 그는 약을 복용했지만 며칠 지나지 않아 아무도 모르게 조용히 세상을 떠났다. 황상은 이 소식을 듣고 애도를 그치지 않았다. 그 가족들의 말을 들어보면 사실상 그는 곡기를 끊고 죽은 것이라 한다.

이커탄

이커탄은 만주 글을 가르치는 사부였는데, 술만 마시면 망언을 내뱉어 늘 루 문단 사부 앞에서 책망을 들었다. 이후 문단이 작고한 뒤에는 고삐 풀린 망아지처럼 더욱 경거망동을 일삼았다. 또 어린 황제는 매번 그 말을 곧이곧대로 믿곤 했다. 순친왕(짜이펑)의 부인은 영록의 딸로 황제의 생모였는데, 명석하고 민감하여 세상 돌아가는 추세를 대강 알기에 황상이 무지한 태감들과 어울려 놀기에만 열중하고 학문을 등한시하는 것을 몹시 우려했다. 그래서 늘 단강태비에게 황상을 잘 좀 이끌고 보살펴주십사 간청했다. 태비 역시 황상을 극진히 생각했기에 종종 마음을 다해 권면했으며, 또 태감 류劉 씨를 꾸짖어 황제에게 합당치 않은 노리개들을 폐기하라 명했다. 황상은 이 때문에 심히 진노했고, 태비에 대해 마음이 상하니 중간에서 이간질하는 자까지 생겨나 황제와 단강태비 사이의 골은 점점 더 깊어 갔다. 하지만 태비는 이를 알아차리지 못했다.

　　중화민국 10년 가을, 단강태비는 선저우深州로 사람을 보내 수밀도[껍질이 얇고 살과 물이 많으며 맛이 단 물복숭아]를 여러 광주리 사오게 했다. 가까운 대신들에게 내리기 위해서였다. 그리고 사온 수밀도 중에서 가장 좋은 것으로 몇 광주리를 골라 황상과 황후, 후궁에게 내리고, 또 육경궁毓慶宮[청말 동치제, 광서제, 선통제가 공부를 하던 장소였다] 모든 사부에게 한 광주리씩을 하사했다. 그런데 차방 태감과 남서방의 착오로 이커탄 사부가 명단에서 제외되었다. 단강태비도 명단에 그가 없다는 점을 알아차리지 못했고 총관 역시 발견하지 못했다. 애초부터 하늘이 큰 화를 내리고자 그랬음인지, 모든 사부가 태비에게 감사 인사를 올릴 때에야 비로소 이커탄의 이름이 없다는 것을 알아차렸다. 이커탄은 수치와 모욕감을 느끼고 마음에 원한을 품었다. 하루는 황상이 단강태비에게 불만어린 마음을 품은 채 육경궁에 이르러 마침 이커탄에게 수업을 들었다. 이커탄은 이 틈을 놓치지 않고, 서태후가 광서제에게 했던 것처럼 단강태비 역시 황상께 그리하려 한다며 황제를 격분케 했다. 또한 간사하게도 "하지만 지위고하가 다르니 도리를 지켜 대응하셔야 합니다"라는 말을 덧붙였다. 이로 인해 황상은 영화궁으로 향했고, 마침 단강태비는 전전에 있었다. 전으로 들어간 황상은 분노한 기색이 역력한 채로 입을 열자마자 이에 대해 물었다. 단강태비는 짐짓 웃는 낯으로 "황상은 진정하시고 하실 말씀이 있거든 무엇이든지 하시지요"라며 황제를 다독였다. 얼마 후 황상은 전을 물러나왔으나 단강태비는 이 일을 겪고 얼마 안 있어 몸에 마비 증상이 왔다. 3개월이 지나 간신히 회복은 되었지만, 순친왕이 문안을 드리러 입궁했을 때도 태비는 그저 하염없이 눈물만 흘렸다. 이에 예전부터 단강태비와 사이가 좋았던 순친왕 부인이 입궁하여 문안을 드리고 태비를 위로하는 한편, 중재를 하고자 양심전으로 향했다. 황상이 태비에게 가서 사죄하기를 바랐으나 황상은 끝내 가지 않았다. 하는 수 없이 순친왕 부인은 왕부로 돌아갔고, 이튿날 아침 아편을 삼키고 세상을 떠났다. 황상은 이 소식을 듣고 왕부로 가서 찢어지는 마음으로 통곡했다. 이 일로 인해 단강태비를 원망하는 마음은 더욱 커졌고 1년여 동안이나 영화궁에 발걸음을 하지 않았다. 그리고 얼마 지나지 않아 이커탄 또한 미치광이처럼 되어 혀를 끊고 자진했다.

이후 천바오천 사부가 황상께 '효는 입신立身의 근본'임을 깨우쳐 권면했고, 황상도 깨닫는 바가 있어 다시 예전처럼 매일 영화궁에 가 문안을 올렸다. 이때는 단강태비의 건강도 많이 회복되어 있었다. 황상은 단강태비를 뵈면서 과거 자신의 행위가 온당치 못했음을 매우 후회했고, 태비 역시 더욱 신경써서 황제에게 아낌없는 사랑을 베풀어주었다. 단강태비는 매일같이 불경을 읽고 예불을 드렸다. 갑자년 봄에서 여름으로 넘어갈 무렵, 궁 정원에는 꽃이 앞다투어 무성히 피었고 사람들은 모두 이를 길조로 여겼다. 하지만 단강태비는 한숨을 내쉬며 말했다. "괴이한 일이구나. 효흠(서태후), 효정태후(용유태후)께서 붕어하실 때도 꽃이 이상스레 많이 피더니 아마도 이제는 내가 갈 차례인가." 태비의 말에는 무한한 감회가 깃들어 있있다.

8월 15일, 황상은 영화궁에 가서 문안을 드린 뒤 황아냥(단강태비)께 양심전으로 오셔서 함께 달구경을 하며 절기를 보내자고 청했다. 다른 태비들은 초대하지 않았다. 시장에서 명절 때면 파는 토끼 완구며 갖가지 사등롱을 양심전 뜰 양쪽 회랑에 진열해놓고, 뜰 가운데에는 음식상을 놓았다. 달이 막 떠올라 달빛이 비치자 등불과 촛불이 환하게 빛났다. 단강태비는 동쪽 상석에 앉아 서쪽을 향하고 황상은 서쪽에 앉아 동쪽을 향했다. 한쪽에는 황후와 왕공주王格格[황제의 여동생]가 앉았고 또 한쪽에는 왕손들이 자리했다. 모두 합쳐 20여 명 정도였다. 황상은 이날 격식에 구애받지 말고 자유롭게 즐기라 명했고, 벌주놀이*를 하며 큰 소리로 웃고 이야기했다. 단강태비는 건강 때문에 음식을 많이 들지는 못했으나 연신 환한 웃음을 터뜨렸다. 밤이 깊어 자시가 지났는데도 사람들은 흥에 겨워 전으로 돌아갈 생각을 하지 않았고, 본궁 수령태감이 태비에게 돌아가 쉬셔야 한다고 아뢰자 그제야 회궁했다. 그러나 밤의 찬 기운을 맞은 탓에 태비는 몸 상태가 안 좋아졌고, 한 번 몸져눕자 다시 일어나지 못하고 닷새 뒤에 그만 영화궁에서 운명하고 말았다. 법도대로라면 모든 비빈이 자금성 밖 길상소(징산 뒷길 동쪽에 위치했다)에서 시신을 염하고 입관해야 했으나 시기가 시기인 만큼 수강궁에서 염하고 입관했다. 황상과 황후는 애통해하며 예를 다했다. 그리고 10월 초이레, 느닷없이 강제 출궁이라는 변고를 맞아 황상은 자금성을 떠나게 되었다. 19일에는 단강태비의 영구도 광화사廣化寺로 옮겨졌다.

바커탄부

　　바커탄부巴克坦布는 내무부 대신이었다. 바른 정치로 인한 그의 명성은 지금도 증명할 이가 있다. 그는 훌륭한 관리였으나 이 때문에 많은 욕을 먹은 관리이기도 했다. 내무부에서 직임을 맡은 그는 청조의 오래된 폐단을 모조리 타파하고자 하는 뜻을 품었다. 금문을 드나드는 대내 태감과

---

* 화권劃拳. 술자리에서 두 사람이 동시에 손가락을 내밀며 각기 한 숫자를 말하는데 말하는 숫자와 쌍방에서 내미는 손가락의 총수가 같으면 이기는 것으로, 지는 사람이 벌주를 마시는 놀이.

청조의 네 유신 태감들

소라들도 아주 엄격하게 관리하고 단속했다. 문 안팎으로 드나드는 이들은 란 공*을 제외하고는 바커탄부를 가장 두려워했고, 사람마다 그를 향해 귀먹은 욕을 해댔다. 윗대 태감들 말을 들어보면, 대내 공사를 할 때 가령 은 50만 냥을 공사비로 잡으면 실제로는 그 절반만 사용하고 나머지 절반은 목재상이 등급을 나누어 담당 관원에게 거마비 명목으로 보낸다고 한다. 하지만 유일하게 바커탄부 대인만이 이 돈을 거절했고, 나아가 그 상인에게 그 돈으로 석회나 좀 더 사서 공사에 보태라고 전했다 한다. 그의 손을 거친 모든 공사는 견고하고 빈틈없었다. 이렇게 청렴한 사람이 윗자리에 있으니 아랫사람들 또한 마음대로 공금을 착복하지 못했다. 이 때문에 내무부의 크고 작은 사관들은 너 나 할 것 없이 안 보는 데서 그를 욕했다. 아쉬운 것은 그가 백성들을 다스리는 친민관이 아니었다는 것이다. 오직 내무부에서 황실을 위해서만 맡은 바 책임을 다했으니, 이 때문에 살아생전에는 억울하게 욕을 듣고 죽은 후에도 그 명성이 세상에 잘 알려지지 않았다.

고궁에 온 쑨원

쑨중산孫中山[쑨원을 말한다]이 혁명을 제창한 지 40년 만에 마침내 위안스카이가 청을 무너뜨리고 청 황제를 퇴위시켰다. 신해혁명 후, 황싱黃興**을 비롯해 여러 사람이 베이징으로 올라와 먼저 서원을 유람하고 이어서 세 대전을 구경했다. 또 서태후가 지내던 궁이며 광서제가 지내던 궁을

• 도광제의 다섯째 황자인 혁종의 아들 짜이란載灡. 정남기의 호군통령이자 보국공輔國公으로 봉해진다.
•• 근대 민주혁명가이자 군사가. 중화민국 창건자의 한 사람으로, 쑨원의 첫째가는 지기였으며 쑨원과 함께 '쑨황'이라 불렸다.

매일같이 드나들었다. 하나같이 허랑방탕한 이들이었으나 다만 황싱만은 여느 사람과 달리 예의를 지켰다. 과연 혁명의 거두답다 탄복할 만큼 실로 공손한 태도였다. 이후 쑨원도 베이징에 오면 삼해를 유람하고 매번 궁에 왔는데 그 역시 여느 사람과 달리 정중하고 공손한 태도를 취했다.

왕징웨이

　　왕징웨이汪精衛[위안스카이 통치 시기 프랑스로 유학을 갔다가 귀국 후 쑨원의 휘하에서 일했다]가 땅에 지뢰를 설치해 섭정왕(순친왕 짜이펑)을 암살하려 한 것은 세상이 다 아는 일이다. 이 일은 그의 일생일대의 거사였다. 하지만 암살을 계획하던 당시 일을 꾸미는 데 미숙하고 허술하여 뜻밖에도 경찰 진金 아무개에게 발각되었고, 체포돼 형부刑部로 넘겨졌다. 숙친왕肅親王 산치善耆가 관대한 처분을 주장해 왕징웨이의 형벌은 종신형에 그쳤다. 그때 왕징웨이와 함께 수감되어 있던 자들 중 류주핑, 장치산이라는 두 태감(살인 혐의로 수감된 이들이었다)이 있었는데, 이들은 오래전부터 감옥에 있었던 터라 그를 매우 잘 대해주었다. 혁명이 성공하면서 왕징웨이는 풀려났고, 류주핑과 장치산도 석방되었다. 이후 뜻하는 바를 이룬 왕징웨이는 쑨원을 따라 베이징으로 올라와서 류주핑과 장치산을 찾았다. 그들을 만나 지난 일을 허심탄회하게 이야기했고 고생을 함께한 벗이라 부르며 돈과 현물까지 선사했다. 뿐만 아니라 자신을 체포했던 진 아무개 경찰을 찾아가서도 "우리 알고나 지냅시다" 하며 배포 두둑한 모습을 보였다고 한다.

제8장 청대의 궁녀 선출

궁녀를 뽑는 일

　　궁 안에서 주인의 시중을 드는 여인들을 통칭 여관 또는 궁녀라고 한다. 모두 내무부 삼기에 속한 가난한 집안의 딸들이었다. 매년 봄과 가을에 궁녀를 뽑았는데, 이를 '수녀秀女[명청 시대에 궁중에 뽑혀 들어갔던 여관]를 뽑는다'고 불렀다. 궁에서 일하는 수녀는 가히 그 고생스러움을 짐작할 수 있었기에, 돈이 있는 집에서는 이를 피해 사람을 사서 대신 보내기도 했다. 대신 보낸 아이가 궁녀로 뽑히면 그 아이의 집에 얼마간의 돈을 주었고, 뽑히지 못하면 옷 한 벌 정도만 해주는 식으로 거래가 이루어졌다. 궁녀 선출을 위해 여인들은 '수녀'라고 써붙인 마차에 두 명씩 앉아 이동했다. 신무문 앞에 이르면 마차에서 내려 순정문까지 줄지어 걸어갔는데, 저마다 모두 앞섶에 나무패를 하나씩 묶어달았다. 나무패에는 '무슨 기하 무슨 좌령하 무슨 직위 누구의 딸'이라 쓰여 있었다. 예를 들어 자년子年에 태어난 이면 '쥐띠 열네 살'이라 쓰였다. 순정문을 지나 어화원에 이르면 질서정연하게 줄을 섰다. 태후가 먼저 이들 중에서 궁녀를 고르고, 나

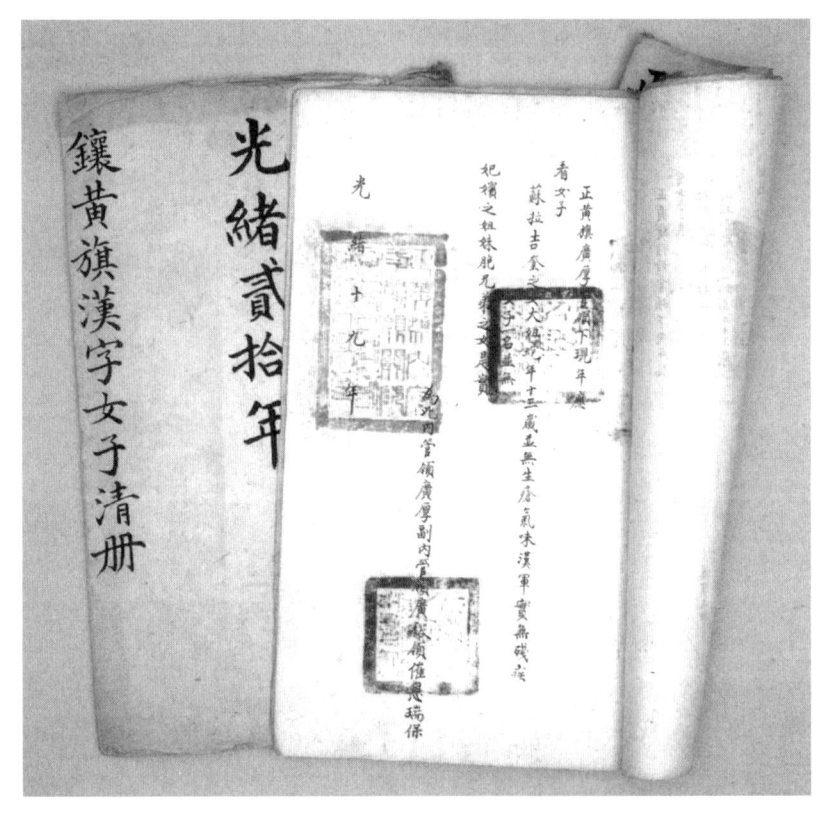

광서 19년 때 궁녀 선출을 기록한 청대의 책

머지는 각 궁으로 뽑혀 들어갔다. 태후 궁을 비롯해 후궁後宮에서 부리는 궁녀의 수는 일정하게 정해져 있었고, 마음대로 그 수를 늘릴 수 없었다. 다만 황상은 관계없었다.

관례에 따르면 태후는 12명, 황상은 10명의 궁녀를 뽑았고, 비 아래로는 지위가 낮을수록 궁녀의 수가 적었다. 가장 적게는 한 명의 궁녀가 뽑혔다. 궁에서 오래 일한 태감의 이야기를 들어보면 궁녀가 가장 많을 때도 100명이 못 되었다고 한다. 결원이 났을 때나 선출했기 때문이다. 궁녀는 10년을 일하고 나면 출궁해서 혼인을 했다. 이때 주인은 극히 적은 양이지만 얼마간의 혼수품을 하사했다. 일을 하면서 주인의 마음에 든 궁녀는 1년이나 2년 더 연장해서 궁에 남기도 했다. 또 이런 궁녀는 나중에 궁에서 나갈 때 특별한 상을 받을 수 있었다. 궁녀들은 너 나 할 것 없이 용모가 아름다운 이가 없었고, 평탄케 산 이도 거의 없었다. 그래도 고대에는 이렇게 한 많은 여인이 무려 3000명이나 되었다니 청조는 그나마 그 수가 적은 편이었다.

청조 때 수녀를 뽑는 제도는 전 왕조와 달랐다

수녀는 궁녀를 일컫는 말이다.◆ '궁녀' 또는 '아래채 부인네'라고도 불렸다. 아래채는 각 궁 '주인'을 시중드는 궁녀들이 일하는 공간이었다. 그녀들의 임무는 보안을 유지하며 주인의 시중을 드는 것이었다. 주인이 대소변을 보면 그 요강을 나무 상자에 담고 상자를 천으로 감쌌다. 대소변은

◆ '수녀'는 팔기 관원의 딸을 가리키며, 궁에 선출되어 들어갈 경우 나중에 비빈이 될 가능성도 있었다. 또 종실 귀족이나 대신의 자제와 맺어질 수도 있었다. 반면 '궁녀'는 내무부 포의(하인) 좌령하의 딸들을 일컫는 것으로 입궁 후 내정을 섬기며 시중드는 일만을 했다. 초창기에는 양자를 모두 '수녀'라고 불렀지만 광서제 때는 규정이 명확해져 전자를 '수녀', 후자를 '궁녀'라 칭했다.

침궁 밖으로 유출되면 안 되었기에, 나무 상자를 아래채로 가지고 가 요강을 헹구고 씻어냈다. 이와 같이 태감이 여주인 가까이에서 시중들 수 없는 모든 일을 아래채 궁녀들이 담당했다. 옷을 입혀드리는 일, 세수와 양치질, 머리 빗기, 속옷 빨래와 풀 먹이기, 신과 버선을 짓는 일뿐 아니라 침실에서 야간 당직을 서는 일 역시 궁녀의 몫이었다. 궁녀 가운데 가장 윗사람은 다년간 궁녀 생활을 해온 '큰 아가씨'였다. 늦게 들어온 신입 궁녀는 그를 마마님이라 불렀다.

이전 왕조 때는 수녀를 선출할 때 민간의 여인을 강제로 뽑는 분위기였다. 이 때문에 백성들은 딸들이 나이가 차면 이리저리 빠져나갈 방도를 찾았다. 궁녀로 사는 것이 얼마나 한 많고 고달픈 길인지 잘 알았기 때문이다. 청조 때의 수녀 선출은 이와 달랐다. 선출에 응할 수 있는 이는 오직 내무부 삼기에 속한 성년 여자들뿐이었다. 내무부에서 수녀를 뽑는 방법은 고정된 관례가 있었는데, 기하인 여자라면 대부분 집안이 부유한 이들이었기에 궁에 들어가 '한 많은 여인'이 되는 것을 그리 원치 않았다. 그래서 이들을 대신해서 온 여자들이 대다수를 차지했다. 내무부 삼기에 속한 모든 여인은 나이가 14세에 이르면 반드시 수녀 선출에 응해야 했고, 여기에 응하는 이들 중 다수가 다른 사람을 대신한 이들이었기에 이름이나 나이가 정확하지 않았다. 이들은 자신의 출신을 적어넣은, 끄트머리가 녹색인 흰 패를 앞섶에 걸었다. 수녀로 뽑힌 이들은 입궁 후 10년이 지나서야 궁을 나오는 것이 허용되었다. 매년 음력 2월 10일이면 어회원에서 선출에 응한 이들 중 '수녀를 뽑았다'. 서태후가 가장 먼저 자신이 부릴 궁녀를 고르고, 황후가 두 번째, 근비가 세 번째였다. 남은 이들은 자령궁으로 보내 나이 든 태비들에게 부릴 궁녀를 고르게 했다. 이때 몇 명을 고르는지는 일정하지 않았다. 요컨대 현재 인원이 부족하면 채우고 부족하지 않으면 채우지 않는 식이었다. 10년이 지나면 주인은 얼마간의 돈과 현물을

입궁한 지 얼마 되지 않은 어린 궁녀들

내렸고, 궁녀는 이것을 밑천삼아 출궁하여 혼인 준비를 했다. 관례에 따르면 각 궁 주인이 거느릴 수 있는 총 궁녀의 수는 정해져 있었다. 황태후는 12명, 황후는 10명, 황귀비와 귀비는 8명, 비와 빈은 6명, 귀인은 4명, 상재常在[청대 비빈의 호칭 중 귀인보다 낮고 답응보다 한 단계 높은 지위]는 3명, 답응答應[청대 비빈의 호칭 중 가장 낮은 지위]은 1명이었다.

궁녀들은 25세가 되면 모두 출궁해야 했고, 주인에게 잘 보였던 이들만 1년 정도 더 남아 있을 수 있었다. 궁녀들이 궁을 나올 때는 나라에서 내리는 관상官賞과 개인적으로 내리는 사상私賞을 받았다. 관상은 정해진 법도에 따라 내려졌다. 귀인 이하의 여인 중, 궁에 들어온 지 15년 이상 된 자는 은 30냥을, 15년 이내인 자는 은 20냥을, 10년 이내인 자는 은 10냥을 하사받았다. 하지만 죄를 범해 햇수를 채우지 못하고 쫓겨난 자는 받는 것이 없었다. 관상은 내무부 회계사에서 지급했다. 소위 사상이라는 것은 다음과 같다. 황태후, 황후, 황귀비, 귀비, 빈과 같이 재력이 있는 주인들은 은전이며 비단 옷감 등이 풍족해 주인이 원하는 대로 챙겨주기에 어려움이 없었다. 그래서 궁녀가 궁을 나갈 때면 본궁에서 얼마간의 돈과 현물을 하사했다. 이렇게 지출된 돈이나 현물은 내무부 장부에 기입되지 않았다. 내가 영수궁 사방에서 장부를 관리할 때는 궁녀들이 10년을 일하고 은 200냥 정도를 하사받았다.

궁녀가 못생긴 것은 불변의 법칙

궁중에서 수녀, 즉 수려한 여인을 뽑는다고 하면 듣기에는 썩 좋아 보인다. 하지만 경험을 통한 내 견해를 몇 가지 소개해보면 다음과 같다. 태후가 부릴 아래채 궁녀들은 얼마나 힘 있게 일을 잘 하느냐가 관건이었다. 그렇기에 유일한 조건은 좋은 체력이지 결코 용모 같은 것이 아니었다.

황후나 비빈들 입장에서도 결코 궁녀들이 서시西施[춘추시대 월나라의 미인. 왕소군, 초선, 양귀비와 함께 고대 4대 미인으로 지칭된다]나 조비연趙飛燕[한나라 성황제의 부인 효성황후. 날씬한 몸매의 중국 전통 미인상]과 같이 아름답기를 바라지 않았다. 그런 궁녀가 황제의 시중이라도 들게 된다면 자신의 적을 만드는 것이나 다름없을 텐데 어떤 어리석은 비빈이 그런 궁녀를 들이겠는가.

서태후 때부터 들어온 아래채 부인네들

서태후는 50세가 넘어서면서부터 몸이 많이 안 좋아져서 종종 앓아누웠다. 태의원도 속수무책, 병석에 누워 일어나지 못하는 태후의 모습을 그저 지켜보기만 해야 했다. 어느 날 태후가 돌연 한 어의를 떠올렸는데(그 이름은 잊어버렸다) 하필 이 사람도 와병 중이어서 병석에서 일어나지 못하고 있었다. 어쩔 수 없이 어의를 나무 평상에 태운 채로 입궁시켜 태후를 진료케 했다. 그는 처방전을 낸 다음 이렇게 말했다. "처방한 약을 드시면 병세가 호전될 것입니다. 몇 제를 신속하게 복용하도록 하십시오. 또한 몸이 회복되신 뒤에 사람의 젖을 드시면 틀림없이 옥체가 강건해지고 장수하실 것입니다. 노비는 이후로 다시 뵙지 못할 듯합니다." 이 어의는 집으로 돌아간 뒤 얼마 지나지 않아 세상을 떠났다. 태후는 그의 약을 복용하고 정말 완쾌되었다. 그리고 이때부터 좋은 젖을 내는 부녀를 뽑아 궁에 들이기 시작했다. 좋은 젖을 선별하는 방법은 다음과 같았다. 젖을 쟁반에 짜내 태양광 아래에 놓고 볕에 건조시켜보면, 말랐을 때 핏물이 보이거나 찌꺼기가 나와 비리고 퀴퀴한 냄새가 나는 것이 있다. 건조시킨 뒤에 기름처럼 희고 깨끗한 것이라야만 좋은 젖으로 간주되었다. 베이징 남쪽 싼허三河 지역 사람인 쑨 씨는 이렇게 선별되어 궁에 들어왔는데, 서태후가 그녀의 젖을 대단히 입에 맞아해 달게 들었다. 이리하여 쑨 부인에게 '푸창福長'이라는 이름을, 그녀의 젖먹이 아이에게는 '푸서우福壽'라는 이름을 내렸다. 매일 아침저녁 태후가 젖을 들 때가 되면, 부인은 유두를 깨끗이 씻은 다음 백옥으로 된 옥기[둥글넓적하며 중앙에 둥근 구멍이 있다]를 걸고 태후에게 젖을 드시도록 했다. 또 이후, 내무부 삼기 내에서 일을 거들 부인들을 여러 명 뽑아올렸다. 모두 자녀가 없는 과부였으며 나이는 40~50세 정도였다. 이들의 숙식은 궁녀들의 법도에 따랐으며, 이들을 가리켜 '아래채 부인네들'이라 불렀다.

『흠정궁중현행칙례』에 기록된 '궁녀의 규칙'을 보면 아래와 같다.

1. 궁녀는 태감과 친지처럼 친밀하게 지내지 말 것이며, 같은 주인을 모시는 이가 아니면 제멋대로 서로 이야기를 나누거나 웃고 떠드는 일이 없도록 한다.

2. 궁과 전, 기관 등의 처소에서 태감이 길을 가다가 혹 궁녀와 마주치면 궁녀가 먼저 지나가게 한다. 한데 뒤섞여 길을 다투는 일이 없도록 한다.

3. 육궁의 궁녀들 중 만약 본궁 태감을 백부나 삼촌, 오빠, 동생이라 부르는 이가 있으면, 그 궁녀는 엄중히 처벌하여 궁에서 내쫓고 그 식솔들은 신장으로 유배를 보낸다.

4. 수령태감은 아무 일 없이 주인의 내실에 오래 서서 한담을 나누는 일이 없도록 할 것이며, 본궁 주인의 병 없이 함부로 태감이나 궁녀를 때리지 않는다.

5. 궁녀는 병이나 몸 상태, 그밖의 사고로 인해 출궁할 시, 본궁 주인의 명을 받아 검사관 등이 사실 여부를 조사하고 그 결과를 보고한 뒤에 비로소 출궁한다.

궁에서 일하고 있는 아래채 부인네

제9장 엄격한 규제가 결국 복이 되다

청대 궁내의 태감 제도

청 황궁 대내의 태감 제도에서 가장 높은 직위는 4품 궁전감으로, 독령시라고도 칭했다. 매달 받는 녹봉이 은 넉 냥, 그밖에 상으로 하사받는 것까지 하면 두세 냥 더 추가되었다. 리롄잉이 받는 녹봉은 모두 합치면 무려 일곱 냥에 이르렀다. 다른 사람 누구도 그에 미치지 못했다. 독령시 다음으로는 부독령시 한 명이 있었고, 받는 녹봉은 넉 냥이었다. 총관태감은 일곱 명이었으며 녹봉 석 냥 5전을 받았다. 이들 모두를 가리켜 통칭 '구당총관'이라 불렀다. 하지만 상소문에서는 감히 자신을 독령시라 칭할 수 없었고 '총관태감 노비 누구누구'라고만 칭해야 했다.

독령시 아문은 경사방에 설치되어 있었고, 고유의 인장이 있었다. 그 밑으로 배치되어 있는 7품 당랑堂郎 중 한 직책은 만주안滿洲案˙을 관장

˙ 독청자서방讀清字書房을 가리킨다. 독청자서방은 '청 문자, 즉 만주어를 공부하는 서재'라는 뜻이다.

하며 만주 글을 익혔다. 7품 수령태감은 사방을 관장하며, 창고 및 각 궁 태감의 승진, 인력 보충, 상벌 사항 그리고 궁내 직무와 지출의 전반을 포함한 주인의 모든 궁중 사안을 관리했다. 내정 태감들은 처음 궁에 들어오면 모두 은 두 냥의 녹봉을 받았고 시간이 지나면 두 냥 5전으로 올라갔다. 석 냥을 받게 되는 때에는 수령태감으로 뽑힐 수 있었고, 석 냥 5전을 받는 자는 총관태감으로 뽑힐 수 있었다. 수시처의 모든 태감은 별 과실 없이 10년간 일하면 누구나 수령태감이 될 수 있었다.

대내 업무의 직무는 전궁前宮과 후궁後宮으로 나뉘었다. 속칭 전반절, 후반절이라 불렀다. 전궁은 황상의 처소를 가리키며, 5전 13문으로 나뉘었다. 경사방, 주사처, 무근전 같은 곳은 모두 중요한 처소였으며, 전궁의 나머지 전들도 모두 조직적으로 구성되어 있었다. 사집사四執事에서는 황상의 관모, 의복, 허리띠, 신을 관리했으며, 모든 의관을 따로 관리했다. 이 네 가지를 저장하는 창고(사집사고) 하나와 조창삼처가 있었다. 조창삼처는 한 부처에서 세 가지 업무를 담당했다. 매일같이 준비하는 조총, 보도寶刀, 활과 화살을 관리했으며, 안마, 이발, 요강 처리를 담당했고, 창고 일을 맡았다. 내전內殿은 사방, 불당, 어전, 기용技勇의 네 가지 업무로 나뉘었다. 이곳에는 총관태감 두 명이 배치되었으며, 사방과 불당에 수령태감 한 명과 태감 5~6명씩 들어갔다. 어전에는 대반태감 네 명이 있었고 어전태감 10명이 배치되어 황상의 기거를 전담했다. 기용이란 옹정제 때부터 시작된 것으로, 말끔히 거세한 청년 내삼들에게 학문과 부술을 가르치는 것을 일컬었다. 기용에서 다시 사람을 선별해 어전에서 일할 소태감을 뽑았는데, 이들을 어전 상차라고 불렀다. 어선방에는 총관 한 명이 있었고, 사방의 한 부처가 황상의 식사에 대해 기록하는 일을 전담했다. 수령태감은 따로 없었고, 태감 두세 명과 서기 여러 명이 총관의 수하로 일했다. 그다음으로 5국이 있다. 5국은 각각 수령태감 한 명, 장국 한 명, 장안 한 명, 화촉

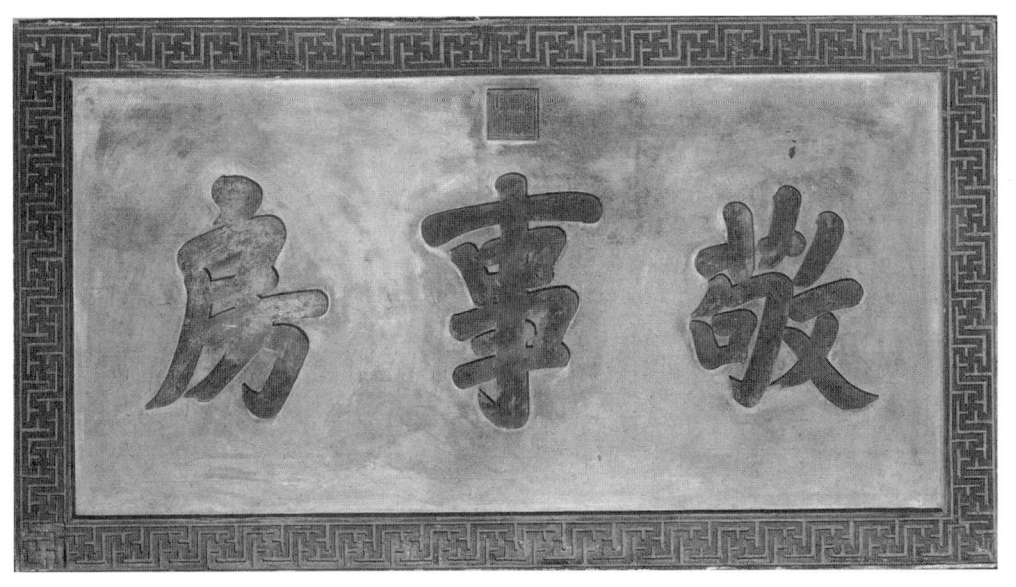

서태후가 쓴 '경사방' 현판

두 명, 태감 10명이 배치되었다. 주방 일꾼들은 외선방에서 뽑았다. 어차방은 차, 과일, 간식의 세 가지 안案으로 일이 구성되었다. 수령태감 한 명, 장국 한 명, 장안 한 명, 대태감 두 명, 태감 10명이 이곳에 배치되었다. 차방 일꾼은 외차방에서 뽑았다. 외선방과 외차방은 연회 준비를 담당했기 때문에 그 규모가 엄청나게 컸다. 또한 어약방은 수령태감 한 명, 대사부 한 명, 태감 5~6명으로 구성되었다. 어의와 약제사가 교대로 당직을 맡았다. 남서방에는 수령태감 없이 태감만 여러 명 배치되었다. 타소처(청소 담당처), 골동품 방, 주종처做鍾處[청대 황궁 내에 설치되었던 시계 제작소], 조판처 造辦處● 등과 같이 작은 처소들은 모두 황상이 사용하실 것들과 편의를 제공해드리는 수시처였다. 상승교는 가마를 관리하는 곳으로, 황상과 황후가 내정에서 가마를 타실 때면 이를 담당했다. 궁 밖에서 가마를 타실 때는 난의위에서 가마를 주관했다. 이상의 일들은 모두 전궁의 업무로 칭했다. 후궁은 태후, 황후, 비빈 등의 궁을 가리킨다.

대내 각 문과 사람 없는 빈 궁 태감들 중에는 가마 조에 배치되어 비빈이나 알현하러 오는 황족 부인, 명부 같은 이들이 탈 작은 가마, 즉 두 사람이 나르는 가마를 맡는 이도 있었다. 힘 있는 장년 나이의 태감이나 건장한 태감들을 골라 이 일을 맡겼으며, 총 10개 조로 나뉘었다. 각 전에서 장부 검사 및 창고 점검을 할 때나 물건을 운반하고 짊어지는 등 힘쓰는 일이 생길 때면 모두 이들이 나서서 담당했다. 눈이 내리면 경사방 태감들이 긴칭궁 앞에 서서 "태감들은 들으시오!" 하고 외쳤다. 곧 근처 각 전 태감이 의관을 정제하고 문 앞에 나와 "네!" 하고 대답하면 경사방 태감들이 전달했다. "수시처 등의 10개 조는 인원을 채워 각기 청소도구들

● 황실에서 필요한 물품이나 황제가 쓰는 일용품, 예술품 및 각종 기물을 제작하던 곳. 청대에는 그 규모가 이전보다 더욱 방대해졌으며, 양심전 조판처와 내무부 조판처로 나뉘었다.

을 가지고 나와 건청궁의 눈을 치우시오!" 그러면 "네!" 소리와 함께 즉시 처에서 처로 연이어 말을 전달해 태감들이 일을 하러 몰려 왔다. 사실 태감이란 자들은 공연에서 재주를 부리는 원숭이들처럼 하고 싶지 않아도 매가 무서워 마지못해 일을 해야 했다. 궁중의 규정은 종이 종을 다스리는 방식으로, 인정이라고는 찾아볼 수 없는 것이었다. 하루라도 빨리 제자에서 벗어나 스승 자리에 오르는 길밖에 없었고, 스승 자리에 오르면 태감이 태감을 다스리고 심하게는 형벌까지 줄 수 있었다. 또한 처소마다 고유한 법도가 있었기에 규범에 어긋나는 일은 거의 일어나지 않았다. 이런 궁중 제도가 잘 운용된 것은 실로 전대에는 없었던 일이다.

청 초기의 태감들은 품계에 따른 복장을 아직 갖추고 있지 않았다

팔기 병사들이 산하이관山海關** 내로 진입한 것은 본래 오삼계吳三桂***가 요청한 것이었다. 이들은 한 번의 전투로 이자성李自成****을 몰아냈다. 전해지는 바에 따르면, 당시 궁 안에는 죽은 사람이 부지기수였다고 한다. 섭정왕 도르곤*****의 군대가 대내로 들어와 궁중 뜰을 치우고 정리할 때, 건청궁 단폐의 통로 안과 양쪽으로 물이 흐르는 두 수로의 용머리 위에는 목을 매어 자진한 사람들의 시체가 한가득 매달려 있었다. 이 때문에

** 만리장성의 동쪽 끝 요새. 이곳을 통과하여 중원으로 향하는 것을 입관入關이라 하며, 산하이관 바깥 동북 지역(둥베이 지방)을 '관외' 또는 '관동'이라고 한다.
*** 명나라 말기와 청나라 초기의 장수. 이자성이 명에 반란을 일으키자 만주족에 지원을 요청해 만주족과 연합하여 이자성을 베이징에서 몰아내고 이후 청의 장수가 되었다.
**** 명대의 마지막 황제 숭정제를 제위에서 내몬 농민 반란군 지도자. 오삼계와 만주족의 연합군에 의해 수도에서 쫓겨났다.
***** 청나라 순치제의 숙부. 명 멸망 이후 투항한 오삼계의 도움으로 산하이관을 넘어 함께 이자성을 공격, 베이징으로 입성하여 청나라가 베이징을 수도로 삼고 중국 전역을 통치하는 데 기여했다.

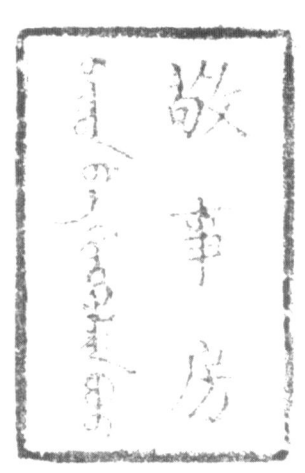

경사방의 인장

곳곳에서 견디기 힘든 악취가 진동했다. 궁내에는 총 72개의 우물이 있었는데, 우물에 몸을 던져 자결한 비빈과 궁녀들의 시체도 가히 셀 수 없었다. 정궁의 주周 황후는 어화원 두단 아래 우물에 몸을 던져 죽었다. 청 조정은 이들의 시신을 모두 건져올려 안장해주었다.

난리통에 병사들이 월화문 천장 합판 위에서 아래로 물이 떨어지는 것을 발견했다. 이에 나무사다리를 놓고 천장을 뚫어 들어가 그 위를 살펴보니 어느 나이 어린 태감이 그곳에 있었다. 대체 어찌된 일인지 연유를 물었더니 그가 말했다. "제 이름은 임윤승林允昇이고, 어릴 때부터 주 황후마마를 모셨습니다. 병사들이 성을 에워싸자 황상은 행방을 알 수 없고, 황후마마는 우물에 몸을 던져 자결하시고 말았습니다. 어떤 사람은 죽고 어떤 사람은 도망치는데, 저는 죽는 것이 두려워 물과 먹을 것을 좀 가지고 이곳에 숨어 있었습니다. 어르신들, 제발 목숨만은 살려 주십시오!" 군사들은 그가 아직 어린아이인 데다 또 태감임을 보고 섭정왕에게 보고하여 물었다. 섭정왕은 그를 후궁後宮으로 보내 황태후를 섬기도록 했다. 이후 그는 순치제[청나라 제3대 황제], 강희제를 모시면서 궁전감의 자리까지 올랐다. 즉 임윤승은 청대 태감의 시조라 할 수 있다. 후대 사람들은 그를 '임 노인'이라고 불렀고, 그가 죽자 나라에서 은제장에 장사지내주었다.

은제장은 태감들의 공동묘지로, 은제장 내에는 관제묘[관우를 모신 사당]가 있고, 이 안에는 임윤승의 사당이 있다. 사당 안에는 임 공의 영정을 모셔두었는데, 바로 이 영정을 통해 청나라 초기 태감들에게는 아직 품계가 없었음을 충분히 증명할 수 있다. 임윤승은 살아있을 때 강희제의 암달이었으며 사후에는 청 조정에서 장사를 지내주는 영광까지 누렸다. 만약 그의 생전에 품계가 있었다면 그의 영정에 반드시 화령을 꽂은 관모가 그려졌어야 한다. 하지만 영정 속 임 노인의 머리 위에는 오직 붉은 술이 높이 달린 관모만 보일 뿐, 품계를 나타낼 만한 것은 아무것도 없다. 복장을 보아도 망포와 보괘를 입고 있지 않다. 그가 입고 있는 두루마기에는 청대 남자 예복의 말굽형 소매를 볼 수 있지만, 두르고 있는 띠와 신고 있는 장화는 여전히 이전 명대의 양식이다. 이로 미루어볼 때 청 초기의 태감들은 아직 품계가 유입되지 않았다는 것을 알 수 있다.

강희제 때부터 시작된 궁내 태감 조직

강희 16년(1677) 5월 27일, 경사방이 설립됐다. 경사방은 내무부 소속으로 두었으며 총관태감, 부총관태감 등의 직위를 배치하여 궁내 모든 사무를 관할하도록 했다.

강희 61년(1722) 12월 5일, 5품 총관 한 명, 5품관 태감 세 명, 6품관 태감 두 명을 두었다. 태감에게 관직이 생기게 된 것은 이때부터다.

옹정 원년(1723) 9월 9일, 내무부를 3품 아문으로 정했다. 이에 따라 내무부에 소속된 경사방 대총관태감에게는 4품 관직을, 부총관에게는 6품 관직을, 수시처 수령태감에게는 7품 관직을, 궁이나 전 같은 처소에서 일하는 수령태감에게는 8품 관직을 수여했다.

옹정 4년(1726) 6월 26일, 경사방 정4품 대총관태감을 궁전감독령시 직함으로, 종4품 대총관은 궁전감정시宮殿監正侍 직함으로, 6품 부총관은 궁전감부시宮殿監副侍 직함으로, 7품 수령태감은 집수시執守侍 직함으로, 8품 수령태감은 시감侍監 직함으로 정했다. 또한 경사방은 또나른 명칭으로 '궁전감'이라 불렸다. 관직이 있는 태감에게 직함을 더하는 관례는 이때부터 시작되었다.

옹정 8년(1730) 6월 25일, '정 몇 품' '종 몇 품'의 구분을 폐지했다. 5품에서 한 단계 승진하면 바로 4품이 되고, 한 단계 강등되면 바로 6품이 되는 식으로 바뀐 것이다. 이후에도 이를 고정 관례로 삼았다. 태감의 관직에 '정'과 '종'이 사라진 것은 이때부터다.

엄격한 규제 덕에 후환을 면하다

환관으로 인한 국란은 진한 시기 이래 시대마다 있어 왔고, 당송 시기 이래로는 유독 명대에 가장 심했다. 청조는 명나라가 태감을 정치적 요직에 중용했다가 그 화가 온 나라에까지 미쳤던 역사를 되새겼다. 역사가들은 환관들의 악행에 대한 증오가 극에 달해 환관뿐 아니라 명대의 군주들까지도 나쁘게 평가했다. 청 조정은 연경燕京[베이징의 옛 이름]으로 수도를 옮기면서 먼저 환관의 권력부터 제거했다. 아무 이유 없이 수도를 떠나는 일을 금지했고 경고 철패를 세워 엄중한 금령禁令을 내렸으며 『흠정궁중현행칙례』를 만들었다. 이 칙례에는 태감을 규제하는 교지가 대다수를 차지하고 있으며, 태감이 엄격히 금해야 하는 사항도 굉장히 세세했다. 소수이긴 하나 거만하게 횡포를 부리는 무지한 태감이 없지 않았는데, 조정은 이들을 모두 단호하게 처리했다. 이러한 개혁의 바람을 불러일으킴으로써 마침내 충성심 깊고 선량한 자질을 갖춘 태감을 길러냈다. 공화정으로 바뀐 뒤부터 지금까지 40여 년간, 세간에는 목이 베이고 죽임을 당하는 일들이 곳곳에서 일어났다. 그럼에도 태감 중에서 누군가 피를 흘렸다는 소문은 이제껏 들어본 적이 없다.

"3600명이면 충분한가?"* 이 말은 청 황궁에서 비롯된 시쳇말이다. 하지만 사실 청대 태감의 수는 청조가 멸망할 때까지 이 수를 넘어본 적이 없다. 신해혁명 이후 내정 태감은 약 1000여 명 정도였고, 도광, 함풍 연

---

* 명대 때 1만을 넘어섰던 태감과 궁녀의 수를 청대에 이르러 3000여 명 정도로 줄였던 것에서 비롯된 민간 속담.

간에는 이보다 훨씬 적었다. 동치, 광서 연간에는 태후 처소와 삼해, 이화원 같은 궁과 전에 인력이 부족해, 왕부에 명을 내려 태감을 올리도록 했다. 즈리와 허젠河間[현재 허베이 성 창저우 시에 속한 현급 시]에 여러 해 계속해서 기근이 들어 태감의 길을 택하는 빈민들이 크게 증가했지만, 태감의 수가 3600명을 넘지는 않았다.

태감이 된 자는 몸가짐을 조심하며 각자 진중하게 자신의 본분을 지켜야 했다. 나이 들어 퇴임하고 궁을 나온 뒤에는, 집이 있는 자는 집으로 돌아가 농사일을 했다. 평소 본분을 지키며 근검절약하여 돈을 저축한 사람은 베이징에서 집 한 채 정도는 장만할 수 있었다. 출궁 후에 간신히 입에 풀칠만 하며 근근이 살아가는 경우는 100분의 1도 채 되지 않았다. 또한 참회의 의미로 탐욕을 줄이고 절을 세우는 것이 태감 사이의 풍조였다. 옛 수도의 사원, 사당들은 대부분 명청 시대 태감들이 세운 것이다. 이와 달리 관묘는 나라에서 지은 것을 일컫는다. 사원 안에는 보통 태감들의 양로의회가 딸려 있었다. 여기에 입회하고자 하는 사람은 반드시 누군가의 소개가 있어야 했고, 문은紋銀[청대에 화폐로 통행했던 표준 은량銀兩의 하나로, 가장 순도 높고 질 좋은 은이다] 20냥을 내야 했다. 그렇게 해서 입회하면 죽는 날까지 혜택을 받을 수 있었다. 또 1930년 내가 뜻을 품고 창립한 은제자선보골회는 생업이 없는 태감들을 구제하고 태감들의 공동묘지를 보존했는데, 그 성과 역시 꽤 훌륭했다.

태감은 본래 굶주린 백성들

역사는 태초의 야만적인 세상에서 문명의 예법과 도덕이 탄생해 오랜 세월을 거쳐 발전해왔음을 보여준다. 예법과 야만은 결코 상통할 수 없는 개념이다. 그럼에도 예로부터 종종 이 둘은 서로가 서로의 원인이 되고

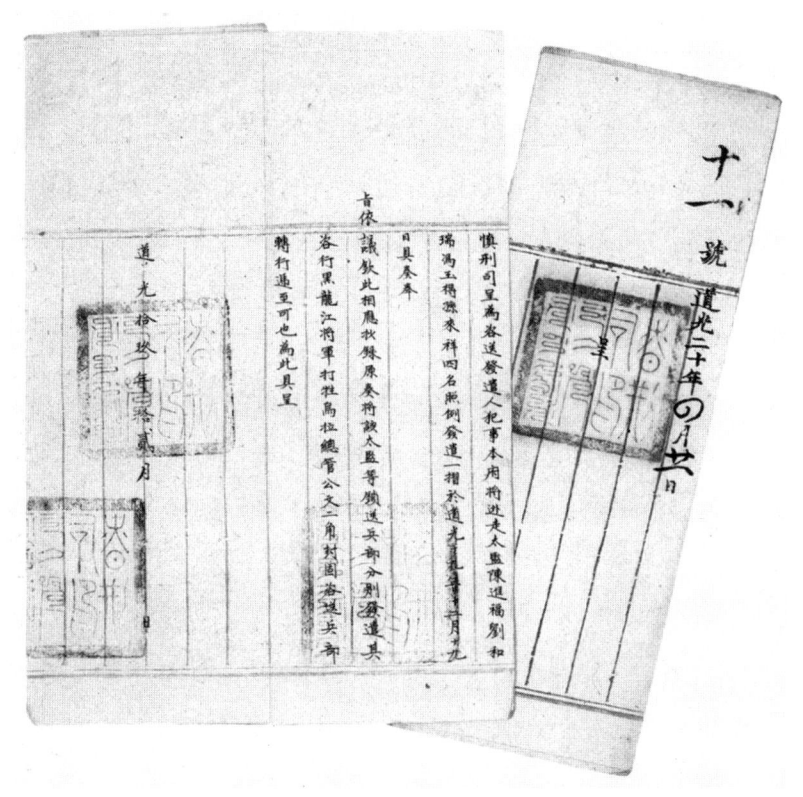

태감을 처벌하는 청 황궁의 공문서

한쪽이 다른 한쪽을 이용하는 일들이 생겨난다. 현대 정치 지도자들은 먼저 봉건 제도를 타파한 다음, 이와 다른 새로운 예법을 세웠다. 지난 예법은 배척되어야 할 제도이고 환관은 배척되어야 할 존재가 된 것이다. 무릇 환관이란 궁문의 금기를 위한 도구였으니, 이 환관이란 단어도 이제는 영원히 사라지게 되었다. 만약 정말 환관이란 존재가 영원히 사라진다면 이것이야말로 대동 세계, 즉 이상적 사회가 실현되는 것이 아니겠는가.* 진정한 대동 사회가 도래한다면 남녀를 구별해 무엇하겠는가? 누가 누구와 사랑을 하든지, 그들이 어떤 사랑을 하든지 중간에서 누군가가 무의미하게 시험해야 할 필요도 없다. 나는 과거의 한 세월을 겪은 사람이다. 과거를 위해, 현재를 위해, 미래를 위해 날마다 아미타불을 3000번 암송한다. 이 생에는 사람다운 삶을 살지 못했지만 다가올 생애에는 이 고통에서 벗어나기를 희망한다. 그리고 제발 궁신窮神[가난을 가져온다는 신] 나으리가 이 같은 사람들을 데리고 또다시 이런 비인간적인 장난을 그만 치기를 희망한다!

근래에 누군가가 이런 질문을 했다. "태감은 어느 왕조 때부터 있었습니까?" 학식이 부족해 나는 그저 이 한 마디만 해줄 수 있었다. "순임금 치세 때, 비형劓刑, 월형刖刑, 궁형宮刑, 묵형黥刑, 대벽大辟의 다섯 가지 형벌**이 있었는데 그중 궁형이 바로 태감에 해당하지요." 한 인간이 이런 비인간적인 형벌을 받고 나면 이후 학문을 쌓은들 무슨 소용이 있겠는가? 그저 황후와 비빈들의 부정을 방지하도록 궁문을 지키는 용도로나 사용되는 것이다. 당시 이런 주장으로 생겨난 환관 제도가 완전히 이치에 맞지

---

* 대동大同은 『예기禮記』 「예운편禮運篇」에 등장하는, 국가와 계급이 없어 사람마다 평등하고 자유로운 이상향을 추구하는 세계관.
** 순서대로 코를 베고, 발을 자르고, 거세하고, 이마에 살을 따고 홈을 내어 먹물로 죄명을 찍어 넣고, 목을 베는 형벌.

않는다고 할 수는 없다. 하지만 황제가 자신의 부인들을 단속하고자 만세의 폐단을 남기게 되었으니, 후세까지 남겨진 이 비인간적인 제도는 무려 5000년 가까이 이어졌다. 이 5000년 세월 속에서 좋은 환관을 꼽으라면 두세 명도 고르기 쉽지 않다. 역사상 환관이 된 자들은 비정상적인 처지로 살아가야 했다. 어느 집단에 가든지 사람들은 내시와 한 부류가 되기를 원치 않았다. 이것 하나만으로도 세상에서 가장 고통스러웠던 존재, 누구도 이해해주지 않았던 존재가 바로 태감이었음을 알 수 있다. 다행스럽게도 근래 들어 사회 분위기가 대동 사회를 향해 나아가는 방향으로 바뀌고 있으며 아직까지 남아 있는 소수의 태감들에 대해서도 더 이상 경시하는 사람이 없다. 인간적인 사회를 향한 변화가 빠르게 이루어지고 있어 나는 만족하며 감사한다.

예전 일을 돌이켜보면 태감은 군왕의 깃털과도 같은 존재였다. 예를 들어 연극 무대에 황제가 한 명 등장했는데, 그뒤에 네 명의 태감이 서 있지 않는다면 그 연극은 제대로 된 연극이라 할 수 없었다. 보면서 어색함을 느끼지 않을 수 없는 것이다. 군왕의 삼궁육원三宮六院***도 나이 든 태감들이 존재하지 않으면 한시도 마음을 놓을 수 없는 곳이 된다. 또한 경자년 시안 피신 때를 떠올려보아도 그렇다. 당시에는 태후, 황상, 황후, 근비, 황태자 모두가 몸에 무명옷을 걸치고 평민들과 다를 바 없는 차림을 하고 있었다. 영락없는 한 떼의 피란민 행색이었다. 태감들도 일반 백성의 옷차림을 하고 있었지만 얼굴만은 일반 사내들과 달랐다. 천춘쉬안이 병사들을 이끌고 와 차다오에서 가마를 맞을 때, 정탐을 보낸 병사가 이렇게 보고했다. "황제의 가마는 보이지 않고 그저 한 무리의 백성들만 보았습니

*** 황제와 황후, 비빈들의 거처. 삼궁은 건청궁, 교태전, 곤녕궁을 가리키며, 육원은 삼궁 동쪽과 서쪽에 위치한 비빈들의 궁, 즉 동육궁과 서육궁을 가리킨다.

다." 이에 천춘쉬안이 말했다. "다시 가서 자세히 살펴보고 오너라. 내정 어르신들이 있는지 없는지 말이다." 정탐병이 다시 와서 보고했다. "내정 어르신들은 보이지 않았지만, 얼굴에 수염이 없는 사내가 몇 명 눈에 띄었습니다." 천춘쉬안은 크게 웃으며 말했다. "그게 바로 황제의 가마다." 이렇게 해서 병사들을 재촉해 가마를 맞으러 왔고, 군대를 동원해 태후와 황상이 시안으로 가는 길을 호위했다. 만일 태감을 발견하지 못했다면 천춘쉬안이 등장했을는지는 알 수 없는 노릇이다.

명나라 말, 청나라 초기에 이르렀을 때 환관의 위세는 이미 몰락 직전의 상태였다. 청 조정이 산하이관 내로 들어와 베이징에 새 수도를 정했을 때도 환관 중용의 폐해를 모르지 않았다. 다만 천하의 대사가 이제 막 이루어졌기에 잠시 조치를 취하지 않고 내버려두었다가 천천히, 적절한 단속 방안을 강구하기로 한 것이다. 어느 분수를 모르는 문인이 태감을 척결해야 한다는 상소를 올렸다가 강희제의 책망을 들었다(『동화록』 참조). 청대의 태감은 대단히 엄격한 제재를 받았다. 청대 중엽, 태감은 이미 별 볼일 없는 위치로 전락해 길거리나 시장에서도 '노공老公'이라 불렸다[태감들이 그다지 좋아하지 않는 호칭이었다고 한다]. 사실, 단 한 가지라도 살아갈 방도가 있다면 누가 이 길을 가고 싶어하겠는가. 천하가 태평하고 오곡이 풍성할 때는 조정에서 태감을 모집해도 지원하는 사람이 많지 않았다.

『회전會典』[한 조대朝代의 법령 제도와 사례를 기록한 책]에는 태감을 모집하는 내용이 한 술 나와 있다. '백성 중 태감이 되고자 하는 자가 자신이 속한 주州, 현縣에 가서 이를 알리면 그를 담당 관사에 보내 일을 처리하도록 한다'는 내용이었다. 제 한 몸 희생해 태감이 되고자 하는 이가 있으면 지방관은 반드시 그에게 얼마간의 은을 주어야 했다. 나중에는 주, 현 아문에서 이런 번잡스런 일을 꺼려해, 지원자가 스스로 거세하고 베이징에 와서 아는 사람에게 부탁해 내무부에 이름을 넣었다. 내정에서 태감이 필요할 때는 두 가지 방법이 있었다. 하나는 각 왕부에 명을 내려 태감 몇을 바치도록 하는 것이었다. 이를 '기당자旗檔子'라 불렀다. 또 하나는 내무부 회계사에 명을 내려 태감 몇을 올리도록 하는 것이었다. 이를 '민당자民檔子'라 불렀다. 기당자든 민당자든 이 몰인정한 일을 전담했던 사람 중에 비畢 씨라는 이가 있었다. 회계사에서 일했던 그는 각처에서 가난한 집안의 아이들을 받아 돈을 받고 거세를 해주었으며, 아이가 거세를 잘 마치면 장의사에 보내 검증을 받게 했다. 장의사에는 전문적으로 몸 상태를 검사하는 나이 든 태감 한 명이 있어서 거세 상태가 완벽한지 확인했다. 또 태감 한 명을 올릴 때마다 군청색 홑두루마기에 푸른 저고리를 한 벌씩 준비했다. 모두 오래된 옷가지를 염색한 것이었다. 이렇게 해서 태감이 궁에 들어가면 비 씨는 회계사에서 은 50냥을 받았다. 관례에 따르면, 철마다 40명의 태감을 위에 올렸다. 궁에서 모집한 태감 수는 1년에 160명밖에 되지 않았던 것이다. "3600명이면 충분한가?"란 속담이 있긴 했지만, 대내에서 필요로 한 태감의 총 인원수는 청조가 망할 때까지도 3600명에 이른 적이 없다.

나이 든 축들이 전하는 바에 따르면, 도광제와 함풍제 때는 태감 수가 늘 모자랐다고 한다. 그러나 광서 원년 이후 허베이 성 셴獻 현, 다이청大城, 런추任丘 및 톈진 시 진난津南 등지에 해마다 가뭄과 장마가 들자 굶주림을 견디다 못해 목숨을 끊는 이들이 있었고, 눈물을 머금고 사랑하는 자식을 거세해서 베이징으로 보내 대내 태감으로 살게 한 부모들도 있었다. 젊은이들은 친척 중 누군가가 태감이 되고 나서 '부귀영화'를 누리는 것을 보면, 일순간 제정신을 잃고 두 눈을 질끈 감는다. '어쨌든 부자가 되는 것만은 확실히 이룰 수 있는 거잖아.' 그 길이 부자와 얼마나 거리가 먼 것인지 알지 못한 채로 말이다. 베이징으로 들어와 아는 사람에게 부탁해 이름을 넣는 것이 태감이 되기 위한 첫 번째 단계다. 경기가 안 좋은 해에는 어김없이 집을 나와 베이징으로 온 이들이 넘쳐났다. 이들은 우선 50냥의 은을 써서 다른 태감의 이름으로 먼저 이름을 올리고도, 태감이 된 뒤 또 돈을 헌납해야 했다. 이렇게 장 씨의 이름을 이 씨가 쓰면서, 이 일을 담당한 비 씨는 세 배의 이익을 보는 셈이었다. 이 때문에 나중에 보면 태감들 중 자신의 진짜 이름을 쓰고 있는 이들이 거의 없었다. 경자년에 열강과 강화조약을 맺은 뒤에는 태감 모집이 금지되었고, 이 때문에 내무부는 이 일을 융통성 있게 처리해도 좋다는 황명을 받들어 편법을 썼다. 다른 사람의 이름을 사칭해 인원수를 채우는 것을 허가한 것이다. 한 명의 태감 이름을 사칭하는 데 쓰는 은량으로는 태감 하나를 댈 수 없었다. 나 역시 다른 방법을 찾지 못해 어쩔 수 없이 돈을 주고 다른 사람의 이름을 사야 했다. 어미를 봉양하고 동생들을 가르치기 위해, 내 이름은 신한천信翰臣에서 장셴시張獻喜로, 장셴시에서 다시 즈슈다오志修道로, 또다시 신슈밍으로 바뀌었다. 이 신슈밍은 이때부터 하늘의 상제께 바라는 바를 기도했다. 만약 상제께 신령함이 있다면 속히 궁신 나으리의 직책을 빼앗아 멀리 내쫓아주십사 하고 말이다.

태감의 지위

청조는 산하이관을 넘기 전에는 환관을 두지 않았다. 연경을 수도로 정한 뒤 명나라 때 제도를 이어받아 환관을 두기 시작한 것이나. 또한 순치 10년 6월에는 내무부 일이 많아져 새로운 행정기구를 설립한다는 명목으로 13아문을 세웠다. "만주의 근신近臣[왕 가까이에서 시중드는 신하]들과 사인寺人[태감]을 함께 사용한다." 13아문은 명대의 환관 조직인 24아문을 간소화한 것으로, 실로 환관들이 권력을 독점했던 명나라의 전철을 다시 밟는 셈이었다. 아첨을 일삼는 간교한 환관들은 13아문을 기반으로 널리 사람을 모아 파벌을 형성하고 정사를 좌지우지했다. 그리하여 순치 18년에는 또 "13아문을 모조리 개혁하여, 삼기 포의로 내무부를 세우고 환관의 권한을 거두어 만주 기하로 귀속시킨다"는 조서가 떨어졌다. 그리고 특별히 '경사방'을 설치하여 태감을 관리하도록 했다. 경사방은 '궁전감판사처宮殿監辦事處'라고도 불렸으며 내무부에 속한 기구였다. 혹 태감들이 불법을 행하면 내무부는 먼저 추포하고 그뒤에 상소를 올려도 되는 권한이 있었다. 환관의 임명과 해임, 인사이동도 모두 내무부에서 이부吏部[중앙 정부 육부六部의 하나. 관리들의 임면, 고과, 승진과 강등, 인사이동 등을 주관했다]로 공문을 보낸 다음 궁전감이 맡아 처리했다. 또한 청 황궁 교태전 내에 철패를 세우고 다음과 같은 문구로 태감들에게 경고했다. "이후 법을 어기고 정사에 간여하는 자, 즉 부당한 권력을 취하고 뇌물을 받는 행위, 안팎의 아문에 청탁하는 행위, 만주인 및 한인 관원과 교제하는 행위, 바깥일에 대해 제멋대로 아뢰는 월권 행위, 관리의 자질에 관한 말을 올리는 행위를 하는 자는 능지처참에 처한다." 이에 더하여 태감의 품계를 제한해 가장 높은 품계가 4품을 넘지 못하도록 했다. 태감은 궁내 사무만을 관리하도록 하고, 군사와 정치 같은 큰일에는 조금도 발을 들여놓지 못했다. 청말에 이르러 두세 명의 태감이 잠시 큰 총애를 받았으나 국사에 간여할 마음은 감히 품지 못했다(간여할 수도 없었다).

  내무부의 정식 명칭은 '총관내무부아문'이다. 내무부 밑으로는 '칠사七司' '삼원三院' '궁宮' '방房' '처處'와 같은 여러 부처가 설치되어 있었다. 내무부에서 가장 높은 장관은 내무부 대신들이었다(이 직책은 정원에 제한이 없었다). 계급은 초기에 정3품이었다가 옹정 13년(1735)에 정2품으로 바뀌었다. 대부분 황족이나 내부 대신, 상서尚書, 시랑侍郎이 겸임했다. 이 직책은 주로 궁중 사무를 관리하는 것이었으며 기하인 유관(내무부 당관堂官, 사관司官)들로 궁중의 일을 총감독하게 했다. 이 때문에 내정의 모든 일,

모든 책임과 권한이 내무부로 집결되었다. 그렇기에 청 황궁의 태감들 지위는 한나라, 당나라, 명나라 때와 동등한 선에서 논할 수 없다. 하는 일은 실로 황제의 집 노비들 그 이상도, 이하도 아니었다.

태감의 품계

청 초기의 태감들은 품계가 없었다. 태감들에게 품계가 주어진 것은 앞서 보았듯 강희 61년(1722)부터다. 몇 차례 변경을 거쳐 건륭 7년(1742), 태감의 품계는 4품을 넘지 못한다고 못 박으며 이후 고정 관례로 삼았다.

청 말기에 태감 리롄잉이 2품 관모를 받긴 했지만, 이는 서태후가 기존의 관행을 깨고 제도를 어겨 가며 내린 것이었고, 이 때문에 여론의 많은 비난을 받았다.

태감의 녹봉

태감의 녹봉은 옹정제, 건륭제 때 여러 차례 상향 조정되며 차차 고정된 관례가 정해졌다.『흠정궁중현행칙례』에 따르면 아래와 같다.

4품 궁전감독령시는 매달 은 여덟 냥, 쌀 여덟 말斗[되카의 10배], 공비公費로 제전[명정내 정부에서 주조한 동선] 1관貫[1000제전을 한 꿰미로 엮은 것] 300을 받았다.

5품 궁전감정시는 매달 은 일곱 냥, 쌀 일곱 말, 공비 제전 1관 200을 받았다.

6품 궁전감부시는 매달 은 닷 냥, 쌀 닷 말, 공비 제전 1관 100을 받았다.

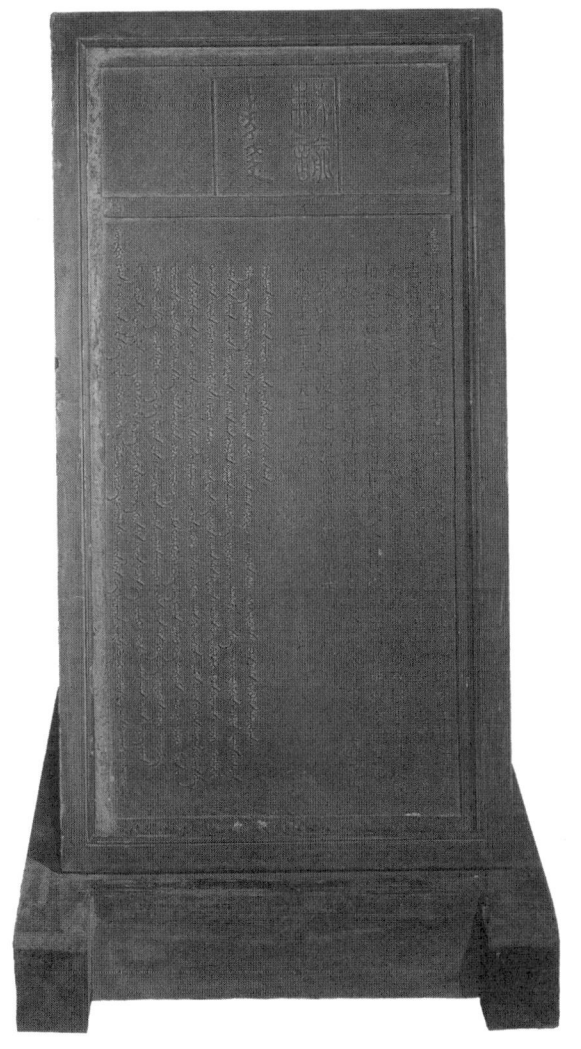

13아문 철패

7품 집수시는 매달 은 넉 냥, 쌀 너 말, 공비 제전 1관을 받았다.

8품 시감은 매달 은 석 냥, 쌀 서 말, 공비 제전 700을 받았다.

관직이 없는 태감의 녹봉은 다음과 같았다.

청 황궁 내 관직이 없는 태감들은 녹봉에 따라 세 등급으로 나뉘었다. 여기서는 편의상 1급 태감, 2급 태감, 3급 태감으로 칭한다.

1급 태감은 매달 은 석 냥, 쌀 서 말, 공비 제전 600을 받았다.

2급 태감은 매달 은 두 냥 5전, 쌀 두 말 반, 공비 제전 600을 받았다.

3급 태감은 매달 은 두 냥, 쌀 한 말 반, 공비 제전 600을 받았다.

지금까지 서술한 청 황궁 태감들의 녹봉은 결코 한 번 정해지면 불변하는 것이 아니었다. 예를 들어 외팔처外八處의 태감들 중에는 이보다 좀 더 많이 받거나 적게 받는 이들도 있었으며, 각기 담당하고 있는 일에 따라 정해졌다. 또한 8품 시감 중에도 매달 은 넉 냥, 쌀 너 말을 받는 이가 있었다. 이 역시 담당하는 일을 보고 결정했다.

태감의 직무

경사방: '궁전감판사처'라고도 불렸으며, 태감들을 관리하는 기구다. 그 직책은 태감 선별, 인원 보충, 상벌, 문서 왕래 담당, 감찰, 순시, 불침번 및 궁내 관련 사무를 처리하는 것이었다.

경사빙에는 4품 궁진감독령시인 대총관 한 명과 5품 궁진감징시인 총관 두 명 그리고 궁전감부시인 부총관 여섯 명이 배치되었다. 이상의 관직은 청 황궁 내에서 '구당총관'이라 칭했다. 또한 구당총관 아래로 7품 집수시의 대수령태감 두 명과 8품 시감의 부수시 수령태감 두 명 그리고 품계가 없는 태감 31명이 배치되어 있었다.

건청궁(강산사직금전江山社稷金殿을 겸함): 7품 집수시의 대수령태감

한 명과 8품 시감의 부수령태감 한 명이 배치되었고, 그 아래로 태감 35명을 두었다. 담당한 직책은 선대 황제들의 실록과 유훈을 보관하는 일, 강산사직금전 안의 향과 초, 하사품으로 쓸 기물 간수와 진열, 청소, 어전 불침번 등의 일이었다.

소인전(용광문을 겸함) / 홍덕전(봉채문을 겸함): 8품 시감의 수령태감 두 명이 배치되었고, 아래로 태감 10명을 두었다. 진열, 청소, 불침번 등의 일을 담당했다.

교태전: 8품 시감의 수령태감 두 명이 배치되었고, 아래로 태감 여섯 명을 두었다. 옥새를 보관하는 일 및 나라의 공신과 관련된 문서 간수, 자명종 시각 기록, 청소, 진열, 불침번 등의 일을 담당했다.

곤녕궁(곤녕문을 겸함): 7품 집수시의 대수령태감 한 명과 8품 시감의 부수령태감 한 명이 배치되었고, 아래로 태감 12명을 두었다. 신상 앞의 향과 초를 관리하고, 진열, 청소, 보안, 불침번 등의 일을 담당했다.

동난전(영상문을 겸함) / 서난전(증서문을 겸함): 8품 시감의 수령태감 한 명이 배치되었고, 아래로 태감 14명을 두었다. 진열, 청소, 불침번 등의 일을 담당했으며, 겸하여 황후가 사람을 파견할 때에도 응했다.

서응전瑞凝殿(자명종을 겸함): 7품 집수시의 수령태감 한 명이 배치되었고, 아래로 태감 10명을 두었다. 황제 가까이에서 황제가 하사할 은량을 간수하고, 자명종 시각 기록, 진열, 청소, 어전 불침번 등의 일을 담당했다.

무근전(본 방房을 겸함): 7품 집수시의 대수령태감 한 명과 8품 시감의 부수령태감 한 명이 배치되었고, 아래로 태감 10명을 두었다. 황제의 친필을 받드는 일, 문구와 서적 관리, 황제의 행차 기록, 어전 불침번 등의 일을 담당했다.

양심전(길상문吉祥門, 여의문如意門을 겸함): 궁전감 5품 정시와 궁선 6품 부시의 부총관 두 명이 배치되었고, 또 7품 집수시의 대수령태감 두 명과 8품 시감의 부수령태감 세 명이 배치되었으며, 아래로 태감 54명을 두었다. 황제 가까이에서 시중들며 내부 창고의 돈과 곡식 관리, 골동품과 서화 간수, 진열, 청소, 어전 불침번 등의 일을 담당했다.

중화궁(건복궁을 겸함): 8품 시감의 수령태감 한 명과 관직이 없는 부수령태감 한 명이 배치되었고, 아래로 태감 18명을 두었다. 진열, 불침번 등의 일을 담당했다.

사집사: 7품 집수시의 대수령태감 한 명과 8품 시감의 부수령태감 한 명이 배치되었고, 아래로 태감 35명을 두었다. 황상이 착용하는 관모, 의복, 허리띠, 신을 관리하고, 화로 시중, 황상이 사용하는 무기 대령, 상을 하사받는 이의 의복 간수, 어전 불침번 등의 일을 담당했다.

사집사고四執事庫: 8품 시감의 수령태감 한 명이 배치되었고, 아래로 태감 20명을 두었다. 황상이 착용하는 관모, 의복, 허리띠, 신을 관장하고, 침궁 휘장 배치, 불침번 등의 일을 담당했다.

주사수시처奏事隨侍處: 8품 시감의 수령태감 한 명이 배치되었고, 아래로 태감 17명을 두었다. 이 17명은 주사태감[상소와 관련된 일을 맡는 태감] 세 명, 수시태감[시중드는 일을 맡는 태감] 네 명, 기당태감[문서 기록을 맡는 태감] 네 명, 사령태감[명령을 받아 심부름이나 파견을 가는 태감] 여섯 명으로 구성되었다. 황명을 전달하는 일, 황제의 교지를 받드는 일, 상소문을 받는 일, 측근에서 시중드는 일, 어전 불침번을 담당했다.

어차방: 7품 집수시의 대수령태감 두 명과 8품 시감의 부수령태감 두 명이 배치되었고, 아래로 태감 50명을 두었다. 황제가 드시는 차와 과일류, 각처에서 올리는 공물, 절기마다 열리는 연회 및 시중과 불침번 등의 일을 담당했다.

어선방: 7품 집수시의 총관 한 명과 8품 시감의 수령태감 다섯 명이 배치되었고, 아래로 태감 100명을 두었다. 황제의 식사, 각 궁의 요리, 각처

의 공물, 절기마다 열리는 연회 및 시중과 불침번 등의 일을 담당했다. 그 밖에도 물을 나르는 태감 10명이 어선방에서 일했다.

어약방: 7품 집수시의 대수령태감 한 명과 8품 시감의 수령태감 한 명이 배치되었고, 아래로 태감 20명을 두었다. 어의를 대령해 각 궁에서 진맥을 보게 하고, 약과 영양식을 만드는 일 및 불침번 등의 일을 담당했다.

상승교: 8품 시감의 수령태감 두 명이 배치되었고, 아래로 태감 32명을 두었다. 가마 요청을 받는 일과 시중, 어전 불침번 등의 일을 담당했다.

조창처鳥槍處: 8품 시감의 수령태감 한 명이 배치되었고, 아래로 태감 네 명을 두었다. 황제가 사용하는 조총 관리 및 시중과 어전 불침번 등의 일을 담당했다.

궁전처弓箭處: 수령태감이 따로 없었고, 조창처에 속한 수령태감이 관할했다. 태감 다섯 명이 있어 황제가 사용하는 활과 화살 관리 및 시중과 어전 불침번 등의 일을 담당했다.

안마처按摩處: 수령태감이 따로 없었고, 조창처에 속한 수령태감이 관할했다. 태감 여섯 명이 있어 황상의 이발, 머리를 빗고 변발을 땋는 일 및 시중과 어전 불침번 등의 일을 담당했다.

남서방: 수령태감이 따로 없었고, 월화문에 속한 수령태감이 관할했다. 또 태감 네 명이 있어 내정 행보를 시중드는 일, 한림•들의 출입, 불침번 등의 일을 담당했다.

상서방: 수령태감이 따로 없었고, 월화문에 속한 수령태감이 관할했다. 태감 네 명이 있어 지성선사至聖先師[대성지성선사. 공자에 대한 존칭]

• 한림원에 소속된 관리. 한림원은 당대 초기에 설치되어 국사 편수, 경서 진강, 조칙 작성, 황제 자문 등의 역할을 담당한 관아로, 명청 시대에는 진사 중에서 선발했으며, 청대에 장원학사·시강학사·시강·수찬·편수·검토·서길사 등의 관리를 두었다.

위패 앞의 향과 초 관리 및 진열, 청소, 불침번 등의 일을 담당했다.

남과방南果房: 8품 시감의 수령태감 한 명이 배치되었고, 아래로 태감 여덟 명을 두었다. 건과일, 청과일을 보관하는 일 및 불침번 등의 일을 담당했다.

건청문: 8품 시감의 수령태감 두 명이 배치되었고, 아래로 태감 12명을 두었다. 황제의 궁문 관련 일을 전담해, 옥좌 둘레의 병풍 배치, 아침저녁으로 문을 열고 닫으면서 보안을 지키는 일, 대소 신료들의 출입 점검, 숙직하는 시위들의 명단을 올리는 일, 진열, 청소, 불침번 등의 일을 담당했다.

일정문 / 월화문 / 경화문 / 융복문: 8품 시감의 수령태감 두 명이 배치되었고, 아래로 태감 여덟 명을 두었다. 문을 열고 닫으며 보안을 지키는 일, 지면을 깨끗이 청소하는 일, 불침번 등의 일을 담당했다.

기화문基化門 / 단칙문: 8품 시감의 수령태감 한 명이 배치되었고, 아래로 태감 여덟 명을 두었다. 문을 열고 닫으며 보안을 지키는 일, 지면을 깨끗이 청소하는 일, 불침번 등의 일을 담당했다.

내좌문: 8품 시감의 수령태감 두 명이 배치되었고, 아래로 태감 12명을 두었다. 문을 열고 닫으며 보안을 지키는 일, 지면을 깨끗이 청소하는 일, 불침번 등의 일을 담당했다.

근광좌문近光左門: 수령태감이 따로 없었고, 경인궁에 속한 수령태감이 관할했다. 태감 다섯 명이 있어 문을 열고 닫으며 보안을 지키는 일, 지면을 깨끗이 청소하는 일, 불침번 등의 일을 담당했다.

근광우문近光右門: 수령태감이 따로 없었고, 영수궁永壽宮에 속한 수령태감이 관할했다. 태감 다섯 명이 있어 문을 열고 닫으며 보안을 지키는 일, 지면을 깨끗이 청소하는 일, 불침번 등의 일을 담당했다.

준의문遵義門: 8품 시감의 대수령태감 한 명과 8품 시감의 부수령태감 한 명이 배치되었고, 아래로 태감 여섯 명을 두었다. 문을 열고 닫으며 보안을 지키는 일, 지면을 깨끗이 청소하는 일, 불침번 등의 일을 담당했다.

창진문: 8품 시감의 대수령태감 한 명과 8품 시감의 부수령태감 한 명이 배치되었고, 아래로 태감 여덟 명을 두었다. 문을 열고 닫으며 보안을 지키는 일, 제신방 사람 등의 출입을 점검하는 일, 지면을 깨끗이 청소하는 일, 불침번 등의 일을 담당했다.

경인궁 / 영수궁永壽宮 / 승건궁承乾宮 / 익곤궁 / 종수궁: 8품 시감의 수령태감 두 명이 배치되었고, 아래로 태감 12명을 두었다. 진열, 청소, 분부를 전하고 받는 일, 불침번 등의 일을 담당했다.

저수궁: 8품 시감의 수령태감 한 명이 배치되었고, 아래로 태감 12명을 두었다. 진열, 청소, 분부를 받고 전하는 일, 불침번 등의 일을 담당했다.

연희궁 / 계상궁啓祥宮 / 영화궁 / 장춘궁: 8품 시감의 수령태감 두 명이 배치되었고, 아래로 태감 12명을 두었다. 진열, 청소, 분부를 전하고 받는 일, 불침번 등의 일을 담당했다.

재궁: 8품 시감의 수령태감 한 명이 배치되었고, 아래로 태감 여덟 명을 두었다. 진열, 청소, 불침번 등의 일을 담당했다.

육경궁: 8품 시감의 수령태감 한 명이 배치되었고, 아래로 태감 10명을 두었다. 진열, 청소, 불침번 등의 일을 담당했다.

어화원: 7품 집수시의 대수령태감 한 명과 8품 시감의 부수령태감 한 명이 배치되었고, 아래로 태감 24명을 두었다. 두모단의 네 신을 제사하는 향과 초를 관리하고, 꽃과 나무를 배양하는 일, 두루미와 연못의 물고기를 기르는 일 및 진열, 청소, 불침번 등의 일을 담당했다.

천궁보전天穹寶殿: 수령태감이 따로 없었고, 경양궁景陽宮에 속한 수령태감이 관할했다. 또 태감 여덟 명이 있어 향과 초 관리, 청소, 불침번 등

저수궁 수령태감 루이푸瑞福. 당시 44세
장춘궁 수령태감 리청룽李成榮. 당시 42세

의 일을 담당했다.

제신방: 8품 시감의 대수령태감 한 명과 관직이 없는 부수령태감 한 명이 배치되었고, 아래로 태감 26명을 두었다. 신에게 올리는 제사, 제물로 쓸 짐승을 살피는 일 및 불침번 등의 일을 담당했다.

중정전: 관직이 없는 수령태감 한 명이 배치되었고, 아래로 태감 여덟 명을 두었다. 향과 초 관리, 청소 등의 일을 담당했다.

라마 태감: 관직이 없는 대수령태감 한 명과 관직이 없는 부수령태감 두 명이 배치되어 업무를 총괄했고, 아래로 태감 라마승 12명과 라마경을 공부하는 태감 라마승 두 명을 두었다. 이들 태감 라마승들은 경을 암송하는 일을 담당했다.

영화전: 관직이 없는 수령태감 한 명이 배치되었고, 아래로 태감 네 명을 두었다. 향과 초 관리, 청소 등의 일을 담당했다.

흠안전(성황묘를 겸함): 수령태감 두 명이 배치되었는데, 한 명은 8품 시감이고 한 명은 관직이 없었다. 그 아래로 태감 15명을 두었다. 향과 초 관리, 청소 등의 일을 담당했다.

수황전壽皇殿(영사전永思殿을 겸함): 8품 시감의 대수령태감 한 명과 관직이 없는 부수령태감 한 명이 배치되었고, 아래로 태감 10명을 두었다. 선대 천자의 용안을 공양하고, 바닥 청소, 불침번 등의 일을 담당했다.

타소처: 8품 시감의 수령태감 두 명이 배치되었고, 아래로 태감 60명을 두었다. 지면을 쓸고, 물 항아리를 나르고, 그밖에 일체의 잡역과 불침번 등의 일을 담당했다.

숙화처熟火處: 8품 시감의 수령태감 두 명이 배치되었고, 아래로 태감 50명을 두었다. 각 처소에 불을 넣고, 장작과 석탄을 운반하고, 온돌에 불을 때며, 기타 잡역과 불침번 등의 일을 담당했다.

조판처: 8품 시감의 대수령태감 한 명이 배치되었고, 아래로 태감

여섯 명을 두었다.

주종처: 7품 집수시의 대수령태감 한 명이 배치되었고, 아래로 태감 15명을 두었다.

조상소兆祥所(우희처를 겸함): 관직이 없는 수령태감 한 명이 배치되었고, 아래로 태감 여섯 명을 두었다. 청소, 지면을 깨끗이 하는 일 등을 담당했다.

북소화원: 관직이 없는 수령태감 한 명이 배치되었고, 아래로 태감 여섯 명을 두었다. 꽃과 나무를 배양하는 일, 지면을 깨끗이 청소하는 일, 풀벌레를 기르는 일 등을 담당했다.

독청자서방('만주안'이라고도 한다): 수령태감이 따로 없었고, 경사방에 속한 수령태감이 관할했다. 또 태감 여덟 명이 있었다.

독한자서방讀漢字書房['한자를 공부하는 서재'라는 뜻](초기 태감들이 공부를 하던 곳): 수령태감이 따로 없었고, 경사방에 속한 수령태감이 관할했다. 태감 12명이 있었다.

원명원: 6품 집사시의 대총관 한 명과 7품 집수시의 부총관 네 명 그리고 7품 집수시의 대수령태감 10명과 8품 시감의 부수령태감 22명, 관직이 없는 부수령태감 51명이 배치되었다. 그 아래로 태감 532명을 두었으며, 그중 기용(무술을 익힌 자) 태감이 60명, 사방 태감이 다섯 명, '구주청연九洲淸宴'에 배치된 태감이 두 명, '선상船上'에 배치된 태감이 14명이었다. 또한 각 치에서 일을 담당한 태감도 모두 합쳐 395명이었다. '정정시淸淨地'에는 라마 수령태감(관직 없음) 한 명이 배치되었고, 아래로 태감 라마승 일곱 명을 두었다.

청의원淸漪園, 정명원靜明園(위취안 산 행궁), 정의원靜宜園(샹산香山 산 행궁), 기정산장寄靜山莊(판산盤山 산 행궁), 창춘원暢春園, 천종묘泉宗廟, 성화사聖化寺는 원명원 총관과 수령태감이 책임을 맡았다.

목란위장木蘭圍場*에서의 피서를 시중드는 일은 내정 전체 조가 나서서 맡았다.

열하의 행궁은 궁내 총관과 수령태감들이 책임을 맡았다.

승평서: 7품 집수시의 총관 한 명이 배치되었고, 7품 집수시 한 명과 8품 시감 세 명으로 구성된 수령태감 네 명이 배치되었으며, 아래로 정원에 제한 없이 태감들을 두었다. 궁내에서의 연극 및 여러 예식의 음악을 담당했다.

당안방檔案房: 8품 시감의 수령태감 한 명이 배치되었고, 아래로 태감 세 명을 두었다.

학중화악기學中和樂器: 관직이 없는 부수령태감 두 명이 배치되었고, 아래로 태감 여덟 명이 있었다.

전량처: 8품 시감의 수령태감 한 명과 관직이 없는 부수령태감 한 명이 배치되었고, 아래로 태감 세 명을 두었다.

다음은 내무부에 소속된 외팔처다.

장의사: 8품 시감의 수령태감 두 명과 관직이 없는 부수령태감 네 명이 배치되었고, 아래로 태감 60명을 두었다.

난의위: 관직이 없는 수령태감 한 명이 배치되었고, 아래로 태감 여덟 명을 두었다.

영조사營造司: 8품 시감의 대수령태감 한 명과 관직이 없는 부수령태감 두 명이 배치되었고, 아래로 태감 30명을 두었다.

봉선전: 8품 시감의 대수령태감 한 명과 관직이 없는 부수령태감 한 명이 배치되었고, 아래로 태감 14명을 두었다.

* 청 황실의 사냥터. 허베이성 동북부, 피서산장(열하 행궁)으로 유명한 청더承德 북부에 위치하며, 내몽골 초원에 인접해 있다. 강희, 옹정, 건륭제로 이어지는 시기에 황제들의 사냥터이자 군사훈련장의 역할을 했던 곳이다.

염자고簾子庫(문신고를 겸함): 관직이 없는 수령태감 두 명이 배치되었고, 아래로 태감 10명을 두었다.

태묘(태상시太常寺에서 관할, 내무부에 함께 속해 있다): 7품 집수시의 대수령태감 한 명과 8품 시감의 부수령태감 두 명이 배치되었고, 아래로 태감 22명을 두었다.

능침陵寢: 능마다 관직이 없는 수령태감 한 명이 배치되었고, 아래로 태감 세 명을 두었다.

비원침妃園寢: 수령태감이나 태감들이 따로 없었고, 능에 속한 수령태감이 관할했다.

도광 20년 6월 10일, 다음과 같은 황제의 주필 명령을 받들어 행했다. "각 능의 태감은 결원이 나도 인원을 보충하지 않도록 하고, 이후에도 이를 관례로 삼는다." 이로 인해 도광제 이후 능에서 일하는 태감은 점차 사라지게 되었다.

태후: 황태후 휘하에는 6품 집사시의 부총관 두 명과 8품 시감의 수령태감 네 명이 배치되었고, 아래로 태감 46명을 두어 각기 맡은 바 소임을 담당하게 했다.

차방에 8품 시감의 수령태감 한 명이 배치되고, 아래로 태감 10명을 두었다.

선방에 8품 시감의 수령태감 두 명이 배치되고, 아래로 태감 20명을 두었다.

약방에 8품 시감의 수령태감 한 명이 배치되고, 아래로 태감 여섯 명을 두었다.

황귀태비, 황태비, 태비: 8품 시감의 수령태감 한 명이 배치되었고, 아래로 태감 10명을 두었다.

태빈: 8품 시감의 수령태감 한 명이 배치되었고, 아래로 태감 여덟

명을 두었다.

황후: 7품 집수시의 대수령태감 한 명이 배치되었다. 황후, 황귀비, 귀비, 비, 빈은 어느 궁에 거처하게 되면 그 궁 수령태감이 모시고, 그 궁의 정원수대로 태감이 들어갔다. 만약 두 비가 한 궁에 함께 거처할 때는 비 한 명 휘하에 태감 12명씩 두었고, 그 궁의 정원수가 이에 미치지 못하면 인원을 더 충당했다. 비와 빈이 한 궁에 함께 거처할 때는 비 휘하에 그 궁의 정원수대로 태감을 두었고, 빈 휘하에는 따로 태감 여덟 명을 배치했다. 두 빈이 한 궁에 함께 거처할 때는 빈 한 사람 휘하에 태감 여덟 명씩 두고 그 궁의 태감들이 모시게 했다. 만약 그 궁의 정원수가 이에 미치지 못하면 인원을 더 충당했다.

귀인, 상재, 답응: 귀인 휘하에는 태감 네 명, 상재 휘하에는 태감 세 명, 답응 휘하에는 태감 한 명이 배치되었다. 이들 태감은 거처하는 궁의 수령태감이 관할했다.

황자: 8품 시감의 수령태감 한 명이 배치되었고, 아래로 태감 네 명을 두었다. 황자가 2세가 되면 태감이 세 명, 6세가 되면 다시 세 명, 12세가 되면 다섯 명이 더 추가되었다. 혼례를 치러 정실부인을 맞이하면 태감 10명이 더해졌다. 또한 황후를 맞이하는 경우에는 태감 세 명이 더 추가되었다. 합산하면 총 28명이다.

공주: 관직이 없는 수령태감 한 명이 배치되었고, 아래로 태감 네 명을 두었다. 공주가 2세가 되면 태감 두 명이 더 추가되었다.

고륜공주固倫公主[황후가 낳은 딸을 이르는 호칭]가 혼례를 올릴 때는 기존에 배치된 관직이 없는 수령태감이 8품 시감으로 승진하고, 더하여 태감 여덟 명이 추가되었다.

화석공주和碩公主[후궁이 낳은 딸을 이르는 호칭]가 혼례를 올릴 때는 태감 여섯 명이 추가되었다.

황손: 관직이 없는 수령태감 한 명이 배치되었고, 아래로 태감 네 명을 두었다. 황손이 2세가 되면 태감이 두 명, 6세가 되면 다시 두 명, 12세가 되면 네 명이 더 추가되었다. 정실부인을 맞이하면 태감 세 명이 더해졌다. 합산하면 총 15명이다.

황손녀: 태감 두 명이 배치되었다.

황증손: 관직이 없는 수령태감 한 명이 배치되었고, 아래로 태감 두 명을 두었다. 정실부인을 맞이하면 태감 두 명이 추가되었다.

태감의 일반적 품성

근자에 태감 가운데 많은 이가 스스로 자랑하여 이르기를 "제왕보다 총명한 이 없고, 노공(태감)보다 영리한 이 없다"고 했다. 확실히 제왕 된 자는 일반인보다 좀 더 총명한 것 같고, 태감들은 일반인보다 좀 더 머리가 영리한 듯하다. 이는 제왕이 총명하지 않으면 사람을 거느릴 수 없고, 태감이 영리하지 않으면 주인을 섬길 수 없는 까닭이다. 상황이 꼭 같지는 않더라도 이 두 말의 본뜻은 서로 잘 어울린다. 내가 좀 더 깊이 생각해본 바, 제왕 된 자는 굳이 뛰어나게 영리할 필요가 없고, 태감 된 자는 총명할 필요조차 없는 것 같다. 만약 제왕이 지나치게 영리하기만 하면 나라 전체를 다스릴 수 없고, 태감이 지나치게 총명하면 나라에 화를 불러일으킬 수 있기 때문이다. 노비는 심중에 자신의 지혜와 능력이 주인에 미치지 못하며 모든 방면에서 하늘과 땅 차이라 여겨야 그 영리함으로 주인의 기분을 맞춰줄 수 있고, 머리를 짜내 주인을 보좌하고, 주인이 그릇된 길로 가지 않도록 도울 수 있다. 혹 노비 중에 이러한 태감 본연의 자세를 마음속에 품고 끝까지 견지하는 이가 있다면 그는 분명 훌륭한 태감일 것이다.

태감들의 성격은 대다수가 속이 좁고 심약한 것이 아녀자들 같은 데가 있었다. 윗자리에 있는 이들도 충직함이나 신의를 찾아보기 어렵고, 아랫사람들은 거칠고 우둔했다. 모두들 태감은 굳세고 강직한 데가 있다고들 하나 강직은 무슨 강직인가? 실제로는 사람 사이의 인정과 도리가 통하지 않는 별난 성격, 융통성 없고 고집스러워 화합하지 못하는 완고함에 불과했다. 이치를 설명해도 이해하지 못하는, 대나무 기둥이나 나무판대기와 다를 바 없는 이들이었다. 태감들은 대부분 농사꾼 집안 출신이라 공부를 해본 적이 없었다. 명대에는 재능이 있는 태감들을 우선적으로 선별해 학문을 익힐 수 있는 여건을 마련해주었다. 청대에 이르러서도 여전히 궁중에 그런 제도가 남아 있었지만 후에는 중단되어 태감들은 학문을 익힐 기회를 잃었다. 처음에는 체념하고 마지못해 이를 따랐지만 도리어 태감들에게 복이 된 셈이었다. 청조 200여 년의 기간 동안 대내에는 한 번도 유근劉瑾*이나 위충현魏忠賢** 같은 이들이 나오지 않았다. 이는 태감들이 그저 성실히 태감으로서의 본분만 지킨 데서 얻어진 결과라 할 수 있다. 나는 오직 천수를 누린 것, 아미타불을 많이 암송하고 뜻하던 바를 이룬 것에 만족한다.

　　예로부터 지금까지 태감들 중 상당수는 불심이 깊었다. 난징, 베이징, 뤄양 등지에 있는 여러 큰 사원은 거의가 태감들이 세운 것이다. 스스로의 몸이 온전하지 못한 데다 재물을 좀 모은 뒤에는 생을 돌아보는 여유와 참회의 마음이 생겨 자발적으로 재물을 풀어 사당, 도관(도교 사원), 절, 사원을 세우는 것이다. 어떤 이는 고승을 찾아뵙고 승려의 반열에 자신의

* 명나라 중기의 환관. 무종武宗이 쾌락에 탐닉한 틈을 이용해 실권을 장악하고 권세를 휘둘렀다. 나라 안에는 부패가 만연하고 매관매직이 횡행했으며 과중한 세금이 부과되었다. 백성들도 이러한 폭정에 불만을 품어 각지에서 반란이 일어났다.
** 명나라 말의 환관. 명 천계제天啓帝 때 조정을 장악하여 백성들을 가혹하게 착취하고 관료계급을 공포에 떨게 했다. 중국 역사상 가장 큰 권력을 쥐었던 환관으로 평가된다.

이름을 올리기도 하고, 어떤 이는 나이 많은 도사道士를 찾아가 은둔 생활을 하기도 했다. 어쨌든 너나 할 것 없이 죄악과 번뇌에서 벗어난 청정 세계에 입문해 내세의 복을 구했다.

모범적인 태감이었던 리롄잉

광서 연간에 이르러 궁중에는 세간의 가장 큰 주목을 받은 태감 리롄잉이 등장했다. 그는 진정 노비로서의 품성을 제대로 갖춘 인물이었다. 이 때문에 서태후에게서 넘치는 총애를 받았을 뿐 아니라 광서제, 융유로부터도 노비로서 가장 높은 대우를 받았다. 그의 일생에 이렇듯 총애가 식지 않았던 것은 노비 본연의 자세에 영리함까지 더해졌기 때문이다. 리롄잉은 한평생 이를 고수했던, 가히 태감의 모범이라 할 수 있는 이였다. 리롄잉은 동년배들 중에서 나이가 어린 편에 속해 모두들 그를 '샤오리小李'라 불렀고, 또한 그의 아버지가 가죽 장인이어서 '피샤오리皮小李'라 칭했다. 이후 태후 궁 소태감으로 뽑혀 들어간 뒤에야 관례에 따라 상전이 지어준 이름을 받고 피샤오리에서 리롄잉으로 바뀌었다. 서태후는 처음에는 그를 그다지 좋아하지 않았고, 종종 총채 자루로 머리가 부어오를 만큼 때리며 다스렸다. 당시 서태후가 가장 믿고 총애하던 두 장안태감은 안덕해와 왕준여였다. 그러나 안덕해는 그 방자함이 원인이 되어 산둥성 지난濟南에서 죽임을 당했다. 왕준여는 진비珍妃를 도와 관직을 매매한 일로 봉천에서 죽임을 당했다. 서태후는 리롄잉의 됨됨이가 정직하고 진실한 것을 보고 그를 장안태감으로 삼았다. 이 자리는 재물이 들어오는 활로였다. 비록 내무부와는 비할 바가 못 되었지만, 태후, 황상, 비빈들 및 내정 48처, 또 내무부에 의존해 돌아가는 3창三倉, 6고六庫, 관방 10처 모두가 장안태감과 연계되어야 했다. 재물 들어올 곳이 넘쳐나는 자리인 것이다. 하지만 나는

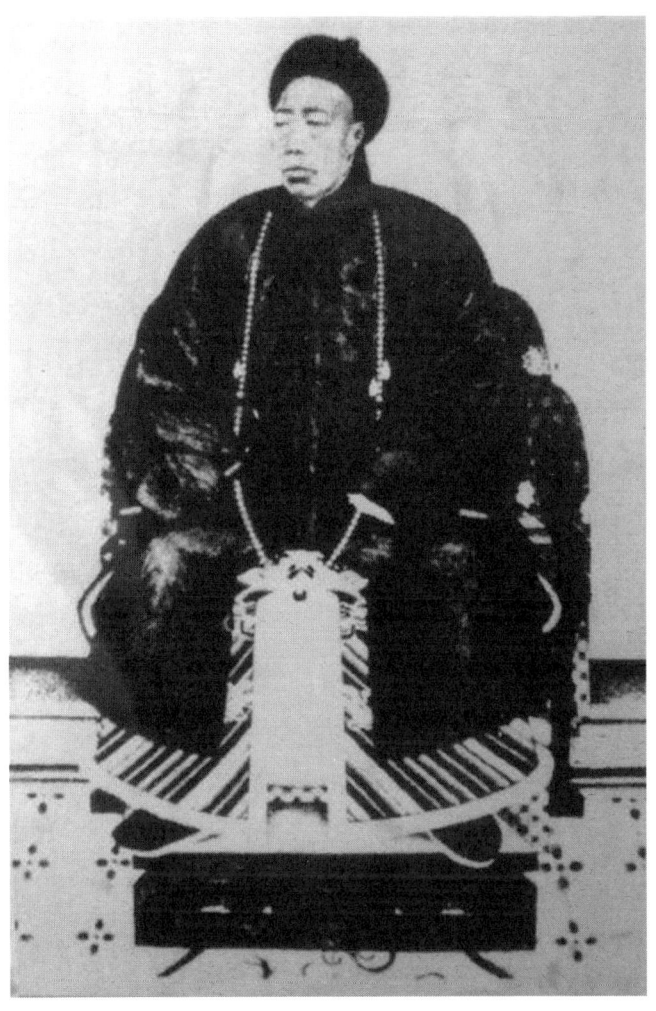

리롄잉

리롄잉의 아랫사람이 이렇게 말하는 것을 자주 들었다. "우리 총관 어르신은 늘 이렇게 말씀하세요. '내무부 한 곳에 정당한 10만 냥의 은이 들어오면, 내가 충분히 쓸 터이니 외부 관리들에게 따로 상납할 필요 없다. 이는 위험한 짓이야. 부처님이 내게 천은을 베푸시는 이유를 달리 보지 말거라. 이는 내가 그분을 호랑이처럼 여기고 두려워하기 때문이다.'"

리롄잉이 서태후를 부르는 호칭은 일생 세 번 바뀌었다. 처음에는 '주인님', 나중에는 '부처님', 가장 마지막에는 '조상님'이었다. 그는 서태후 앞에서 단 한 번도 방자한 태도를 취한 적이 없었다. 광서제와 융유를 대할 때도 감히 실례를 범하지 않았고, 시안 피신 도중에는 더 각별히 마음을 써서 보살펴드리기도 했다. 이것이 광서제와 융유의 마음을 감동시켰고, 덕분에 그는 죽는 날까지 나날이 더해가는 총애를 받았다. 그는 평소 외부와 교제하는 일이 거의 없었다. 경자년의 변고 이후 위안스카이, 양스샹楊士驤 등과 같은 교활한 신하들이 태후에게 공물을 바칠 때, 어떤 이는 수하의 관리들을 데리고 와 먼저 리 총관을 접견하도록 했다. 리롄잉은 근시가 심해 일찌감치 문밖으로 나와서는 그들이 문안을 올리기 전에 먼저 무릎을 꿇고 기다렸다. 또한 선물로 1000위안 상당의 물건을 받으면 다음 날 800위안 정도 되는 선물로 답례를 해 선물을 보낸 이의 마음을 다독였다. 평상시 내정에 직분이 있는 태감들에게 공무에 관한 이야기할 때면 늘 엄숙한 표정을 지었고, 때로 권위 있는 모습을 보이기도 했다. 그러나 공무에 대한 이야기가 끝나면 직분이 크든 작든 꼭 몇 마디 농담을 건네며 분위기를 완화시켰다. 처음 궁에 들어온 겁 많고 소심한 태감들은 그와 마주치면 너 나 할 것 없이 인사를 올렸다(아침에는 '길상'이라 인사하고 저녁에는 '신고辛苦['수고하다'의 의미]'라고 인사했다). 그러면 리롄잉은 꼭 그를 코앞으로 가까이 부르고는 근시인 눈을 크게 뜨고 바라보며 미소 지었다. "녀석, 열심히 하거라." 이것은 그만의 특별한 미덕이었고, 이 때문에 한평생 누구에게서 미움을 사지 않았다. 나는 이런 그가 몹시 부럽고 대단하게 여겨져 그에게 '재주꾼老機靈鬼'이란 별명을 지어주었다. 리롄잉의 삶은 높은 곳에 있으면서 떨어질 줄 모르는 것이 분양왕汾陽王*에 뒤지지 않았다. 그는 함풍 말년에 처음 궁에 들어와 동치제 13년, 광서제 34년을 거쳤고, 선통 원년에 대내를 떠나 선통 3년에 세상을 떠났다.

왕 앞에서는 때로 지위고하가 달라지는 호칭 — 노비와 신하

태감이 되면 기당에 들어가고 내무부 좌령에 소속되어 관할을 받는다. 이때부터 황상의 천한 노비가 되는 것이다. 그러나 사실 '노비'는 결코 비천한 호칭이라 할 수 없다. 세습 황족들이 태후와 황상, 황후를 대해서 모두 자신을 노비라 칭하는 것을 보아도 그렇다. 황상은 태후 앞에서 자신을 가리킬 때 노비가 아닌 '아신兒臣'이라 칭했다. 황후는 태후와 황상 앞에서 자신을 노비라 칭했고, 비 이하의 신분과 명부 등도 황후를 대할 때 자신을 노비라 칭했다. 융유태후의 생부인 구이샹이 융유태후를 알현할 때도 반드시 무릎을 꿇고 자신을 노비라 칭해야 했다. 정리하자면 황실 사람이나 황실의 은혜를 입은 자라면 반드시 자신을 노비라 칭해야 하는 것이다. 한편 나라에 정치적으로 공훈이 있는 자는 자신을 가리킬 때 '신臣'이라 칭했다. 예를 들어 공충친왕(공친왕 혁흔), 순현친왕(순친왕 혁현), 경헌친왕(경친왕 이광) 같은 이들은 모두 황족이면서 군기대신들이기도 했으므로 공적인 자리에서는 자신을 '신臣'이라 칭할 수 있었다. 그러나 사적인 자리에서는 노비라 칭해야 했다(서태후를 대할 때 해당된다. 광서제 앞에서는

* 당나라의 명장 곽자의郭子儀. 현종·숙종·대종·덕종의 4대에 걸쳐 일했으며, 안녹산의 난을 평정한 것으로 유명하다. 후에 분양왕에 봉해지며 당나라 최대 공신으로서 영광을 누렸다.

아니있다). 그래서 이런 속담이 나온 것이다. '한족 관리는 노비라 불리기를 고대하고(공을 세워 제후로 봉해지기를 바라고), 기하인[만주족] 관리는 신하라 불리기를 고대한다(그의 관직은 이미 높다).' 태감들로 말할 것 같으면 언제나 변함없이 '노비'다. 가난을 면하고자 제 한 몸 희생해 노비가 된 이들은 마땅히 리롄잉을 보고 본받아야 할 것이다. 안덕해의 방자함을 따랐다가 화를 당하는 일이 없어야 한다.

은을 하사받다

청조 때 태감들을 엄격히 관리하고 단속한 것은 선조들의 지혜였다. 그리고 한편으로는 다른 관리들 못지않게 태감들에게 혜택을 베풀어주기도 했다. '과십은錁什銀'◆은 태감이 상喪을 당했을 때 받는 조의금이었다. 태감들은 부모가 돌아가셨을 때 경사방에 이를 알리면 10냥의 은을 하사받았으며 자신이 세상을 떠날 때도 마찬가지로 은 10냥을 받았다. 이때 받는 은을 '과십은'이라 불렀다.

경사방과 주사처의 엇갈리는 재물운

경사방은 독령시의 아문이다. 고유의 인장이 있고, 처벌 집행 기구가 있었다. 하지만 이곳에 거하는 태감들은 '먹고살 만은 하지만 떨어지는 은전은 적은 곳'이라고들 했다. 실로 이름만 있을 뿐 실속은 없다는 이야기다. 태감이 성실하게 10년 정도 일하면 8품 수령으로 뽑힐 수 있었고, 한

◆ 과십錁什은 본래 극십克什, 극식克食이라고 하며, 만주어로 '(윗사람이 베푸는) 은택恩澤'을 뜻한다.

단계 더 나아가면 7품으로, 좀 더 일하면 구당총관이나 독령시까지 올라갈 수 있었다. 그러나 재물로만 따지면 사실 크게 나아지는 것은 없었다.

대내에서 재물을 모으는 명당으로 유명한 곳은 주사처다. 먹을 밥이 있고 쓸 돈을 주니 누군들 부럽지 않겠는가. 하지만 여기에도 위험이 도사리고 있었다. 광서 연간에 진비가 관직을 매매한 사건의 혐의는 주사처에서 나온 것이었다. 형부에서는 문활정을 처형했고, 신형사는 곽소차郭小車에게 장형을 내려 죽음에 이르게 했다.

재물을 얻는 대신 규범이 엄격했던 무근전

무근전의 대사부는 '곳간을 드나드는 이'라 불렸다. 그만큼 재물을 끌어모으는 자리라는 뜻이었다. 무근전은 남서방의 사부들과 긴밀히 연결되어 있어, 황상과 태후에게 붓과 먹 및 남쪽 지방에서 진상한 고급 종이와 비단을 준비해드리는 것 외에도 여러 명의 장인이 먹을 갈고, 격자 선을 긋고, 글씨와 그림 표구[그림의 뒷면, 테두리에 종이나 천을 발라 꾸미는 일]를 담당했다. 뿐만 아니라 남서방 어르신들의 접대용 서체를 모방하여 글을 쓰기도 해서 '글씨를 따라 쓰는 장인'이라 불렸다. 이곳 태감들은 여느 곳 태감들과 조금 달랐다. 매일같이 남서방 사부들의 차와 식사 시중을 들어야 했기에 신[장화]도 반드시 규범에 맞게 신어야 했고, 조금이라도 먼저 궁에 들어온 태감[진인陳人]들은 새로 들어온 태감들을 걸핏하면 인정사정없이 때리고 꾸짖으며 훈련시켰다. 규범이 어찌나 엄한지 도무지 견디기 어려울 정도였다. 하지만 한편으로 무근전 태감들은 사부들의 덕을 톡톡히 보았다. 먹는 것도 다른 곳보다 더 나았고, 10년만 이 고생을 참고 견디면 10년 뒤에는 '곳간을 드나드는' 대사부가 될 수 있었기 때문이다. 일단 이 자리에 오르면 돈방석에 앉는 것은 시간문제였다. 평소 하던 대로 하면서 어물쩍 1년만 보내도 1000냥의 은이 들어왔기 때문이다. 예를 들어 황실에서 무언가 제조해야 할 것이 생겨 내무부와 공조해 일을 처리하면, 소위 '고기가 기름지면 국도 기름지다['원님 덕에 나팔 분다'는 의미]'는 말처럼 무한정 재물이 들어왔다. 대사부가 되고 1~2년이면 고향집에 200~300묘畝[논밭의 면적 단위]의 땅을 장만해줄 수 있을 정도였다. 일반 사람들도 이 정도면 충분히 만족할 만한 재산이었다. 아랫사람 중에 적극적으로 나서서 공석을 메우는 사람이 없으면 한 해쯤 더 이 자리에 머물 수 있었다. 그러나 만약 누군가 뒤에서 열렬히 이 자리를 기다리고 있거나 대사부보다 더 '높은 직위', 가령 수령으로 뽑힌다든가 하는 경우, 또는 얻은 재물에 스스로 만족하고 병이나 노령을 이유로 사직을 청하여 궁을 나오는 경우에는 돈방석에 앉는 것도 거기까지였다. 경자년 전에 어떤 대사부는 궁에서 엄청난 재물을 모아들였으나, 궁을 나와 일반 백성이 된 지 5년도 못 되어 가난뱅이로 전락했고 가난 때문에 스스로 목숨을 끊고 말았다. 태감 지주가 일반 농가의 지주보다 오래가지 못하는 데는 이러한 사례에서 보듯이 분명한 이유가 있다고 본다.

나무가 작고, 집이 새 것이며, 집에 걸려 있는 그림이 오래되지
않았다면 필시 벼락부자가 된 내무부 사람의 집

내무부 산기[포의 삼기]는 황제를 따라 신하이관을 넘어 베이징으로 들어온 노비 조직이다. 포의가 아닌 일반 팔기外八旗 사람들은 내무부 삼기 사람들과 인척을 맺지 않았다. '포의包衣'는 만주어로 '하인, 사환'을 의미하고, '포의달包衣達'은 '하인들의 우두머리'를 뜻한다. 내무부 당관은 정2품으로, 포의 삼기에 속한 사람이 여기까지 오르면 그야말로 신분이 상승하여 '하인(포의)'이라는 틀을 벗고 여느 세도가와 동등한 위치가 되

었다. 내무부 삼기에 속한 이들은 비록 문벌은 낮았지만 재물이 차고 넘쳤다. 기회만 잘 잡으면 금세 벼락부자가 되곤 했다. 돈이 생기니 저택 문부터 휘황찬란하게 짓고 집도 빠르게 수리한다. 다만 집 앞에 심은 수목만큼은 그렇게 빨리 자랄 수 없으니 아직 키가 작다. 어쨌든 노비가 주인이 되었다 해도 양심 없는 일이라 할 수는 없다. 고기를 먹는 이가 있으면 그 옆에서는 국물이나 뼈 한 조각이라도 얻게 되기 마련이다. 가장 높은 계층에서부터 차례차례 내려오다 보면 태감들 차례에는 입에 비린내만 풍길 뿐이다. 그래도 산 근처에 사는 사람은 장작을 때고, 물 근처에 사는 사람은 생선을 먹듯이, 태감들은 이렇게 해서 얼마간의 재물을 모았고 나중에 궁을 나와 일반 백성이 되었을 때 노후 자금으로 삼을 은을 얻었다. 하지만 아쉽게도 이런 재물은 오래가지 못하는 경우가 많았다. 그런 경우가 '도처에' 널려 있었다.

양친을 부양하기에는 부족했던 녹봉

'부자 태감闊太監'이란 말은 베이징 사람들이 태감들을 경시하여 부르던 유행어다. 실제로는 태감들의 월 녹봉이 은 두 냥에 불과하다는 것을 전혀 모르고서 말이다. 제 한 몸 건사하기에도 아껴 쓰지 않으면 안 될 만큼 빠듯하고 양친을 부양하기에는 턱없이 부족한 액수였다. 하지만 분명 태감들 중에 '부자 태감'이 있었던 것도 사실이다. 어떻게 부자가 되었는지는 꽤 복잡한 이야기다. 지금부터 하나하나 이야기해나가면서 세상 사람들의 의문을 풀어보도록 하겠다.

'총관내무부總管內務府'라 새겨진 은 인장

일반 태감들의 월 녹봉은 은 두 냥, 그들은 어떻게 부자가 될 수 있었을까?

모든 태감은 궁에 처음 들어오면 매달 은 두 냥의 녹봉을 받았다. 별도로 하사받는 5전의 은은 특별히 황은으로 받는 것이지 정기적으로 받는 녹봉이 아니었다. 정기적으로 두 냥 5전의 녹봉을 받는 것은 어느 정도 등급에 다다랐을 때의 일이다. 일정 등급에 이르러 두 냥 5전을 녹봉으로 받게 되면, 연중 계절마다 곳간을 열 때 받는 쌀도 은 두 냥을 받는 이들보다 절반가량 더 많이 받았다. 태감들은 규정에 따라 하루하루 세월 가기를 손꼽아 기다려 두 냥에서 두 냥 5전으로 올라가고, 다시 두 냥 5전에서 석 냥을 받는 등급으로 올라갔다. 이렇게 녹봉의 등급이 오르는 것을 '대량大糧으로 뽑혔다'고들 했다. 이때쯤에는 궁 안에서 꽤 '두각'을 나타내는 때다. 대량이 모두 같은 것은 아니었다. 녹봉의 등급이 세 등급이나 두 등급인 곳도 있고, 한 등급밖에 없는 곳도 있었다. 이는 일의 경중에 따라 정해졌다. 다만 정확히 얼마의 쌀을 받았는지는 자세히 알지 못한다. 황실의 묵은 쌀을 녹봉으로 받는 모든 태감 및 기하인은 대부분 산동 사람이 여는 묵은 쌀 방앗간에서 쌀을 돈으로 환산했다. 많게 주든 적게 주든 모두 그들이 계산했고, 태감들 중에 그 정확한 양을 아는 이는 극소수였다. 나 역시 은 두 냥을 받는 이가 한 철에 쌀을 팔면 20여 조弔[옛날 화폐 단위로, 1조는 1000제전에 해당한다]를 받았다는 것만 기억이 날 뿐이다. 20여 조는 은 두 냥 가치에 해당했으니 1년 사계절이면 은 여덟 냥을 얻는 것이었다. 두 냥 5전을 녹봉으로 받는 이는 이보다 약 두 배 정도 많은 양, 즉 1년에 16냥 가치에 해당하는 쌀을 받았다. 석 냥을 녹봉으로 받는 이는 대략 은 32냥 정도를 얻었다. 태감들이라 해도 겨우 이 정도가 최고치였다. 실질적으로 부모형제를 부양하기에는 부족한 양이어서 그 식솔들은 스스로의 힘으로 어느 정도 생활을 유지해야만 했다.

각 후궁後宮(열두 궁), 자령궁, 각 금문(13문), 외팔처 부서들은 수시처에서 사람을 뽑아 배치했다. 그러나 비는 자리마다 편하고 힘든 정도는 다 달랐고, 어느 자리에 배정되는지는 모두 본인의 노력과 시운에 달려 있었다. 태감들이 맨 처음 세우는 목표는 마소와 땅을 장만하는 것이다. 하지만 이 목표를 달성하는 사람은 극히 소수였다. 또한 태감이 황실 재산에 직접적으로 손을 대서 부유해지는 경우는 없었다. 창고를 털거나 황실 보물을 훔치는 것은 대단히 위험스러운 일이었기 때문이다. 또 쉽게 할 수 있는 일도 아니었다. 태감이 큰 재물을 모으게 되는 계기는 황실에서 주관하는 제조 일이나 대공사가 있을 때였다. 이때 내무부와 연결되어 여기서 떨어지는 떡고물로 부유해지는 경우가 대다수였다.

태감이 큰 재물을 모으게 된 경우를 꼽아보자면, 가장 먼저 동치 연간에 서태후의 밀서를 받아 숙순을 잡아들였던 쑤더를 들 수 있다. 그는 벌어들인 돈으로 베이징 북쪽 상지촌上地村에 뜰을 갖춘 저택을 샀는데, 우연히 땅 속에서 큰 재화를 얻었다. 이로 인해 가히 백만장자만큼 막대한 부를 누렸다. 중화민국 시대가 막을 내리고도 상지촌 쑤 씨 가문의 재산은 아직까지 어느 곳에도 알려진 바가 없다. 쑤더 다음으로는 리롄잉을 들 수 있다. 그는 돈에 있어서 대단한 자린고비였다. 1년 지출에 자신의 녹봉은 동전 한 푼 쓰지 않았고 모두 위에서 상으로 하사받은 것으로만 충당했다. 내가 알기로 그는 평생 돈이 있어도 섣불리 쓰지를 못했으니 옆에서 보기에도 안타까운 노릇이 아닐 수 없었다. 그가 죽자 융유태후는 광서제의 유지를 받들어 관례를 깨고 파격적인 특혜를 베풀었다. 사후 일체의 장례비용을 융유태후와 선통제가 하사한 것이다. 이전 총관 쑤더가 부성문 밖 태감들의 공동묘지인 은제장에 큼지막한 묘혈을 하나 지었지만 법도에 위배된다 하여 어사의 감찰을 받았다. 이 때문에 쑤더는 감히 이곳을 쓰지 못하고 국가 소유로 환원했는데, 리롄잉이 죽은 뒤 융유태후는 의

지懿旨[황태후나 황후의 조령]를 내려 바로 이 쑤더의 묘혈을 리롄잉에게 하사했다. 이렇게 리롄잉은 살아생전에도 자신의 돈을 쓰지 않았을 뿐 아니라 죽은 뒤에도 마찬가지였으니 그야말로 처음과 끝이 한결같은 자린고비가 아니었나 싶다.

영수궁 서쪽 회랑은 리롄잉의 '본거지'라고 할 수 있다. 내가 영수궁 사방을 담당할 때 리롄잉의 거처가 매우 가까이에 있었다. 그가 거처하던 방의 나무 온돌 내부는 금고였다. 광서 34년 겨울, 서태후와 광서제가 붕어한 뒤 남화원 정원사로 파견되자 그는 온돌 안에 보관해둔 원보元寶[중국의 옛 화폐. 말굽 모양의 은괴 및 금괴로 마제은(말굽은)이라고도 한다] 80만 냥을 꽃바구니를 이용해 서원문 밖 북협도에 있는 사택까지 운반했다. 이 사택 역시도 융유태후에게서 하사받은 집이었다. 서태후와 광서제가 붕어하고 사후 절차가 끝난 뒤 리롄잉은 사직을 청하여 일반 백성으로 돌아갔다. '벼슬을 오래 하면 저절로 부자가 된다'는 말이 있듯이, 50년 가까이 서태후를 모시며 영수궁 장안태감으로 있으면서 합당한 방법으로 재물을 취했으니 리롄잉이야말로 복 있는 사람이라 아니할 수 없다.

나는 광서 28년에 사방에서 일하면서 은전 장부 관리를 도왔다. 태후 궁 사방에서는 매년 음력 섣달 말이면 보고를 올리고 사람을 시켜 은 금고에서 원보를 얼마간 가져오도록 했다. 원보는 품질이 매우 좋은 은이다. 리롄잉은 매년 이때가 되면 내무부에서 그에게 보낸 은표銀票[은으로 바꿀 수 있도록 발행되던 수표, 지폐의 일종]를 사방으로 가져와 환산하여 원보로 바꾸었다. 그가 은표를 은으로 바꿀 때면 털끝만큼도 엄벙덤벙한 적이 없었다. 하사받은 비단도 마찬가지였다. 관내 재봉사에게 비단을 맡겨 옷을 만들면 그 남는 자투리 하나도 버리거나 아랫사람에게 주지 않았다. 그가 세상을 떠났을 때 그 비단 조각을 보관한 상자가 여러 개나 나왔으니, 재물을 아끼는 천성이 어느 정도였는지는 이것만 보아도 짐작할 수 있다.

그러나 그는 평생 황실의 은혜를 입은 것 외에는 결코 별도의 뇌물을 받지 않았다. 그가 매달 받는 녹봉은 은 14냥이었고 내무부에서 곳간을 열 때 받는 쌀은 한 철에 약 2000말가량이었다. 그의 수입은 궁내 어느 태감보다도 많았다.

큰 재물을 모은 태감 중 또 한 사람으로 장찬자이張禪齋●를 들 수 있다. 그는 선통 원년 융유태후가 연희궁 수좌철루를 건축할 때 재물이 불어나기 시작했다. 재물을 얻은 뒤 그는 톈진에 있는 영국 조계지●●에 서양식 건물을 한 채 지었다. 이 건물은 영상리永祥里에 자리하며 이름은 영존당인데, 이 일로 인해 그는 많은 비난을 받았다. 결과적으로 이름과 달리 20년을 넘지 못했다.

내가 겪어본 바로 쑤더, 리롄잉, 장찬자이 외에는 얼마간 재물을 모은 태감이 있어도 노년까지 가지 못한 경우가 허다하다. 태감으로 살아간다는 것은 그 맡은 소임이 크든 작든 고생스럽고 쉽지 않은 길이다. 애초에 재물을 감당할 본분이 아닌 인생들이 어쩌다 기회를 잡아 많게는 800냥에서 1000냥, 적게는 200~300냥가량의 재물을 모으게 되니, 어찌 그 마음에 부담이 가지 않겠는가. 게다가 광서 연간에는 땅값이 매우 쌌기에 이렇게 재물을 얻은 태감들은 마소와 논밭의 꿈이 실현될 생각으로 더욱 마음이 설렜다. 바로 이 날을 위해 오랜 세월 다리가 끊어져라 서서 팔이 부러지도록 상전의 시중을 든 게 아닌가. 게다가 염라대왕보다 잡귀가 더 무섭나니, 하루 온종일 스승에게 뺨을 맞고, 매질을 당하고, 가슴팍을 차이

● 청말 융유태후의 총애를 받으며 큰 권세를 누렸던 태감 장상자이張祥齋를 가리킨다. '샤오더장小德張'이란 이름으로 많이 알려져 있다.
●● 조계란 19세기 후반에 중국의 개항 도시에 있던 여러 외국인의 공동 거주 지역을 일컫는다. 중국 정부와 조약·협정을 맺어 설정한 지역으로, 그 지역 안에서 외국인은 자치적 행정권을 행사할 수 있었다. 영국, 미국, 일본 등 8개국이 중국을 침략하는 근거지로 삼았다.

고 했으니 그게 어디 보통 고생인가. 이제야 드디어 제 고향 본토에 땅을 사고 집을 장만해 제대로 사람답게 한번 살아보고 싶은 마음이 드는 것이다. 그러면 위아래 동료들 또한 이런 그를 부추겨서 속히 출궁해 일반 백성으로 살아가라고 종용한다. 한 사람이라도 나가야 자신들이 밀고 들어갈 '공석'이 생기기 때문이다. 태감이 백성으로 돌아가 지주가 되는 것은 그리 어려운 일이 아니다. 다만 온전한 가정에 대한 욕심이 해마다 늘어나는 것이 문제다. 결국 이러한 욕심 때문에 이도저도 아닌 상황으로 치닫다가 노년이 평탄치 못한 이들이 부지기수였다.

또 한 부류의 태감은 스스로 자신의 처지를 온전치 못한 신세라 여겨 뜻밖의 재물이 들어오면 향락을 위해 써버렸다. 은전이 들어오면 그 즉시 먹고 마시고 도박과 아편을 즐기는 데 모조리 탕진해버렸다. 하지만 이 재물이라는 것이 항상 들어오는 것은 아니다. 시간이 지나면서 있던 재물도 사라지고 젊었을 때는 쉽게 감당하던 일들도 나이가 들면 하기 어려워지니, 결국 빈궁한 신세로 생을 마감하게 된다. 이런 부류의 태감도 굉장히 많았다. 다행히 황은으로 갈 곳 없는 태감을 버리는 칙례는 없었다. 노쇠하든지 우매하든지 가리지 않고 그저 규범만 잘 지키면 일을 할 수 있게 해주었다.

태감 된 자들의 마지막 퇴로는 '직함을 넘는 것'이었다. 외팔처 일은 비교적 한가하여 평상시 할 일이 거의 없다시피 했는데, 이에 따라 재물이 들어오는 길도 궁했다. 그래서 갈 곳 없는 나이 든 태감들은 이곳에서 직함을 올릴 수 있도록 허가했다. 이는 두 가지 이익이 있는 길이었다. 가령 어느 태감이 나이가 많아졌거나 일할 힘이 달려 어느 부처 총관을 거치기만 하면, 즉 어느 부처에 직함을 올리기만 하면 이후 손쉽게 전량미를 얻을 수 있었다. 기타 수입, 예를 들어 위에서 하사받는 것, 식량, 좁쌀 표 등은 환산하면 은 두 냥이 채 되지 않는데, 이를 그곳 대사부에게 건네주면 공무가 생길 때 대사부가 대신해서 일을 처리해주었다. 그렇기에 직함을 올리는 것은 가장 빈궁한 태감들이 취하는 마지막 수단이었다. 황실에서 굶어죽지 않은 어느 태감에게서 전해들은 이야기다.

태감들이 고대하는 연말 숭문문의 은

청조 때의 고정 관례를 돌이켜보면, 태감들에 대한 대우가 박하다고는 해도 매년 음력 섣달에는 여러 가지 명목으로 돈이 들어왔다. 한낱 잡역을 하는 이들도 이때만큼은 기쁘지 않을 수 없었다. 식량, 좁쌀 표, '등을 걸 때 하사받는 돈' 외에도 연말이 되면 숭문문에서 얼마간의 은을 받았다. 모두 합쳐 3600냥의 은이 나갔으며, 내정 각 태감이 하사받은 양을 열거해보면 다음과 같다.

경사방 수령태감: 총 182냥의 은,
무근전 수령태감: 총 70냥의 은,
상승교 수령태감: 총 136냥의 은,
홍덕전 수령태감: 총 59냥의 은,
건청궁 수령태감: 총 58냥의 은,
양심전 수령태감: 총 42냥의 은,
어차빙 수령태감: 총 177냥의 은,
어선방 수령태감: 총 220냥의 은,
어약방 수령태감: 총 50냥의 은,
주사수시처 수령태감: 총 34냥의 은,
육경궁 수령태감: 총 18냥의 은,
중화궁 수령태감: 총 22냥의 은,

재궁 수령태감: 총 21냥의 은,

건청문 수령태감: 총 37냥의 은,

내좌문 수령태감: 총 37냥의 은,

내우문 수령태감: 총 37냥의 은,

월화문 수령태감: 총 32냥의 은,

준의문 수령태감: 총 30냥의 은,

어화원 수령태감: 총 30냥의 은,

함복궁 수령태감: 총 13냥의 은,

곤녕궁 수령태감: 총 24냥의 은,

계상궁 수령태감: 총 17냥의 은,

숙화처 수령태감: 총 22냥의 은,

장춘궁 수령태감: 총 17냥의 은,

경양궁 수령태감: 총 17냥의 은,

영수궁永壽宮 수령태감: 총 22냥의 은,

경인궁 수령태감: 총 17냥의 은,

소인전 수령태감: 총 15냥의 은,

교태전 수령태감: 총 15냥의 은,

천궁보전 수령태감: 총 14냥의 은,

일정문 수령태감: 총 17냥의 은,

경화문 수령태감: 총 17냥의 은,

융복문 수령태감: 총 17냥의 은,

기화문 수령태감: 총 17냥의 은,

단칙문 수령태감: 총 17냥의 은,

창진문 수령태감: 총 22냥의 은,

중정전 수령태감: 총 13냥의 은,

경사방 수령태감 루라이푸路來福, 당시 57세
중화궁 수령태감 탄루이칭譚瑞慶, 당시 58세

골동품 방 수령태감: 총 10냥의 은,

북소화원 수령태감: 총 12냥의 은,

사집사, 사집고 수령태감: 총 151냥의 은,

자명종 수령태감: 총 50냥의 은,

조창처 수령태감과 궁전처 태감, 안마처 태감: 각각 총 50냥의 은,

주종처 수령태감: 총 39냥의 은,

조판처 수령태감: 총 28냥의 은,

타소처 수령태감: 총 41냥의 은,

동난전 수령태감: 총 12냥의 은,

서난전 수령태감: 총 12냥의 은,

남서방 태감: 총 11냥의 은,

상서방 태감: 총 14냥의 은,

남과방 수령태감: 총 13냥의 은,

승건궁 수령태감: 총 13냥의 은,

종수궁 수령태감: 총 13냥의 은,

저수궁 수령태감: 총 17냥의 은,

연희궁 수령태감: 총 13냥의 은,

영화궁 수령태감: 총 13냥의 은,

익곤궁 수령태감: 총 5냥의 은,

흠안전 수령태감: 총 19냥의 은,

제신방 수령태감: 총 21냥의 은,

중정전 라마 수령태감: 총 18냥의 은,

영화전 수령태감: 총 6냥의 은,

수황전 수령태감: 총 11냥의 은,

조상소 수령태감: 총 7냥의 은,

근광좌문 태감: 총 9냥의 은,

근광우문 태감: 총 15냥의 은,

우희처 태감: 총 10냥의 은,

장의사 수령태감: 총 44냥의 은,

영조사 수령태감: 총 35냥의 은,

난의위 수령태감: 총 10냥의 은,

봉선전 수령태감: 총 10냥의 은,

황자 휘하의 수령태감: 각각 총 11냥의 은,

공주 휘하의 수령태감: 각각 총 11냥의 은,

수강궁 총관, 수령태감: 총 12냥의 은,

자령궁 불당 수령태감, 자령궁 우문 태감, 자령궁 타소처 태감: 각각 총 10냥의 은,

원명원 총관, 수령태감: 총 1000냥의 은.

등을 걸 때 하사받는 동전

매년 연말이 되면, 궁전감은 관례에 따라 교지를 청하고, 광저사廣儲司에서는 태감들에게 나누어 하사할 대제전大製錢(10전錢에 해당함)과 현절제전現折製錢(새 동전)을 찾았다. 수시처, 경사방 등의 총관, 수령태감들에게는 응용·대제전應用人製錢 1500관, 절소제전折小製錢 2250관을 하사했다. 수강궁 총관, 수령태감에게는 응용·대제전 180관, 절소제전 270관을 하사했다. 저수궁을 비롯한 각 궁 및 황자와 공주 휘하에 속한 수령태감 등에게는 응용대제전 220관, 절소제전 330관을 하사했다. 내전 총관, 수령태감 등에게는 응용대제전 120관, 절소제전 180관을 하사했다.

고생 끝에 평안을 누리다

태감은 모두 황은을 입고 살아온 인생들이지만 처음 태감이 되었을 때 품었던 소망을 달성하는 이는 1000명 중에 1명도 못 된다. 그저 꿈으로만 남을 뿐이다. 내가 일했던 당시를 돌이켜보면, 광서 원년에서 선통 3년까지 37년간 태후 궁은 큰 번영을 누렸다. 그야말로 궁내 부자 태감들은 태후 궁에 다 있었다. 은 2~3만 냥을 소유한 부자 태감들이 이곳에서 꾸준히 배출되었다. 하지만 헤아려보면 그중 20여 명가량은 청조가 끝나기도 전에 가난뱅이로 전락했다. 가장 큰 부호였던 리렌잉은 100만 냥의 재산을 모았다. 그의 일가는 넉넉히 잡아 100명에 달했는데, 리렌잉은 이들 모두에게 집이며 토지, 은전까지 촌수에 따라 고르게 분배해주었다. 이는 내 눈으로 직접 본 것이다. 하지만 10년이 지난 뒤, 리 씨 자손들은 거리에서 큰 소리로 신문을 파는 신문팔이들이 되어 있었다. 과거와 현재를 돌이켜보니 재물이 얼마나 덧없는 것인지 새삼 깨닫게 된다. 역시 재물에는 어느 정도 마음을 비우고 사는 것이 가장 좋은 것 같다.

나는 과거 한 세월을 겪은 사람이다. 나 역시 돈 때문에 태감이 되었다. 궁에 들어와서는 서태후, 융유, 단강, 세 분의 주인을 모셨고, 그분들이 나를 매우 아껴주어 일찍이 순풍에 돛 단 배처럼 얼마간의 재물을 모았다. 이 재물들은 어떻게 모은 것일까? 말하기도 부끄럽지만 상급자를 따라 '은 털'을 먹은 데서 온 것들이다(내정에서 재정을 관리하는 이들은 얼마간의 떡값을 챙겼다. 외부 사람들은 이를 가리켜 '은 털銀毛을 먹는다'고 했다). 재물이 생긴 뒤 나는 가장 먼저 돌아가신 아버님이 이르신 대로 가업을 복구했다. 400묘畝의 땅은 어머니를 부양하고 동생들을 가르치기에 충분했다. 양친이 작고한 뒤 여동생은 시집을 가고 남동생들도 장가들어 가정을 이루었다. 그래서 얼마간 재물을 떼어 마을에서 작게나마 공익사업을 시작했다. 가산은 4등분해서 세 남동생들에게 각기 한 몫씩 주고, 내 몫은 시

집간 여동생에게 주었다. 이후 안사람을 데리고 베이징으로 와서 살았으니 시골 마을에는 더 이상 내가 할 일이 없었다. 조카들이 자란 뒤에는 전문 가정교사를 청해 공부를 시켰고, 교육비를 조달하기 위해 내무부 소유로 세를 놓는 크고 작은 집 여덟 채를 헐값에 샀다(내 재물이 나오는 곳은 언제나 황실이었다). 조카들의 학업이 결실을 맺어 다들 사농공상, 각계각층에 종사하게 되었을 때에야 비로소 내 책임을 다했다는 생각이 들었다. 그리고 이제는 속세를 떠나 깊은 산에 들어가 도를 닦고 정신을 수양하고자 했다. 하지만 하늘은 유독 내 바람만은 들어주지 않았다. 중화민국 시기로 접어들면서 태감들은 생업을 잃었고, 엎친 데 덮친 격으로 천재지변과 인재人災까지 일어났다. 나는 태감들의 생사문제로 사방팔방 뛰어다녔고, 동료들과 연락해 은제자선보골회를 창립했다. 베이징에는 태감들이 세운 사원이 20여 곳 있었지만 모두 당국의 압박을 받고 있었다. 나는 도사가 된 연고로 베이징 도교회에 가입할 수 있었다. 때를 잘못 만난 태감이 이렇게 나서기를 좋아했으니 은전이 들어가는 것은 당연했다. '7·7사변'* 이후 나는 난민수용소, 빈민 수용시설을 만들었고, 더하여 두 개의 무료 진료소까지 세웠다. 그러고 나니 내 재산으로는 더 이상 버텨낼 재간이 없었다. 그래서 예전에 사두었던 크고 작은 집 여덟 채를 일본인에게 비싼 값에 팔아 4000위안의 지폐를 마련했다. 구매할 때와 비교하면 75퍼센트나 이익을 본 셈이었다. 하지만 이 돈 역시 구제비용으로 손대자마자 순식간에 사라져버렸다. 이렇게 해서 내 재물은 모두 바닥이 났지만 다행히 내 한 몸은 건사할 수 있었다. 태감들이 세운 사원 어느 곳에 머물러도 내가 춥거나 배 고플 겨를이 없이 모두들 나를 살뜰히 보살펴주었다. 덕분에 돈 한 푼

• 루거우차오蘆溝橋 사변. 루거우차오는 베이징 시 서남쪽 교외의 융딩 강永定河에 놓인 다리로, 1937년 7월 7일 밤 일본군과 중국군이 이곳에서 충돌하여 중일전쟁의 발단이 되었다.

없는 무산계급임에도 보통 사람 이상의 생활을 누렸다. 또한 눈앞의 여덟 조카, 열두 손자들 모두가 나같이 보잘것없는 사람이 되지 않고 잘 자라준 데다 나 역시 등 따습고 배부르니 그저 기쁘고 만족스러울 따름이다.

제10장 태감들에 얽힌 일화

강 공의 사당

　　강 공은 성이 강剛, 이름이 철鐵, 아명은 구아狗兒['개'라는 뜻]이며, 자오즈交趾[현재 베트남 북부 지역에 위치하며 과거 중국에 속했던 지명] 사람이다(또다른 이름으로 강병剛炳이라고도 전해진다). 남보다 힘이 장사여서 명나라 태조가 천하를 평정할 때부터 태조의 심복이 되었다. 한번은 태조가 출정을 하면서 강 공에게 궁의 보호와 감독을 맡겼다. 강 공은 이 일로 인해 간신들에게서 불미스런 모함을 받을 것을 염려해 스스로 거세하여 그 증거를 말안장 속에 두고, 황제가 출정하기 전에 그 안장을 깔아드렸다. 태조는 이를 알지 못했다. 아니나 다를까, 황제가 승전고를 울리며 궁에 돌아오자 강 공이 궁을 어지럽혔다는 참소가 올라왔다. 황제가 이를 믿고 강 공을 죽이려 하자 그가 아뢰었다. "먼저 말안장을 검사해보신 다음에 소인을 죽이셔도 늦지 않을 것입니다." 이에 말안장을 찢어 살펴보니 그의 무고함이 명백히 밝혀졌다. 이때부터 황제는 그를 더욱 신임하게 되었다. 연왕燕王 주체朱棣[명 태조 홍무제의 넷째 아들로, 후에 영락제가 된다]가 북평北平

[베이징의 옛 명칭]의 번왕藩王으로 봉해졌을 때, 황제는 강 공에게 명하여 연왕을 따라가 호위하도록 했다. 강 공은 연왕을 따라 남북으로 전투를 치르며 생사를 넘나드는 공을 세워, 성조[명나라 제3대 황제 영락제] 본기[기전체의 사서史書에서 제왕에 관해 기술한 부분]에 기록되었다. 그러나 논공행상을 할 때 함께한 이들이 모두 제후로 봉해졌음에도 유독 강 공만은 다른 마음을 품지 않고 감사 인사를 올리며 이렇게 말했다. "신은 이미 사례감司禮監[명대 내정에서 환관과 궁내 사무를 관리하던 12감 중 첫째 기관으로, 태감이 직무를 맡았다]이 된 것만으로도 큰 은혜를 입었습니다. 만약 신이 작위를 받는다면 분명 후대 사람들이 신을 좋게 보지 않을 것입니다."

강 공은 성조가 북방 변경지대에서 전투를 치를 때 전사하여 서산西山[베이징 서쪽 교외에 모여 있는 여러 산의 총칭]의 홍로산紅爐山[지금의 바바오 산八寶山]에 장사되었다. 이 산은 산꼭대기의 화염이 마치 화로를 연상시키고 토양이 단사•로 이루어져 있어 홍로산이라 이름 붙여진 곳이다. 후세 사람들이 강 공의 덕을 기리며 '강철을 계속 화로 안에 두어 달구는 것'••이 좋지 않다는 생각에 산의 이름을 '흑산黑山'으로 개명했다. 이곳은 베이징 성 부성문에서 7킬미터 떨어진 곳으로, 이곳 사원의 이름은 '흑산호국사'다. 사원 뒤쪽 서편에는 칙명을 받들어 세운 포충사褒忠祠[충신을 기리는 사당]가 있다. 돌로 지은 이 사당은 오래된 측백나무로 만든 큰 비석과 돌문, 돌 패방•••이 우뚝 서 있어 웅대하면서도 기품이 있다. 사당의 서쪽에는 강 공의 군마가 묻힌 병마분兵馬墳과 투구와 갑옷을 매장한 회갑분盔

• 주사, 진사라고도 한다. 수은으로 이루어진 황화 광물로, 진한 붉은색을 띠며 수은의 원료, 붉은색 안료, 약재로 쓰인다. 고대 도교 신도들은 이것으로 단약을 만들었다.
•• 강 공의 이름인 '강철'이 강철鋼鐵과 발음이 같고, 홍로산의 이름에 화로의 뜻이 들어가 있는 데서 비롯된 생각이다.
••• 위에 망대가 있고 문짝이 없는 문 모양의 건축물. 모범이 되거나 공로가 있는 사람을 기념하기 위해 궁전, 능을 비롯해 절의 전면이나 도시의 십자로 등에 세운다.

甲墳이 있다. 사당의 남쪽으로 200보 떨어진 곳에는 흰 돌 패방이 서 있으며 패방 위에는 가로로 '대명홍무개국원훈신도지방大明洪武開國元勳神道之坊'이라 새겨져 있다. 패방의 북쪽에는 궁문 앞에 돌로 조각한 짐승들이 두 줄로 늘어서 있다. 그리고 사당 뒤편에는 강 공의 무덤이 있다. 무덤에 세워진 작은 비석 다섯 개와 큰 비석 하나에는 '대명홍무개국원훈강공지묘大明洪武開國元勳剛公之墓'라 새겨져 있고, 돌 탁자 앞에는 돌로 다섯 가지 제기를 조각해놓았다. 신도[묘소로 가는 길] 좌우에는 평평한 받침돌이 사방에 놓여 있다. 접경 지역에 거주하는 백성들은 매년 3월 21일에 흑산 성회聖會를 열었으며, 지금까지도 이어져오고 있다.

　　이 사당은 사람들 사이에서 보통 '강 조묘祖廟'라 불렸다. 중화민국 초기, 지방 토호가 이곳을 넘보았으나 내가 분투하여 보전했고, 또한 일본군이 이곳을 헐어 없애려 할 때도 극구 항변하여 다행히 훼손되는 것을 막았다. 이후 나는 가산을 털어 사당을 보전하고, 갈 곳 없는 연로한 태감들을 부양했다. 또 내가 죽은 뒤 쓰려고 했던 관을 팔아 그 돈으로 사당을 수리했다. 강 공 생전의 덕을 기리며 애도의 뜻이 담긴 고시 한 수를 읊어본다. "봉건 시대에도, 지금도 들어보지 못했다. 북망산 역사에 두 안개구름이 피어오르니, 공명은 꽃에 맺힌 이슬처럼 부질없으나 도덕은 여전히 하늘에서 향기를 발한다. 본분을 좇아 기꺼이 사례감이 된 데 만족하고, 앞장서서 적진으로 돌격하니 과연 대적할 자 없도다. 주변 산의 72부府는 모두 어디에 있는가(서산에 있는 72부는 모두 명대에 공훈을 세운 이들의 능묘다)? 이곳에 남아 있는 것은 오직 강 조묘뿐이네."

흑산호국사 주지 도사의 자술비自述碑

　　"국인國人 대덕 선생大德先生 각하, 이 비천한 노승, 향년 일흔이라 노년에 이른 지 이미 오래인데, 제자들이 비문을 써줄 것을 청해도 거듭 사양했습니다. 대저 이 노쇠한 사람이 나섰다가 묘비에 누를 끼치기라도 하면 어찌하겠습니까? 이 몸은 사람들의 칭찬도 바라지 않고 또 비웃음거리가 되고 싶지도 않습니다. 다만 이들이 제가 아니면 안 된다며 부탁하기를, '스승님이 허락지 않으시면 저희가 앞으로 어떻게 이를 이어나가겠습니까?' 하기에 마지못해 응낙했습니다. 제 이 한평생으로 말할 것 같으면 전생의 업과 현생의 고苦가 끝이 없는데, 그나마 다행인 것은 일찍 깨달음을 얻어 참회의 뜻을 품고 나를 희생해 타인을 이롭게 하려 한 것입니다. 매 순간 기꺼이 몸을 구부려 다른 이를 편안케 했으니, 제 평생의 행적은 모두 이 물음 안에 포괄할 수 있습니다. '마음은 넉넉한데 힘이 부치는가?' '쉬지 않고 내 온 힘을 다 바쳐 최선을 다했는가?' '남들이 어렵다 말해도 꿋꿋이 해나갔는가?' '내가 가진 모든 것을 다 쓰고 가난해져도 후회하지 않았는가?' 일을 행하는 여정에 가시밭길이 없지 않았지만 시절을 잃은 자는 그저 힘써 견디고 인내할 뿐입니다. 고적과 옛 문화를 보전하기 위해 만인에게 호소하고, 동료들을 구제하기 위해 가산을 털고, 금산보장사를 재건하고, 흑산호국사, 은제장 태감 공동묘지 및 관련된 모든 산을 보전하여 동료들의 생활을 안정시켰습니다. 사방으로 죽자 사자 안 뛰어다닌 곳이 없고, 일을 행함에 있어 심혈을 기울이지 않은 적이 없습니다. 뿐만 아니라 돌우물을 지어 만인이 이용하게 하고, 찻집을 세워 사람들과 인연을 맺고, 도교를 가르칠 스승을 충당하고, 무료 진료소를 세우고, 도교 서책을 저술하여 마음을 달랬습니다. 매 끼니 변변치 못한 음식을 즐거이 들며 수백 명의 동료를 내 가족, 내 형제처럼 돌보기를 20여 년 가까이 했습니다. 불행히도 '루거우차오 사변'이 일어나 적군의 압제가 시작되어 이 모든 일을 완벽히 해내기는 쉽지 않았습니다. 점령당한 지역 사람들은 제 살길이 막막한 형편이었으니, 그저 작은 인정을 베풀어 얼마간의 자금으로 서쪽 교외의 명승고적을 보전하고 100명에 달하는 노인들에게 추위와 굶주림을 면케 해주었습니다. 사람들은 나를 대단하다 하지만 나는 이것이 천명이라 말합니다. 이 일들이 세상에 알려지든 알려지지 않든, 그런 것은 내 뜻과 아무 상관없습니다. 내가 한 일들은 그저 여러분이 귀감을 얻어 이어 나가기를 바랄 뿐, 하늘을 바라보고 내 뜻을 이어갈지언정 사람들을 향해 선전할 필요는 없을 것입니다. 하늘이 내게 이 세월을 덤으로 주셨으니 마땅히 노력해서 옛것을 지키고 새것을 열어야 할 것이며, 학교를 세워 나라에 보답하고, 시대의 흐름에 따라 본분을 지키며 온당한 삶을 살아야 할 것입니다. 도를 닦는 길이 어찌 향불을 피우고 수양하는 것밖에 없겠습니까? 제자들도 이에 동의해주니 바라건대 이 뜻을 애국지사께 삼가 아뢰기를 원하고 아울러 부디 잘 이해해주시기를 간절히 청하는 바입니다."

이 비문은 나 슈밍이 직접 짓고 판링가오潘齡皋[청말, 중화민국 시기의 저명한 서예가이자 애국지사] 태사가 글로 쓴 것이다. 전 국무총리 진윈펑靳云鵬이 유신 태감들을 초청했을 때, 20여 명이 먼저 찬성하고 이어서 각 사원과 사당, 지방 소도시들, 인근 여러 마을이 잇달아 비석에 이름 올리기를 원하여 이 글이 비석의 절반을 차지하기에 이르렀다. 중화민국 37년 봄, 새기는 작업을 완성하여 강 공 사당 앞 층계에 기존의 비석과 나란히 세웠다. 더하여 양대 유물을 보전하고자 하는 나의 본뜻에 따라 비석에 전자篆字[전서篆書. 한자 서체의 하나]로 다음 구절을 써넣었다. "이 시대에 호소하노니 옛것을 존중하고 나라를 사랑하자." 이 일은 애당초 중화민국 20년에 누군가가 건의하여 내게 요청한 것이지만 나 자신이 그럴 만한 덕이 없다 여겨 정중히 사양했다. 일본과의 전쟁에서 승리한 후 또다시 이 일이 거론되었으나 그때도 여전히 내가 부적합하다고 여겼다. 지저분한 담장이 벽화 가득한 아름다운 담장을 흉내 낼 수 없듯이, 또 흙벽돌에는 글자를 새

길 수 없듯이 내가 도제들에게 실망만 안겨줄까 두려웠기 때문이다. 그러나 나를 아끼는 이가 또 한 번 채근하여 말하기를, 전문가가 써야 하는 법이니 한평생 살아온 행적을 기록해보라 했다. 과분한 영예라 여겼다. 무릇 상나라의 이彛와 주나라의 정鼎[이와 정은 제기祭器, 예기禮器로 쓰인 기물들로, 매우 진귀한 골동품을 상징한다]은 도금하지 않은 것을 귀한 것으로 친다. 버젓이 기록할 만한 사실이 있는데 굳이 돋보이게 장식할 필요가 없다. 그래서 나는 조잡하고 저속한 글이 되지 않도록 있는 사실 그대로 기록했다. 시골 사람의 노래처럼 꾸밈없는, 날것 그대로의 글이다. 근래 들어 상류층 인사들이 모두 이 슈밍을 봉건 왕조 시대의 마지막 사람이자 궁중 최후의 1인으로 여기고 방문하여 궁중에서 있었던 일을 묻곤 했다. 이를 위해 나는 「궁중의 숨겨진 이야기들」을 저술했다. 훗날 이를 읽은 독자들이 나에 대해 비방을 하든 혹 칭찬을 하든, 나의 행적은 칭찬받을 만한 것도 없고 겉만 번지르르할 뿐 실속도 없다. 나는 부모와 직업과 벗을 모두 잃었던 고어皋魚처럼[「한시외전韓詩外傳」의 공자와 고어 이야기에서 인용] 시절을 좇으려 하나 얻지 못한 자. 중화민국 38년 1월 14일에 이 글을 적는다.

임 노인과 마지막 태감들

임 노인은 성이 임, 이름이 윤승으로, 청 초기 사례궁전감司禮宮殿監을 처음 맡은 태감이다. 명말, 이자성이 수도를 함락했을 때 궁내 모든 이는 지위고하를 막론하고 두려워 어찌할 바를 몰랐다. 자신의 방에서 죽은 이들 외에도, 건청궁 앞 단폐 양쪽 두 수로의 흰 돌 용머리상 위에는 시신들로 가득했다. 이자성이 대내에 머무르지 않았던 것은 궁 안 사방이 시신으로 넘쳐났기 때문이다. 궁을 도망쳐 나오다가 죽은 사람도 있었다. 당시 임 노인은 10여 세의 어린 태감이었는데, 일찌감치 궁을 빠져나오지 못하고 홀로 물과 음식을 챙겨 일정문* 천장 합판(지붕) 위로 몸을 숨겼다. 청나라 병사들이 궁에 들어와 이곳저곳을 치우다가 지붕에서 오줌물이 떨어져 바닥에 흐르는 것을 보고 천장 위에 사람이 숨어 있는 것을 알게 되었다. 곧 불러내려온 임윤승은 후궁後宮으로 보내졌다. 이후 그는 순치제까지 모시게 되었고, 나중에 강희제는 그를 암달로 삼았다. 또 80여 세까지 천수를 누렸다. 궁내에서는 모두 그를 '임 노인'이라 불렀으며, 강희제의 큰 총애를 받았다.

청나라 초기에는 제도상 아직 태감들에게 품계가 없었기 때문에 임 노인의 관복을 보면 붉은 술이 높이 달린 모자에 일반 두루마기와 저고리, 장화가 전부다. 죽은 뒤에는 부성문 밖 팔리장에 장사지냈다. 이곳의 이름은 황제가 칙명을 내려 은제장이라 했다. 강희제, 옹정제, 건륭제 모두 그를 치하했고, 황제가 지은 비석을 하사했다. 또한 사원과 사당을 세웠고 매년 벌초와 제사 비용으로 은 400냥을 내렸으며, 전담 수령태감 한 명을 파견하고 묘지기 넷을 두었다. 뿐만 아니라 사원의 승려에게 묘지 관리의 책임을 맡겨 이후로도 계속 이곳을 태감들의 공동묘지로 삼았다. 중화민국 초기에는 은제장 내 송백이 3000여 그루, 돌비석이 500여 개, 무덤이 2600여 장에 이르러 그 풍광이 서쪽 교외에서 제일가는 절경을 이루었다. 유럽과 미국에서 베이징으로 관광 오는 이들은 반드시 이곳을 들렀다. 그런데 어느 군벌 세력이 옛 수도의 경관인 것을 고려치 않고 나무에 가격을 매겨 1만6000위안이란 헐값에 목재상에게 팔아버렸다. 나는 나라의 옛 문물을 훼손시키는 이런 행태를 참을 수 없어 당장 달려가 이곳을 보존해달라고 호소했다. 그리고 다섯 명의 동지를 모아 중화민국 19년에 은제자선보골회를 창립했다. 내가 중화민국 19년에 은제자선보골회를 창립한 이

---

* 앞의 275쪽에는 월화문으로 나온다. 오기인 듯하다.

유는 나라의 옛 문물을 훼손시키는 이런 행태를 참을 수 없어서이기도 했다(골骨은 고古와 발음이 같다. '고古'라고 썼다가 혹 제재를 받을까 해서 골骨로 대체한 것이다). 이를 통해 생업을 잃은 태감들을 찾아 여생을 부양하고 장례도 치러주었다. 또 은제장이 계속해서 서쪽 교외의 경관으로 남을 수 있도록 보존했다. 2만여 은화로 나무와 돌비석, 사당들을 되찾았고, 보수하여 새것처럼 만들었다. 태감들의 공동묘지를 보존할 수 있게 되면서 나는 비로소 마음을 놓았다. 하지만 이것도 잠시, 불행히도 7·7사변이 일어났다. 적들은 무력을 앞세워 강제로 나무를 헌납하도록 했다. 나는 죽음을 무릅쓰고 이에 맞섰으며, 결국 한 그루의 나무도 훼손시키지 않고 지킬 수 있었다. 만일 내가 한순간 재물에 마음이 동해 나라의 위기를 기회삼아 돈을 벌 생각을 했다면 얼마든지 그럴 수 있었을 것이다. 하지만 나는 나무 한 그루도 보호하고자 마음먹었고, 그것이 내 진심이었다.

일본이 물러나고 승리한 뒤 베이징에 입성한 어느 관리가 오해한 나머지 보골회의 해산을 명함과 동시에 내 장부를 조사하려 했다. 이에 나는 성명을 발표해 입장을 밝혔다. "자본을 내어 보골회를 설립한 것도 나 한 사람이요, 글을 쓰고 여기저기 발로 뛴 사람도 나 한 사람입니다. 일찍이 외부에서 원조를 받은 적이 없거늘 조사받을 내역이 무엇이란 말입니까?" 끝낼 때 끝내더라도 내 본뜻은 오직 옛것을 보전하고 사람들을 구제하는 것뿐, 모임이 있고 없고는 중요하지 않다. 내 나이 향년 72세, 하루를 살아도 나는 청 초기의 임 노인과 청 말기 대감들이 마지막으로 남긴 깃들을 보전할 것이다. 공의는 언젠가 반드시 승리한다는 것을 믿는다.

숙왕부 태감 왕충

숙친왕 호격豪格[청 태조 누르하치의 손자이자 태종 황태극皇太極의 장

자. 숙친왕 산치의 10대 조부]은 순치제의 이복형이다. 도르곤이 독재를 할 시기, 숙부(도르곤)와 조카(숙친왕)는 서로를 견제하고 있었다. 숙친왕은 본디 힘이 장사라 '신력왕神力王'이라 불렸다. 그가 장헌충張獻忠*을 진압하고 승전고를 울리며 베이징으로 돌아오자 황제는 섭정왕 도르곤을 보내 영정문 밖에서 그를 맞이하도록 했다. 숙친왕은 관례대로 먼저 황숙을 배알해야 했다. 그런데 생각지도 못한 일이 벌어졌다. 장막 속 복병들이 사방에서 일어나 숙친왕을 향해 어지러이 칼을 휘두르는 것이었다. 수많은 칼날이 일제히 한곳을 내리쳤다. 이때 숙친왕의 태감 왕충王忠이 제 몸으로 친왕을 감싸 보호했고 주인과 함께 온몸이 난도질당해 죽었다. 입관할 때조차 시신을 분리할 수 없어 결국 같은 관에 함께 입관했고 영정문 밖에 장사지냈다. 이런 이유로 후세에 숙왕부에서는 유일하게 태감들을 때리거나 욕하는 것을 금했다. 이는 모두 숙친왕과 함께 죽음을 맞이하고 한 곳에 묻힌 왕충 때문이다.

성 하나를 얻은 위주 태감

위주魏珠 태감은 강희제의 궁전 태감이었다. 강희제는 붕어하면서 태자 책봉에 대한 유조를 남겼는데, 위주가 이 소식을 알아보고 옹친왕雍親王에게 이를 알렸다. "네가 나를 위해 이런 큰 공을 세웠으니 내가 무엇으로 너에게 보답하면 좋겠느냐?" 옹친왕이 이렇게 묻자 위주가 대답했다. "노비, 감히 무슨 대단한 것을 바라겠습니까. 그저 성城 하나만 맡겨주신다면 더 바랄 것이 없겠사옵니다." 옹정제는 보위에 오르자마자 위주를 베이

---

* 명나라 말기의 농민 반란군 지도자. 오삼계를 앞세운 청 군대의 공격으로 이자성이 베이징에서 쫓겨난 이후, 쓰촨에서 스스로 황제가 되지만 청의 숙친왕과 맞서 싸우다 패하고 전사했다.

하이 단 성團城[고궁 서북쪽, 베이하이 남문 서측에 위치한 명청대 황실 원림]의 총관으로 임명하여 성을 주기로 한 약속을 지켰다. 사실상 이는 그의 발을 묶어놓은 것이라 볼 수 있다.

위주는 단 성에서 딱히 할 일이 없어 한가로이 조롱박을 심으며 소일했다. 또 이 조롱박으로 적지 않은 기물을 제작하기도 했다. 삼현금, 비파, 수저, 쟁반과 그릇, 주판알, 각종 병, 단지, 세 발 달린 향로, 장식품 등 하나하나의 공예품이 정교하기 이를 데 없었으며, 그 위에 서화를 새겨넣기도 했다. 나중에 서태후가 이 물건들을 눈여겨보고 내탕고에 두었으며 서원 의란전 내에 진열하여 다른 사람들도 감상하도록 했다. 그러나 경자년, 팔국연합군이 베이징에 침입할 당시 독일 병사들이 중난하이에 머무르면서 이 조롱박 기물들을 손에 집히는 대로 탈취해 독일로 가지고 갔다. 비록 진귀한 옛 문물은 이렇게 소실되었지만 단 성은 여전히 웅장한 모습으로 베이하이 금오옥동교金鰲玉蝀橋 어귀에 우뚝 서 있다.

법도를 어겨 벌을 받은 구연재

구연재는 주사처 태감으로, 평소 태후 궁 장안태감 왕준여와 친밀히 왕래하며 지냈다. 그런데 왕준여가 그만 진비珍妃의 관직 매매 사건과 관련되어 봉천으로 귀양 가 군역을 맡게 되었다. 그러자 엉뚱하기 그지없던 구연재는 이 일을 계기로 큰일을 한번 벌여보자는 뜬구름 같은 생각했다. 태후께 왕준여에 대한 상소를 올려 만일 태후가 받아주시면 능히 관직이 오르는 기회가 될 것이요, 혹 태후가 좋아하시지 않더라도 왕준여처럼 봉천으로 귀양 가기밖에 더 하겠느냐는 것이 그의 생각이었다. 귀양을 가면 봉천에서 왕준여와 함께할 수 있을 뿐 아니라 재물도 모을 수 있을 터였다. 청조 태감들은 벌을 받아 외지에서 군역을 하게 되더라도 그곳에 채

당도하기도 전에 현지에서 길마다 차비와 식비를 대주는 이들이 속속 나왔다. 귀양지인 부대에 도착하면 장군 아래의 군관들은 너 나 할 것 없이 귀히 대우해주었다. 황실의 높으신 분들을 가까이에서 모신 태감인지라 누구도 감히 함부로 하지 못하는 것이다. 그때까지도 구연재는 상소를 올렸다가 태후의 환심은커녕 귀양조차 가지 못하고 황천길에 들어설 것이라는 사실을 까맣게 몰랐다.

　　태후 궁 태감들은 평상시 일이 많아 쉴 틈이 없을 정도로 바빴다. 매년 봄 정월이면 관례에 따라 5일간 휴가가 있었기에 구연재는 이 닷새 동안 상소문의 초안을 완성했다. 그리고 어느 이른 아침, 입궁하여 사방에 휴가에서 돌아왔다고 보고하기도 전에 곧장 이화원 낙수당으로 향했다. 이곳은 태후의 침궁이었다. 이른 아침이라 태후는 이제 막 잠자리에서 일어나 침상에서 머리를 빗는 중이었다. 마침 그때 구연재가 창밖으로 와서 무릎을 꿇고 머리 위로 상소문을 올렸다. "노비, 상소 드릴 것이 있사옵니다." 그의 느닷없는 등장에 태후는 깜짝 놀라 외쳤다. "아니, 이놈이 죽으려고 작정을 했구나!" 그러고는 급히 리렌잉을 불렀다. 얼마 안 있어 리렌잉이 전으로 들어와 명을 받들어 구연재를 형부로 넘겼다. 그의 상소문을 받아본 리렌잉은 이렇게 말했다. "대단한 녀석일세. 우리 같은 사람 중에 이렇게 특출한 인물이 있었던가?" 조롱에 가까운 말이었다. 청조 때는 태감이 정사에 간여치 못하도록 규정하고 있었으니, 구연재 역시 그 연유조차 묻지 않고 차이스커우菜市口[청나라 때 베이징 내 번화가로, 죄인을 처벌하던 형장이 있었다]로 압송하여 처형했다. 그 상소문 역시 조금도 특별한 것이 없었고, 사방에 넘겨 창고에 보관했다.

재물운이 있었던 쑨더

　　열하에서 서태후의 밀서를 전달했던 쑨더는 회궁 후 독령시로 승진했다. 그러나 그는 한창 순조로울 때 사직하고 관직에서 물러나 집에서 기거했다. 그의 집에는 안뜰이 보이지 않도록 대문을 가린 담이 있었는데, 오래되어 저절로 허물어진 상태였다. 담장 속은 철사로 꿴 청동 강희대전으로 채워져 있었다. 쑨더는 이 돈으로 안뜰이 딸린 가옥 한 채를 사서 봄철에 보수 공사를 시작해 새 집으로 다듬을 작정이었다. 그런데 집의 기반을 다지기 위해 땅을 파던 도중 한 구덩이의 백은을 발견했다. 쑨더는 이 많은 양의 은을 집에 보관해두고 1000여 냥만 꺼내어 서태후에게 보였다. 태후 앞에 무릎을 꿇고 아뢰기를 "노비의 집 안에서 작은 항아리의 은이 나왔습니다. 그 양이 1000여 냥 정도 되니 이 박복한 것이 감당치 못할 듯하여 부처님께 올리옵니다. 받아주시옵소서" 하니 태후가 웃으며 답했다. "라오야쯔, 이 늙은 원숭이 같으니라고. 이 은들은 너에게 다시 내리도록 하마." 쑨더도 웃으며 외쳤다. "부처님의 천은이 망극하옵니다!" 그런 다음 은을 도로 들고 집으로 돌아갔다. 이후 몇 날이 안 되어 쑨더가 움 속에서 재화를 얻었다고 고하는 이가 있었으나 태후는 이미 쑨더에게 하사했다고 응했다. 이렇게 해서 쑨더는 큰 부자가 되었고 베이징 북쪽 상지촌의 쑨씨 가문은 청말에 이르기까지 사람들에게 부호로 칭해졌다.

　　재물을 얻어 부자가 된 쑨더는 태감들의 공동묘지인 은제장에 자신의 무덤을 크게 지었다. 어찌나 견고하고 튼튼하게 지었는지 분묘 가운데 으뜸이라 할 만했다. 또 공훈을 세운 옛 사람의 돌 패방, 돌비석을 사서 자신의 묘비로 개작했다. 그러나 어사가 나서서 이것은 법도에 위배되는 행위라고 간하니 쑨더는 하룻밤 새 급히 이것들을 조각내서 묻어버렸다. 결국 물증을 찾지 못하여 일은 자연히 무마되었으나 쑨더는 죽은 뒤 감히 이곳에 묻히지 못했다. 이 무덤은 수년간 방치되었고 누구도 나서서 이곳을 쓰지 못했다. 그러다가 선통 3년에 리롄잉이 병으로 세상을 떠나자 융유태후가 의지를 내려 쑤더의 무덤에 리롄잉을 장사지내도록 지시했다. 이후 변란이 빈번히 일어나면서 교외 묘지들 중 어느 것 하나 도굴되지 않은 것이 없었지만 오직 리롄잉의 묘만은 완벽히 보존되었으니, 사람들은 모두 이를 그의 복이라 이야기했다.

서태후의 총애를 듬뿍 받았던 리롄잉

서태후의 총애를 받았던 환관이라면 사람들은 안덕해나 더러는 왕준여를 떠올리지만, 리롄잉만 한 이가 없었다. 오직 리롄잉만이 자중해 평생 목숨을 보전했고, 황제와 황후의 각별한 은혜까지 입었다. 태후 궁 장안태감이란 자리는 총관태감이나 수령태감보다 아래여서 그리 높은 직책이라 할 수는 없지만 그 중요성은 매우 컸다. 태후의 모든 음식물, 의약품, 의복, 기거가 모두 장안태감의 책임이었기 때문이다. 마실 것, 먹을 것, 약품 하나하나도 반드시 장안태감이 먼저 맛보고 그 안전을 책임져야 했다. 이토록 막중한 책임이 부여된 자리였기에 그에 따른 권세도 컸고 태후의 총애도 유달리 더 각별했다.

안덕해가 장안 자리에 앉았다가 태후의 총애를 믿고 방자해져 뭇 친왕들의 노여움을 샀다. 특히 공왕부에서는 그를 몹시 미워해 산둥 순무 정보정에게 그를 없앨 계획을 은밀히 지시할 정도였다.

안덕해가 죽은 뒤 리롄잉이 그뒤를 이어 장안태감 직책을 맡았다. 리롄잉은 안덕해의 일을 거울삼아 일생 오만한 태도를 경계했다. 그는 늘 시종들에게 이렇게 말했다. "주인은 호랑이 같은 존재다. 내가 이토록 각별한 총애를 받는 것은 한시도 경각심을 잃은 적이 없기 때문이다. 주인이 베풀어주시는 은혜가 클 때일수록 우리 목숨 줄은 그만큼 더 위태로워진다.

그러니 우리는 항시 자중해야 한다." 몇 해 지나지 않아 리롄잉은 총관으로 승진했다. 서태후는 그에게 2품 관모까지 하사했다. 사실 이는 법도를 넘어선 처사였다. 리롄잉도 황송한 마음에 공왕부로 달려가 태후께서 명을 거두도록 간해 달라고 공친왕에게 청했다. "2품 관모는 법도를 넘어선 것이옵니다. 만 번 죽어도 이 몸은 감히 받들 수 없는 명이옵니다." 이에 공친왕은 그를 안심시키며 말했다. "총관태감은 마음을 놓으시지요. 주인이 베푸시는 천은을 어찌 감히 받지 않는단 말입니까! 다행히 태감의 품계는 직위는 있으나 권세는 없는 자리가 아닙니까. 그저 태후마마의 총애일 뿐입니다. 그러니 총관은 이를 사양하지 마십시오."

이후 순현친왕이 황명을 받들어 톈진으로 가서 군대를 정렬하고 병사들의 상태를 점검하게 되었다. 리롄잉에게 순현친왕을 따르라는 명이 내려졌는데, 이때 리롄잉은 2품 관모가 아닌 7품 관모를 쓰고 갔다. 그의 자중하는 태도는 이런 데서도 엿볼 수 있다.

왕준여는 리롄잉의 뒤를 이어 장안태감직을 맡았다. 그러나 그는 오만과 사치가 심했고, 이리저리 돈 나올 곳을 궁리하던 끝에 진비에게 관직 매매를 주선했다. 이를 알아챈 태후는 체면을 고려해 왕준여를 성징으로 귀양 보낸 뒤, 상장군常將軍에게 밀명을 내려 그를 그의 제자와 함께 없애라고 지시했다. 리롄잉이 일생 동안 목숨을 보전할 수 있었던 것은 오직 '신愼[언행이나 몸가짐을 조심한다는 뜻]', 이 하나에 의지했기 때문이다.

죽는 순간까지 리롄잉을 챙긴 광서제

광서 26년, 팔국연합군이 수도 베이징을 공격했다. 그리고 같은 해 7월 21일 날이 어둑할 때 서태후는 황상 등을 이끌고 맨몸으로 영수궁을 빠져나갔다. 신무문을 나와 태후부터 궁녀까지 모두 마차에 올랐으나 총관, 수령태감들은 마차를 타는 이와 말을 타는 이로 나뉘었으며 나머지 태감들은 걸어서 갔다. 덕승문德勝門을 나오자 걷는 것이 힘에 부친 상당수 태감이 그대로 도망쳐 이화원 인수전에 이르렀을 때는 겨우 30여 명밖에 남지 않았다. 태후는 모든 이가 보는 앞에서 눈물을 터뜨리고 말았다. "누가 우리 모자를 지켜주는 이들이란 말인가? 바로 너희다. 너희야말로 진정 우리 모자를 생각해주는 이들이구나! 황상, 어서 암달에게 예를 행하지 않고 무얼 하십니까('암달'은 만주어로 황상의 스승이란 뜻이다♦)!" 광서제는 즉각 예를 행했고 리롄잉은 놀라 황급히 황상을 만류했다. 그 자리는 그만 울음바다가 되고 말았다.

　이튿날 리롄잉은 추위로 떨고 있는 황상을 보고는 그 앞으로 가까이 가서 여쭈었다. "황상, 몹시 추우시지요?" 광서제가 대답했다. "궁을 나올 때 무명 적삼만 걸치고 나왔으니 어찌 춥지 않겠는가." 그러자 리롄잉은 서둘러 자신이 입고 있던 추주縐綢[강연사強撚絲를 씨실로 짠, 오글오글한 잔주름이 있는 비단] 솜저고리를 벗어 무릎을 꿇고 황상께 올려드렸다. "지저분한 노비의 옷이오나 마다하지 마시고 입어주십시오." 말이 끝남과 동시에 그의 눈에서는 눈물이 흘러 온 얼굴을 적셨다. 광서제가 물었다. "그럼 그대는 어찌하고?" 리롄잉이 대답했다. "노비야 만 번 얼어 죽은들 어떻습니까?" 이후에도 피난길 도중 광서제의 모든 시중은 리롄잉이 나서서 들었다. 황상이 무사히 타이위안까지 이를 수 있었던 것은 모두 리롄잉의 보호 덕분이었다.

　타이위안에 이른 뒤 경친왕, 이홍장 및 궁에 남겨진 대신들이 나서서 열강의 사신들과 강화를 맺는다는 소식을 들었다. 외국 사신들은 모두

♦ 암달은 만주어로 '스승'이라는 뜻이다. 오직 '황제의 스승'만을 가리키는 말이 아니다.

광서제가 이 강화의 주체가 되어야 한다고 주장했다. 이로 인해 광서제의 권위는 별안간 누구보다도 높아졌다.

하지만 광서제는 태후 앞에서는 꼭 철없는 어린아이 같아서, 늘 비빈들의 행태를 고자질하곤 했다. 그러면 태후는 광서제를 두둔했다. 때로는 광서제가 가리킨 황후, 근비, 푸쥔을 대나무 회초리로 때리기도 했다. 이때부터 태후와 황상 사이 모자간의 정은 회복 기미를 보였다.

시안 피신에서 회궁한 이후에도 광서제는 피신 길에서 보살펴준 리롄잉의 정을 잊지 못해, 날마다 태후 궁에 문안을 드리러 올 때면 꼭 리롄잉과 담소를 나누고 갔으며 그를 친구처럼 친밀히 대했다.

광서 34년 10월 19일 밤, 광서제의 병이 위중해지자 리롄잉은 암암리에 황후에게 이를 알렸다. "황상의 병이 이미 깊은데 황후마마께서는 어찌 잉타이로 가 뵙지 않으십니까?" 황후가 말했다. "태후마마의 지시 없이 어찌 감히 찾아뵙는단 말인가?" 이에 리롄잉이 말했다. "부처님의 병세도 깊사옵니다. 지금은 비상시기이옵니다." 이리하여 황후는 잉타이로 향했다. 서로 마주한 황제와 황후는 그저 눈물만 흘렸다. 황상은 태감을 물리고 황후에게 두 가지 밀명을 유지로 남겼다. 첫째는 위안스카이를 죽일 것, 둘째는 리롄잉을 각별히 대우해줄 것이었다.

광서제는 10월 20일에 붕어했다. 황후는 친히 황상께 수의를 입혀드렸다. 또한 황제는 세상을 떠나면 입에 구슬을 넣어물리는 것이 관례였기에 황후는 내전 총관 인이중에게 내탕고를 열어 구슬을 찾아오라 명했다. 그러나 가져온 구슬이 아주 작아 황후는 황상의 관모에 달린 구슬로 이를 대신하려 했다. 옆에서 인이중이 "교지도 없이 어찌 감히 그것을 떼어내려 하십니까?" 하자 황후가 노하여 바라보았다. "지금이 어떤 때인데 교지를 따지느냐?" 결국 황후는 자신의 관모에 달린 대명주大明珠를 떼어 황상의 입에 넣어드렸다. 그런 다음 광서제의 시신을 길상교에 태워 서화문에서 건청궁으로 보냈다. 이곳에서 입관을 한 뒤 황제의 관을 궁내에 안치했다.

서태후는 다음 날 붕어했다. 태후 또한 황후가 직접 수의를 입혀드렸다. 태후의 시신은 길상교에 태워 먼저 수강궁으로 보내 입관한 뒤, 그 관을 영수궁 대전에 안치했다. 이후 황극전(영수궁 전전)에서 장례를 치렀다. 리롄잉은 영수궁에서 궁의 모든 태감과 아래채 부인네들, 궁녀들을 인솔해 다 같이 상복을 입고 서쪽 회랑에 머물렀다.

융유태후는 매번 제사 의식을 치르고 나면 꼭 잊지 않고 리롄잉이 있는 곳을 들렀다. 리롄잉은 일찌감치 섬돌 아래로 마중 나와 영접하며 문안을 여쭈었다. 황후는 항상 이렇게 말했다. "리 총관이 나를 좀 도와주게." 황후뿐 아니라 섭정왕(순친왕 짜이펑)도 매번 제사 의식을 마치면 리롄잉의 처소로 발걸음을 하여 재차 위로의 말을 건넸다.

이후 리롄잉은 황실의 각별한 배려로 사직하고 녹봉과 함께 일반 백성으로 돌아갔다. 그리고 선통 3년, 서원문 밖 북쪽 후퉁, 융유태후가 하사한 저택에서 세상을 떠났다. 죽기 전 그는 서태후가 자신에게 내린 보물들을 일일이 정리해 세상을 떠나던 날 모두 청 황궁에 올렸다.

원명원의 절경은 잡초로 변하고, 남은 것은 옛 환관의 자랑뿐

원명원은 봉신원에서 관리하는 여덟 개 원園 중 하나로, 청나라 황제들이 여름을 즐기던 곳이다. 원명원 안에는 절경을 이루는 곳이며 성현들의 족적이 수없이 많았으나 안타깝게도 함풍 10년 영국과 프랑스 연합군이 베이징을 공격하고 점거했을 때 전란으로 인해 불타 없어졌다. 과거 이곳에 있던 궁과 전들은 오늘날 밭두렁이 되어버렸다. 내가 본바, 남아 있는 몇 안 되는 태감들 중 갈 곳 없는 이들이 자식과 조카들을 불러와 이곳

황무지를 개간하고 가정을 꾸며 자립했다. 평생 맘 붙이고 살 내 집이 생겼다는 기쁨이 컸다. 또 생계수단으로 밭을 갈거나 고기를 잡고, 나무를 하거나 채소를 가꾸기도 했다.

원명원 안에는 건륭 연간에 조성된 황화진이 아직 남아 있다. 한 면의 길이는 약 250미터, 둘레는 약 1킬로미터, 벽돌로 쌓은 담들은 높이가 약 1.5미터가량이다. 이 낮고 허물어진 담들은 아직까지 남아 잡초가 무성하게 자라 있는데, 이 황화진 내 담들은 가로 세로로 겹겹이 뒤얽혀 있어 마치 미궁과 같다. 누군가 내부로 들어가면 처음 들어왔던 길로 나가기가 쉽지 않다. 이는 건륭제가 고안해낸 독창적인 작품이다. 경자년 이후 나는 이화원에서 시중을 들었는데 여가 시간이 나면 곧잘 동료들을 이끌고 원명원에 가서 놀았다. 황화진에 들어서면 정말 꼬불꼬불한 미로 속에서 여지없이 길을 잃고 헤매게 되었다. 중간에서 오도 가도 못해 난처해하고 있을 때 갑자기 어디선가 야생 토끼 한 마리가 뛰어나와 허물어진 담장을 넘어 깡충깡충 뛰어갔다. 나는 이때다 싶어 얼른 토끼를 따라갔고 그렇게 미로를 벗어날 수 있었다. 그때를 생각하니 웃음이 나온다.

원명원 총관 인푸서우殷福壽는 문장에 꽤 능숙한 한편, 외모가 아주 익살맞은 사람이었다. 궁중 사람들은 대부분 그를 '묵묵부답嘿不答'이라 불렀다. 함풍제를 따라 열하로 들어갈 때 그의 나이 이미 팔순이었다. 경자년 이후 원명원에서 그는 희귀한 종의 꽃을 발견했다. 종류가 목향* 같기도 하고 밀리 꽃**과도 비슷했다. 이 꽃은 봄과 여름에 피어 매우 짙은 향을 뿜어냈다. 그리하여 궁에 진상했는데 꽃의 이름을 몰라 서태후가 '태평

---

* 국화과의 여러해살이풀. 7~8월에 누런색의 꽃이 핀다. 유럽과 북아시아가 원산지다.
** 봄부터 가을까지 향기가 강한 꽃이 핀다. 인도 원산이며 중국에서는 차나 향수의 원료로 사용한다. 이를 말린 화차 또는 재스민 차라고 한다.

화太平花'라 이름 지었다(이 꽃은 본래 서양에서 들어온 공물로, 건륭제가 랑스닝郎世寧●●●에게 이 꽃을 그리고 족자로 만들라 명한 바 있다. 또한 꽃의 기이한 향기를 칭송하는 내용이 담긴 황제의 시문도 있다. 창고를 조사할 때 나도 본 적이 있는데 아쉽게도 그 이름을 잊어버렸다). 이후 대내와 이화원에 있는 태평화는 모두 원명원에서 가져다 심은 것이었다. 또한 인푸서우는 매년 봄이면 원명원에서 자란 봉미채[봉미초鳳尾草. 고사릿과의 여러해살이풀. '봉의꼬리'라고도 한다]를 진상했다. 이것은 자생한 것이라 냉채로 먹기에 좋았다. 진상을 올릴 때면 서태후는 그가 궁에서 오래 일한 태감임을 기억해 늘 온화한 말투로 몇 마디 말을 건넸다. "인푸서우, 잘 지내느냐? 건강은 괜찮으냐?" 그러면 그는 말이 끝나자마자 자동으로 대사를 외듯이 "태후마마, 만수무강하시옵소서!" 하고 외쳤다. 서태후는 매우 즐거워하며 인푸서우에게 은 10냥을 하사하라고 사방에 전했다.

  인푸서우는 머리를 조아리고 감사 인사를 올린 다음 사방으로 가서 은을 받았다. 사방 사람들은 종종 궁에 오래 있었던 그에게 옛 시절 이야기를 좀 들려 달라 청했다. 그러면 그는 과거 자신이 이홍장을 고해 올린 일을 이야기하곤 했다. "광서 20년, 일본인들이 일으킨 전쟁에서 중국이 지는 바람에 타이완을 빼앗기는 치욕을 당했지. 이 때문에 우리 황상으로서는 이홍장에게 책임을 물어 죽일 수밖에 없었어. 다행히 우리 부처님이 과거의 공신을 보호하시고자 여섯째 나으리(공친왕)의 주장대로 이홍장을 살리고 군기처 일을 맡기셨어. 그런데 하루는 이홍장이 간소한 복장에 아랫사람 몇 명만 데리고 원명원으로 들어오는 거야(담장이 온전치 않아 사람이 들어오는 것을 막을 수 없었어). 나는 이홍장이 수하들을 데리

●●● 주세페 카스틸리오네. 이탈리아의 예수회 선교사로, 강희 연간 말기에 베이징에 들어가 강희제, 옹정제, 건륭제의 주목을 받으며 궁정 화가로 활약했다.

고 원명원에 들어왔다는 이야기를 전해 듣고는 황급히 가서 맞으며 물었지. '이중당(이홍장) 나으리께서 원명원에 오시다니 무슨 황명을 받고 오신 것입니까?' 그러자 이홍장이 천천히 대답했어. '그저 둘러보고자 온 것이지 황명을 받고 온 것은 아니네.' 그래서 내가 따지고 들었지. '이곳은 외부인이 함부로 드나들지 못하는 황실의 금지구역입니다. 나으리가 마음대로 들어오신 것은 법도에 어긋난 행동입니다. 이 일을 반드시 상부에 아뢸 것입니다.' 이에 이홍장이 말했어. '총관은 진정하시게. 자네에게 몇 마디 알리고 싶은 것이 있으니 자네는 태후마마께 이를 좀 전해주시게. 일전에 리 대총관을 만났는데 그가 내게 이르기를 태후마마가 원명원을 수리하시는데 재물을 좀 보태주면 어떻겠냐고 하더군. 그것 때문에 이렇게 들어와 살펴본 것이라네. 자네는 태후마마께 이대로 아뢰어주게.' 나는 곧 궁에 들어가 부처님을 뵙고 이홍장의 말을 그대로 전해올렸어. 부처님은 리 총관을 돌아보며 정녕 그러한 일이 있었느냐고 물었지. 리 총관은 사색이 되어 급히 아뢰었어. '노비 결단코 그러한 일이 없었사옵니다. 감히 외부 관리를 만나지 못하건대 이 말이 어디서 나온 것인지 영문을 모르겠사옵니다.' 우리 부처님은 리 총관을 쏘아보시며 말을 이으셨어. '정녕 그렇다면 그리 눈물을 흘릴 것까지 있느냐?' 리 총관은 너무 놀라 사리분별이 안 될 지경이었지. 이어서 부처님은 명하셨어. '이후 이홍장이 다시 찾아오면 너는 반드시 그를 잘 맞아주고 별일이 없더라도 내게로 와서 고하거라.'"

'인푸서우'는 이때부터 자신이 이홍장을 고해 올리고 리롄잉의 혼을 뺐던 일을 스스로 자랑스레 여겨 만나는 사람마다 한바탕 이 이야기를 늘어놓았다. 그는 여든이 넘도록 살았고 중화민국이 들어선 뒤에야 세상을 떠났다.

장청허

장청허張成和는 청 고궁에서 수황전을 관리했던 총관태감이다. 평생 누구에게 폐를 끼치지 못하는 성품이라 별명이 '사람 좋은 장 씨和氣張'였다.

선통제가 궁을 나온 뒤에도 고궁에서는 여전히 남은 태감들에게 수황전을 지키라는 명을 내렸다. 그중 류 모 태감은 성품이 교활하기 짝이 없어 외부 사람들의 비위를 맞춰 이득을 챙기는 데 능했다. 야사와 소설들을 도구로 궁중의 비밀스런 일들을 뿌리고 다니면서 밥벌이를 하는 사람이었다. 장청허는 이를 온당치 못하다 여겨 매번 그를 질책했다. 무슨 이야기를 할 때는 확실한 증거가 있는 사실을 말해야지, 야사에 의존해 터무니없는 이야기를 제멋대로 늘어놓아서는 안 된다는 것이 질책의 핵심이었다. 그러나 류는 이에 원한을 품고 남몰래 장청허를 몰아낼 악랄한 계책을 꾸몄다. 결국 그 때문에 장청허는 칼을 품고 수황전에 들어가 무릎을 꿇고 바닥에 고꾸라져 자결함으로써 자신의 뜻을 밝히고자 했다. 다행인지 불행인지 칼날은 목의 급소를 비껴가 생명은 건졌다. 그는 경찰서로 송치되어 심문을 받은 뒤 경거망동한 데 대한 책임을 지고 징산 산으로 쫓겨났다. 그러나 류 모 태감은 지금도 여전히 고궁에서 무사태평하게 지내며 신문에 글을 써 배를 채우고 있다. 아, 사람 좋은 장 씨여, 정녕 시대를 잘못 만난 탓이로다! 그러나 아직도 많은 사람이 그를 청말의 유업을 이어받은 이로 기억하며 칭송하고 있다.

과다다 스 태감

'과다다呱噠噠'는 모기장의 이름이다. 이 모기장은 어딘가에 집어넣을 때 '과다다' 하는 소리가 났다. 내정 태감들은 누구나 이 모기장을 '과

장청허

다다'라 불렸지만 내정 밖 사람들은 대부분 이를 몰랐다. 그래서 이들이 동료 태감들에게 '과다다'가 뭔지 맞춰보라는 문제를 내면 여러 해 동안 맞추는 이가 없었다. 나는 "후보呼哺"라고 대답했다. 동료 태감이 궁중의 모기장을 이르는 말이라고 알려주기에 나는 "후보보呼哺哺는 우리 고향 아이들이 불던 피리라네"라고 이야기해주었다. 지금 와서 생각해보니 절묘하게 대조되는 우스갯소리이다. 과다다는 이미 고궁과 함께 사라져버렸고, 내 고향 아이들이 불던 후보보 피리 소리도 들어보지 못한 지 벌써 수십 년이다. 모두 평범한 물건이지만 격세지감이 드는 것은 어찌할 수 없다.

과다다를 처음 만든 사람은 태묘 태감 스石 씨였다. 그는 자기 본분을 아는 성실한 사람이었다. 태묘는 할 일도 거의 없고 재물이 모이는 곳도 아니어서 그는 일종의 창업을 해서 생활에 보탰다. 그가 제작한 것은 일인용 휴대 모기장이었는데(상하이에도 있었다), 대단히 간편했다. 전체적인 틀은 대나무로 만든 반원 형태로 겨울에는 솜을 달아 바람을 막았고, 여름에는 가볍고 얇은 천을 달아 모기가 들어오는 것을 막았다. 어딘가에 놓으면 한 차례 '과다다' 하는 소리가 났다. 상하이에서 만든 것은 서걱거리는 소리가 커서 불침번을 설 때 불편했지만, 스 씨가 만든 것은 소리가 작고 요란스럽지 않아서 좋았다. 살며시 놓으면 아무 소리도 나지 않았다. 이것은 내정에서 큰 인기를 얻어 사람마다 모두 한 개씩 사갔다. 덕분에 스 씨는 큰 돈을 벌었고 이름도 '과다다 스 씨'로 불리게 되었다. 가난한 태감들에게는 이러한 별명이 붙지 않았다. 스 씨의 기술을 이어받은 이는 그의 양아들 하이푸海福였는데, 그 역시 사람됨이 착실하여 양아버지의 뒤를 이어 과다다를 제작했다. 황궁의 시대가 막을 내린 지금, 앞으로는 더 이상 과다다가 전해지지 않을 것 같아 이곳에 그 기록을 남긴다.

양로의회

태감 양로의회는 명대 때부터 지금까지 있어온 것으로, 그 유래가 깊다. 태감이란 지위의 높고 낮음을 막론하고 누구나 고생스러운 삶을 산 이들이기에, 이들을 위한 양로의회가 설립될 필요가 있었다. 청대 때 태감 양로 조직에 드는 방법은 두 가지였다. 하나는 중이나 도사가 되는 것이었고, 또 하나는 양로의회에 가입하는 것이었다. 태감 중 종교가 있는 자는 거의 대부분 절이나 도관으로 들어가 승려나 도사로 이름을 올렸다. 궁에 있을 때 재물을 모으는 것은 노년에 돌아갈 곳을 마련하기 위한 준비다. 뜻이 있는 자는 같은 부류의 사람들과 연합해 자신이 직접 관리할 사당이나 도관을 세우기도 했다. 그런 다음 새로이 1대가 되어 이를 전파하고 대대로 그 종파를 이어나갔다. 옛 수도에 사원과 사당이 많은 것은 대부분 태감들과 관련이 있다. 그중 순수하게 양로를 위한 사당도 두 곳이 있었다. 베이징 베이창 가의 만수흥륭사와 베이징 서쪽의 흑산호국사가 바로 그것이다. 이 두 사원은 사당의 규칙이 서로 같고 주지도 모두의 추천을 통해 뽑았다. 이곳에 입회하고자 하는 이들은 반드시 누군가의 소개가 있어야 했다. 또 바르고 단정한 사람이어야 하며 회비로 은 20냥을 내야 했다. 그러면 3년 뒤에는 예외 없이 사당에 들어와 숙식을 할 수 있었다. 죽으면 관을 마련해 공유지에 불교식으로 장례를 치러주고, 봄과 가을에 벌초와 함께 제사를 지내주었다. 아직 살아있는 사람이 먼저 간 사람을 그렇게 해주었는데 친지보다도 더 정성스러웠다.

나는 은제자선보골회를 운영했고, 앞의 두 사당도 보골회 소속으로 관리했다. 또한 나는 태감들의 살날이 얼마 남지 않았고 지금은 옛날과 비교할 수 없이 시대가 달라졌으니, 원하는 자는 무료로 사당에 들어올 수 있도록 하자고 주장했다. 태감들은 모두 사당의 규칙을 준수했고, 나이가 많든 적든 두 사원의 부양 방침을 수용했다. 중화민국 초기, 태감들의 사원과 사당은 20여 개 정도 있었는데, 그중 어느 하나 관부의 압박을 받지 않은 곳이 없었다. 나는 다른 재주는 없어도 참고 견디는 것과 도리를 따지는 것만은 잘했기에 내 개인 재산을 아끼지 않고 모두 사당을 보전하는 데 쏟아부었다. 오늘날 돌이켜보아도 태감들을 위한 이 사업은 처음부터 끝까지 늘 한결같았고 한 번도 의욕을 잃거나 침체된 적이 없었다. 이 때문에 무엇이든 할 수 있다는 자신감이 들어서였을까? 조국의 승리 이후 나는 이 나라 국민을 지나치게 높이 평가했고 또다시 3년간 궁핍과 시련을 맛보게 되었다.

제11장 승평서 및 그 외 이야기

승평서

승평서는 속칭 '남부南府'라고 불렸다. 청 초기에는 오응웅吳應熊 부마부[부마의 저택]였으며, 황성 내 난창 가南長街[자금성 서화문 밖 남쪽, 즉 베이창 가 아래쪽에 위치한 거리] 서편에 위치했다. 승평서는 전후前後 두 관서로 나뉘었다. 이곳은 태감들의 외아문外衙門으로, 내정과 법도가 달랐다. 전승평서는 중화악中和樂 담당으로 내정의 예식 음악을 관장했다. 후승평서는 영경승평永慶昇平 담당으로 황제가 지은 희곡을 극으로 만들었다. 승평서는 총관태감 한 명이 관할했다. 내정의 법도와 다른 점은 내정 태감들은 스승과 제자가 있어도 어디까지나 스승과 제자로만 호칭할 뿐 조손관계로까지 이어지지는 않은 것이다. 반면 남부에서는 스승과 제자가 조손관계로까지 맺어지며 제자는 스승의 계승권을 지니게 되었다. 또한 내정 태감들은 일하는 처소를 옮기는 것이 가능했지만 남부에서는 자신의 자리를 벗어나 다른 곳으로 옮기는 것이 허락되지 않았다. 이는 각자의 위치가 모두 전문적인 기술과 예술성을 요하는 자리였기 때문이다. 내정 태감들은 지위고하를 막론하고 기하의 자미(곳간의 묵은 쌀)를 녹봉으로 받았던 반면, 남부에서는 지위가 높든 낮든 백미를 받았다(부마부 내 일부의 기본 녹미).

남부 내에는 연극 공연을 위한 건물과 노랑신老郞神[연극의 신] 사당이 있었다. 그 위패에는 '익수성군[익성翼星. 고대 중국의 별자리인 이십팔수二十八宿의 스물일곱째]', 현판에는 '희신전喜神殿'이라 쓰여 있었다. 또다른 전에서는 어느 여인상을 모셨는데, 이 여인상은 구슬꿰미를 늘어뜨린 관을 쓰고 있으며 전 내에는 어가가 구비되어 있었다. 또 현판의 대련은 건륭제의 친필이었다. 남부 내에서 대대로 전해지는 바에 따르면 이 여인상은 건륭제의 생모인 효성헌황후의 성상聖像이라고 한다. 이분은 강남 사람으로, 음악을 잘 알고 내·외학에 정통하여 이 분야의 조상으로 숭배받기에 이른 것이다.

황상이 내정 밖 각 제단에서 제를 올리거나 태화전에서 큰 축하 예식을 받을 때면 태상시에서 대악大樂[고대 제왕의 제사, 하례, 연회 등의 의식에 쓰인 우아하고 장중한 음악]을 담당했다. 내정에서 예식을 치르거나, 태후가 축하 예식을 받을 때는 남부 중화악 태감들이 나섰다. 영경승평에서 만든 극의 악곡은 전통 아악으로, 곤강과 고강이었다. 그 가사(대사)는 모두 건륭제가 직접 지은 것을 당시 한림원에서 편집한 것으로, 그 강조[희곡의 곡조]가 외부의 것과 달라 '어제강御制腔'이라 칭했다. 그 어투며 창법은 대단히 진지하고, 통속적인 것과 거리가 멀어 일반 사람들에게는 다소 우스꽝스럽게 여겨졌다. 남인南人[장쑤, 안후이 이남 등지의 남방 사람, 민간 배우]들은 외학, 궁내에서 연극과 음악을 익힌 태감들은 내학이라 불렀으며, 이들은 매달 음력 초하루와 보름에 궁내 연극을 담당했다. 함풍제와 동치제 때는 피황[중국 전통 희곡의 곡조로, '서피'와 '이황'을 함께 일컫는 말]이 없었고 오직 곤강 가락의 높낮이만 운치를 더했다. 고강이란 높고 낭랑한 곡조를 일컫는 것으로, 마치 과거를 보는 이가 문장을 읽는 것처럼 높낮이가 없어 무미건조하게 느껴졌다. 동치제와 광서제 때는 수도 베이징에 사대휘반四大徽班*이 등장했다. 가장 유명했던 노생老生**은 정장경程長庚이었다. 이쪽 분야 사람들은 그를 높여 '큰 주인大老板[유명한 중국 전통극 배우나 극단 주인을 겸한 배우에 대한 존칭]'이라 칭했다. 당시 관가에서는 방자강梆子腔[중국 전통극 곡조의 하나로, 방자를 치면서 반주한다]이 저속하고 민간 풍습에도 영향을 미친다 하여 공연을 금지시켰다. 이를 대신해 통속적이고 고상함이 덜한 피황이 유행하기 시작했다. 이 분야 사람들은 '피황皮簧'이란 말이 정확한 용어가 아니라고들 한다. 당초 이 곡조가 유행할 때는 비파와 남현***으로 반주하며 노래했다. 피황 중 '서피'의 '서西'는 그 지역을 가리키고, '피琵'는 그 악기를 가리킨다. 그래서 이를 합쳐 서피라 부르는 것이다('琵'와 '皮'는 발음이 같다). 또한 소적小笛[방자강의 반주에 쓰이는 피리. 방적梆笛]으로도 반주했는데, 이를 '이황'이라 한다. '황簧'이란 피리의 발음원이 되는 얇은 진동판을 일컫는 말이다. '이二'는 악기의 크기를 지칭하는 것으로, 2호 피리를 뜻한다. 이것이 바로 서피와 이황이란 명칭의 유래다. 현재는 이황과 서피도 대부분 사라지고 거의 바이올린 같은 악기들을 연주한다. 이황 중 '수르나이 강(대적大笛으로 부는 강조)'****을 연주하는 푸아쓰普阿四[평서 내학 태감으로, 내정에서 공연했던 유명한 악공]가 아직 살아있을 뿐

---

* 네 개의 휘극徽剧 극단인 삼경반(삼경 극단), 사희반(사희 극단), 화춘반(화춘 극단), 춘대반(춘대 극단)을 지칭. 청대 건륭 연간, 휘극(안후이 성 지방극으로, 안후이 성, 장쑤 성, 서장 성, 장시 성 등에서 유행함)이 베이징에 유입되면서 여러 휘극 극단들이 생겨났는데, 그중 가장 유명했던 극단이 사대휘반이다.
** 전통극에서 재상·충신·학자 등 중년 이상의 남자 배역을 맡는 배우. 대부분 긍정적인 인물이며, '문文노생'과 '무武노생'으로 나뉜다.
*** 소삼현금의 일종. 푸젠 성 남부와 타이완 일대에서 유행하던 소삼현금의 하나라 '남현'이라고 불리며, 고음을 내는 악기다.
**** 수르나이는 회족이 연주하는 관악기의 일종으로, 나팔과 비슷하며 정면에 일곱 개, 뒤쪽에 한 개의 구멍이 있다.

이다. 곤강 악보를 다루던 이 숙련된 노 악공은 일찍이 내게 가사를 좀 지어달라고 부탁하면서 서피와 이황의 유래에 대해 이야기해주었다. 또 한편으로 서피와 이황은 '난탄亂彈'이라 불리기도 했다. 이 분야의 어떤 이는 스스로 자랑하기를 문무文武 곤강과 난탄 모두를 혼자서 도맡아 할 수 있다고 했다.

서태후의 50세 생신 예식 때, 황족과 대신들은 연극을 진상했다. 사대휘반의 뛰어난 명배우들을 선별해 궁으로 불러들여 공연을 맡겼다. 정장경, 탄신페이, 노양후老楊猴(양월루를 일컫는다), 왕대두汪大頭(왕계분), 라오샹친老鄕親(쑨쥐셴孫菊仙), 용장승龍長勝, 여삼승餘三勝, 황반아黃胖兒이 바로 그들이었다. 모두 한 시대를 풍미한 유명한 노생들이었다. 청의青衣는 시소복時小福, 천더린陳德霖, 쑨이윈孫逸云이, 화단花旦은 양구이윈楊桂云과 그의 아들 샤오둬얼小朵兒이 맡았다. 도마단刀馬旦으로는 위좡얼餘莊兒, 주쓰스얼朱四十兒이 인기를 끌었고, 소생小生은 왕구이관, 루화윈陸華云, 주쑤윈朱素云, 장하오쯔姜耗子가 주로 했다. 노단老旦은 셰바오윈謝寶云, 궁윈푸龔云甫가, 화정花淨은 허주何九, 첸진푸錢金福, 진슈산金秀山, 랑더산郎得山, 마무쯔麻穆子가 맡았다. 또한 축丑은 뤄바이쑤이羅百歲, 왕솬쯔王栓子, 푸톄얼傅鐵兒, 쯔더취안訾得全이, 방자반(방자 극단) 중에서 노생은 웨웨훙月月紅, 스싼훙十三紅이, 단旦은 스싼단十三旦, 샹주샤오響九霄, 마샤오성馬小生이 맡았다. 모두 연극계에서 한때 큰 인기를 끌었던 인물들이다.*

서태후와 황상은 외부 극단의 연극을 처음 보고 대단히 신선하게

---

* 중국 전통극에서 청의는 양가의 규수나 정숙한 부인 등 긍정적인 여주인공 배역이며, 정단正旦이라고도 한다. 화단은 말괄량이 여자 배역이며, 도마단은 무예에 뛰어난 여자 배역이다. 소생은 젊은 남자 배역이며, 노단은 늙은 아낙네나 노부인 배역을 말한다. 화정은 성격이 강렬하거나 거칠고 특색 있는 남자 배역으로, 화검花臉으로도 불리며 얼굴을 여러 가지 물감으로 분장했다. 축은 소화검小花臉이라고 불리기도 하는 익살꾼, 어릿광대 배역이다. 그리고 단은 여자 배역을 일컫는다.

여겨, 이후 매달 하는 궁내 연극 공연마다 불러들였다. 처음에는 개막극과 마무리 극은 승평서가 담당했다. 이후 매월 음력 초하루와 보름, 연극 공연이 있을 때면 내무부에서는 고등 사관司官 여러 명을 파견해 공연을 관리하게 하고, 도우사都虞司(짐승을 잡는 일을 담당했던 아문, 또다른 명칭으로 '어마쾌御馬快'라고도 한다)에서도 사람을 파견해 배우들을 감독했다. 배우들은 한 사람이 무대에서 내려오는 대로 곧장 다른 사람이 올라가야 했기 때문에 함부로 무대 뒤를 이탈할 수 없었다. 처음 배우들이 공연을 위해 궁에 들어왔을 때, 태감들을 향해 '어르신'이라 부르는 것은 이상하게 여기지 않았지만 자신을 가리켜 '노비'라 칭하는 것은 매우 어색해했다.

광서 20년 이전에는 서태후가 청년 태감들에게 명하여 남부(승평서)에서 극을 배우도록 했고, 외부 극단 배우들을 들여 이들을 가르치게 했다. 탄신페이, 왕대두 등과 같은 노련한 배우들이 연극 교습을 목적으로 승평서에 들어와 녹봉을 받았다. 이후 시간이 흐르면서 남부 곤강 배우들은 점차 사라졌다.

무술정변 이전, 광서제는 음력 초하루와 보름에 대내에서 가끔 연극을 관람했다. 태후는 수렴청정 이후 매번 황족과 대신들에게 함께 연극을 관람하며 식사를 했다. 무대 좌측에는 휘장을 둘러쳐 안팎의 보안을 엄중히 유지했다. 연극 관람과 식사가 끝나면 좌중은 모두 전 뜰에서 태후를 향해 감사 인사를 올렸다. 그러면 태후는 때때로 연극이 어땠는지 물었다. 물론 대신들은 매우 좋았다고 답하며, 특히 태감들의 연극에 대해서는 입에 침이 마르도록 칭찬했다. 태후가 기뻐한 것은 말할 것도 없었다. 연극을 관람한 뒤 태후는 상으로 은을 내렸다. 황상은 매달 음력 초하루와 보름날이면 태후에게 1000냥의 은을 올렸으며 특별한 절기에는 갑절의 은을 올렸다. 황족과 대신들이 태감들의 연극을 칭찬하면 할수록 태후 또한 더 좋은 극을 만드는 데 열을 올렸기에, 외부 극단 배우들뿐 아니라 본궁에서 연극을 배우는 태감들도 각별한 은혜를 입을 수 있었다. 샤오자오톈(탄신페이), 왕대두 등과 같은 이들은 매번 40냥의 은을 하사받았다. 누구와도 비교할 수 없는 큰 총애였다. 그런 다음 등급에 따라 차례차례 상이 내려졌다. 만수절 같은 날에는 여기저기서 진상한 과일 합으로 전 안이 가득 찼는데, 태후는 이것을 궁내 이곳저곳에 하사하여 나누고, 남은 것은 연극이 있는 날 배우들에게 한 합씩 내렸다. 배우들은 이를 큰 영광으로 여기고 모두 무대에서 전 쪽을 향해 머리 숙여 감사 인사를 올렸다. 연극을 마친 뒤 객석을 향한 악기 연주를 '가마를 배웅하는 것'이라 칭했는데, 보통 피리를 불고 북을 두드리며 시끌벅적 요란스럽기 마련이었다. 이렇듯 가마를 배웅하는 합주 가운데 무대 뒤에서 일제히 큰 함성이 들려왔다. "나무아미수여래!" 배우들이 이렇게 세 번 외치면, 태후와 황상은 각자의 궁으로 돌아갔다.

권문세가보다 기세등등했던 배우들

연극은 예술의 한 분야일 뿐, 거기에 종사하는 사람은 본디 세간의 일반 백성들과 다를 바 없다. 하지만 봉건 시대에는 나라에서 이들을 천하게 여기고 경시했다. 고대에는 우맹優孟[춘추시대 초나라의 유명한 배우. 해학과 풍유, 모방에 능하여 이를 통해 왕에게 간언을 올렸다]과 우시優施[춘추시대 진晉나라의 배우]가 있었으며, 당송 시대 이래로도 웃음과 해학, 풍자를 통해 임금의 마음을 깨우쳤던 이가 꾸준히 있었다. 세상도 이들을 중요시 여겼다. 광서 이전 시기에는 베이징 배우들 사이에서 노생을 떠받들고 여자 배역인 단을 천시했다. 단 역할의 배우는 대중들 사이에서 큰 인기를 끌었음에도 불구하고, 대미를 장식하는 가장 중요한 장면에서는 노래를 부를 수 없었고, 노생과 우위를 견준다는 것은 감히 엄두도 내지 못했다. 그러던 것이 메이란팡梅蘭芳*이 등장하고, 사대명단四大名旦**이 나타날 무렵에는 이미 노생의 지위를 뛰어넘었고, 이후에는 여자 배우들까지 나타나 다시 이들을 넘어서니 실로 세간의 흘러가는 취향을 엿볼 수 있다.

  베이징 희원戲園[전통극을 공연하던 극장]은 예전에는 그저 다원茶園이라고만 불렸는데, 사대휘반 시기에는 대성황을 이루어 사람들로 북적거렸다. 여자 좌석은 팔지 않았으며, 3품 이상의 고위 관원들은 어사가 두려워 감히 희원에서 극을 볼 엄두를 내지 못했다. 배우나 창기를 희롱하는 등 법규를 어지럽히는 행위는 어사의 탄핵을 받을 수 있었기 때문이다. 벼슬아치들이 주로 소요하던 곳은 샤오小 후퉁의 사방私坊 아래 처소(연극계 자제들이 연극 연습을 하던 곳)였다. 광서제 때는 연극계의 명배우들을 선별해 승평서에서 일하게 했으며, 이로 인해 배우들의 명성과 위세는 더욱 커졌지만 아직 세상 사람들이 대단히 여길 만큼은 아니었다. 그러다가 경자년 태후와 황제가 시안 피신에서 회궁한 시기 이후부터 귀족과 고관의 저택에서 당회희堂會戲[경사가 있을 때 이를 축하하기 위해 집에 배우를 초청하여 공연하는 연극]가 공연되기 시작했다. 한가로이 무위도식하는 귀족 자제들이 재미로 몇 개의 극을 배우는 일이 잦아지면서 배우들의 명성과 대우 또한 높아졌다. 뿐만 아니라 톈진에서는 여배우가 등장하기 시작했다. 처음에는 베이징에 공공연하게 들어오지 못했지만, 류시쿠이劉喜奎, 셴링즈鮮靈芝 등의 여배우들이 베이징 희원에서 공연한 뒤부터는 여배우들의 명성과 평판이 남자 배우들을 뛰어넘기에 이르렀다. 한편, 왕대두는 여러 배우 중

---

* 중국의 경극 배우로, 본명은 허팅鶴亭. 여자 역을 맡았던 남자 배우로, 베이징을 중심으로 경극계의 일인자로 활약했으며, 곤곡昆曲에서도 그 기예가 뛰어났다. 미국과 구소련 각국을 순회 공연하여 경극의 존재와 진가를 세계에 널리 알렸다. 또한 경극의 전통적 체계를 보전하면서 그 개혁과 발전에 힘썼다.

** 근세 경극의 메이란팡, 청옌추程硯秋, 상샤오윈尙小雲, 쉰후이성荀慧生을 일컫는다. 모두 남자면서 여자 배역에 뛰어났던 배우들이다.

에서도 단연 가장 귀하신 분으로 꼽혔다. 권문세가에서 아무리 많은 은을 준다 해도 오지 않았다. 안 오면 안 올수록 이들은 왕대두의 극이 아니면 안 된다고 더욱 조바심을 냈고, 온갖 수단과 방법을 다 쓴 뒤에야 간신히 그를 모셔올 수 있었다. 초청을 받고 와서도 왕대두는 집주인에게 인사도 하지 않았고, 딱히 고마워하지도 않았다. 공연을 마치면 받을 돈만 받고는 곧 사라져버렸다. 태후는 그가 외부에서 공연하는 것을 그리 달가워하지 않는다는 것을 알고 더욱 그를 아꼈다. 탄신페이의 도도함 또한 그에 못지 않았다. 그를 초청하려면 먼저 그의 집안 식구들부터 손을 써야 했다. 그의 부인, 딸, 식모, 심부름하는 하녀들에게까지 모두 뇌물을 주어야 했다. 또한 초대받은 저택에서 공연을 한 뒤 주인이 아직 만족하지 못한 경우에도 중간에서 몇 번이나 재촉해야 간신히 움직였다. 그가 이동할 때는 자신이 기른 노새 외에도 앞뒤로 따르는 말들이 있어 마치 황족의 행차를 연상케 했다. 이 때문에 사람들은 모두 그를 '탄 패륵'이라 불렀고, 그 이름으로 한 시대를 풍미했다. 그리고 뒤를 이어 등장한 양샤오러우, 왕야오칭, 왕펑칭王鳳卿도 모두 남부에 선발되어 일을 담당했다. 반면 메이란팡, 위수옌餘叔巖 같은 사람들은 황실의 녹을 먹지 않은 이들이다.

모두의 지각으로 상을 받은 승평서 디 총관

설이 되면 융유태후는 건청궁에서 문무백관의 하례를 받았다. 예식의 모든 절차는 경사방에서 미리 규정에 맞춰 초안을 완성했다. 절차마다 배정된 시간은 조금의 오차도 없어야 했다. 수시처 각 처소에는 모두 예절편람이 한 부씩 있었다. 새해 전, 내무부 각 부서에서는 등을 거는 일, 문신과 대련을 붙이는 일, 악기를 배치하는 일을 담당했다. 승평서에서는 건청궁 처마 아래에 중화소악中和韶樂을 배치하고, 건청문 내 단폐에 대악을 배치했다. 또 바닥 전체에 융단을 깔고, 전 안에는 붉은 융단을 깔았다. 난의 위의 각 의장[황제 등이 의식을 갖추어 행차할 때 세우던 의장기, 가리개, 무기 등의 물건]들은 건청문 밖에 줄지어 세워놓았다. 날씨가 몹시 춥던 어느 해 설, 중화악 태감들은 모두 나이 지긋한 중늙은이들인지라 다들 추위를 탔다. 이들은 아직 시간이 이른 것을 보고 따뜻한 곳을 찾아 잠시 쉬러 갔다. 그런데 갑자기 태후의 가마가 당도했다. 총관 디狄 모 태감은 집사며 수령 태감들이 모두 자리에 없는 것을 보고 하는 수 없이 혼자서 일을 맡았다. 먼저 하례를 올린 뒤, 채찍을 잡고 황종대려黃鍾大呂˙를 따라 동쪽으로 한 번, 서쪽으로 한 번씩 치면서 입으로 악장을 따라 불렀다. 어느 음, 어느 구절 하나 틀린 데가 없었다. 예식을 마친 뒤 태후 또한 이 사실을 알게 되었지만, 태감들의 죄를 묻지 않았을뿐더러 도리어 그에게 수고가 많았다며 상으로 은 20냥을 하사했다. 디 총관은 승평서에서 늘 곤강, 고강을 하는 노생을 도맡았다. 목소리가 크고 낭랑했으며 노래와 연기 모두 뛰어났다. 특히 대악에 정통하여 어느 악장 하나 빠짐없이 능수능란하게 소화했고, 노래를 할 때가 되면 조금도 흐트러짐이 없었다. 이는 실로 아무나 할 수 있는 것이 아니었다.

경자년 이후에는 더 이상 태감을 모집하지 않아 사람이 모자랐기에 남과 북, 두 관서를 하나로 합쳤다. 마지막에 남부는 점거되어 징산 내부로 옮겨졌고 그곳에서 내정의 신년 하례, 생신 축하 음악을 담당했다. 그러다가 중화민국 13년 가을에 이르러 결국 자취를 감추었다.

˙ 황종은 중국 고대 음악 십이율(12음계)의 여섯 양률陽律 중 첫 음계이고, 대려는 십이율의 여섯 음려陰呂 중 네 번째 음계다. 잘 조화된 훌륭한 연주를 일컫는다.

승평서의 불교 연극

　　승평서의 극들은 상당수가 건륭제가 만든 것이다. 절기마다 그 절기에 맞는 극이 있었다. 예를 들면 만수절에는 반드시 「만수무강」이 공연되었다. 평소 매달 음력 초하루와 보름에 공연하는 극들도 각기 제목이 있었다. 개막할 때 공연하는 짧은 극을 길상극이라 하는데, 석가탄신이면 「불지도마, 마왕답불」이라는 제목의 길상극을 공연했다. 내용은 여래[부처의 존칭]가 한 마왕을 제도하는 이야기다. 여래가 불단에 정좌하고 있는데, 검푸른 얼굴에 붉은 머리카락을 한 어느 마왕 또한 지옥의 칼산과 화살 숲 가운데 거하며 스스로를 제도하고자 했다. 여래가 그를 제도하려 하자 그는 부처의 이론에 강력히 반발하며 부처를 욕했다. 그러나 부처가 이에 아무 대응도 하지 않자 마왕은 더욱 화가 나서 그의 행동이 옳지 않다고 말했다. "너는 모든 것이 평등하다고 주장하지 않느냐. 그러니 내가 너를 욕하면 당연히 너도 나를 욕해야 옳은 것이다. 내가 너를 욕하는데 네가 나를 욕하지 않는 것은 나를 죄인으로 만드는 것이다." 이 극에는 어떤 의미가 담겨 있다. 건륭제에게는 한 모후에게서 난 남동생이 있었는데, 이미 친왕으로 책봉되어 있었다. 그러나 그는 성격이 거칠고 포악하며 언쟁에 능하여 사람들은 그를 '마왕 같은 둘째 나으리'라 불렀다. 때로 기분이 좋지 않을 때면 누구도 섣불리 그를 건드리지 못했다. 또 돈이 부족할 때는 황성의 한 자리를 팔겠노라 하는 글을 동화문에 써붙여놓곤 했다. 끔찍이 아끼는 태후를 믿고 그리 날뛰는 동생을 건륭제도 어찌할 도리가 없어 직접 이러한 극을 만들어 그를 깨우치고자 한 것이다.

사냥하는 남극성

　　「수성타위壽星打圍」 또한 승평서의 극으로, 절기에 맞춰 공연하는 극이다. 작품 전체에서 건륭제의 강남 순회를 암시하고 있다. 노인성老人星˙은 만주 복장을 갖추었고, 문무백관은 모두 머리와 수염이 하얗게 센 노인들이다. 모든 배역이 만주 복장을 하고 있으며 대부분 무관이다. 죽마와 낙타, 의장과 행차 행렬, 악기, 희기무禧祺舞['희기'는 복과 길상을 뜻한다], 대연회 등 모든 것이 준비되어 있다. 사냥터에 이르면 여러 짐승 역의 배우들이 노루며 개, 야생 사슴, 범과 표범, 승냥이와 이리로 분장하고 있다. 수많은 무사들이 말을 달리며 활시위를 당겨 짐승을 사냥해 수성(노인성) 앞에 바친다. 이로써 뭇 군신들이 다 함께 큰 연회를 벌인다. 이 작품은 곤강, 고강 모두 들어가 있으며 사용되는 언어가 모두 만주어라는 점에서 매우 독특한 극이다.

광서 34년 정월 초, 영수궁 열시루에서 이 극을 공연할 때 여러 황족과 대신들은 매우 보기 드문 극이라 감탄했지만 웬일인지 태후만은 좋아하지 않았다. 과거와 지금의 흥망성쇠가 대조되는 듯한 느낌에서였다. 이튿날 황족과 대신들이 없는 자리에서 「수성타위」에 「안문관雁門關」「나한도해」까지 더하여 세 극이 함께 공연되었다. 이 당시 나는 보천동경의 연극 개요와 각본을 담당했기에 승평서 총관과 합의하여, 먼저 「수성타위」부터 시작해 등장인물이 많은 「나한도해」와 「안문관」까지 총 200여 명의 배우가 무대를 돌며 다 같이 '도해곡渡海曲'을 부르게 했다. 태후는 또 「화소연영火燒連營」˙˙과 샤오자오톈의 「번조곡령翻調哭靈」['곡조를 달리한 곡령'이란 뜻으로, 또다른 판본의 「화소연영」이다]까지 관람하며 무대의상으로

˙ 남극성, 남극노인성, 수성壽星이라고도 한다. 친구의 님극 부근에 있어 2월 무렵에 남쪽 지평선 가까이에 잠시 보이는 별로, 중국 고대 천문학에서는 사람의 수명을 맡아보는 별이라 여겼으며, 장수하는 노인에 대한 존칭으로도 쓰인다.
˙˙ 다른 제목으로 「곡령패哭靈牌」('위패 앞에서 통곡한다'는 뜻)라고도 한다. 삼국시대 촉의 유비가 관우, 장비의 원한을 갚기 위해 군사를 일으켜 오나라를 토벌하는 과정을 그린 연극으로, 극 중 "흰 투구와 흰 갑옷, 흰 깃발"이라는 유명한 대사가 있다.

흰 투구와 흰 갑옷을 특별 제작하고 배경에 두 개의 관을 배치하기도 했다. 태후의 취향이 왜 이렇게 변했는지 주위 사람들도 도무지 이해하기 어려울 정도였다.

누가 알았으랴! 그해 10월, 황상과 태후가 잇달아 붕어하고, 3년 뒤에는 나라는 망하게 될 줄을.

조창삼처에 대한 기억

조창삼처는 황상의 수시처 중 하나다. 세 가지 업무, 즉 조총 관리, 보도 관리, 안마 일을 이 한 부처에서 처리했다. 안마 일은 이발과 함께 황상의 요강 시중을 포함했다. 또한 대내에는 칼을 보관하는 도창고가 있었는데, 이곳에는 선대 황제 때와 고대로부터 전해지는 명장들의 보도와 총이 보관되어 있었다. 수많은 칼과 총을 각각 번호를 붙여 구별했다. 이곳 창고 장부 관리는 대단히 중요한 일로, 돈친왕惇親王이 그 일을 담당했다.

돈친왕은 함풍제의 친동생으로, 종종 '다섯째 나으리'라 불렸다. 성품이 호방하면서도 자애로워 조정과 민간에서 칭송이 자자했다. 다만 술을 마셨다 하면 주사를 부리니 뭇 친왕들은 모두 진저리를 쳤다. 걸핏하면 서태후에게 뵙기를 청하고 무언가 마음에 언짢은 일이 있으면 그대로 바닥에 드러누워 일어나지를 않았다. 태후가 좋은 말로 위로해보아도 소용없었다. "아무래도 돈친왕은 앞으로 술을 좀 덜 드시는 게 좋겠소." 그러면 친왕은 "노비가 언제 그렇게 술을 마셨다고 그러십니까?" 하면서 더욱 바닥을 구르며 일어날 생각을 안 했다. 이에 태후도 어쩔 도리가 없어 좋은 말로 달래는 한편, 은량과 옷감을 내리고 태감을 불러 속히 배웅해드리라 명했다. 돈친왕은 보군통령이 매번 순찰을 위해 행차할 때마다 앞에서 길을 여는 사람이 있는 것을 보고, 자신은 그러한 사람을 두지 않겠노라 고

집했다. 또 제독이 된 지 하루도 못 되어 그만두기도 했다. 왕부에는 적어도 두 조 이상의 가마꾼이 있었지만 돈친왕은 한 조의 가마꾼만 썼다. 한 번은 돈친왕부(조양문 내에 있었다)에서 동화문까지 가는데, 길이 멀어 중간에 잠시 가마를 내려놓고 쉬라 명했다. 만약 가마꾼이 두 조가 있어 중간에 다른 조로 바꿨더라면 그런 일이 없었을 텐데, 이제껏 계속 달려온 가마꾼들이 다시 가마를 들려니 무리가 간 모양이었다. 그만 가마를 땅에 떨어뜨리는 일이 일어나고 말았다. 가마 안에 타고 있던 사람이 크게 흔들린 것은 당연했다. 그러나 친왕은 이들을 탓하지 않고 오히려 웃으며 말했다. "돈친왕이란 이름값을 제대로 하는구나. 누구를 탓하리오(돈친왕의 '돈惇'과 '거칠게 내려놓는다'는 뜻의 '돈蹾'의 발음이 같은 것을 두고 한 말이다)." 돈친왕은 동생인 다른 친왕들보다 항렬이 위라, 매년 정월이면 여러 친왕과 친왕비들이 돈왕부에 와서 새해 인사를 올리고 제사를 지냈다. 왕비와 명부들은 친척간의 예를 행했다. 돈친왕에게 제수가 되는 왕비들은 돈친왕에게 인사를 올린 뒤 물러나왔다. 돈친왕의 며느리들은 남편의 작은어머니들께 인사를 올린 뒤 담배와 차 시중을 드는 것이 관례였다. 그리고 예를 마치면 좌우에서 시중을 들며 서 있었다. 이들을 배려하여 돈친왕이 한 마디 했다. "며느리들도 오래 서 있기 힘들 텐데 모모 부인은 그만 일어나시지요."

   돈친왕의 성품은 이러했다. 더없이 자상한 성품으로 백성들 사이에서 칭송이 자자했다. 그러나 한편으로는 또 괴팍한 데가 있어, 다른 왕부보다 재산이 그리 많지 않았다. 어느 해인가 창고 조사를 마친 뒤 열쇠를 어느 곳에 두었는지 그만 잊어버린 일이 있었다. 한참이나 뒤진 끝에야 간신히 찾았다. 돈친왕은 노하여 열쇠꾸러미를 묶는 상아패를 입으로 힘껏 깨물었다. 상아패에는 그때의 잇자국이 두고두고 남게 되었다. 일면 그의 불같은 성정을 짐작할 수 있는 이야기다.

황제의 보관

청 황제가 대례복을 갖출 때 쓰는 관모를 '보관'이라 한다. 평상시에 황제는 꼭대기에 붉은 실을 단 관모를 썼지만, 예를 갖추는 특별한 절기에는 보관을 썼다. 보관에 박힌 구슬은 대추만 한 크기의 진주로, 진주 알맹이에 또다른 작은 진주가 나 있었으며, 사람들은 이를 '창룡훈자蒼龍訓子'라 칭했다. 비단결 같은 표면에 광택이 영롱하게 서려 세간에 보기 드문 보배였다. 이 진주의 유래는 건륭제 때로 거슬러올라간다. 건륭 연간, 달밤이면 원명원 호수 한가운데 작은 배 한 척이 떠 있는 것을 볼 수 있었다. 어느 날 배 안에서는 한 어부가 낚시질을 하고 있었다. 그런데 가까이 가보면 아무것도 건진 것이 없었다. 이를 본 한 태감이 정성껏 그물을 만들어 호수에 내린 다음 꺼냈더니 커다란 조개가 들어 있었다. 그는 조개 안에 진주가 있다는 것을 알고 내심 진상하면 큰 상을 받을 것이라 짐작했다. 그러나 짐작과는 정반대가 될 줄 누가 알았으랴. 상을 받기는커녕 원명원 내의 보물을 훼손했다는 죄목으로 봉천에 귀양을 가게 되었다. 이후 황제의 명으로 조개껍데기를 열어보니 과연 좋은 진주가 들어 있었다. 이것으로 보관을 만드니 황실에 대대로 내려오는 귀한 보물이 되었다.

황궁의 개

황궁의 개는 대내에서 기르는 작은 개로, 용구龍狗라고도 불렀다. 이 품종은 앞다리가 정족鼎足[솥발] 형태인지 여부로 그 종류를 구별했다. 용구는 털이 긴 장모종과 털이 짧은 단모종으로 나뉜다. 장모종은 '사자獅子', 단모종은 '나사玀獅'라 칭했다. 두 종류 모두 주둥이가 일자로 가지런하고 눈이 크며 몸집이 작은 것을 좋은 품종으로 쳤다. 무늬가 고르고 흑백이 분명한 털 빛깔에, 사람 말을 잘 알아듣고 대단히 영리했다.

예전에도 이런 이야기를 한 바 있는데, 개들은 비록 사람처럼 말은 못해도 그 성정은 사람보다 나은 데가 있다. 이른바 개의 미덕이라 할 수 있을 것이다. 나는 본래 그다지 개를 좋아하지 않았는데 한 친구가 수캐 한 마리를 선물해주어 기르게 되었다. 검은색 털에 네 개의 눈(두 눈썹이 꼭 눈같이 보였다), 금빛 뺨, 붉은여우의 다리를 지닌 개였다. 날마다 주는 두 끼 밥은 개 먹이 목록에 나온 대로 돼지 간을 버무려주었다. 1년이 지나니 몸길이가 꼬리까지 합쳐 60센티미터로 자랐고, 귀에 난 털은 땅에 닿을 정도가 되었다. 나뿐만 아니라 보는 사람마다 귀여워 어쩔 줄 몰랐다. 황후마마나 후궁마마를 비롯한 주인들도 그 녀석을 보고 몹시 귀여워했다. 한가할 때는 몇 가지 재주를 가르쳐 집안의 작은 물건들을 가져오도록 훈련시켰더니 부르면 용케 그것을 입으로 물어왔다. 이 개는 인복이 있어서인지 내 처소에 들어오는 사람은 누구나 한 번씩 그 녀석을 안아보지 않고는 못 배겼다. 꼬리를 치면서 인사하는 모습에 애교가 가득했다. 그러나 다른 사람이 나에게 가까이 오는 것만은 절대 금물이었다. 만약 낯선 사람이 나에게 접근하면 나를 해치려는 것으로 알고 뛰어올라 정확히 그 사람의 코를 물었다. 이 때문에 얼떨결에 코를 다친 사람이 한둘이 아니어서 '성깔 있는 개討氣'라는 별명까지 얻었다. 내가 아침에 일을 하러 나가면서 "집 잘 보고 있거라" 하고 한마디 일러놓으면 반나절가량 문 가까이에 엎드려 든든히 집을 지켰다. 설령 내 제자라 해도 함부로 집에 발을 들여놓지 못했다. 뿐만 아니라 싸움도 잘했다. 선통제는 곧잘 개를 데리고 내 처소에 들어 개싸움 시키기 좋아했는데, 개를 20마리나 데려와도 종국에는 모두 꼬리를 감추고 도망쳤다. 그러면 황제는 화도 내지 않고 이 녀석을 안아들고는 귀여워해주었다.

왜 태감들은 용구 기르는 것을 좋아할까? 여기에는 그럴 만한 이유가 있다. 태감들의 일상은 매일같이 높으신 분들의 시중을 드느라 긴장되

강아지를 데리고 놀고 있는 숙비 원슈

고 가슴 조마조마한 나날의 연속이다. 궁을 벗어나 좀 자유로워질 수 있는 때는 1년에 한두 번 있을까말까 하니, 그 삶이 팍팍하고 고단하기가 이루 말할 수 없다. 그렇기에 개라도 기르면 일을 마치고 돌아와 개를 어르며 놀아주고 이야기도 하면서 얼마간 괴로움과 시름을 해소할 수 있는 것이다. 자령궁 뒤편에서 고적하게 지내는 태비들이 용구를 기르는 것도 다 같은 이유에서다. 또 기이하게도 이 품종의 개들은 궁내에 있을 때는 그 고유한 특성이 변하지 않는데, 궁 밖으로 나가기만 하면 그 새끼 때부터는 주둥이가 길어진 형태로 생김새가 바뀌었다. 그래서 황궁의 개라고 불렸던 것이다.

아, 그러나 봉건 시대가 가면서 황궁의 개들도 이미 그 고유한 자태가 사라진 지 오래다.

쑤짜오러우 저우 태감

'쑤짜오러우 저우'는 쑤짜오러우를 만들던 저우周 태감을 가리키는 호칭이었다. 쑤짜오러우의 조리법은 승평서에서 비롯되었다. 과거 승평서에는 장쑤 사람이 많았고 이들의 조리법은 북방 사람들의 방법과 달랐다. 그래서 이 요리를 '쑤짜오蘇造['장쑤 사람이 만들다'의 뜻]'라고 불렀다. 쑤짜오러우에 사용되는 고기는 양쪽 갈빗살이고 비계와 살코기 양이 적당해야 한다. 내장은 대장을 사용하고, 소장은 쓰지 않는다. 오장을 모두 사용하나 유일하게 콩팥만은 사용하지 않는다. 고기를 깨끗이 씻은 다음에는 반드시 약재가 들어간다. 진피,* 감초, 육두구,** 계피, 쑥 등의 약재를 찧어

• 말려 묵힌 귤껍질 등의 과일껍질. 맛은 쓰고 매우며, 건위健胃·발한發汗의 약효가 있다.
•• 육두구과의 상록 활엽 교목. 열매는 둥그런 모양으로, 주황색으로 익으며 한 개의 종자가 들어 있다. 동양에서는 예로부터 종자를 약용한다.

가루로 만든 다음, 천으로 잘 싸놓는다. 고기 열 근이면 약재 넉 냥이 들어간다. 재료 준비가 다 되면 먼저 고기를 솥에 넣고 맹물을 부어 끓인다. 고기가 부드럽게 익을 때쯤이면 솥에서 꺼내 상 위에 놓고, 육수는 우묵한 그릇에 따른 뒤 찌꺼기를 가라앉히고 기름을 제거한다. 백설탕 넉 냥을 숟가락으로 저어주며 황적색이 나도록 볶은 다음 이 즙을 고기에 배도록 바른다. 이어서 내장 등을 솥에 넣고 기름을 제거한 육수를 부어 끓인다. 여기에 간장 한 근, 소금 약간으로 너무 짜지 않게 간을 맞춘다. 이때 약재도 함께 넣고 끓여 고기가 익으면서 약재가 속속들이 배어들어가게 한다. 이렇게 하면 쑤짜오러우가 완성된다.

저우 태감은 승평서에서 일하면서 이 쑤짜오러우의 조리법을 배웠다. 그리고 후에 내우문 밖 서쪽 담장 아래에서 노점을 차리고 장사를 했다. 내무부 당상 사람들의 아침식사를 전문으로 파는 가게였다. 고깃국과 삶은 국수, 훠사오에 쑤짜오러우까지 더해지면 그 향미가 무엇과도 비교할 수 없어, 대내 사람들의 전용 노점이기도 했다. 태감들 중에는 이곳에서 음식을 사먹는 이가 극히 드물었다. 가격이 매우 비쌌기 때문이다. 최근에는 이류義留 후퉁, 허화荷花 시장, 베이하이팡산北海仿膳[베이하이 공원에 위치한 궁중요리 전문 식당으로, 1925년 청 황궁 어선방 출신 요리사들이 시작했다]에서 쑤짜오러우를 팔지만 예전의 그 맛을 따라가지는 못한다. 본래의 참맛은 이미 그 맥이 끊겨 찾아볼 수 없게 되었다.

쑤짜오완쯔

쑤짜오완쯔蘇造丸子의 조리법은 이렇다. 먼저 돼지고기 두 근을 잘게 다지고 고기 양념 반 냥, 잣 한 냥, 계란 세 개, 간장 두 냥을 더해 골고루 버무린다. 이렇게 만든 고기소를 타원형으로 빚어 큰 숟가락에 놓고 지진다. 그리고 다시 이것을 밑이 깊은 솥에 놓고 버섯, 국화, 목이버섯 각 반 냥씩을 함께 넣은 뒤, 간장 넉 냥에 물과 소금을 알맞게 더하여 약한 불에 오랫동안 삶는다. 그러면 훌륭한 식감의 쑤짜오완쯔가 완성된다. 이때 완쯔(완자)는 부드럽고 폭신폭신하며 탕은 맑은 것이라야 승평서에서 나온 쑤짜오완쯔라 할 수 있다.

쑤짜오장

장醬 만들기는 농가에서 집집마다 하는 것이다. 그러나 농가에서 만든 장과 가게에서 파는 장이 다르고 가게에서 파는 장과 승평서의 쑤짜오장蘇造醬이 또 다르다. 쑤짜오장은 이렇게 만든다. 먼저 노란 콩을 솥에서 삶아 익힌 뒤 꺼내서 광주리에 담고 뜨거울 때 밀가루를 5대 1 분량으로 넣어 손으로 으깬다. 그런 다음 따뜻한 방에 키질하는 돗자리를 펴고 으깬 콩을 9센티미터 두께로 깐다. 두 주가 지나면 발효되어 누르스름해지는데, 이를 '장황醬黃'이라 한다. 이때 창을 열고 통풍을 시켜 냄새를 제거한다. 물 두 근, 소금 반 근을 사용해 소금물을 만들어 항아리에 부은 뒤 불순물을 가라앉히고 침전물을 제거한 다음, 장황 한 근을 집어넣고 사흘간 뚜껑을 꼭 덮어 밀폐시킨다. 그리고 매일 갈퀴로 두어 번 휘저어준다. 이렇게 4월부터 8월까지 약 100일간 묵히면 장이 만들어진다. 승평서에서는 이것을 진상한 뒤, 나머지는 내정의 돈 많은 관리나 왕부에 팔았다. 시중에는 이런 장이 없기 때문이다.

사합의

자금성 내 서하연에는 왕王 씨 성 사람이 운영하는 '사합의四合義'라는 밥집이 있었다. 내무부와 태감들을 대상으로 장사하는 식당이었다. 돼지고기와 양고기, 두 가지 육류에 큰 전병과 볶음요리 등을 팔았고 딱히 고급 요리는 없었다. 내무부 관원들은 궁에서 일할 장인과 동행할 때면 밖으로 나가서 밥을 먹기가 마땅치 않았기에 이곳에서 식사를 했다. 황제를 가까이에서 모시는 이들은 먹는 것이 비교적 괜찮았기 때문에 사합의에 오는 일이 없었다. 먹성 좋은 태감들은 사합의에서 간장에 조린 돼지고기와 쥐안빙捲餠,* 콩죽 한 그릇으로 한 끼 식사를 해결했는데, 그리 큰돈을 들이지 않고도 만족스럽게 배를 채울 수 있었다. 가끔 황후와 후궁들이 태감을 시켜 사합의에서 간장에 조린 돼지고기와 쥐안빙을 사오게 하기도 했다.

왕주청

　　왕주청王九成은 신발을 꿰매는 가죽 장인이었다. 일자무식에 성격도 유별나게 괴팍했다. 식솔도 없고, 재산도 없고, 차림새도 늘 수수했으며, 항상 가진 돈을 몸에 묶고 다녔다. 생긴 것도 지극히 평범하고 보잘것없어, 도대체 어느 구석에서 그렇게 좋은 운이 생기는지 알 수 없는 노릇이었다.

　　위안스카이가 샤오잔小站**에 있을 때였다. 그가 잠시 군영을 나와,

* 밀가루 반죽을 조각내 얇게 만든 다음 기름과 소금을 발라 둘둘 말아 쩐 원통형 빵. 화쥐안花捲과 같이 타래지게 만든 찐빵이다.
** 텐진에서 동남쪽으로 약 70리 거리에 위치한 곳으로, 위안스카이가 이곳에서 신식 육군을 양성했다. 청일전쟁에서 패한 청나라는 새로운 군대의 육성이 시급해졌고, 1895년 위안스카이에게 이 일을 맡겼다. 팔기를 비롯한 옛 군제를 버리고 서양식 군제를 표본으로 하여 중국 군제 근대화의 서막을 열었으며, 위안스카이는 이를 통해 북양군벌의 기초를 다지고 이후 군정의 실권을 장악했다.

거리에서 신발을 꿰매는 왕주청을 보고는 농담 삼아 한마디 했다. 만약 개인 가게가 생긴다면 한번 해볼 수 있겠느냐는 것이었다. 그러자 왕주청이 대뜸 "할 수 있다마다요! 대인께서 이 가난한 놈, 밥술이라도 먹게 해주시려는 것인지요?" 하고 물었다. 위안스카이는 자신이 먼저 꺼낸 말인지라 거절할 수도 없고 해서 일단 그러겠노라 하고, 자신이 거느린 군대의 군화를 모두 그에게 맡겼다. 왕주청에게 무슨 특별한 재주가 있었던 것은 아니다. 하지만 그는 위안스카이 휘하의 군관들과도 스스럼없이 대하고 허물없이 지내면서 얼마를 벌든 돈에는 신경쓰지 않았다. 나중에는 군관들 중 그에게 돈을 얻어 쓰지 않은 자가 없을 정도였다. 때로 빚을 받으러 군영에 가긴 해도 서로 욕설을 한바탕 주고받으면 그뿐, 그것으로 갚은 셈 치고 받을 돈에 개의치 않았다. 군영 안 어느 누구도 그런 그를 나무라지 못했고 위안스카이도 그를 퍽 신임했다. 그의 군영 출입 기호는 매우 독특했다. 작은 조롱박을 그려 기호로 삼았는데, 100개를 그려도 마치 1개의 도장으로 찍어놓은 것처럼 똑같았다. 그러니 누구도 위조할 염려가 없어, 다들 신뢰했다. 연회가 있을 때면 그는 자리에 앉아 먼저 품에서 워터우며 전병을 꺼내 모두에게 나누어주었다. 그러나 정작 생선이나 고기 요리 같은 것에는 손도 대지 않고, 연회가 끝나면 큰 사발에 밥을 담아 채소 반찬 몇 가지만 얹어 배를 채우는 것으로 만족했다. 연회에서 이야기가 오갈 때면 알아듣든 못 알아듣든 한바탕 시끌벅적 떠들고 오면 그만이었다. 그에게 빚진 돈을 청산하지 못한 위안스카이 정부는 그를 구슬릴 방도로 관직 한 자리를 주기로 했다. 그러자 왕주청이 위안스카이에게 이렇게 말했다. "누가 나으리들 밑에서 관리를 하고 싶다 했습니까? 만약 제게 궁에서 가장 높은 품계의 관모와 화령을 씌워준다면 빚진 돈을 전액 면제해주는 것도 못할 일은 아닐 터인데." 이에 위안스카이는 일단 알았노라 하고 황실에 알려 왕주청에게 최상등 관모를 내려주십사 황상께 주청했다. 마마 자국이 있는 머리에 변발도 작고 볼품없는 모습으로 왕주청이 황상께 감사 인사를 올리는 날, 그를 보고 속으로 웃지 않는 이가 없었다.

그러나 이 우스꽝스럽고 범속한 사람이 나로서는 어쩐지 비범하게 여겨져 이 책에 올린다.

한족 관리들이 상납한 공물의 시초

궁에 오래 있었던 사람 말에 따르면, 과거에는 한족 관리가 공물을 상납하는 일이 없었는데 경자년 이후부터 태후에게 공물을 올리는 한족 관리들이 급증했다고 한다. 이는 위안스카이, 양스샹, 쑨바오치孫寶琦로부터 시작되어 여러 성省 고관들이 이들을 모방하고 따라한 결과였다. 서태후와 광서제가 붕어하면서 이러한 일은 곧 그쳤다. 마지막으로 상납된 공물은 위안스카이가 두 차례에 걸쳐 융유태후에게 올린 은 2만의 가치에 해당되는 공물이었다. 그리고 그 공물의 대가로 이 나라 만리강산을 그만 그들의 손에 내어주고 말았다.

제2부
거세에서 풍찬노숙까지, 태감의 굴곡 많은 삶

마더칭馬德淸 외 구술
저우춘후이周春暉 정리

제1장 어린 시절 받은 잊지 못할 벌

나는 마馬 씨에 이름은 더칭德淸, 마더칭이라고 한다. 톈진 남쪽의 칭靑 현 야오쯔커우窑子口 사람이다. 내 아버지는 고약을 파는 상인이었고, 어머니는 가난한 집안의 딸이었다. 또 일흔이 넘은 누님이 한 분 계신다.

어린 시절 일들은 기억나는 것이 많지 않지만, 당시 우리 집 형편은 이 한 구절로 묘사할 수 있을 것이다. "집은 서까래가 없고, 밭은 이랑이 없고, 한 끼를 먹으면 다음 끼니가 없다."

가난한 이들은 돈 있는 자들을 미워하면서도 한편으로는 몹시 부러워했다. 우리 아버지가 꼭 그랬다. 아버지는 고약을 팔아 생계를 잇는 것에 염증을 냈고 늘 지주를 악독하고 인정머리 없는 인간이라 욕했다. 그러나 머릿속 한쪽에는 어떻게 하면 부자로 한번 살아볼 수 있을까 하는 생각이 늘 자리잡고 있었다.

가까운 마을에 사시던 고모에게는 리위팅李玉廷이라고 하는 먼 친척 조카가 한 명 있었다. 그 집안도 역시 가난했는데, 리위팅이 황궁에 들어가 태감이 된 뒤로 십수 년이 지나자 살림을 펴게 되었다. 무려 2만 제곱미터 남짓 되는 땅이 생기고 노새도 몇 마리나 들여놓은 것이다. 아버지는 자주 이 집 이야기를 꺼내며 부자 되는 방도를 찾은 것을 부러워했다.

칭 현은 청조 때 태감이 많이 배출된 지역이다. 태감이 되어서 정말 '출세'하는 경우는 1000명에 1명 있을까 말까 하지만, 사람이란 늘 '좋은 쪽'만 바라보기 마련이다. 아버지도 결국에는 마음을 모질게 먹고 나로 하여금 리위팅의 길을 걷게 하자고 결심했다.

이 길의 첫걸음은 바로 '거세'다. 속된 말로 하자면 한 사람의 인생에서 자녀를 낳고 기르는 낙을 완전히 끊어버리는 것이다. 삼궁육원, 즉 황상이 거느린 여인들의 정조를 위해 거세한 사내만 궁에 들이는 까닭이다.

내가 아홉 살이 되던 해였다. 대략 광서 31년쯤이었을 것이다. 어느 날, 아버지가 나를 어르고 달래며 침상에 올려놓더니 당신의 손으로 직접 거세를 했다. 얼마나 아프고 놀랐던지. 정말 한 번도 느껴보지 못한 고통이었다. 아픔 때문에 몇 번이나 혼절했는지 모른다. 사실 이 일은 이제껏 누구에게도 말하고 싶지 않았던 이야기다. 부끄러워서가 아니다. 내게는 실로 무척 고통스러웠던 일이기 때문이다. 혹독한 가난을 겪고 자란 사람이라면 누구나 가슴 아픈 기억이 적지 않을 것이며, 가장 가슴 아팠던 일은 생각조차 하고 싶지 않게 마련이다. 떠올리기만 해도 가슴 한구석이 바늘로 찌르는 듯 저려오기 때문이다! (화자는 여기까지 말하고 그만 눈물을 보였다.)

생각해보면 그때는 마쉬세도 없던 시절이었다. 주사바늘이나 지혈약 같은 것도 없었다. 세상모르고 뛰노는 아이를 붙들어놓고, 자칫 잘못하면 아이의 생명을 앗아갈지도 모르는 기관을 그 몸에서 베어낸다고 생각해보라. 얼마나 고통스럽겠는가! 한 가닥 한 가닥 혈맥의 피가 심장을 관통할 때마다 아픔이 전달되면서 심장이 입 밖으로 튀어나올 것만 같이 고통스러웠다. 그날로 내 생식기관은 내가 집을 떠나오듯 내 몸에서 완전히

태감들의 단체사진

떨어져나갔다.

거세를 마치고 나면 요도에 가느다란 대롱 같은 것을 끼워놓는다. 그러지 않으면 새 살이 자라 요도를 덮어서 생명을 잃게 된다. 만약 오줌이 나오지 않으면 다시 수술을 받아야 한다. 나는 나중에야 이쪽 방면에 대해 잘 아는 사람이 해주는 이야기를 듣고 이해할 수 있었다. 거세를 한 뒤 상처가 금방 아물어 딱지가 앉도록 해서는 안 된다고 한다. 100일이 지나 고름과 함께 새 살이 나도록 해야 한다. 그러므로 자주 '약'을 갈아주어야 하는데, 말이 쉽지, 약 같은 약이 어디 있었겠는가. 기껏해야 백랍[밀랍을 표백한 물질. 연고, 경고 따위의 기초제로 쓴다], 향유, 산초열매 가루 같은 것을 바른 얇은 종이가 전부였다. 매번 약을 갈 때마다 나는 통증으로 이승과 저승을 왔다갔다하는 것만 같았다.

아직도 그때 기억이 난다. 나는 하루 종일 온돌 침대 위에 누워 있었다. 아버지도 내게 천장을 보고 누워 있으라고만 했다. 어느 때는 등뼈가 끊어질 듯이 아파 돌아눕고 싶어도 감히 움직일 엄두를 내지 못했다. 조금만 몸을 뻗어도 상처 부위에서 통증이 느껴졌기 때문이다.

대소변도 그냥 그렇게 누운 채로 봐야 했다. 엉덩이 밑에 석회토를 깔아놓고 대소변을 받았지만, 날마다 석회토를 갈아주어도 늘 축축했다.

그때 나는 아버지가 왜 나에게 그런 벌을 내렸는지 아무리 생각해도 이해할 수 없었다. 도대체 내가 무슨 말썽을 피워서 그토록 아버지를 화나게 한 것일까! 어머니는 집에서 아무 발언권이 없었기에 그토록 사랑하는 자식을 구해주지는 못했다. 내 생각에 어머니 속도 속이 아니었던 것 같다. 내가 간신히 기어일어나 두 다리를 끌고 걸을 수 있을 때쯤 어머니는 나를 영영 떠나고 말았다.

4개월쯤 지난 뒤, 상처 부위가 아물자 아버지는 곧 나를 데리고 친지들을 찾았다. 나를 잠시 친척 집에 맡겨두고 그 사이 연줄을 찾아 나를 궁으로 들여보내려 했던 것이다. 그러나 이미 성치 않은 몸이 되어버린 나는 어딜 가나 놀림감 신세였다. 그들은 우리 아버지를 탓했지만, 그렇다고 나를 동정해주는 것도 아니었다. 결국 나를 받아준 이는 누님이었고, 아버지는 그 길로 어디론가 떠나버렸다. 그렇게 가신 뒤 나와 누님은 두 번 다시 아버지를 만날 수도 소식을 들을 수도 없었다. 나를 이런 몸으로 만들어놓고 무언가 덕 보지도 못한 채 그대로 떠난 것이다.

내가 열세 살이 되던 해, 앞에서 이야기한 그 리위팅이 마침내 나를 황궁에 들어가게 해주었다. 그때 나라는 이미 중화민국으로 바뀌어 있었다.

– 마더칭

제2장 도자장과 신형사

나는 런푸톈任福田이라고 하며 올해 여든이 조금 넘었다. 아마 살아 있는 태감들 중 가장 나이가 많은 축에 속할 것이다. 또 한 사람은 츠환칭池煥卿이라고 하며 이 사람 역시 나이가 많아 올해 70여 세다.

앞에서 마 선생이 이야기한 거세 과정은 정말 사실 그대로라 더 보충하지 않아도 될 것 같다. 다만 아버지가 직접 자식을 거세한 경우는 흔치 않은 경우다. 대부분은 이런 일을 전문으로 하는 곳에 아이를 보내 거세시켰다.

광서 이십 몇 년까지 베이징에는 돈을 받고 이런 일을 전담하는 집이 있었다. 난창가 쓰司 후통의 '비우畢五'와 지안문 내 팡좐方磚 후통의 '칼잡이 류小刀劉'가 바로 그들이었다. 이 두 집 주인은 모두 청조 때 7품 관리였으며, 이들은 매년 계절마다 내무부에 40명의 태감을 올렸다. 거세와 같은 일련의 '절차' 역시 모두 이 두 집에서 담당했다.

일반 백성이 태감이 되는 연고는 보통 다음과 같다. 극심한 빈곤과 생활고의 압박에서 벗어나고자 아이를 궁으로 들여보내 장래의 부귀를

두 태감

바라는 경우, 악한이 몸값을 바라고 다른 집 아이를 유괴해서 비 씨(비우)와 류 씨(칼잡이 류)에게 넘기는 경우, 이외에도 비우와 칼잡이 류는 가난한 사람들에게 태감이 되면 이런 점, 저런 점이 좋다며 달콤한 말로 부추겨 아이를 궁에 보내도록 했는데, 이렇게 해서 여럿 태감이 되기도 했다. 간혹 중죄를 범해 그 형벌을 피하고자 거세를 하는 경우도 있었다. 어찌됐든 천 갈래 만 갈래 경우가 있다 해도 공통점은 단 하나, 자식을 보지 못하고 후손을 두지 못하는 이 절손의 길로 떠밀리는 이들은 모두 가난한 집안의 자제라는 점이다.

그 당시 즈리 성의 칭 현, 징하이靜海, 창저우滄州, 창핑昌平, 핑구平谷, 런추, 허젠, 난피南皮, 줘涿 현, 짜오창棗強, 자오허交河, 다이청, 바霸 현, 원안文安, 칭윈慶云, 둥광東光, 산둥 성의 러링樂陵은 모두 태감이 배출되는 지역이었다. 어느 지역에 태감이 되어 부자가 된 사람이 몇 명 나오면 다른 가난한 집도 자극을 받게 마련이다. 게다가 그들끼리 서로서로 추천이나 소개를 해주고 부추기면서 파급효과가 일어난다. 이는 마치 오래 전부터 칭 현, 라오팅樂亭 같은 지역의 부녀자들이 서로 추천과 소개를 주고받으며 베이징의 식모나 찬모 자리를 얻어 일했던 것과 같다.

아이를 궁으로 보내 태감이 되게 하려면 가장 먼저 비우나 칼잡이 류 씨 집에 가서 '이름을 넣어야' 한다. 말하자면 지원자로 등록하는 것이다. 아이의 용모, 말씨, 총기 그리고 바짓가랑이 검사(바지를 입은 채로 생식기를 직접 만져보며 검사한다) 등과 같은 심사를 거쳐 합격으로 인정되면 받아들여준다.

이 '거세' 일은 비우나 칼잡이 류가 독점하다시피 했기에 이들은 다년간의 경험을 축적하고 있었다. 또한 필요한 설비들도 갖추고 있기에 마 선생의 아버지보다는 아무래도 훨씬 일을 능숙하게 해냈을 것이다. 하지만 그렇다 해도 거세를 당하는 사람이 느끼는 죽음과 같은 고통은 매한가지다. 그들이라 해서 통증을 멎게 하거나 지혈시키는 특효약 같은 것이 있는 것은 아니었기 때문이다. 고작해야 거세할 때 쓰는 칼을 불에 몇 번 달궈 소독하는 정도였다.

거세 부위가 아물면 궁에 들어가기 전 태감들이 신는 장화와 모자, 두루마기와 저고리 한 벌을 준비해야 했다. 여기에 드는 비용을 비롯해 이름 등록비, 거세비, 치료비, 식비, 약값 등등의 비용 또한 무료가 아니었다. 모두 합치면 은 180냥 정도가 되었는데, 이는 결코 비 씨와 류 씨가 부담해주는 것이 아니었다. 하지만 가난한 집에서 그만한 돈이 어디 있겠는가? 당장 돈을 낼 수 없는 처지면 사전에 '차용 문서'를 써야 했다. 아이가 궁에 들어간 이후 매월 받게 될 녹봉에서 비 씨와 류 씨가 얼마를 취해도 좋다는 내용의 동의서였다. 녹봉은 적고 갚을 돈은 많으니, 만일 궁에 들어가 딱히 잘 되지도 못하고 벌이도 시원찮으면 이 빚은 십수 년이 지나도 청산하지 못했다. 그래도 비 씨와 류 씨가 베풀어준 '정리'에 보답하기 위해서 또 그들이 총관태감 앞에서 자신들에 대해 잘 말해주기를 바라는 마음에서, 궁에 들어간 뒤에도 설이나 명절 때면 이 두 집에 선물을 보내야 했다. 옷감, 모피, 은전 등이 주요 품목이었다.

그러니 비 씨와 류 씨가 가난한 집이나 유괴범들 손에서(당시 아동을 유괴하는 것을 가리켜 '박화拍花'라고 했다) 사들인 아이들은 모두 그들 집안의 사람이 되는 것이나 다름없었다. 궁에 들어가 매월 받는 녹봉과 기타 수입을 모조리 그 두 집에 갖다바쳐야 했으니 말이다.

또한 비 씨와 류 씨가 받는 아이들은 모두 용모가 준수하고 총명했다. 이들은 열 몇 살의 나이에 궁에 들어가 동감童監, 해감孩監[모두 '나이 어린 태감'을 뜻한다]이 되는데, 보통 이 나이 아이들은 황후, 비, 귀인마마들의 귀여움을 받기 마련이었고, 녹봉도 '상차'가 된 중·소태감들과 거의 비슷했다. 비 씨, 류 씨로서는 동감, 해감을 궁에 올리는 편이 더 남는 장사였기에 이런저런 방법으로 아이들을 사다가 거세시켜 궁으로 들여보내는 것이었다.

광서 26년(1900), 비 씨와 류 씨, 이 두 집의 독점 체계가 폐지되고, 신형사에서 이 일을 관리하도록 제도가 바뀌었다. 신형사는 내무부에 소속된 7사, 즉 일곱 개의 사司 중 하나로, 본래의 위치는 베이창 가 베이커우 로北口路 서쪽이었다. 이곳은 내무부에서 담당하는 업무 가운데 형벌에 관한 일을 주관하는 곳이어서 태감들이 죄를 지으면 신형사에서 처벌을 받았다.

신형사에 관한 것은 우리 같은 태감들이 자세히 아는 바가 아니므로 이쯤에서 이만 줄이겠다.

— 런푸톈, 츠환칭

제3장 입궁해 스승을 정하는 일

우리는 광서 31년(1905)에 처음 궁에 들어왔다. 입궁하기 전 신형사에 며칠 머물면서 기旗에 소속되지 않은 사람에게는 기가 정해졌다. 이제 곧 궁에 들어갈 우리를 무슨 무슨 기하, 예를 들면 양백기鑲白旗, 양홍기鑲紅旗 같은 기에 소속시키는 것이었다. 이는 신분을 명확히 하여 나중에 책임지고 관리하기 쉽도록 하기 위함이었다. 팔기에 대한 자세한 설명은 우리도 정확히 알지 못하니 생략하겠다.

입궁하기 전, 우리는 각자 새 의복을 마련해야 했다. 무명 두루마기, 장화, 허리에 둘러매는 띠 같은 것들이었다. 또한 궁중 예법을 훈련해야 했다. 무릎을 어떻게 꿇는지, 머리를 어떻게 조아리는지, 상전의 말씀에 어떻게 대답하는지 등을 배웠다. 그때만 해도 우리는 시종일관 뭐가 뭔지 혼란스럽고 불안할 뿐이었다.

봉건 시대 때 사람들은 황제를 하늘의 사람으로 여겼기 때문에, 천자의 말에 제대로 웅대를 못한다거나 나가고 들어오는 일에 실수를 했다가는 목숨을 보장할 수 없었다. 우리에게 예법을 훈련시켰던 분도 늘 신신 당부하기를 지금 잘 배우고 훈련해두어야 실전에서 허둥대지 않는다고 입버릇처럼 말했다. 예를 들어 무릎을 꿇는 일만 해도, 먼저 왼쪽 무릎을 꿇은 다음 오른쪽 무릎을 꿇어야 두루마기가 다리 아래에 접혀 구겨지지 않는다. 상전이 무언가를 물으실 때 언제 고개를 드는지, 고개를 든 다음 시선은 어디에 두는지에 모두 정해진 규칙이 있었다. 결코 마음대로 해서는 안 되었다.

어느 날 이른 아침, 내무부 어르신이 우리를 인솔하여 궁으로 들어갔다. 들어간 문은 오문午門 옆의 어느 문이었다. 고개를 숙이고 인솔자를 따라 양심전으로 들어서서는 뜰에 무릎을 꿇고 각 처소로 배정받기를 기다렸다. 우리의 이름, 나이, 태감이 된 경로 등은 벌써 일찌감치 신형사에서 공문을 올린 뒤였다.

그렇게 얼마 동안 무릎을 꿇고 있으니 '부처님'이 오셨다. 당시 우리는 서태후를 부처님이라 호칭했다. 곁눈으로 살짝 올려다보니 그분의 손에는 어떤 패가 들려 있었다. 부처님은 그 패에 쓰여 있는 이름대로 우리를 한차례 자세히 들여다보시더니 이내 몇 사람의 이름을 부르셨다. 이름이 불린 사람은 고개를 들고 소리 내어 대답했다. 그리고 잠시 후 부처님은 자리를 뜨셨다. 그때 내가 본 서태후는 그리 나이 들어 보이지 않았고 표정이나 말씨도 대단히 정정했다.

서태후가 고른 사람은 태후나 황상의 처소에서 일하게 되었고, 나머지는 다른 곳으로 배정받았다. 그 당시 청 황궁에서 태감을 쓰던 부처는 태후와 황상의 처소 외에도 40~50곳이나 되었으며, 각 곳의 인원수도 결코 적지 않았다. 게다가 어느 처소나 좀 더 많은 사람을 쓰려고 했다. 일꾼이 많으면 그만큼 한 사람이 해야 하는 일의 양이 줄어들기 때문이다. 그럼에도 배정을 받지 못한 사람은 외부 처소로 돌릴 수 있었다. 왕부에서도 태감을 썼기 때문이다.

소태감

궁에서 일하게 된 사람들은 가장 먼저 스승을 정해야 했다. 스승이 되는 이들은 모두 지위가 높고 어느 정도 연배가 있는 태감들이다. 총관태감, 수령태감 같은 이들은 한평생 거느리는 제자만도 여러 명이었다. 제자들은 스승 밑에서 규범과 예법을 배웠고, 스승들은 제자를 자신의 하인 다루듯 대했다. 한 스승에게서 출세한 제자가 몇 명 나오면, 스승의 체면만 서는 것이 아니라 실질적인 이익도 컸다.

궁의 규범과 예법은 대단히 많다. 배우는 데 족히 몇 년은 걸린다. 예를 들어 절과 인사에도 여러 가지 예가 있다. 절하는 대상에 따라 언제 어떻게 하는지를 정해놓은 형식이 있었다. 머리를 빗겨드리는 일, 차를 올리는 일, 물을 따르는 일, 상차림, 주인의 옷시중을 드는 일, 보고를 올리는 일, 주인의 물음에 대답하는 법 등에도 모두 정해진 규칙이 있었다. 이런 것에 능숙해져서 주인의 눈빛만 보고도 그 심중을 헤아리고 기분을 맞춰 드리는 경지에 이르면, 그때야 비로소 '출세' 길이 열릴 기미가 보이는 것이었다. 뿐만 아니라 적지 않은 금기어도 있었다. 금기시되는 말은 절대 입에 올리지 않도록 반드시 잘 기억해둬야 했다.

위와 같은 것들을 전부 스승에게서 배웠다. 스승의 시중을 듦과 동시에 배우는 일도 게을리 해서는 안 된다. 빠른 시간 내에 잘 습득해서 스승의 마음에 들어야 출세의 가능성이 보였기 때문이다.

처음 궁에 들어온 태감에게는 스승이 곧 자신의 주인이며, 스승을 잘 모시는 것만이 유일한 소임이다. 이른 새벽 동이 트기도 전에 일어나 스승의 양칫물과 세숫물을 준비하고, 시간이 되면 조심조심 스승의 온돌 침대 옆으로 가서 나지막한 소리로 깨워야 한다. 또 일어나 옷을 입는 것도 거든다. 그렇게 하루 종일 모시다 밤이 되어 스승이 잠자리에 들면 그제야 비로소 쉴 수 있다. 그러나 잠을 잘 때조차도 완전히 정신을 놓고 있어서는 안 되었다. 스승이 부르면 언제라도 즉시 큰 소리로 대답해야 했기 때문이다.

　태감의 품계는 여러 등급이 있고 등급에 따라 지위가 달랐다. 높은 등급이 낮은 등급을, 낮은 등급은 더 낮은 등급을 다스리고 규제했다. 제자로 있는 태감은 가장 밑바닥에 있는 등급이라 스승이 기분은 언짢고 풀 곳이 없으면 제자가 그 화를 다 받아야 했다.

　또한 제자들 중에서도 먼저 들어온 태감과 나중에 들어온 태감의 위치가 달랐다. 먼저 궁에 들어온 태감을 '진인'이라 불렀는데, 진인들 또한 새로 들어온 태감 앞에서 때때로 거드름을 피우거나 함부로 대하곤 했다.

　사실 과거에는 어느 분야에 종사하든 다 이러한 고초를 겪었다. 이때 가장 중요한 것은 인내다. 우리도 제자일 때는 무슨 일이든 참고 견뎠다. 자신의 앞길을 위해 어떤 굴욕도 속에만 담아두고 꾹 눌러 참아야 했다. 만일 한마디라도 싫은 소리를 했다가는 사람 취급을 받지 못했다. 하지만 그러한 고생에도 불구하고 수천수만 명의 태감 중에 정말 '출세'하는 사람은 단 몇 명밖에 되지 않았다! 게다가 그 '출세'한 태감들은 또 자신이 지난날 당했던 설움이 있으니 본전을 찾고 보상을 받고자 하는 심리로 아랫사람들에게 구습을 대물림했다.

- 자오룽성趙榮陞, 장슈더張修德, 웨이쯔칭魏子卿

제4장 입궁 뒤 받는 훈련

　　황제가 거하는 궁중은 규범도, 예법도 대단히 많다. 그러니 우리같이 가난한 시골뜨기 아이들은 궁에 들어오면 먼저 '훈련을 받아야' 했다. 그러나 당시 윗대 태감들도 어떤 일정한 체계를 가지고 우리를 훈련시킨 것이 아니었다. 궁에 들어오면 맨 처음에는 어디에도 얼굴을 내밀 수 없다. 그저 정해진 스승 밑에서 열심히 일만 배워야 했다.

　　우선 호칭부터 보면, 당시 궁중 태감들은 황제를 '만세 어르신萬歲爺[황제에 대한 존칭]', 서태후를 '부처님', 그 외 비들은 '주인님'이라 불렀다. 즉 단강태비, 경의태비(유비)와 같은 분들은 모두 '주인님'이라 칭했다. 태감들이 서로를 부르는 호칭은 이랬다. 동년배끼리는 서로 '대인爺'이란 호칭을 써서, 성이 장 씨면 장 대인, 리 씨면 리 대인이라 불렀다. 지위가 낮은 태감은 높은 태감을 사부라 칭했다. 그리고 사람들이 대놓고 태감이라 부르는 것을 좋아하지 않았다. 심지어 '노공'이라고 부른다면 그야말로 그 태감의 8대 조상까지 욕하는 셈이 되었다. 이러한 호칭들을 가장 먼저 기억해두어야 했다.

단강태비와 태비 궁의 두 태감

피휘避諱, 즉 군주나 조상의 함자에 쓰인 글자를 피하는 금기에 대해서는 나이를 어느 정도 먹은 태감이라면 대체로 다 알고 있을 것이다. 궁중에서는 이러한 것이 특히 더 중요시되었다. 황상의 존함은 물론 태후, 비, 태비마마의 존함 또한 같은 음의 글자를 입에 올리지 않아야 했다. 이렇게 반드시 피해야 할 글자의 발음은 확실히 머릿속에 새겨두어야 한다. 모두가 잘 아는 샤오더장도 본래 이름은 '춘시春喜'다. 그러나 융유태후의 아명이 '시거喜哥'여서 '시喜' 자가 금기를 범하는 것이 되기에 '헝타이恒太'라는 이름으로 개명했다. 한편, 금기시하는 말에는 재수 없는 말, 불길한 말들도 들어간다. 이런 말들은 사적인 자리에서도 입에 올릴 수 없었다. 자금성 내에서는 어떤 불길한 말도 입 밖에 내어서는 안 되었다.

또한 인사에 대한 예법도 배워야 했다. 궁에서 무릎을 꿇는 일은 일상다반사지만 그렇다고 그저 꿇기만 하면 되는 것이 아니다. 무릎을 꿇고 하는 인사도 여러 방식이 있었다. 예를 들어, 주인께 말씀을 올리거나 문안 인사를 드릴 때는 쌍퇴안雙腿安으로 무릎을 꿇는다. 두 다리 중 먼저 왼쪽 무릎을 꿇고 그다음 오른쪽 무릎을 꿇으며, 몸은 일직선으로 곧게 펴고, 모자는 벗어서 자신의 오른쪽에 두어야 한다. 주인이 베푸신 은혜에 감사 인사를 올릴 때나 상을 하사받았을 때, 만수절 같은 때에는 주인을 향해 삼궤구고를 해야 한다. 이는 '하해와 같은 은혜'에 대한 감사와 감격의 표시다. 어떤 때는 머리를 땅에 부딪쳐 소리를 내야 하는 때도 있었다. 이것이 바로 흔히 말하는 '땅에 머리를 부딪는 절磕響頭'이다. 또 단퇴안單腿安이란 것도 있다. 이는 자신의 상관이나 품계가 그리 높지 않은 사람에게 인사를 드릴 때 취하는 자세다. 평소 늘 주인을 가까이서 모시는 태감들은 날마다 주인을 향해 머리를 조아리고 절을 하지는 않지만, '서 있을 때는 서 있을 때의 자세가 있고, 앉을 때는 앉을 때의 자세가 있다'는 말이 있듯이, 평상시에 취해야 할 자세 또한 배워야 했다. 아침에 궁에 오면,

주인 곁에 서 있든지 회랑 아래서 분부를 기다리든지 항상 붓처럼 꼿꼿이 서 있어야 한다. 두 손은 내린 채로 몸 양옆에 딱 붙이고 그 상태로 사당 안 금동옥녀[도교에서 선인의 시중을 드는 남자아이와 여자아이] 조각상처럼 털 끝 하나 움직이지 않아야 한다. 오래 서 있으면 발바닥이 저려오지만 그래도 고양이 앞 쥐처럼 꼼짝 않고 그 자세를 유지해야 했다. 이러한 예법들을 완벽히 익히지 못하면 수령태감의 눈 밖에 나 승급이 어려워졌다.

주인이나 직속상관의 분부를 받을 때도 일정한 규범이 있었다. 첫 번째로 훈련해야 하는 것은 상전의 분부를 듣고 한 번에 이해하는 것이다. 같은 말을 다시 여쭙거나 설명을 요청할 수 없었기 때문이다. 두 번째는 분부를 받으면 반드시 '예嗻[하인이 주인이나 손님에게 응답하는 소리. '저zhē'로 발음된다]'라는 대답으로 자신이 상전의 분부를 받았음을 표시해야 한다. 결코 '음嗯'이나 '아啊' 같은 말로 대답해서는 안 되었다. 이러한 방면에서 영리함과 민첩함을 보여야 '출세'의 길이 보인다.

상전에게 올리는 인사말 또한 판에 박힌 말들이긴 하지만 그래도 익혀야 했다. 평상시 문안을 올릴 때 쓰는 말인 '길상'이라든가, 식사 후에 '진지는 편히 드셨는지요?' 하고 여쭙는 인사말이 여럿이었다.

스승들은 이런 것들을 결코 계획성 있게 체계적으로 가르치는 법이 없었다. 그때그때 주의하고 배워야 했다. 그러다 어느 날 윗사람의 눈에 들면 보다 높은 처소로 발탁되어 가게 되는데, 그렇게 어전이나 궁으로 발탁되어 가면 그곳에서도 역시 상관이 되는 태감을 스승으로 모시고 계속해서 배워야 한다. 예를 들어 물건을 전할 때는 반드시 자신의 머리 앞이 아닌 몸 앞에서 드려야 한다. 동시에 몸 옆으로 지나게 해서 드린다. 또한 물건을 올릴 때 너무 높거나 너무 낮게 올리면 안 된다. 대략 자신의 미간 높이에서 올리는 것이 적당하다.

주인이 물담배를 피우실 때는 바닥에 무릎을 꿇고 긴 물담뱃대를 손으로 잘 잡아드려야 한다. 작은 물담뱃대일 경우에는 일어서서 손으로 들어야 한다. 수시로 담배를 채우고, 담뱃불을 붙일 때 쓰는 종이에 불을 붙이며, 담뱃불을 붙이는 시점을 잘 파악하고 있어야 한다. 이러한 일은 오랜 시간 주의 깊게 관찰하지 않으면 못 하는 일이었다. 그 당시 청 황궁의 주인들은 물담배나 잎담배를 피우는 것이 하루 일과 중 하나였다. 보통 식사 뒤에 물담배를 피우고 평상시에는 잎담배를 피우는 것이 일반적이어서 이 일을 맡은 태감은 주인의 분부를 기다릴 것 없이 때가 되면 알아서 준비해 올려야 했다.

궁에서 아편을 피우는 일은 극히 드물었다. 다만 선통제의 황후가 아편을 피웠다(일설에는 궁을 나와 톈진으로 간 이후부터 피우기 시작했다고 한다). 아편을 구울 때도 공손히 바닥에 무릎을 꿇고 해야 한다. 황후가 왼쪽으로 네 모금을 피우고 오른쪽으로 몸을 돌리면 시중드는 이도 아편 도구들을 따라 자리를 바꿔야 한다. 그러면 황후는 다시 오른쪽으로 네 모금을 피운다. 물론 담배 시중을 오래 든 사람은 거의 기계나 다름없이 능숙하게 해내지만 처음 하는 사람은 말할 수 없이 긴장되는 일이 바로 이 일이다.

상전의 옷시중은 어의를 담당하는 기관司이 따로 있어서 계절에 따라 옷을 준비해놓았다. 옷을 직접 입혀드리는 사람은 주인이 입는 옷을 똑똑히 기억하고 있어야 했다. 또한 옷을 입혀드릴 때 주인의 팔이나 다리를 마음대로 움직일 수 없었다. 반드시 입히는 쪽이 입는 사람에게 맞춰서, 주인이 옷을 편하게 입도록 신경써야 했다. 이 역시 배워야 할 일이었다.

선방에는 훈국, 소국, 점심국이 있었다. 무슨 궁, 어떤 주인이냐에 따라 매일 올리는 음식 가짓수가 정해져 있었다. '식사를 올리라'는 소리가 들리면 음식을 가져오는 사람은 당황하지 말고 자신의 순번대로 선방의 회전반 위에서 음식을 가지고 와야 한다. 음식을 잘못 가져오거나 빠뜨리는 일이 있어서는 안 되었다.

　　주인이 다른 궁에 가실 때나 산책 또는 나들이를 즐기실 적이면 두 명의 태감이 주인을 양옆에서 부축해드리고, 나머지 사람은 가지고 가야 할 물건들을 들고 뒤를 따랐다. 가마를 타고 갈 때는 가마를 드는 사람과 가마 뒤를 따르는 사람이 보조를 맞추어 일정한 속도로 걸어야 했다. 가마를 들고 일어설 때나 내려놓을 때, 발을 칠 때도 항상 조심조심 움직여야 했다.

　　밤에 불침번을 서고 낮에 보초를 설 때 역시 별다른 일이 안 생기더라도 함부로 직무를 이탈해서는 안 되었다. 만약 황상이 어느 대신을 접견하겠노라 황명을 내리면 반드시 아랫사람에게 "모모 대신을 모시고 오거라" 하고 정확히 전달해야 했다. 황명을 받들어 대신이나 황족을 모셔온 다음에는 발을 내리고 서둘러 자리를 옮겨야 한다. 대화가 들리지 않으면서 동시에 언제든 주인의 명령을 들을 수 있는, 가깝지도 멀지도 않은 곳으로 피해 있어야 한다.

　　이러한 예법들은 이야기하자면 끝이 없다. 한 사람이 일생에 걸쳐 완전히 다 배울 수 없을 정도로 많다. 다행히 태감들에게는 각자의 일이 있어 자신이 맡은 일만 제대로 해내면 됐다. 그러나 일을 배울 때는 요령껏 해야 했다. 제자가 하는 것을 보고 지도해주거나 명확히 설명해주는 스승은 거의 없었다. 그러니 스스로 연구하고 혼자서 연습해보며 훈련해야 하는 것이다. 하지만 만약 스승이 제자의 행동을 주의 깊게 살펴보다가 어떤 잘못을 저지르는 것을 보면 호되게 한차례 창피를 주었다. 집안 어른들까지 들추어내며 욕을 하지는 않았지만 그래도 견디기 어려운 치욕을 맛보아야 했다. 심할 때는 따귀를 맞기도 했다. 제자는 맞을 때도 입으로는 좋은 소리를 해야 했다. 뺨도 이쪽저쪽으로 피해서는 안 되었다. 더 나아가 정말 큰 잘못을 저질렀을 때는 곤장을 맞거나 방에 감금되는 일도 감수해야 했다.

이상은 우리가 태감이 된 뒤 반드시 거쳐야 했던 첫 단계다. 한 사람을 노비로 만드는 훈련 과정이었다고 할 수 있다! 어떤 체계도, 두서도 없이 받은 '훈련'이었다.

- 츠환칭, 자오룽성, 볜파장邊法長

제5장 어전태감의 하루 일상

다음은 황상을 시중드는 우리 어전태감들에 대한 이야기다.

우리는 궁에 들어와 먼저 동협도에서 잡역을 하며 몇 년을 고생한 뒤 어전태감이 되었다. 어전태감들은 모두 동협도, 서협도에 거처하며 조를 나누어 황상을 모셨다. 동협도와 서협도에는 각각 조를 이끄는 우두머리 태감이 있었다. 그를 가리켜 대반태감이라 불렀다. 우리는 이른 새벽, 동이 틀 무렵에 일어나 세수와 양치질을 마친 뒤, 옷을 입고 대반태감의 인솔 하에 황상이 계신 곳으로 갔다. 내가 일하던 당시, 황상은 양심전 후전 침궁에서 지내고 계셨다. 대반태감은 먼저 올라가 황상께 문안 인사를 올리고, 양 무릎을 꿇은 채 보고를 드린 뒤 물러나왔다. 그의 일은 이것으로 다 끝난 셈이었다. 우리 어전태감들은 따로 무릎을 꿇고 문안을 올리지 않았다. 궁에 도착하면 각자 맡은 바대로 일을 시작했다. 사실 일이라고 해봐야 보초를 서거나 분부를 받드는 것이 전부였다.

황상은 아침식사를 드시고 나면 상서방으로 행차했고 어전태감들은 줄지어 황상을 모셨다. 다들 느긋한 걸음으로 상서방에 도착해서는 실내와 실외에서 보초를 섰다. 차를 올리고 물을 따르는 일, 수시로 내려오는 심부름 외에는 한가한 시간이 많았다. 황상이 상서방에서 돌아와 11시가 되면 점심식사를 준비했다. 주방 사람들이 황상이 드실 음식을 넘겨주면, 어전태감들은 손잡이가 달린 찬합들을 하나하나 받아서, 두 개의 크고 작은 팔선상 위에 다시 한 그릇 한 그릇 놓았다. 팔선상은 궁 바닥에 놓았는데, 두 상을 앞뒤로 이었다. 앞의 상은 황제가 앉으시는 자리 바로 앞에 있는 또다른 상과 맞닿게 놓았다. 점심식사로 올라오는 음식은 총 30여 가지이며 모두 뚜껑이 있는 그릇에 담았다. 늘 올라오는 음식 외에 날마다 태후가 하사하는 음식, 황후와 비빈들이 올린 음식까지 모두 합치면 무려 40여 가지나 되었다. 황상이 "그릇 뚜껑" 하고 분부하시면 곧 식사가 시작되었다. 어전태감들은 서서 상 위의 요리를 황상 앞으로 가져다 올려드렸다. 사실 황상이라 해서 그렇게 많은 요리를 어찌 하나하나 다 맛보실 수 있겠는가. 그저 격식을 갖출 뿐이었다. 이때 어전태감들은 소맷부리에 흰 천을 꿰매어붙이고 두 손도 깨끗이 씻는다. 보기에도 대단히 위생적이고 깔끔해 보였다. 황상이 식사를 마치면 다음 조 어전태감들이 와서 업무를 교대하고 먼저 일한 조는 물러갔다. 물러간 조는 이후 아무 일도 없어 하루 반 동안 푹 쉬면 되었다. 오후 반나절 동안 황상은 이곳저곳으로 행차하거나 쉬거나 일을 했다. 어전태감들은 저녁식사 시간이 될 때까지 황상을 모시고 따라다녔다.

저녁 8시가 되면 총관태감이 있는 곳에서 "빗장을 지르시오, 전량을 채우시오, 등불을 조심하시오!" 하는 외침 소리가 전해졌다. 한 번 외치면 서로서로 전달해 자금성 안 문 전부에 전해졌다. '빗장을 지르라'는 말은 말 그대로 문빗장을 걸라는 뜻이다. '전량을 채우라'는 말은 자물쇠를 채우라는 뜻이다. '등불을 조심하라'는 말은 설명하지 않아도 잘 알 것이다. 이 외침 소리가 한 번 들리면 궁 안에 있던 모든 남자는 궁 밖으로 나가야 한다. 밤에는 태감과 야간 당직을 서는 어의 외에는 어떤 남자도 궁 안에 남아 있을 수 없었다. 황상의 취침을 시중들 때는 어전태감들도 다른 조로 바뀌었다. 황상이 잠자리에 들면 몇 명은 황상의 침궁 안에서 '불침번'을 서고, 몇 명은 침궁 밖에서 '불침번'을 섰다('불침번을 선다'는 뜻의 '坐更' 중 '更'은 본래 발음 '겅gēng'이 아닌 '징京, jīng'으로 읽는다). 어떤 이는 졸거나 잠깐 눈을 붙이기도 했지만 별 탈만 없으면 되었다.

황상의 생활은 궁 밖 백성들이 사는 모습과 매우 다르다. 부부가 한 상에서 함께 식사를 하지도 않고 한 침대에서 잠을 자지도 않는다. 황후와 비빈들은 매일 때가 되면 관례에 따라 황상이 있는 곳으로 와서 문안 인사를 올렸다. 꼭 손님처럼 말이다.

한편 어전태감과 대반태감은 매일같이 정해진 시간대로 몇 차례에 걸쳐 태후 궁과 태비 궁 및 그밖의 궁에 가서 보고를 올렸다. 전날 황상이 편히 주무셨는지, 매끼 식사는 얼마나 드셨는지 등을 무릎 꿇고 아뢴 다음 태후마마와 태비마마들의 문안을 여쭈었다. 이러한 것들은 모두 기존의 판에 박힌 문구를 달달 외워서 아무 감정 없이 쭉 한차례 읊는 것이었다. 보통은 듣는 사람도 지루해하기 때문에 어떤 반응이 나오는 일은 거의 없었다. 혹여 어느 날 태후가 이를 듣고 고개를 끄덕이며 미소를 짓거나 무언가 질문을 던진다면, 보고를 한 태감은 태후가 자신의 체면을 세워주었다고, 다시 말하면 자신에게 관심을 보였다고 여길 것이다. 그리고 속으로 말할 수 없이 기뻐하며 아마 평생토록 이를 기억할 것이다. 황상에 대한 관심이라고는 절대 생각지 못한 채 말이다. 지금 와서 돌이켜보면, 제왕의 집은 허례허식과 겉치레로 가득 찬 곳이었다. 가족 간에도, 부자지간에도, 부부지간에도 진정한 정을 찾아볼 수 없었다.

어전태감의 하루는 이와 같았다. 크게 바쁜 일은 없었으며, 일하지 않는 시간에는 어르신(궁에서는 상급 태감을 이렇게 불렀다)의 시중을 드는 것 외에 특별히 할 일이 없었다. 하지만 하루하루 다람쥐 쳇바퀴 돌 듯 사는 것도 싫증이 나는 법이다. 궁에서는 휴가가 없었고, 가끔 몇 시간 동안 궁 밖에 나가 노는 것은 허락되었다. 그러나 자유롭게 노닐 만한 곳도 마땅히 없었을뿐더러 궁을 나가고 들어오는 절차가 매우 번거로웠다. 옛날에는 '허리 패'가 있어야 궁을 드나들 수 있었다. '허리 패'란 오늘날 사용하는 출입증과 같은 것이다. 나무로 만들었으며 윗부분에는 소인燒印이 찍혀 있었다. 중화민국 이후에는 본인의 사진을 붙인 '통행증'으로 바뀌어, 궁문을 출입할 때 호위군에게 보여야 했다.

  황상을 모시는 일은 비록 일의 양은 적지만 결코 가벼이 해서는 안 된다는 점이 힘들었다. 머리를 빗겨드리고 변발을 땋는 일만 해도 조심, 또 조심해야 했다. 신속하고 꼼꼼히 하면서도 황상이 편안해야 했다. 황상은 '천하에 가장 귀하신 분'이니 조금이라도 불편을 느끼게 해서는 안 되었다. 황상의 옷시중을 들 때도 마찬가지였다. 언제, 무슨 옷을 입고 신과 버선은 어떤 것을 신는지 모두 기준이 있었기에 실수로 잘못 입혀드리는 일이 있어서는 안 되었다. 천하제일의 황제도 마음이 심란하실 때가 있게 마련인데, 심란한 마음을 풀 곳이 없으면 어전태감들이 그 화를 다 받아야 했다. 어떤 때는 아무 이유도 없이 한바탕 욕설을 듣거나 매를 맞아야 했다. 정말이지 우리는 노예였다. 주인이 기분 내키는 대로 대했으니 말이다. 기분이 좋을 때는 우리의 아명이나 별명을 부르며 친근하게 대해주기도 하지만, 기분이 안 좋을 때는 마구잡이로 때리기 일쑤였다. 그러다 맞아죽어도 끌어내면 그 뿐, 누구 한 사람 관여치 않았다.

       - 웨이쯔칭, 다이서우천戴壽臣, 류쯔제劉子杰, 쑨상셴孫尙賢

허리 패

제6장 진비의 죽음을 목격한 왕샹

　　진비珍妃의 죽음에 관한 일은 이미 수많은 사람이 기록한 바 있다고 들었다. 그 시절 우리와 함께 일했던 사람 중에 왕샹王祥이라는 사람이 있는데, 그는 진비가 우물에 던져져 죽임을 당하는 것을 직접 본 사람이다. 다음 이야기는 왕샹이 몇 년 전 나에게 들려준 것이다.

　　진비는 광서제의 후궁이다. 황상의 부부 생활은 결코 일반 백성들처럼 살갑지 않다. 황상과 황후, 후궁 간에도 지켜야 할 크고 작은 예법과 의례적인 격식들이 있어, 단란한 가정생활의 즐거움은 거의 맛보지 못했다.

　　그러나 진비는 일반 후궁들과는 달라 활달하고 격식에 얽매이지 않았다. 왕샹은 언젠가 진비가 황상의 옷을 입고 광서제로 분장하여 궁 안을 거니는 것을 본 적이 있다고 한다. 또 때로는 태감의 복장을 하고 양심전에 들어 일을 하시는 황상을 옆에서 모셨다. 진비는 악기 연주에도 능하고 노래도 잘 불렀으며, 젊고 아름다웠다. 당시 광서제는 정치적으로 심한 제약을 받고 있었으며 일상생활과 행동거지 하나하나도 서태후의 감시를 받아야 했다. 분명 심리적으로 큰 압박에 시달렸을 것이다. 그러한 차에 진비와 같은 여인이 곁에 있어주니 흡족하고 위안이 되었던 것은 당연했다.

젊은 나이에 과부가 된 서태후가 이 다정한 한 쌍을 보는 것이 그리 달가울 리 없었다. 그리고 더 큰 원인은 당시 서태후와 광서제의 정치적 충돌에 있었다. 서태후는 광서제를 굴복시키기 위해 혈안이 되어 있었기에 진비를 더더욱 가만두려 하지 않았다. 이 때문에 일찌감치 진비를 사람이 오가지 않는 오래된 궁에 유폐시켰다. 팔국연합군이 베이징을 침범했을 때 서태후는 더 이상 머뭇거릴 틈이 없어, 떠나기 직전 진비를 처형했다.

당시 왕샹은 겨우 스물 몇 살밖에 되지 않은 청년이었다. 그는 이때의 일을 똑똑히 기억하고 있었다. 경자년 7월 20일, 궁 안이 말할 수 없이 어수선한 가운데 서태후와 광서제는 변복을 하고 조만간 궁을 빠져나갈 참이었다. 바로 이때 태후는 직접 근비와 어전 수령태감인 추이위구이, 왕더환을 이끌고 영수궁으로 가서, 삼소三所[진비가 유폐되어 있던 처소]에 있던 진비를 불러들였다. 삼소에 있는 동안에도 진비는 이미 얼마나 많은 고통을 당했는지 모른다. 진비가 서태후 앞에 불려갈 때 우리는 문틈으로 그 모습을 보았다. 초췌한 모습으로 불안에 떨고 있었다.

서태후는 진비를 앞에 두고 몇 마디 말을 했는데, 왕샹은 무슨 말인지 듣지 못했다. 나중에 현장에 있던 태감들이 전해주는 바로는, 이제 자신은 황상과 함께 베이징을 떠나려 한다, 진비를 데리고 가려 했으나 외세의 침입으로 시국이 혼란스러운 이 마당에 만에 하나 무슨 불미스러운 일이라도 생겨 황실의 체면을 떨어뜨린다면 선조를 뵐 낯이 없으므로 데리고 갈 수 없다. 그러니 지금 서둘러 자진하라 했다고 한다. 또 태감들이 전하는 바에 따르면 진비는 서태후를 향해, 황상은 마땅히 베이징에 남아 계셔야 한다고 아뢰었다 한다. 하지만 진비가 그 이유를 설명하기도 전에 태후는 냉소하며 꾸짖었다.

"지금 죽음을 코앞에 둔 것이 무어라 지껄이는 게냐!"

진비정珍妃井

서태후와 황후, 후궁 및 태감들이 함께 있는 사진. 앞에서 오른쪽은 대총관 리렌잉이고, 왼쪽은 제2총관 추이위구이다. 땅에 엎드려 있는 것은 서태후의 애견이다.

태감들의 이야기가 실제 상황이었는지는 왕샹도 확실히 판단할 수 없다고 한다. 당시 왕샹은 문틈으로 진비가 서태후 앞에 무릎을 꿇은 채 안타깝게 살려달라고 애걸하는 것만 볼 수 있었다. "아바마마, 아바마마, 노비를 용서하여 주십시오! 이후 다시는 죄를 짓지 않을 것입니다……." 진비는 끊임없이 부르짖었다. 하지만 서태후는 노기등등하여 "죽어라!" 하고 외쳤다. 그 자리에 있던 이들은 모두 나무 조각처럼 굳은 채 어찌할 바를 모르고 서 있었다. 그중에는 눈물을 글썽이는 사람도 있었다. 아무도 차마 나서서 진비에게 손을 대지 못했다. 광서제와 근비도 온 얼굴이 눈물범벅이었다.

　　서태후는 시간이 지체될까 염려해 빨리 일을 처리하라고 연신 고함을 쳤다. 결국 추이위구이가 앞으로 가서는 진비를 끌고 들어올리다시피 해서 우물 속으로 밀어넣었다. 왕샹은 죽음이 닥치기 전 진비가 "리 안달! 리 안달!" 하고 부르는 것을 들었다. '안달'은 태감에 대한 존칭이다[앞에서 소개된 '암달'과 같다]. 리롄잉을 찾으며 구해달라 간청한 것이다.

　　서태후는 이렇듯 잔인하게 진비를 죽였다. 그러고 보니 그녀는 서태후의 질녀이기도 했다.◆ 봉건 시대 통치자들은 한 집안 혈육 간에도 이렇게 잔인했다. 그러니 백성들에게는 어떠했는지 말하지 않아도 짐작할 수 있을 것이다.

　　추이위구이는 진비를 죽인 공로로 제2총관으로 승진했다.

— 다이서우천

◆ 서태후의 질녀는 융유황후다. 진비가 아니다.

제7장 궁중 여인들의 일상

　　황궁에서 태후를 비롯한 여자 주인의 시중은 궁녀들이 들지만, 태감도 없어서는 안 되는 존재다. 궁녀들이 감당할 수 없는 일도 있고, 또 어떤 일은 태감이 궁녀보다 더 잘해내기 때문이다. 이러한 역할 분배는 모두 주인의 뜻에 달려 있었다. 예를 들어 머리를 빗는 일은 본래 여자가 하는 일이지만, 청 황궁에서 여주인의 머리를 빗겨드리는 이는 모두 태감이었다. 또한 궁내 사무 관리와 같은 일들은 그 당시 여자가 하지 못했다. 게다가 궁녀들은 보통 궁에서 몇 년을 일하고 나면 곧 출궁해야 했다. 반면 태감들은 평생을 궁에서 일했다.

　　이런 이유 때문에 여주인이 있는 궁에서도 총관을 맡는 이는 태감이었다. 새로 들어온 궁녀는 총관태감이나 다른 여러 수령태감 중 한 명을 스승으로 삼고, 궁에서 오래 일한 궁녀를 마마님이라 부르며 그들에게서 예법과 규범을 배웠다. 매월 받는 은전도 스승이 관리했고, 궁 생활도 스승이 보살펴주며 여러 가지 도움을 주었다.

　　청대 말기에는 황궁에 홀로 된 여인들이 가득했다. 실권을 잡고 있던 서태후 역시 할 일이 산더미같이 많았음에도 평상시의 모습을 보노라면 적잖이 무료해 보였다. 한가할 때는 글씨를 쓰거나 그림을 그리기도 하고 연극을 보기도 했지만, 여전히 어느 한구석 마음 붙일 곳 없는 사람 같았다. 이런 때 태후의 갑갑한 심기를 풀어드리는 사람은 리롄잉이었다. 그는 서태후를 누구보다 잘 보필했기에 태후에게 없어서는 안 될 존재였다. 두 사람 사이는 대단히 친밀해 보였다.

우리가 아는 것만 해도, 매일 세 끼 식사 때며 아침저녁 자리에서 일어나고 누울 때마다 태후와 리롄잉은 서로에게 태감을 보내거나 직접 대면하여 안부를 묻곤 했다. "진지는 편히 드셨는지요?" "맛있게 드셨는지요?" "편히 쉬셨는지요?" 어떤 때는 서태후가 직접 리롄잉의 처소로 와서 그를 불러내기도 했다. "롄잉! 산책을 가자꾸나!" 이에 리롄잉이 나와 태후를 모시고 노닐 때면, 두 사람은 앞에서 걷고 나머지 사람들은 멀찍이 떨어져서 그뒤를 따랐다. 또 서태후는 때때로 리롄잉을 침궁으로 불러 황로사상[도가사상. 황로는 도교에서 황제黃帝와 노자老子를 아울러 이르는 말이다]이며 불로장생에 대한 이야기를 나누기도 했다. 이야기는 종종 깊은 밤까지 이어졌.

그 외에도 서태후의 귀여움을 받는 소태감이 몇 명 있긴 했지만 리롄잉과는 감히 비교도 할 수 없었다. 이 또한 정치계나 다를 바 없어 한 번 윗사람의 총애를 얻은 자는 다른 이가 자신을 밟고 올라가는 것을 용납하지 않는다.

나중에 더 높이 올라간 뒤에는 리롄잉도 서태후 앞에서 무조건 고분고분하지만은 않았다. 하루는 서태후가 그를 불렀는데, 그는 짐짓 병을 가장했다. 이에 태후는 즉시 어의를 불러 진맥을 하고 처방을 내리게 했으며 그가 약을 먹는 모습까지 친히 지켜보았다. 서태후의 일상에 대해서는 우리 눈으로 직접 본 것이 많지 않고 대부분 전해들은 것이라 더 언급하지 않겠다. 이제 이야기할 동치제의 후궁인 경의태비(유비)의 일상은 우리가

청 말기 네 명의 태감.
오른쪽에서 두 번째가 본문의 이야기를 진술한 사람 중 한 명인 류싱차오로,
7품 보패를 입고 있는 모습이다. 당시 양심전 어전태감으로 일했다.

직접 눈으로 보고 겪은 것이다.

이분이 경의황태비로 봉해진 것은 선통 연간의 일이었다. 푸이(선통제)가 동치제와 광서제를 동시에 계승하여 황위에 올랐기에 항렬을 따지면 유비 또한 선통제에게 있어 어머니뻘이 되기 때문이다. 경의태비는 장춘궁에 거처했는데, 그때 부리던 태감이 자그마치 260여 명이었다. 반면 궁녀 수는 태감 수의 발끝도 따라가지 못할 만큼 적었다. 경의태비의 궁에는 차방, 선방, 사방, 약방, 불당, 전상, 산차의 일곱 처소가 있었고 모두 태감들이 일을 담당했다. 또한 처소마다 수령태감이 있었다. 궁녀와 아래채 부인네들은 세수나 양치, 목욕, 대소변과 같은 침궁 내 일들만 담당했다. 이외에도 품계가 높은 수령태감 두 명, 그보다 낮은 품계의 회사태감 세 명, 더 낮은 품계의 소태감 13명이 있었다. 홀로 된 태비 한 명을 시중드는 데 이렇게 많은 인원이 있었던 것이다.

경의태비는 아침에 자리에서 일어나면, 부인네와 궁녀들의 시중을 받으며 옷을 입고 버선과 신을 신었다. 침궁을 나오면 소태감이 머리를 빗기고 옷매무새를 잡아주었다. 8시가 되면 아침식사를 들었고, 식사 뒤에는 방으로 돌아가 자리에 앉아서 염주를 들고 반 시간 동안 소리 없이 염불을 했다. 염불을 마치고 나면 차를 마시고 물담배, 잎담배를 피웠다. 오후 1시경에는 간단히 음식을 든 다음 낮잠을 잤다. 3시가 되면 자리에서 일어나고 4시에 정찬을 들었다. 식사 후에는 다시 방으로 돌아가 소리 없이 염불을 했다. 그리고 이후 시간에는 아래채 부인네와 궁녀들, 태감들이 따르는 가운데 바깥으로 한 바퀴 산책을 나가거나 골패˙를 했다. 또 태감들을 시켜 옛이야기나 익살스런 이야기를 듣기도 하고, 소태감들에게

● 오락도구의 일종. 뼈·상아·대나무·오목 등으로 만든다. 한 벌이 32조각이며, 윗면에는 각기 다른 방식으로 배열된 2~12개의 점이 새겨져 있다. 옛날에는 주로 도박용으로 사용되었다.

고양이나 개 울음소리를 흉내 내게도 하는 등 이것저것 잡다한 놀이들로 시간을 보냈다. 때로는 태감들에게 바깥 소식을 묻기도 했다. 이렇게 밤 10~11시까지 무료함을 달래다가, 야식으로 죽을 들고는 침궁에 들어 잠을 청했다. 태비가 잠자리에 들면 두 명의 궁녀와 여섯 명의 태감이 밤을 지새우며 궁을 지켰다. '불침번'을 서는 것이다. 궁녀들은 방 안에서, 태감들은 방 밖과 전 밖에서 불침번을 섰다. 이들은 자지 않고 조용히 각자 맡은 위치에 앉아서 이튿날 날이 밝을 때까지 자리를 지켰다.

태비는 매일 식사를 네 번 했는데, 아침저녁 정찬에는 고기 요리 및 채소 요리 40가지에, 죽 세 종류, 떡과 과자 네 종류, 밀가루 음식 네 종류가 올라왔다. 오후 1시에 간단히 드는 음식은 모두 떡과 과자류였다. 야식으로 죽을 들 때도 곁들이는 반찬이 열 몇 가지였고, 거기에 죽 두 종류, 떡과 과자 네 종류, 밀가루 음식 세 종류가 더해졌다. 그 많은 음식을 한 사람이 어찌 다 먹을 수 있겠는가. 한 번씩 입에 찍어보기만 한다 해도 다 맛보지 못할 양이었다! 게다가 요리와 간식 품목은 오직 계절에 따라서만 달라졌다. 계절이 바뀌기 전까지는 날이면 날마다 같은 종류의 음식이 올라왔으니 먹는 것은 고사하고 보기만 해도 질릴 지경이었다.

듣기로, 태비의 생활비로 지출되는 돈은 하루에 은 200냥 정도였다 한다. 그만큼 사치스런 생활을 누렸다.

선통제의 황후에 대해서도 이야기해보자면, 그분의 일상 역시 무료하기는 별반 다를 바 없었다. 그러나 그분은 때때로 책을 읽거나 글씨를 쓰고 그림을 그리기도 했다. 나중에는 아편을 피웠는데, 자오룽성이 쭉 황후 궁에서 아편 굽는 일을 맡아 했다. 매끼 식사를 마칠 때마다 아편 여덟 모금을 피우고, 한 모금을 피울 때마다 한 개의 아편 알이 구워졌다. 태감은 매번 20여 분 동안 무릎을 꿇고 시중을 들어야 했다. 황후는 위만주국[만주국. 1932년 만주사변 직후 일본이 푸이를 황제로 내세워 중국 동북부 지방

담배를 피우고 있는 선통제의 '황후' 완룽

에 세운 괴뢰정부] 시기, 창춘長春에 있던 궁에서도 답답하고 지루한 날들을 보냈다. 생활 범위가 너무 좁아 창춘에 있을 때는 그저 바깥 공원에 나가 몇 차례 노닌 것이 전부였다.

  황궁의 여주인들은 아랫사람들에 대한 태도도 좋았다 나빴다 시시각각 변했다. 종종 작은 일로도 꾸짖고 때리기 일쑤였다. 특히 마음이 언짢을 때는 태감들이 화풀이 대상이 되곤 했다. 가장 잔인했던 일은 바로 서태후가 어느 나이 든 태감에게 그의 대소변을 강제로 먹였던 일이다. 궁 안 태감들은 누구나 알고 있는 일이다. 그 노인은 이 일로 그만 목숨을 잃고 말았다. 하지만 서태후 자신은 젖을 잘 내는 두 부녀를 선별해 매일같이 온몸을 깨끗이 씻게 했다. 이들이 몸에 꼭 붙는 진홍색 상의를 입고 유두만 드러낸 채 침상 앞에 무릎을 꿇고 앉으면 서태후는 침상에 누운 채로 젖을 먹었다. 자신은 사람의 젖을 먹으면서 다른 사람에게는 대소변을 먹이는 것, 이것이 바로 황실에서 일어나는 일들이었다. 뿐만 아니라 태후궁에서는 두 부녀가 좋은 젖을 낼 수 있도록 닭이며 오리, 생선, 돼지 등 온갖 산해진미를 제공했다. 다만 소금이나 간장은 넣지 않았다. 소금과 간장이 들어가면 젖에 좋지 않은 영향을 미친다고 한다. 이 때문에 그 두 부인네는 더없이 좋은 음식을 약을 먹듯이 풍미도 못 느끼며 먹어야 했다.

               - 류싱차오劉興橋, 자오룽성, 펑러팅馮樂庭

제8장 태감들의 일상

태감들의 생활은 지위고하에 따라 현격하게 차이가 났다.

총관태감, 수령태감들은 황제나 태후와 거의 다를 바 없는 생활을 누렸다. 우선 먹는 것부터 이야기해보자면, 서태후를 모시던 리롄잉과 융유태후를 모시던 장샹자이(모두들 그를 '샤오더장'이라 불렀다)는 태후와 한 부뚜막에서 나온 음식을 먹었으며, 간혹 태후 앞에 올라가는 것보다 더 잘 만들어진 것을 먹었다. 이들이 한 끼에 먹는 주식과 부식의 양은 한 사람이 한 달 먹을 분량이었다. 또한 입는 것도 죄다 능라주단이었다. 형식상으로는 황상과 같을 수 없었지만 그 질감은 황상의 옷과 별반 차이가 없었다. 지내는 처소의 내부 가구와 진열품들도 고르고 고른 것들이었다. 기르는 애완견은 매일같이 돼지 간이며 생선, 새우 등을 먹여 길렀다.

수령태감은 하루 종일 주인 앞에서 기분을 맞춰드리며 환심을 사는 것 외에 딱히 구체적으로 하는 일이 없었다. 한가할 때는 발바리 애완견을 데리고 놀거나 아랫사람을 불러 함께 골패를 하기도 하고 우스갯소리를 주고받기도 했다. 놀지 않을 때는 '어떻게 하면 내가 그보다 더 총애를 받을 수 있을까' '어떻게 하면 그를 곤경에 빠뜨릴까' 하는 궁리에 몰두했다. 또 집과 땅을 장만할 요량으로 장사를 해서 돈을 모으는 데 열중하는 사람, 조정의 문무 고관들에게 어떻게 다리를 놓아 권세를 좀 잡아볼까 골몰하는 사람, 아무 이유도 없이 그저 재미삼아 아랫사람을 책하고 때리며 시간을 보내는 사람도 있었다.

서태후는 한때 야오바오성이라는 어의를 총애하여 자주 그를 궁으로 불러 진맥을 보게 하고 이야기도 나누었다. 그러자 리롄잉은 이 어의가 자신보다 더 큰 총애를 받고 득세하게 될까 염려해, 계책을 세우고 공친왕 혁흔을 부추겨 어의가 스스로 목숨을 끊는 상황까지 몰고 갔다. 샤오더장 역시 융유태후의 총애를 얻은 뒤, 당시 궁 안에서 득세하고 있던 태감 두란더杜蘭德와 옌하이차오顏海潮 등 36명의 동료를 몰락시켰다.

리롄잉과 샤오더장은 베이징 성내에 자신의 공관이 있었다. 얼마나 웅장하고 화려하게 지어놓았는지 웬만한 왕부 못지않았다. 그밖에도 공동으로 혹은 독자적으로 경영하는 사업들이 있었다.

리롄잉은 고향 다이청에 무려 36만 제곱미터의 땅이 있었다. 그러니 그 외 재산은 더 말할 것도 없다. 그가 죽은 뒤 자신의 두 수양딸에게 남겨준 은만 해도 각각 17만 냥이었다. 샤오더장은 톈진 영국 조계지 41호 길에 서양식 건물을 지었다. 중화민국이 들어선 뒤 그는 이곳에서 '편안히' 남은 생을 보냈다. 그에게는 네 명의 부인이 있었고, 그의 양아들도 세 명의 부인을 두었다. 그의 공관에는 정원사, 요리사, 문지기, 경리, 하녀, 식모 등 30여 명이 함께 살았을 만큼 부족함이 없었다. 마더칭 태감이 바로 이곳, 샤오더장의 톈진 공관에서 9년 동안 쭉 일을 거들었다. 그의 집안은 규율이 대단히 삼엄했다. 샤오더장은 일말의 예외도 허용치 않고 엄격하게 집안을 다스렸으며, 특히 부인들에 대해서는 더욱 엄하게 단속해 그의 처첩들은 바깥출입조차 어려웠다. 또한 자신이 궁에서 염불하는 것을 배웠기에, 공관 위층에도 불당을 두고 하루에도 몇 차례씩 그곳에 가서 염불을 했다.

혹 '태감이 부인을 두어 무엇한단 말인가?' 하고 이상하게 여기는 사람이 있을지도 모르겠다. 하지만 태감들도 비록 부부 생활은 할 수 없지만 가정에서 맛볼 수 있는 '단란함'을 누리고 싶어한다. 과거 사회에서는 돈만 있으면 어떤 비상식적인 일도 안 되는 것이 없었다. 큰 재물을 모아 부자가 된 태감이 젊고 아름다운 부인을 두는 것 또한 비단 샤오더장 한 사람만의 경우가 아니었다. 더 나아가 이런 젊고 아름다운 부인을 내세워 고관들과 안면을 트고 친분을 쌓아 돈과 권세를 거머쥐는 경우도 있었다. 어선방 수령태감 구위슈古玉秀가 바로 그러한 예다. 어느 한구석 특출한 데가 없었음에도, 젊고 예쁜 부인이 그를 대신해 이리저리 발 벗고 뛰어다닌 덕에 그는 어선방 대총관의 자리에까지 올랐다.

청말 마지막 권세를 틀어쥐었던 태감 샤오더장의 권세는 자신이 모시는 주인 융유태후마저도 그의 말을 들어야 했을 만큼 하늘 높은 줄 모르고 올라갔다. 무엇을 믿고 그랬는지는 모르겠지만, 그는 융유태후의 일상 하나하나까지 관여하고 나섰다. 겉으로 보기에는 마치 주인의 옥체와 건강을 염려해 이것은 먹으면 안 된다, 저것은 마시면 안 된다 신경을 써주는 듯 보였지만, 시간이 지나자 융유태후는 자신이 좋아하는 음식 한 입 먹지도 못하는 신세가 되었다.

청대 초기에는 태감이 국사에 간여하는 것을 죽어 마땅한 일이라고 법도로 정했지만 나중에 가서는 이 법도도 효력을 잃고 말았다. 법도란 본디 주인의 손에 달려 있는 것인데, 주인이 누군가를 총애하면 총애를 받는 이는 대담해져서 도리어 그 법도를 흔들어 주인에게 되갚는 것이었다! 이뿐만이 아니다. 궁의 주인들은 보통 측근에 있는 태감들을 통해 궁 밖 사정을 알고 싶어하기 마련이다. 중신들 또한 태감들을 통해 궁의 내부 사

융유태후와 태감들

정을 파악하고 태후의 의중을 헤아리고 싶어한다. 이 두 요구가 결합하면서 자연히 중간에 있는 대태감의 권세는 점점 더 커지게 된다. 듣기로, 위안스카이, 장차오쭝江朝宗[북양 군벌의 주요 인물] 및 청 황실의 일부 황족도 모두 리롄잉, 샤오더장과 내통해 이들에게 거액의 뇌물을 주었다고 한다.

이들과 달리 우리 아랫사람들을 보자면, 녹봉은 일정한 한계가 있었고 그나마 비교적 수입이 많은 때는 매해 삼절에 돈을 하사받을 때였다. 이런 날 궁에서 내리는 돈은 모두 백은과 은화였다. 보통 매달 받는 녹봉이 은 두 냥에서 석 냥, 쌀 두 말에서 서 말, 공비 제전 200에서 600 사이였는데, 삼절과 만수절에 받는 돈은 은 넉 냥에서 여섯 냥까지였다. 물론 고위 태감들과 비교하면 천지 차이긴 했지만 말이다. 먹는 것도 평소에는 일반적인 음식이었지만, 이때는 궁 안 고위 태감들이 다 먹지 못하고 남긴 음식을 날마다 아랫사람들에게 내렸기에 절기 내내 먹을 것이 풍성했다. 떡이나 과자 같은 간식류는 먹을 만큼 먹고 남으면 외부 사람들에게 나누어주기도 했다. 태감들이 있는 부처에는 옷 세탁이나 자잘한 물건을 사다 주는 일, 바깥 심부름 등을 맡아 해주는 사람들이 있었다. 이들은 매일 궁문 빗장을 걸기 전에 궁을 나와야 했는데, 나갈 때 남은 먹을거리를 손에 들려 보내기도 했다.

지위가 낮은 태감들도 하는 일을 따져보면 사실 그리 과중한 업무는 없었다. 하지만 행동거지 하나하나에 제약을 받았기에 사는 것이 꼭 감옥살이 같았다. 상전을 모시는 일은 매순간 가슴이 조마조마한 일이고, 직속상관이 시키는 일은 무엇이든 해야 했다. 설령 사람이 할 짓이 못 되는 것이라도 해야 했다. 또 모든 일과 행동에 상대방의 눈치를 살펴야 했다. 일단 주인이나 윗대 태감의 눈 밖에 나면 자신이 무엇을 잘못했는지 몰라도, 아니 설령 아무 잘못도 저지르지 않았어도 때리는 대로 맞고 꾸지람을 들어야 했다. 때로는 바닥에 무릎을 꿇고 스스로 자신의 뺨을 쳐야 할 때도 있었다.

청조 말기에는 공식적으로 태감을 모집하지 않았다. 이 시기에 새로 들어온 태감들은 '효력效力'이라고 불렸다. 이들은 때를 기다리다가 어떤 태감이 죽으면 자신의 이름을 그의 이름으로 바꾸고 그제야 비로소 명실상부한 태감이 되었다. 만약 기회가 오지 않으면 한평생 공식적으로 존재하지 않는 유령 태감으로 남아야 했다. 이들은 궁에서 밥을 얻어먹는 것 외에는 1년이 지나도 몇 푼의 돈밖에 받지 못했다. 또한 다른 태감의 이름을 빌려 공석을 메우는 데도 20~30위안의 값을 치러야 했다. 태감 류싱차오의 경우도, 성이 장江 씨고 별명이 장거우번[거우번夠本은 '밑지지 않는다'는 의미]이었던 어떤 태감의 이름을 빌려 정식 태감이 되었고, 나중에는 어전태감으로까지 일하게 되었다.

이렇듯 지위가 낮은 태감이나 아직 정식 태감이 되지 못한 이들은 궁에 있는 동안 자신의 집에 들르는 일이 남들보다 한층 더 어려웠다. 집안 식구들이 만나러 오는 것도 일정하게 제한되어 있어 자주 찾아올 수 없었다. 또 식구들이 찾아와 이야기를 나눌 때도 옆에서 감시하는 사람이 있었다. 청말 황궁에는 수천 명의 태감이 상주하고 있었으며, 그중 대부분은 이런 처지의 사람들이었다. 궁 안 그들의 삶은 인간다운 삶이 아니었다.

중화민국 이후 푸이는 태감들을 한차례 궁에서 몰아낸 적이 있다. 하지만 시간이 지나자 태감의 부재로 불편을 느낀 여주인들이 어려움을 호소하는 통에 쫓아냈던 태감들 중 일부를 다시 불러들이는 일도 빚어졌다. 사실상 황궁은 이미 오랫동안 굳어진 관습 때문에 태감이 없이는 일상생활이 불가능하다. 궁녀만으로는 사무적인 일들을 비롯해 체력적인 측면에서도 감당해낼 수 없는 일이 허다하기 때문이다.

서태후 만년에는 궁 안 소태감들이 태후의 명을 받들어 경극을 배워야 했다. 외부 극단의 명배우를 초빙해 태감들을 가르쳤으며, 태감들은 날이면 날마다 발성 연습을 하고 기예를 연마했다. 결코 자원해서 한 것이 아니라 상전의 명을 받아 어쩔 수 없이 한 것이었다. 다리 인대를 늘리는 것만도 말할 수 없이 고통스러운 일이었다. 제대로 익히지 못하면 이 일을 담당하는 대태감에게 매를 맞거나 호된 꾸지람을 들어야 했다. 그렇게 해서 나중에는 이 궁중 '극단'도 공연을 올려 태후를 비롯한 윗분들의 심심함을 달랬다. 아직도 노양후가 가르쳐준「철롱산鐵籠山」과「염양루艶陽樓」, 탄신페이가 가르쳐준「사랑탐모四郎探母」가 기억난다. 매일 새벽 우리는 영수궁 근처의 산굴에 가서 발성 연습을 했다. 중화민국 이후에도 우리 중 꽤 실력이 있었던 류서우펑劉壽豐은 상하이에서 화검 전문 배우가 되었다. 그러나 얼마 동안 배우 생활을 하다가 대중의 인기를 잃고 밀려났으며, 생활마저 궁핍해져 타향에서 병사했다고 한다.

　　'황제의 집'에서 오랜 세월 지내다 보니 우리의 사고와 정신도 자연히 썩게 된 것 같다. 권력에 기생하는 근성이 뇌리 한가운데 뿌리박히고 윗사람에 빌붙어 사는 것을 만고의 진리, 불변의 법칙으로 여기며 살아왔기 때문이다. 그야말로 몸도 상하고, 정신도 망가진 셈이다.

- 장슈더, 웨이쯔칭, 볜파장, 왕웨칭王悅澂

제9장 태감과 사원

　　태감들은 보통 어릴 때 궁에 들어와 노인이 될 때까지 궁을 떠나지 않는다. 그러나 더 이상 일을 할 만한 기력이 없을 만큼 노쇠해지면 태감들도 출궁을 했다.

　　출궁 후에는 어디로 갈까? 어디로 가야 이 한 몸 의탁하고 편히 여생을 보낼 수 있을까? 만약 리롄잉이나 샤오더장 같은 이들이라면 전혀 문제 될 것이 없었다. 이들보다 한두 등급 낮은 정도만 되어도 이 문제로 곤란을 겪지는 않을 것이다. 하지만 일반 태감들은 사정이 달랐다. 첫째, 태감이란 부류는 사람 취급받지 못했다. '노공'이란 말은 사람을 욕하는 데 사용되었다. 설령 재산이 좀 있다 해도 가까이 지내려는 사람이 드물었다. 이런 사회적 관념은 자신의 피붙이들에게도 영향을 미쳐, 일평생 궁에 있으면서 한 밑천 잡은 것이 없다면 집이 있어도 선뜻 돌아가기 어려웠다. 둘째, 태감들은 모두 가난한 집 출신들이라 궁에 몇십 년 있는 동안 일찍감치 가족들이 죽거나 뿔뿔이 흩어져 돌아갈 집이 없는 경우가 많았다. 심지어 어떤 태감들은 어릴 때 유괴되어 태감이 된 처지라서 자신의 고향과 집

주소를 아예 모르는 경우도 있었다. 이들은 늘그막에 어디로 가야 비바람 막을 방 한 칸을 얻을 수 있을까? 더구나 우리 같은 태감들은 어릴 때 몸이 상해 궁 안에서 무슨 기술 같은 것을 배우지도 못했다. 이제 육신은 늙어 닭 한 마리 잡을 힘도 없고 학식이나 재주 같은 것은 눈곱만큼도 쌓은 것이 없으며, 그저 윗사람에 빌붙어 사는 요령만 몸에 배었으니 설령 노쇠한 몸이 아니라 해도 혼자서는 살아갈 방도가 없는 것이다.

이 같은 이유로 태감들은 별 도리 없이 소위 속세 밖이라 할 수 있는 사원에 발을 붙이고 남은 생을 이어갔다.

청조의 태감들은 젊고 힘 있을 때부터 출궁할 때를 대비해 노후를 준비한다. 어느 사원의 주지를 스승삼아 그 사원에 돈 모아 사둔 땅을 헌납하기도 한다. 또는 승려나 도사에게 얼마간의 돈을 시주하여 사원을 짓기도 한다. 그리고 출궁 이후 그곳에 몸을 의탁하는 것이다.

재물과 권세가 있는 일부 태감도 퇴임 이후의 안식처로 종종 사원을 택했다. 이들은 재력과 권세가 있으니 사원 내에서도 주지가 되어 다른 사람들을 거느리며 살 수 있었다. 서태후 휘하의 둘째가는 태감이었던 류더성도 백운관 주지 경원耕雲의 문하로 들어가 나중에는 이곳의 주지가 되었다.

청말 베이징의 태감 양로의회에 입회하고자 하는 태감은 규정상 먼저 180위안의 돈을 납부해야 했다. 그러면 3년 뒤에는 양로의회에 소속된 사원에 들어가 여생을 보낼 수 있었으며 숙식에 따로 돈을 쓰지 않아도 되었다. 하지만 일부 태감은 이마저도 마련하지 못해 출궁 후 이곳저곳을 떠돌다가 추위와 굶주림으로 생을 마감했다.

베이징에는 적지 않은 사원이 있는데, 과거에는 모두 태감들과 밀접한 관계가 있었다. 베이창 가의 만수흥륭사도 그중 하나다. 이곳 뒤뜰에는 양로의회에 관해 기록해놓은 돌비석이 있다. 건륭 연간에 세워진 것이다.

중화민국 시기 사원에 거주한 태감

태감과 사원의 관계는 일찍이 명대 때부터 시작되었다. 수령태감들은 보통 황친이나 외척, 고관대작들과 엮여 있었기에 사원에서는 궁에서 권세가 있었던 태감들을 일부 수용했다. 이는 사원의 앞날을 위해서도 득이 되는 일이었다. 이로써 궁에 있을 때 권세를 누렸던 태감들은 출궁 후에도 여전히 승려나 도사의 신분으로 정계의 주요 인물들에게 접근할 수 있었다. 게다가 태감 승려는 일반 승려들에 비해 권문세가의 안주인들과 접촉하기가 훨씬 더 용이했다. 바깥주인들이 안심할 수 있는 대상이었기 때문이다. 태감으로서는 재물이 들어오는 길이 그만큼 더 많아지는 셈이었다.

양로의회는 갈 곳 없는 궁핍한 태감들의 노후와 장례 문제를 해결해주는 곳이라기보다는 사원에 좋은 시주를 연결시켜주는 곳이었다. 다시 말해 권세를 누리던 태감에게 출궁 후에도 계속해서 재물을 모을 수 있는 편리한 길을 열어주는 곳이었다. 수많은 사원이 그 후광으로 장전을 소유하고 매매를 하면서 농민들을 착취했고, 이곳에 거주하는 태감은 궁에 있을 때와 다름없이 권력에 기생한 삶을 이어갔다. 또 그보다 못한 태감들은 예전처럼 남의 눈치를 살피고 비위를 맞추며 살아가야 했고 혹 눈 밖에 나면 언제 쫓겨날지 모르는 신세가 되었다. 현재 남아 있는 태감들도 대부분 사원에서 그럭저럭 지내고 있다.

- 장슈더, 쑨야오팅孫耀廷, 톈비천田壁臣

제3부
즉문즉답:
청 황실을 말하다

경진시耿進喜 구술
주자진朱家溍 정리

1950년 문화부는 전국 희극인 회의를 개최했다. 회의 기간 동안, 희곡 역사 자료 전람회를 거행하는 한편, 청대 궁중 연극을 공연하던 당시처럼 고궁 창음각 연극 무대의 원형을 그대로 재현해냈다. 당시 필자는 공문서 기록을 참고하는 한편, 과거 궁중에서 황제, 태후 등과 함께 공연을 관람한 바 있는 짜이타오載濤 선생, 과거 궁중에서 연극 교습을 담당했던 왕야오칭 선생, 청말에 영수궁에서 일했던 태감 경진시耿進喜를 직접 만나 그 담화 내용을 개별적으로 기록했다. 여기에 소개하는 것은 경진시와의 담화 기록이다.

'문'은 필자의 질문 내용이고 '답'은 경진시의 답변이다.

창음각대희루['희루'는 연극 공연을 관람할 수 있도록 만든 누대를 뜻한다]

제1장 창음각에서의 연극 공연

문: 궁에는 언제 들어오셨습니까?

답: 광서 20년에 들어왔습니다. 당시 총 네 명의 어린 태감이 태후궁에 들어와 산차로 일했지요. 우리는 산차를 '사상'이라고 불렀습니다. 내 스승은 성이 리 씨고 수령태감이었어요. 내가 그분께 궁중 규범을 배울 무렵이 겨우 열다섯 살 때였지요. 바로 그 시기에 보천동경이라는 태감 배우 양성소가 세워졌어요. 태후마마는 이곳에서 양융수楊隆壽*에게는 무술극을, 왕구이관에게는 소생을 배우라 하셨습니다. 매년 정월이면 먼저 영수궁에서 공연을 하고 중난하이에서도 공연했지요. 또 완서우 산에서 가장 많이 공연했어요.

문: 영수궁 창음각에서 극을 공연할 때 악기들은 어디에 배치했습니까?

• 청말의 유명한 무생(중국 전통극의 남자 무사 역) 배우. 양샤오러우 등의 이름난 피황극 배우들을 길러냈으며, 메이란팡의 외조부이기도 하다.

창음각의 아래층 무대

답: 배우들이 등장하는 문의 동쪽 난간 안쪽에 놓았습니다. 무대 마루 바깥쪽 벽돌 바닥 위에 말이지요. 무대 막은 몇 번 걸리지 않았어요. 나는 걸린 것을 한 번도 본 적이 없습니다. 무대 뒤 세 칸의 다락 중 한 칸은 개방되어 있고 나머지 두 칸은 앞에 발만 처놓았어요. 「나한도해」같이 소품이 많이 필요한 큰 극을 공연할 때는 나머지 두 칸도 터놓아야 소품을 나를 수 있기 때문이지요.

문: 창음각 무대 아래에 있는 우물은 무슨 극을 할 때 필요한 것입니까?

답: 남부에서 「나한도해」를 공연할 때 물을 사용합니다.

문: 어떻게 물을 퍼올립니까?

답: 도르래를 사용합니다. 반주하는 쪽에서 관악기를 크게 연주하는 가운데, 큰 자라를 무대 전면으로 밀고 가서는 자라 배 밑에서 사람이 펌프를 이용해 자라 입 쪽으로 물을 퍼내는 것이지요.

문: 물은 어디를 향해 뿌립니까?

답: 뜰 쪽으로 뿌립니다. 뜰에는 사람이 없어서 물로 좀 적셔도 상관없었지요. 그래서 한겨울 추운 날에는 이 극을 공연하지 않았습니다. 이뿐 아니라 「지용금련地涌金蓮」에는 무대 아래에서 네 송이의 큰 연꽃이 천천히 솟아오르는 장면이 있습니다. 그중 한 송이의 연꽃에는 보살이 앉아 있지요. 반주하는 쪽에서는 작은 징을 두드려대고요. 이 두 연극은 이곳 창음각과 완서우 산의 덕화원德和園[서태후가 연극 관람을 위해 지은 건축물로, 이화원 동쪽 궁문 내에 위치한다], 원명원의 동락원同樂園[원명원 내 대형 연극 무대와 희루가 조성되어 있는 건축물]에서만 공연할 수 있습니다. 다른 무대에서는 공연하지 못했지요.

문: 규모가 좀 큰 무대 아래에는 모두 우물이 설치되어 있는데, 전부 물을 퍼올리는 용도입니까?

답: 꼭 그 때문만은 아닙니다. 물을 퍼올리는 것 외에도 소리를 모아주는 역할을 하지요. 무대 천장에 있는 격자 모양의 틀과 무대 아래 우물은 소리가 더 잘 들리도록 하는 효과를 냅니다.

문: 우각등[쇠뿔의 얇은 조각이 빛을 통하게 하는 성질을 이용하여 만든 구식 등]은 걸지 않았습니까?

답: 만수절이 있는 달과 설 같은 때는 꼭 걸었지만 평소에는 걸지 않았습니다. 그리고 광서 26년 이후에는 전등을 설치했습니다. 전등 설비는 베이츠쯔의 전등국에서 맡았지요.

문: 태후는 열시루 서쪽 방 온돌 침대에서 연극을 관람했습니까?

답: 맞습니다. 태후마마는 온돌 침대에 앉아서 보실 때가 많았지요. 때로는 의자에 앉아서 보시기도 했고요. 어떤 때는 잠깐씩 서서 이리저리 거니시기도 하고, 뒷문으로 나와 산책을 하시기도 했어요. 또 잠시 동안 눈을 붙이시기도 했고요. 물론 무대에서는 계속 공연이 진행되고 말입니다. 아침부터 저녁까지 공연했지요. 간혹 저녁에는 하지 않는 때도 있었습니다만.

문: 황후와 비빈들은 어디에서 관람했습니까?

답: 황후마마와 각 궁 비빈들, 또 넷째 공주, 위안 마님 및 기타 여러 귀부인들은 모두 동쪽 모퉁이 방에서 연극을 봤어요. 또 때로는 태후마마가 계신 곳에서 서서 보기도 하고, 마음대로 편한 장소를 찾아 잠깐 앉아서 보기도 했지요. 태후마마의 시선에 닿지 않는 곳이라면 어느 곳에 가서 봐도 상관없었어요. 여름이면 회랑 처마 아래 서서 보기도 했고요. 좋은 극이 공연될 때는 회랑 처마 아래도 사람들로 가득 찼지요. 아래채 부인네나 궁녀들도 이곳에 모여 극을 봤으니까요.

문: 황상과 황태후가 함께 극을 봤습니까?

답: 한 번도 황상이 태후와 함께 극을 구경하시는 것을 본 적이 없

창음각 맞은편에 있는 열시루

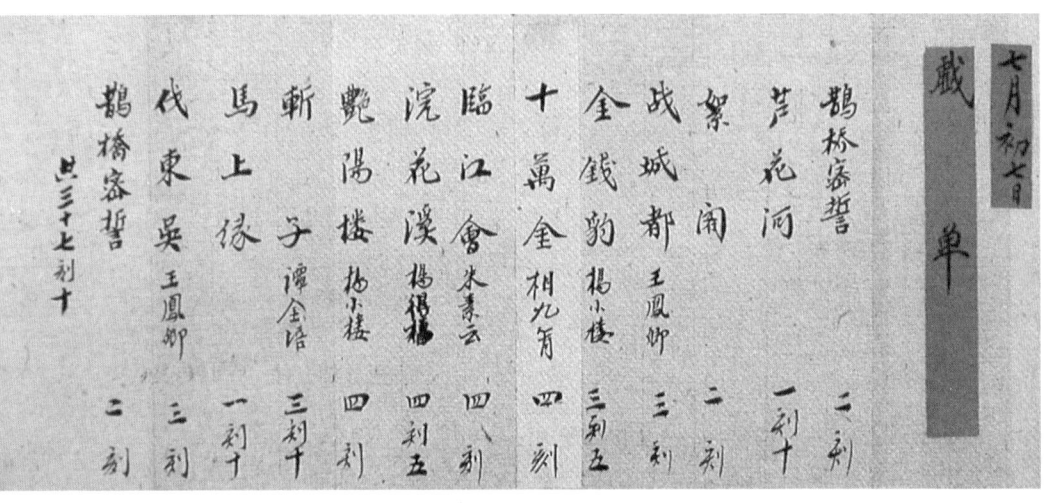

광서 34년, 배우의 이름과 연극을 열거한 공연 안내서

습니다. 기껏해야 오셔서 문안 인사만 드리고 가셨지요.

문: 광서제는 창을 할 줄 알았습니까? 전해 듣기로 북을 칠 줄 알았다고 하던데.

답: 광서제는 창을 못 하셨습니다. 하지만 악기는 다룰 줄 아셨지요. 「금산사金山寺」를 즐겨 치셨어요. 가끔 중난하이에서 재미삼아 악기를 잡기도 하셨지만 태후마마 앞에서는 하지 않으셨어요. 이와 달리 동치제는 태후마마 앞에서도 어려워하지 않고 곧잘 하셨다고 합니다. 이건 내 스승에게서 들은 이야기예요. 동치제 때 나는 궁에 없었으니까요. 동치제는 무생 역할을 할 줄 아셨는데 목청이 썩 좋지는 않으셨다고 해요. 언젠가 「백수탄白水灘」을 부르신 적이 있는데, 외부인이 아무도 없을 때를 골라 오직 태후마마께만 들려드렸다고 합니다. 한번은 영수궁에서 「황학루黃鶴樓」*를 연기하셨는데, 동치제가 조자룡 역을 맡고 가오쓰高四 태감이 유비 역을 맡았지요. 그런데 조자룡이 주군 유비를 뵙고 머리 숙여 절을 하는 장면을 연기하자, 가오쓰가 놀라 황급히 일어나서 몸을 옆으로 돌리고 "노비, 몸 둘 바를 모르겠나이다" 했지 뭡니까. 이에 동치제가 "네 지금 공연 중에 뭐 하는 게냐? 이래 가지고는 안 돼. 다시 하여라! 태후마마가 보시고 정말 재미있어 하셔야 한다" 하고 말씀하셨지요.

문: 태후는 창을 할 줄 알았습니까?

답: 할 줄 아셨습니다. 태후마마는 모르는 것도, 못 하는 것도 없으셨지요. 곤강이며 이황, 모두 할 줄 아셨습니다. 내가 극을 배운 지 며칠 안 되었을 때 한번은 태후마마가 무슨 극을 배웠느냐고 물으셨지요. 나는 얼른 무릎을 꿇고 곤강 「점화괴占花魁」를 조금 배웠다고 아뢰었어요. 그러자

• 삼국시대를 배경으로, 유비를 인질삼아 형주를 차지하려는 오나라 주유의 계략과 제갈량의 지혜로 그 계략에서 무사히 빠져나오는 내용을 그린 경극. 유비는 노생이, 유비를 호위하는 조자룡은 무생이 연기한다.

"어디 한 번 들어 보자꾸나" 하시는 겁니다. 긴장한 탓에 정신이 없어 먼저 예를 올려야 한다는 것을 잊어버리고 벌떡 일어나 창을 하려 했지요. 옆에 있던 다른 태감이 "인사 먼저" 하고 귀띔해줘서야 번뜩 생각이 나서 머리를 조아리고 다시 일어났어요. 한 단락을 노래했더니 태후마마는 듣고 몇 구절 교정까지 해주셨지요. 난탄의 「천도제사」 중 박피 귀신 역이 부르는 반조反調˚ 부분은 바로 태후마마가 지은 가사랍니다. 족히 30분가량이나 되지요. 목청이 좋았던 어느 태감만이 이 대목을 감당할 수 있었어요. 외학에서는 천더린이 이 부분을 맡아서 불렀고요.

˚ 정조正調에 상대되는 말로, 반이황, 반서피, 반사평을 가리킨다. 정조와 반조는 현악기의 음 높이는 같으나 곡조의 음 높이는 서로 5도 차이가 난다.

제2장 낙수당에서의 식사

문: 태후는 낙수당에서 지낼 때 아침에 일어나 무엇을 했습니까?

답: 차방에서 준비한 우유를 드시고 곧 건청궁으로 향하셨습니다. 양심전으로 가서 대신들을 접견하는 것이지요. 돌아오면 딱히 하시는 일 없이 넷째 공주와 이야기를 나누시거나 뜰 안을 거니셨어요. 때때로 양성전養性殿 문밖에서 산책을 즐기기도 하셨고요.

문: 식사는 어떻게 했습니까?

답: 낙수당에 계실 때는 낙수당에서 식사를 하셨어요. 식사하실 때는 낙수당 실내 중앙에 두 개의 원탁을 놓고 식사가 끝나면 치웠지요. 두 원탁은 남북으로 놓고, 원탁 위에 또다른 상을 하나 더 놓았어요. 상에 음식을 차리는 태감은 선방에서 찬합들을 날라왔고요. 합 안에는 음식이 담긴 식기들이 들었고, 합 겉면은 이불로 감쌌지요.

문: 무슨 이불입니까?

답: 황색 구름무늬 비단의 솜 보자기인데, 우리는 다들 그것을 '이불'이라고 불렀습니다.

낙수당의 옛 사진

낙수당 수선방의 일부

문: 상에 음식을 다 차리고 나서 식사를 했습니까, 아니면 한 가지를 다 먹은 뒤 다시 다른 요리를 올리는 식이었습니까?

답: 상에 음식을 다 차린 다음, 태후마마께 "식사가 모두 올라왔습니다" 하고 고했어요. 그러면 태후마마가 자리에 앉으셨지요.

문: 식사할 때는 상을 차리는 태감, 분부를 받는 태감 외에 또다른 사람은 없었습니까?

답: 음식을 차리는 태감들은 양쪽에 서 있었고, 그 외에도 네 명의 당직 전상태감이 있었어요. 간혹 황후마마나 후궁마마, 넷째 공주 같은 분들이 식사 시간에 오셔서 태후마마의 분부에 따라 함께 식사하기도 했지요. 태후마마가 "너희도 여기서 먹도록 해라" 하고 말씀하시면 얼른 머리를 조아려 감사 인사를 드리고 상 옆에 서서 식사를 했어요. 만약 아무 말씀이 없으시면 물러가 동원東院(경수당慶壽堂 일대 뜨락)에서 식사를 했고요. 태후 궁에서 이분들의 몫까지 준비했지요.

문: 황후가 종수궁에서 지낼 때도 동원에서 식사했습니까?

답: 황후마마도, 후궁마마들도 다 자신의 궁에서 식사했어요. 다만 태후마마가 부르셨을 때나 태후 궁 쪽에 볼일이 있을 때만 이곳 동원에서 식사를 했다는 뜻입니다. 넷째 공주마마와 위안 마님은 지내시는 처소가 바로 경수당 뒤편이었기에 식사도 늘 그곳에서 했던 것이고요.

문: 태후가 자리에 앉은 다음에는 어떻게 식사했습니까?

답: 태후마마가 자리에 앉으시면 음식을 차리는 태감이 요리 그릇과 접시의 은 뚜껑들을 하나하나 모두 열어요. 그런 다음 태후마마가 어느 요리를 보시는지 잘 살펴서 마마의 눈길이 머무는 요리를 재빨리 그 앞으로 가져다드렸지요.

문: 황후가 동원에서 따로 식사할 때도 이와 비슷한 방식으로 식사했습니까?

답: 꽤 많이 달랐습니다. 황후마마는 태후 궁에 오시면 태후마마와 식사를 하지 않아도 자신의 궁으로 돌아가지 않고 동원에서 태감들이 준비한 식사를 드셨지요.

문: 이때도 '식사를 올리라'고 외쳤습니까?

답: '식사를 올려라' '차려라' 하고 따로 외치지 않고, 태감이 선방으로 가서 "황후마마가 식사하신다" 하고 알립니다. 그러면 동원 가장 앞쪽 방에 상을 차렸지요. 온돌 침대 위에 놓는 앉은뱅이책상이나 팔선상 위에 음식을 차린 다음, 황후 혼자 식사를 하시고 태감이 시중들었어요.

문: 영수궁의 선방은 어느 곳에 있었습니까?

답: 영수문 동편 길에서 남쪽과 동쪽으로 늘어서 있는 처소들이 바로 수선방이에요. 문간방 동편에는 간식류를 준비하는 국局이 있어서, 사오빙을 굽거나 유탸오油條*를 튀기는 일들은 모두 이곳에서 했지요. 서편에는 사방과 약방이 있었고요.

문: 청대 황자들의 처소 밖, 서쪽에 있는 큰 집의 명칭이 어차선방이던데, 혹시 어선방, 어차방이 이곳이었습니까?

답: 어선방은 양심전 남쪽에 있었어요. 황상이 다른 곳으로 거처를 옮기시면 어선방 일꾼들도 함께 따라갔지요. 수선방도 똑같아요. 태후마마가 중난하이에서 지내실 때는 수선방 일꾼들부터 해서 우리까지 한 무리가 전부 같이 움직였어요. 본래 처소에는 몇 명만 남기고요. 태후마마가 이화원으로 가시면 또 전부 이화원으로 따라갔지요. 황자의 처소 밖 서쪽 집은 어선방, 어차방의 창고였습니다.

• 밀가루 반죽을 발효시켜 길이 30센티미터 정도의 길쭉한 모양으로 만든 뒤 기름에 튀긴 음식. 주로 아침식사로 먹는다.

제3장 태감과 주방 일꾼들의 처소

문: 영수궁에서 일하실 때 어디에서 거처했습니까? 리렌잉은 어느 곳에서 거처했습니까?

답: 황극전 서쪽 곁채가 총관 리렌잉의 거처였고, 동쪽 곁채는 추이위구이의 거처였습니다. 나는 스승과 함께 동쪽 모퉁이 측문, 즉 낙수당 서쪽 편에 있는 방에서 지냈습니다.

문: 영수궁 내에 있는 몇 개의 안뜰은 회랑 통로들이 왜 모두 돌로 연결되어 있습니까?

답: 그것은 태후마마가 시안에서 회궁한 뒤에 그렇게 해놓은 것입니다. 물건을 가지고 나가기 편하게 하기 위해서지요. 이는 바로 내 스승이 리 총관에게 건의한 것이었어요.

문: 석경문錫慶門 벽 앞 남쪽 길에서 서쪽으로 줄지어 늘어서 있는 처소들에는 당시 누가 거처했습니까?

답: 호위군입니다.

문: 황극문 밖 동, 서쪽 길에서 북쪽에 있는 처소에는 누가 거처했습

석경문의 옛 사진

니까?

답: 수선방 일꾼들이 거처했습니다.

문: 영수문 밖 동쪽 세 개의 문 안에 있는 처소는 어떤 용도로 사용되었습니까?

답: 그곳은 대타탄이었습니다. 태후 궁 태감들은 개인 처소에서 식사하지 않고, 모두 그곳에서 식사를 하고 휴식을 취했지요.

문: 그러면 서쪽 처소는 어땠습니까?

답: 서쪽에는 사방, 약방의 창고가 있었습니다.

문: 응기문凝棋門 밖에 있는 처소는 어떤 용도였습니까?

답: 아, 그곳은 가장 시끌벅적한 곳이었어요. 일하는 사람들은 모두 대타탄에서 이쪽으로 왔다갔다했으니까요. 이곳 가장 북쪽에는 태감 배우 양성소를 담당했던 류밍신의 처소가 있었습니다. 가운데는 불을 담당하는 곳이었고요. 겨울이 되면 태후 궁 안의 백로[베이징 서쪽에서 나는 백색 점토와 석회로 만든 화로]는 전부 이곳에서 맡아 불을 피웠지요. 탄신페이 등이 와서 극을 공연하는 날에는 이들도 류밍신의 처소에서 쉬곤 했어요.

문: 온돌, 백로 외에 또 어떤 난방 기구가 있었습니까?

답: 숯을 쓰는 화로가 있었지요.

문: 창택문昌澤門 밖에 있는 처소들은 당시 어떤 용도였습니까?

답: 북쪽은 사방 수령태감의 타탄이었고, 남쪽은 약방 수령태감의 타탄이었습니다.

문: 영수궁 북쪽 담장 밖, 길 북쪽 일대의 처소들은 당시 어떤 용도였습니까?

답: 그곳 역시 대타탄이었어요. 이 사람 저 사람 식사를 하고 쉬는 장소였지요. 싸만도 그곳에서 지냈고요.

문: 신무문 동쪽, 성벽 일대에 있는 처소들은 당시 어떤 용도였습니까?

답: 그곳 또한 일하는 사람들이 머무는 곳이었습니다. 또 식당도 두 곳 있었어요. 사합의, 육합의라고 부르던 식당이었지요.

문: 누가 운영하는 식당이었습니까?

답: 그건 잘 모르겠네요.

문: 어떤 사람들을 대상으로 장사했습니까?

답: 내무부에서 일하는 사람과 태감들을 대상으로 운영했지요. 외부 사람들이 이곳으로 와서 먹지는 않았어요.

문: 영수궁과 곤녕궁은 운영체제가 같지 않았습니까? 싸만은 지내는 처소에서도 매일 밤마다 굿을 했습니까?

답: 아닙니다. 싸만의 처소에는 누구도 가보는 사람이 없었어요. 들은 얘기로, 그곳에 있는 큰 장롱은 금은보화와 골동품으로 채워져 있고 사방에서 이를 관리한다고 하더군요.

제4장 영수궁에서의 서태후

문: 서태후는 식사를 마친 뒤 무엇을 했습니까?

답: 태후마마가 영수궁에 머무는 날은 1년 중 며칠밖에 되지 않았어요. 섣달에서 정월 사이에 머무셨지요. 이 한 달 동안 궁에서는 관례적으로 하는 큰 행사 외에도 적지 않은 예식들이 치러집니다. 그 나머지 시간에는 극을 보신다거나 방 안에서 책을 읽으실 때도 있고, 골패나 주사위 놀이 같은 것을 즐기시기도 했지요. 아니면 등을 기대고 앉아 눈을 감은 채 태감을 불러 고시를 읊게 하거나 가벼운 내용의 책을 읽게 하기도 하셨고요. 듣고 또 듣다가 스르르 잠이 들곤 하셨지요. 사방에서 글을 좀 안다 하는 몇 명의 태감만 이 일을 맡았어요.

문: 태후가 골패나 주사위 놀이를 할 때는 누가 함께했습니까?

답: 어떤 때는 황후, 후궁마마들이 태후를 모셨고, 넷째 공주와 같은 분들이 모실 때도 있었어요. 또 때로는 총관태감, 수령태감들이 모시고 함께하기도 했고요. 누가 모시던 간에 태후마마와 함께 있을 때는 놀 때도 반드시 서 있어야 했지요.

문: 광서제는 매일 아침 어떻게 문안드렸습니까?

답: 황상의 궁 태감이 건너와 태후마마가 잠자리에서 일어나셨는지 알아봅니다. "부처님이 일어나셨다"는 소리를 들으면 재빨리 돌아가 고했지요. 그러면 황상이 문안을 드리러 오셨어요.

문: 어느 길로 와서 어디에 가마를 내려놓았습니까?

답: 양심전에서 출발해 월화문, 일정문을 지나서 오셨지요. 창진문으로 나와 도화문으로 들어오셨고요. 그런 다음 양성전 뜰에 가마를 내려놓고, 태감 몇 명을 데리고 동쪽 회랑으로 걸어 들어오셨어요. 그러면 태후궁 회사태감이 안으로 들어와 "황상이 당도했사옵니다" 고하고, 황상만 들어오셨지요.

문: 문안을 드릴 때는 무릎을 꿇었습니까, 아니면 머리를 조아려 절을 했습니까?

답: 무릎만 꿇고 절은 하지 않았어요. "아바마마께 문후 여쭈옵니다" 하고 인사드린 다음에는 앉지 않고 계속 서 계셨지요. 태후마마는 내키시는 대로 몇 마디 물으신 뒤 곧 "이만 물러가 쉬시지요" 하고 하셨어요. 그러면 황상은 몇 걸음 뒤로 걸어 물러나오셨죠.

문: 광서제가 문안을 드릴 때 서태후는 옥좌에 앉았습니까?

답: 아닙니다. 편하신 대로 이리저리 거닐면서 말씀하실 때도 있었지요. 비스듬히 몸을 기대고 계실 때도 있었고요.

문: 황후가 종수궁에 있을 때는 영수궁으로 문안을 드리러 올 때 당연히 가마를 탔겠지요. 동원에 머물 때도 가마를 타고 왔습니까?

답: 동원에 있을 때는 걸어오셨지요. 앞문으로 들어오실 때도 있고 뒷문으로 들어오실 때도 있었어요.

문: 황후는 숙배[무릎을 꿇고 손을 위에 올렸다가 내리면서 하는 옛 절의 하나]의 예를 행했습니까, 아니면 그냥 무릎만 꿇고 문안을 드렸습니까?

낙수당 서태후의 침상

답: 무릎만 꿇고 "아바마마께 문후 여쭈옵니다" 하셨습니다.

문: 황후와 비빈들이 오면 잠깐 인사만 하고 갔습니까, 아니면 궁에 더 머물면서 태후를 모셨습니까?

답: 문안 인사를 드린 뒤 태후마마가 "이만 물러가거라" 하면 물러나 자신의 궁으로 돌아갔고, "좀 쉬었다 가려무나" 하시거나 "차나 좀 들자꾸나" 하시면 다른 방에서 좀 더 머물렀습니다. 잠시 앉아 있다가 별다른 일이 없으면 돌아가도 되었지요. 때로는 방에 머물고 있는 동안 태후마마가 태감을 보내 부르기도 하셨고요.

문: 황족 부인, 대신들의 부인이나 공주들이 와서 문안을 드릴 때는 어떻게 했습니까?

답: 왕공부나 공주부에서 궁으로 문안을 드리러 오면, 먼저 전 밖에 있던 회사태감이 들어와 안에 있는 회사태감에게 전하고, 전달받은 태감이 태후께 "무슨 저택 어느 공주가 조상님께 문안을 올리러 왔습니다" 하고 고합니다. 태후가 들이라 명하면 곧 들어오게 했어요. 기분이 안 좋으실 때는 심드렁하게 한 번 보시고 "알았다"고 한마디만 하셨지요. 당시에는 넷째 공주(경친왕의 넷째 딸)가 가장 총애를 받았어요. 어떤 때는 태후마마가 넷째 공주의 처소로 태감을 보내 부르기도 하셨지요. 오면 한동안 궁에서 지내게 하셨고요.

문: 넷째 공주가 태후 궁에서 지낼 때는 하루 종일 태후 곁에 있었습니까, 아니면 하루 중 얼마 동안만 태후를 모셨습니까?

답: 매일 아침 태후마마가 계신 곳으로 와서 문안 인사를 올렸어요. 그런 다음 모시고 이야기를 좀 나누다가 별다른 일이 없으면 천천히 물러나왔지요. 태후마마가 "넷째 공주는?" 하고 찾으시면 곧바로 다시 부르러 갔어요.

문: 태감들도 날마다 전에 들어가 문안 인사를 드렸습니까?

답: 리 총관이나 태후 궁 수령태감들은 매일 들어가 "노비, 조상님께 문후 여쭈옵니다" 하고 문안 인사를 올렸어요. 인사를 마치면 잠시 서서 태후마마를 모시다가, 크게 할 일이 없으면 천천히 물러나왔지요. 나온 뒤에도 회랑 처마 아래에 좀 더 서 있다가 타탄으로 돌아갔어요. 일이 생기면 다시 부름을 받아왔고요. 일반 태감들은 따로 들어가 문안을 드리지 않았습니다. 전 안에 들어가서 일하는 당직 태감이나 상차림을 하는 태감들도 별도로 예를 행하는 일이 없었지요. 오면 곧바로 자기 할 일을 시작하고 일이 없을 때는 어딘가에 서 있으면 되었어요. 다만 공무를 보고드릴 때는 무릎을 꿇었습니다. 어떤 분부를 내리시면 궁중에서 쓰는 말로 "네" 하고 대답했고요.

문: 가례를 행할 때는 한 사람이 절을 하고 나면 다른 사람이 이어서 하는 식으로 한 명씩 했습니까, 아니면 조를 나누어 한 조가 동시에 했습니까?

답: 경축일 때를 예로 들어보면, 황후마마가 가장 앞줄에 서고, 그 뒤로 후궁마마들이 서열대로 줄을 서서 일제히 예를 올렸어요. 이분들을 한 조라 치면 다음 조는 왕공부의 부인 및 공주들이었지요. 우리 태감들은 총관태감의 인솔 하에 뜰에서 절을 했습니다.

문: 서태후는 태감들과 편하게 담소를 나누는 때가 없었습니까?

답: 기분이 좋으실 때는 태감들과 이야기를 나누기도 하고 웃기도 하셨지요. 지금도 기억나는데, 어느 해인가 궁에 갓 들어온 20여 명의 태감 중 나이가 30세인 태감이 섞여 있었어요. 태후마마가 그에게 "혼인은 했느냐?" 하고 물으시니 "했습니다" 하고 대답했지요. 이에 "아들은 있느냐?" 하고 또 물으시니 "있습니다" 하고 대답했어요. 이를 듣고 태후마마는 "아내도 있고 아들도 둔 다음에 태감이 되었으니 태감 치고는 나쁘지 않구나" 하고는 껄껄 웃으셨지요. 또 가끔 별다른 일이 없어도 한가로이 리 총

관의 처소로 가 잠시 머물기도 하셨고요.

문: 차를 따라 올릴 때는 어떻게 했습니까?

답: 차방 태감이 두 손으로 차 쟁반을 받치고 천천히 올려드린 다음 물러갔어요.

문: 태후는 영수궁 화원에 자주 갔습니까?

답: 가시지 않았습니다.

문: 경자년 시안 피신 당시 태후를 따라 함께 갔습니까? 당시 궁 안의 상황은 어땠습니까?

답: 휴, 그날은 나도 뭐가 어떻게 돌아가는 건지 도통 정신을 차릴 수가 없었어요. 들리는 얘기로 서양 군인들이 쳐들어온다고 하고, 태후마마와 황상은 모두 피신을 떠날 참이었지요. 두 분을 따라 궁을 나온 이들이 적지 않았어요. 나는 서직문을 나온 뒤, 태후가 이화원에서 다시 서쪽으로 내려간다는 말을 듣고 그만 고향으로 돌아갔지요. 나중에 상황이 좀 안정되고 나서야 시안으로 가볼 수 있었어요. 후에는 태후마마를 따라 회궁했고요. 돌아오던 날, 영수궁에서 극을 공연했던 것이 기억나네요. 모두들 무대의상이 아닌 사복 차림이었지요. 「궁문대宮門帶」에서 왕자 역을 맡은 탄신페이가 공연장 의자에 앉아, 무대의상을 입지 않았으니 괜찮다고 생각했는지 코담배를 꺼내 맡았어요. 태후가 전갈을 보내 그가 지금 뭘 하고 있느냐고 물으니 그제야 놀라 황급히 집어넣었답니다. 우스꽝스러운 일화이지요.

엮은이 후기

　태감은 중국에서 2000년이 넘는 세월 동안 존재해왔다. 태감 제도가 사라진 지는 이제 겨우 100년밖에 되지 않는다. 이 독특한 집단의 뿌리는 대부분 가난한 백성이다. 혹독한 생활고의 압박을 못 이겨 결국 돌아올 수 없는 길을 선택한 백성들인 것이다. 그 긴 역사 속에서 훌륭하든 악랄하든 그 이름을 남긴 태감은 손에 꼽을 정도다. 시대의 변천에 따라 하나둘 역사 속에 묻히고 이제는 현대인의 기억 속에서도 희미해지고 있다.
　『자금성, 최후의 환관들』은 청말 태감 여러 명의 회고록을 모은 것으로,「궁중의 숨겨진 이야기들」「거세에서 풍찬노숙까지, 태감의 굴곡 많은 삶」「즉문즉답: 청 황실을 말하다」의 세 부로 구성되어 있다. 대부분의 내용은 그들이 직접 겪고 들은 일로 이루어져 있는데, 저마다 다른 시각으로 기록되어 있다. 물론 이들이 황궁에서 일한 시기, 모신 주인이 다 같지는 않을뿐더러 지식 수준, 사고방식도 사람마다 제각각이기에 이들이 서술한 이야기가 어느 정도는 실제 사실과 다를 수 있다. 하지만 분명한 것은 모든 이야기가 몸소 체험하고 직접 들은 일들이라는 것이다. 그렇기에 여기에 실린 여러 구체적인 내용들은 기존 역사 자료에서는 찾아볼 수 없는 귀한 보충 자료가 될 것이다. 또한 하나하나의 이야기들이 연속적으로 이어져 독자들에게 생생하고 현장감 있는 역사, 피와 살이 있는 살아 숨 쉬는 역사를 간접적으로 체험하게 해준다.

「궁중의 숨겨진 이야기들」을 쓴 신슈밍 선생은 태감이 되기 전 일찍이 부인과 자식을 두었으며 10년간 학문을 닦았다. 후에 수사학당水師學堂과 태의원에 응시했으나 결실을 보지 못하고, 모친과 어린 동생들을 부양하기 위해 궁으로 들어가 태감이 되었다. 궁에서 그는 약 25년에 걸쳐 서태후, 융유태후, 단강태비 세 분의 주인을 차례로 모셨다. 그리고 1924년, 푸이가 자금성에서 강제 출궁을 당할 때에야 단강태비의 영구를 모시고 함께 궁을 나왔다. 이후 그는 베이징 서쪽 포충호국사에 들어가 그곳의 주지가 되었고, '은제자선보골회'를 설립해 생업을 잃은 태감들을 구제하는 공익사업에 힘썼다. 갈 곳 없는 태감들을 위해서 '살아 있는 동안에는 부양하고 죽으면 장례를 치러주는' 일을 도맡았다. 1950년대 초 정부는 호국사 토지를 수용하여 바바오 산 공동묘지를 세웠고, 신슈밍은 베이징 베이창 가 흥륭사에 배치되어 그곳에서 편히 여생을 보냈다.

신슈밍은 청 황궁 태감들 중 몇 안 되는 '지식인'에 속했다. 더하여 그는 관찰력이 뛰어나고 세상 돌아가는 일에 관심이 많아 궁에서 매일같이 이것저것을 보고 듣는 가운데 자연스레 '청 궁중 비사' 류의 자료를 대량 축적했다. 포충호국사에서 주지로 있는 동안 그는 이 같은 자료들을 초벌 정리하여 「궁중의 숨겨진 이야기들」이라고 이름 붙인 회고록을 써냈다. 이 회고록을 통해 황궁과 관련된 인물, 사건, 제도 및 황제와 황후, 신하, 태감들의 알려지지 않았던 생활상을 세밀하게 묘사해냈다.

지은이는 자기 자신을 두고 "나는 진리를 추구하는 사람으로서 (…) 사실을 있는 그대로 써내고자 한다. 딱히 특이한 것이 없어도, 치우치고 편벽된 내용은 감히 기록하지 못했다"라고 했으며 또 "수백수천 년이 지나도 금석처럼 변치 않을 정확한 역사"를 써내기만 바란다고 기술했다. 전체적으로 볼 때 그가 기록한 내용은 "궁에 있었던 시간이 그리 길지 않았기에 궁중에서 일어나는 일들을 폭넓게 접해봤다고 하기는 어렵다"는 고백과 이해와 기억에 착오가 있을 수 있다는 점 그리고 태감들 사이에서 이야기가 입에서 입으로 전해지는 가운데 실제 사실과 어느 정도 오차가 날 수 있다는 점을 제외하면 임의로 꾸며낸 듯한 부분은 발견할 수 없다. 오히려 내용 중 적지 않은 부분이 사람들에게 잘 알려지지 않은 사실들로, 역사 속 진실을 조명하는 데 있어 매우 중요한 참고자료의 가치를 지닌다.

예를 들면 서태후의 두발에 대해 두 차례 언급되는데, 그중 한 곳은 이렇게 묘사한다. "태후의 머리는 늘 빗기가 어려웠다. 40세 이후에는 벌써 탈모가 오기 시작해 귀밑가와 뒷머리에만 짧은 머리털이 남아 있었다. 정교하게 장식해놓지 않으면 영락없이 머리가 듬성듬성한 노부인이었다. 위엄 있는 모습을 좋아했던 태후는 정수리에 붉은 점토로 가짜 검은 머리카락을 붙였고, 머리 양쪽으로 머릿단을 붙였다. 윗부분에 크게 양 갈래로 묶는 머리 모양(양파두)은 만주식 귀부인의 치장법이었다. 무엇보다 머리카락이 빠질까 극도로 조심해야 했다."

이 내용은 다소 놀라움을 안겨준다. 서태후가 69세 때 찍은 사진을 보면, 대랍시大拉翅•를 쓴 머리에서 가르마를 따라 양쪽으로 가지런히 빗은 칠흑같이 검은 머리칼을 볼 수 있기 때문이다. 어디를 보아도 "머리가 듬성듬성한 노부인"의 모습은 찾아볼 수 없다. 하지만 사진을 믿기에도 의심스러운 면이 없지 않다. 이 정도 나이가 든 사람이 어떻게 한 올의 흰 머

• 청말 만주 여인이나 궁중 여인들이 했던 머리장식 중 하나. 철사로 만든 틀에 천을 여러 겹 붙인 것을 검은 비단으로 감싸 전체적으로 부채 형상을 띠며, 겉면에 조화와 같은 장식을 더한다.

리카락도 보이지 않을 수 있단 말인가? 다른 사료들을 조사해보면 다음과 같은 사실을 발견할 수 있다. 서태후는 중년 때부터 지루성 탈모 증상이 나타나기 시작했다. 이 때문에 여러 차례 조서를 내려 각 지역 명의들을 불러다 치료를 받았다. 어의들은 '신장을 따뜻하게 하고 혈을 보하는' 것에서부터 시작해, 머리를 감고 두발을 보호하는 처방을 적잖이 연구하고 개발했다. 하지만 탈모 증상은 여전히 심각하기만 했고 서태후는 고민 끝에 가발이 딸린 '대랍시'를 고안해, 머리카락이 듬성듬성한 부분을 가렸다. 나는 이 문제를 가지고 쉬광위안徐廣源 선생에게 자문을 구한 바 있다. 쉬광위안 선생은 일찍이 서태후의 능묘에서 태후의 관을 정리하는 작업에 참여해 손수 그 유해를 재입관한 분이다. 쉬 선생의 설명에 따르면, 서태후의 두발은 '희끗희끗한 반백'이나 '흑백이 뒤섞인 머리'는 아니었다고 한다. 게다가 두 귀밑머리와 뒷머리의 짧은 머리카락은 거의 백발이었고, 정수리 부분만 긴 검은 머리카락에 약간의 짧은 흰머리가 섞여 있었다고 한다. 서태후가 사망할 당시 나이가 74세였으니 이러한 '반백'의 머리는 확실히 의심해볼 만한 여지가 있다. 물론 서태후가 가발을 썼는지 안 썼는지에 대한 최종 판단은 여건이 허락될 때 DNA 검사를 해본 다음에야 결론지을 수 있을 것이다.

어쨌든 이와 같은 분석을 통해 신슈밍의 기록이 결코 허황된 것이 아님을 알 수 있다. 물론 그는 태후의 머리를 빗는 태감이 아니었기에 서태후의 탈모가 사실이라 해도 빠진 정도와 상태에 대한 묘사가 역사적 사실과 어느 정도 차이는 있을 수 있다.

또 하나의 예를 들어보면, 서태후가 건강 때문에 사람의 젖을 먹었다는 대목이 나온다. 이 역시 다른 자료의 기록에서도 보이는바, 확실히 그런 일이 있었음을 확인할 수 있다. 나아가 신슈밍의 기록에서는 좋은 젖을 내는 부녀를 선별하는 방법까지 소개되고 있어 매우 신선하다. "좋은 젖을 선별하는 방법은 다음과 같았다. 젖을 쟁반에 짜내 태양광 아래에 놓고 볕에 건조시켜 보면, 말랐을 때 핏물이 보이거나 찌꺼기가 나와 비리고 퀴퀴한 냄새가 나는 것이 있다. 건조시킨 뒤에 기름처럼 희고 깨끗한 것이라야만 좋은 젖으로 간주되었다." 현대적 관점에서 보면 여기에 과학적 근거가 있어 보이지는 않는다. 지은이도 들은 것일 뿐 직접 본 것은 아니다.

광서제와 서태후의 성격에 대해 언급한 것도 예로 들어볼 수 있다. 저자는 이들의 성격을 다음과 같이 솔직담백하게 묘사했다.

"광서제는 조급한 성격임에도 말수가 적었다. 매번 화가 나면 이마에 핏대가 보이면서도 말은 한마디도 하지 않았다. 청일전쟁 중 평양 전투에서 패했다는 소식을 들었을 때는 분을 참지 못했다."

"서태후의 위엄은 그 눈빛에 있었다. 평소에도 직사광선 같은 그 눈빛은 누구도 감히 마주 대하지 못했다. 뿐만 아니라 그 목소리 또한 크고 위엄이 서려 있었다. 그래서 매일 조정 회의 때 온화한 얼굴로 인사말을 나눌 때면 대신들의 마음속에 감격마저 밀려들었다. 처음 접견하는 신하에게는 반드시 집안의 소소한 일까지 물었다. (…) 어찌나 자상한지 대신들이 조정 일을 잊어버릴 정도였다. 그러다 이야기 도중 돌연 어투가 달라지며 눈에서 빛이 난다. '그대들이 맡은 일들은 어떤가?' 이 한마디에 대신들은 종종 말끝이 흐려지며 자신도 모르게 땀이 옷깃을 적셨다."

두 사람의 성정과 타고난 기질이 마치 눈앞에서 보듯 글 속에서 생생히 그려지고 있다. 이러한 생동감 있는 묘사는 이 두 사람을 지속적으로 접해본 사람이 아니면 어려운 일이다.

또한 태감인 자신의 이야기를 풀어놓을 때는 가슴에서 핏방울이 떨어지듯 구구절절 고통과 속절없는 한이 묻어난다.

"나는 과거의 한 세월을 겪은 사람이다. 과거를 위해, 현재를 위해, 미래를 위해 날마다 아미타불을 3000번 암송한다. 이 생에는 사람다운 삶을 살지 못했지만 다가올 생애에는 이 고통에서 벗어나기를 희망한다. 그리고 제발 궁신 나으리가 이 같은 사람들을 데리고 또다시 이런 비인간적인 장난을 그만 치기를 희망한다!"

「궁중의 숨겨진 이야기들」은 지은이의 유작이라 원본에 오기가 다소 많았기에 편집하는 데 혼란스러움이 없지 않았다. 그래서 책 원본을 받은 뒤 먼저 구두점을 처음부터 다시 찍고, 일부 오기를 바로잡는 작업을 진행했다. 정확한 설명이 필요한 내용에는 주석과 설명을 덧붙였다. 동시에 원문의 내용을 훼손시키지 않는다는 전제 하에, 독자들이 읽기 편하도록 적절히 항목을 분류하고 내용을 종합하여 재정리했다.

역사적, 문화적 소양 등의 이유로, 청대 태감들이 직접 서술한 작품은 매우 희소하다. 『자금성, 최후의 환관들』은 거의 대부분의 내용을 전체적으로 종합하여 재정리함으로써 독자들에게 비교적 완성도 있는 태감 회고록 작품집이 될 것이다. 명대 류약우劉若愚가 저술한 『작중지酌中志』는 역사상 유일하게 태감이 쓴 저서이며, 이미 역사가들이 믿을 만한 내용으로 공인한 작품이다. 이 책이 지니는 가치에 대해서도 여러 훌륭한 학자들의 평가를 기다리는 바다.

쥐위안보左遠波
2010년 5월 자금성출판사에서

옮긴이의 말

태감 할아버지가 들려주는 생생한 청나라 황궁 이야기

『자금성, 최후의 환관들』은 청나라 말기 황궁에서 서태후, 융유태후, 단강태비를 모신 태감 신슈밍을 비롯해 청말에서 중화민국 이후까지 남아 있던 여러 태감의 기록이다. 앞서 출간된 『서태후와 궁녀들』이 궁녀의 시각에서 본 서태후와 청나라의 이야기라면, 『자금성, 최후의 환관들』은 태감의 시각에서 풀어나간 이야기다. 같은 시대, 같은 주인이지만 궁녀의 업무와 태감의 업무가 다르고, 인물을 보는 관점, 문체, 중점적으로 다루는 내용에 있어서도 두 작품은 차이가 있다. 예컨대 『서태후와 궁녀들』에서는 화자가 서태후를 최측근에서 모셨던 궁녀인 만큼, 태감이 알 수 없는 침전 내의 일들, 화장, 자수, 목욕, 화장실 문화 등과 같은 태후의 소소한 일상이 소개되고, 저수궁, 이화원의 풍경, 시안 피신 등이 중점적으로 다루어졌다면, 『자금성, 최후의 환관들』에서는 태후뿐 아니라 여러 황제의 일화들 및 태후 궁 내부 조직, 궁내 보안 체계, 태감들의 품계, 녹봉과 같은 것들을 상당히 구체적으로 기술하고 있다. 또한 신슈밍은 어느 정도 학식을 갖춘 사람으로, 태후 궁에서 연극과 재물 관리를 담당하고 궁을 나온 이후에는 여러 자선사업에 적극적으로 발 벗고 나섰던 이다. 이 때문에 청대 황궁에서의 연극 공연과 배우들에 대한 이야기가 상세히 소개된다는 점이 매우 두드러지며, 또 청 멸망 후 중화민국 시기 태감들의 향방에 대해서도 많은 정보를 주고 있다.

『서태후와 궁녀들』과 마찬가지로 이 책에서도 가장 눈여겨볼 만한 점은 베일에 감추어져 잘 알려지지 않았던 역사 속 이야기들이다. 전기나 백과사전, 역사서 등에서 평면적이고 단편적으로만 소개되는 인물과 사건에 대해 그 업적은 물론 내막과 심리, 행동거지, 성격, 의도를 실제적이고 입체적으로 묘사하고 있다는 점이 이 책의 매력이자 가치다.

어린 시절 공부를 게을리 해 부왕에게 꾸중을 듣고 벌로 태감들과 함께 청소를 했던 도광제, 지금도 천연두로 요절했다고만 알려진 동치제 죽음의 실상, 천둥소리를 무서워했던 황제였으나 한편으로는 모후에게 실권을 내주고 총애하는 비가 죽임을 당했어도 한평생 서태후에게 효심이 지극했던 광서제, 광서제의 후궁 진비가 죽음에 이르기 전 서태후의 미움을 받았던 내막, 위엄 있는 모습을 보이기 위해 대머리를 감추고 가발을 쓰며 높은 신발을 신었던 서태후, 역사가들의 평가가 분분한 서태후 제2차 수렴청정의 진상, 국모의 화려한 겉모습과 달리 황제의 총애를 받지 못하고 황궁 재정 관리에 시달려야 했던 융유황후, 허무하게 나라를 위안스카이에게 내어주고 만 청 황실의 실책, 영화와는 또다른 선통제 재위 시절의 실제 모습, 광서제 붕어 당시 서태후와 광서제의 관계 등 이 책은 멸망 전후 청나라의 모습을 비교적 또렷이 조명하며 우리에게 많은 것을 알려준다.

그리고 관점은 다를 수 있지만 두 작품 모두 황궁이라는 무대에서 동일한 주인을 모시며 동시대를 살았던 이들이 남긴 것이기에 많은 역사적 내용과 묘사가 일치한다. 이는 두 기록에 대한 신빙성을 더해주는 측면이기도 하다. 서태후, 광서제, 융유황후, 근비, 진비, 리롄잉 등은 이 책에서도 변함없는 주요 등장인물이다. 뿐만 아니라 한 작품에서 미처 소개되지 못하고 궁금증을 남긴 부분들을 다른 작품을 통해 파악할 수 있는, 일면 상호보완적인 측면이 있기에 두 작품을 비교해 읽는 재미가 쏠쏠하다. 언제 읽어도 비인간적인 태감이 되는 과정과 '하늘 아래 가장 높은' 이들을 가까이에서 모셔야 했던 아랫사람들의 고통과 애환을 두 작품 모두 세밀하고 구체적으로 묘사하고 있어 안타까움을 더한다.

  무엇보다 『서태후와 궁녀들』과 『자금성, 최후의 환관들』의 지은이들이 추구하는 것은 오직 하나, 있는 그대로의 진실이다. 물론 동일한 사건에 대해서도 관점의 차이로 인해 약간의 혼란스러움을 주는 부분도 없지 않지만, 그보다는 모든 속설과 추측 그리고 섣부른 판단과 평가를 배제하고 자신이 직접 겪고 보고 들은 것만을 그대로 옮기고자 하는 지은이의 의도가 글 전반에 깔려 있다. 예나 지금이나 이익과 흥미를 위해 역사 왜곡이 비일비재하게 이루어지는 만큼 오직 진실만을 추구하는 노력에서 나온 날것 그대로의 역사서라는 사실, 이것 하나만으로도 이 책은 큰 가치를 지니는 것이 아닐까?

자금성, 최후의 환관들

1판 1쇄 2013년 11월 11일
1판 3쇄 2021년 4월 8일

지은이 신슈밍 외
엮은이 쥐위안보
옮긴이 주수련

펴낸이 강성민
편집 이은혜
독자모니터링 황치영
마케팅 정민호 김도윤 최원석
홍보 김희숙 김상만 함유지 김현지 이소정 이미희 박지원

펴낸곳 (주)글항아리 | 출판등록 2009년 1월 19일 제406-2009-000002호

주소 10881 경기도 파주시 회동길 210
전자우편 bookpot@hanmail.net
전화번호 031-955-2696(마케팅) 031-955-1903(편집부)
팩스 031-955-2557

ISBN 978-89-6735-084-0 03900

잘못된 책은 구입하신 서점에서 교환해드립니다.
기타 교환 문의 031-955-2661, 3580

www.geulhangari.com